申 论

2016年甘肃省公务员录用考试专用教材

主 编 李建军 周 晖 徐宏勋

副主编 刘 涵 王 媛 李枋笑 李慧玲

蘭州大學出版社
LANZHOU UNIVERSITY PRESS

图书在版编目（CIP）数据

申论 / 李建军，周晖，徐宏勋主编. -- 2版. -- 兰州 : 兰州大学出版社，2015.9
ISBN 978-7-311-04809-9

Ⅰ. ①申… Ⅱ. ①李… ②周… ③徐… Ⅲ. ①公务员－招聘－考试－中国－教材 Ⅳ. ①D630.3

中国版本图书馆CIP数据核字(2015)第219384号

责任编辑　张爱民
封面设计　周晓萍

书　　名　申论
作　　者　李建军　周　晖　徐宏勋　主编
出版发行　兰州大学出版社　（地址：兰州市天水南路222号　730000）
电　　话　0931-8912613（总编办公室）　0931-8617156（营销中心）
　　　　　0931-8914298（读者服务部）
网　　址　http://www.onbook.com.cn
电子信箱　press@lzu.edu.cn
印　　刷　甘肃澳翔印业有限公司
开　　本　787 mm×1092 mm　1/16
印　　张　17.25
字　　数　414千
版　　次　2015年9月第2版
印　　次　2015年9月第1次印刷
书　　号　ISBN 978-7-311-04809-9
定　　价　45.00元

前　言

申论考查的是考生提出问题的能力（归纳概括材料）、分析问题的能力（分析材料反映的问题）和解决问题的能力（解决材料反映的问题）。

概括材料考查的是考生对材料反映的社会热点事件、问题的把握，对问题表现（结果）及原因的挖掘，对已有或将有的解决措施的思考。因此，事件中心、具体因果关系、解决措施是看透任何热点事件的三根支柱。三点概括法就是以事件为一个核心，以因果关系和解决措施为两个基点构成。当然，作答时，要因问题的侧重调整三点的比例，相应突出或省略。

解决方案考查考生对行政管理主要手段的具体掌握情况。申论是对模拟行政管理的考核。申论考试研究中心通过多年的教学实践总结出解决方案为：法律手段、政治手段、行政手段、经济手段、科技手段、行业手段、宣传教育手段等。这几种手段简单分类可以将其分为宏观（法律手段、政治手段与行政手段）、中观（经济手段、科技手段）、微观（行业手段、宣传教育手段）三类，我们可在任何热点问题的解决中看到它们具体的、有侧重的应用。所以，三观解决法可以既简单又全面有效地回答对策问题。

综合论述考查考生的理论认识深度和综合表达水平。经过十余年教学实践探索，我们提出了化繁为简的申论制胜之道——“三三制”申论系统应试法，即三点概括法、三观对策法和三步论述法。申论论证形式无论怎样变化，其核心主要在于提出问题、分析问题与解决问题。以这三步为基本结构，申论论述可以划分为分析、解决均衡的典型式论证模式，以分析为主的理由式论证模式，以解决手段为主的解决式论证模式以及分析、解决灵活组合的复合式论证模式。举例论证、比喻论证、正反论证等只是前述论证模式的局部变化手法而已，是为论证整体目标服务的。

申论考试研究中心

2015 年 9 月

目　录

理论篇

训练篇

理 论 篇

第一章　申论应试概要

备考要点

要点一:充分把握申论整体特点,明确考试导向的现实针对性,注重申论材料与问题的对应性。

要点二:理解申论考试实质是具有模拟公务员日常工作性质的能力测试。

要点三:密切跟踪与把握申论命题题型的变化趋势,即内容层面贴近社会、关注民生,形式层面阅读量大、注重分析、灵活多变。

疑难解析

本章的难点在于正确理解申论与一般议论文的整体区别:对能力考查更系统全面;对论证切入角度要求更专业;对论证理论层面要求更高深、更具体;对论证语言体式要求更加严谨。

一、申论的概念

(一)申论的概念渊源

"申论"一词源自《论语》的"申而论之"。"申"为引申、申述与说明,"论"为议论、论证。从字面意义看,"申论"即指针对问题进行说明并申述、论证自己的观点。

作为一种应试文体,申论最早出现于2000年中央、国家机关公务员录用考试之中。经过多年的实践和专家学者们的改进与完善,申论现已成为国家公务员录用考试的一门基本科目,日益受到人们的重视。

就考试大纲规定及全国各省历年考题情况而言,申论考试首先提供一系列反映特定实际问题的文字材料,要求考生仔细反复阅读给定材料,准确把握和概括出材料反映的主要内容或主要问题,并提出解决此类问题的实际方案,最后对自己的观点进行全面而详细的阐述和论证。

申论虽源于古代科考,适当借鉴我国古代科举应试中"策论"的某些经验与做法,但较之科考,在内容上更具现实针对性,在形式上更加灵活多变。古代科举"策论"大多要求应试者就一些国家重大政治问题展开论述,侧重于考察应试者解决问题的能力。申论则要求应试者从一系列反映现实问题的给定材料中去发现问题、分析问题和解决问题,其内容涉及政治、经济、法律、文化、教育和民生等诸多领域,全面检测应试者阅读理解、提出问题、综合分析、解决问题的能力,理论联系实际的能力和语言文字表达能力,考察其搜集和处理信息的综合素质与潜能。

(二)申论命题

从2000年到2013年,经过十多年的不断摸索、改进和完善,申论命题基本形成了测试目的明确稳定、内容形式灵活多变的考核模式,并在全国各层次公务员考录中全面推广开来。实践表明:申论考核模式能够较好地选拔人才。

作为考录公务员的公共科目,申论面向文、理、工各个学科的考生,如何保证既公平公开地合理竞争,又真正遴选出德才兼备的公务员精英,这是申论命题的主要出发点。

申论考试给定材料的时政性、普适性和现实针对性越来越明显,试题题材逐渐演变为其基本特点。

1.历年国家公务员申论给定材料考试论题汇总

2000年论题为:城市经济发展布局与处理噪音污染之间的矛盾;

2001年论题为:"康泰克""PPA"风波;

2002年论题为:网络发展对社会生活造成的影响;

2003年论题为:减少事故,安全生产——交通、工矿企业事故引发的社会问题;

2004年论题为:城市交通拥堵问题及我国汽车工业面临的机遇与挑战;

2005年论题为:农村经济发展与农民工权益保障;

2006年论题为:我国突发性公共事件问题及其解决对策;

2007年论题为:农民土地征用与土地资源科学与持续利用问题;

2008年论题为:怒江水电开发引发的思考;

2009年论题为:我国低端制造产业结构调整转型与粮食安全问题;

2010年论题为:蓝色海洋经济资源的科学保护开发与利用问题;

2011年论题为:海河流域治理与弘扬黄河精神;

2012年论题为:社会道德体系严重滑坡和公共安全危机问题;

2013年论题为:我国保护文化遗产和继承发展传统文化问题;

2014年论题为:经济发展放缓与释放社会正能量;

2015年论题为:把握科技脉搏融合人文精神。

2.历年甘肃省公务员申论给定材料考试论题汇总

2003年论题为:防治"非典"问题;

2004年论题为:如何防治高考作文阅卷问题;

2005年论题为:敦煌少年坠机事件引发的思考;

2006年论题为:治理霸王条款维护消费者权益;

2007年论题为:民办职业培训认证与资格考试的乱象治理;

2009年论题为:公平解决农民工待遇推动城乡繁荣;

2010年论题为:依法监管网络购物和电视购物加强媒体公信力;

2011年论题为:弘扬科学精神提升科学素养;

2012年论题为:以人为本科学规划推动我国城市建设长远发展;

2013年论题为:调整国民收入分配格局着力解决收入分配差距问题;

2014年论题为:限制"过度包装"减少生活垃圾。

申论考试阅读量逐渐加大,写作量适量减少,能力测试要求趋于多样化。这些年,申论阅读量增加的趋势十分明显,这实际上是对快速阅读理解能力、概括归纳能力要求的不断提高。阅读量的加大与写作量的减小是相互对应的,在规定时间内,答题总量有一个限度值,将会维持在6000~8000字。而能力测试要求的多样化则是对考生分析问题、综合解决问题能力要求的进一步提高,解决方案部分的写作要求、分数权重同步有所增加。

二、申论的特点

(一)考试导向的现实针对性

申论的现实针对性强,主要针对公务员工作实际的需要(如科学发展观、"三农"问题反复出现在近6年的申论考试中),考查考生对涉及国家时政热点、现实问题的文字材料的阅读理解、提炼概括、综合分析能力及解决问题的能力。这就要求考生不但应在解剖分析问题上必须全面、透彻、清晰，语言表达上必须准确、简明、生动，而且所提出的解决方案和对策必须具有针对性和可行性。

申论测试命题的针对性，一方面增大了应试的难度，另一方面使得申论的命题具有相对的结构模式和答题技巧。在考试中，考生只需厘清给定材料中所反映的逻辑关系，抓住主要问题、主要矛盾或矛盾的主要方面，综合分析，正确判断，综合论述，尤其是应提出切实可行、具有针对性的解决方案。

申论考查目的的针对性，要求考生答题时应着眼于将问题概括分析清楚明白，在观点明确的前提下，展现出具有逻辑层次的论证过程，并适当注意语言表达技巧，而非刻意追求立意的独特新奇或文辞的优美华丽。

（二）考查内容的广泛性

作为选拔录用国家和省级公务员的主要途径，申论考试一直侧重于考察应试者阅读理解、分析与解决问题的综合素质和能力，这一点在申论考试中已得到了充分体现。申论给定资料的内容范围十分广泛，涵盖了政治、经济、法律、文化、教育和民生等关系国计民生的诸多社会问题。其给定资料反映的问题一般都已有定论，主要立足于考察考生的分析和判断能力，只要分析判断无误，就不会失分太多；另有一些给定资料所反映的问题尚无定论或存在争议，其主要立足于考生个人的理解来进行分析和判断，并提出相应措施和给出结论。这就要求考生平时应广泛涉猎各领域、各方面的知识和信息，并进行具有针对性的练习，从而做出分析和判断。

（三）考核形式的多样性

一般而言，申论答卷由概括部分、方案部分和论证部分构成。就文体而言，概括部分既可能属于记叙文、说明文、论证文中的某一种形式，也可能综合了多种文体形式，还有可能是公文写作中的应用文写作。方案部分，则纯粹是应用类写作。由此看来，申论是对应试者思维逻辑和语言文字运用能力的综合考察，既考察了普通文体的写作能力，也考察了应用文写作能力。

2005 年以后，国家公务员申论考试形式发生了改变，由传统的三部分变为四部分，增大了综合分析能力和贯彻执行能力的考核比重，题型也较传统的写作题目增加了选择分析类题型，考试方式逐渐多样化。

我省公务员申论考试形式虽然在侧重考察内容和文体要求等方面相对保持了传统的三大块模式，即问题、对策与综论，但自 2010 年开始尝试做出相应改革，逐步向国考的出题方式靠拢。

（四）测试答案的开放性

申论考试题目全部为主观题，要求考生依据给定材料进行分析概括、策划方案、总结论证，题目没有固定答案，只设定评分标准。从材料背景来看，申论材料都是有关当前政治、经济、法律、教育等方面的社会问题，因此无论是提出对策或是论证对策，都不会有一个确切、固定、唯一考查的标准答案。如对策部分是要提出解决问题的方法应具有针对性和可行性，但针对性和可行性具有相对性，在不同时间、地区以及不同发展阶段，解决问题的方法就不可能相同，要对若干方案进行比较论证后方能确定。如论证部分，抓住什么问题、从什么角度、采取什么方法与结构，要根据自己的特长进行选择。因此，论证作文部分的评定，也只能是综合的、全面的、等级式的，不可能有确切的、唯一的考查标准。

（五）考试材料与考试设置问题的系统相通性

申论给定材料可大致分为：具体事例材料、数据材料、理论阐述材料（正面、反面、侧面）等。申论总是针对近期我国社会热点、难点或焦点问题组合材料，而申论考试一般性设置三项要求：对材料问题的归纳概括、对材料问题的合理解决、对材料问题的综合论述。与这三项要求对应的是三种能力：提出问题的能力、分析问题的能力、解决问题的能力。

按照申论材料呈现的角度，给定材料也可分为问题表现的材料、问题原因的材料、问题解决的材料，三种材料复合构成了阅读难度较大的申论给定材料，从而成为一个有内在联系的系统整体。

（六）考试设置问题的内部系统相通性

申论考试一般设置三道问题，分别是：（1）概括出给定材料所反映的主要问题。（2）提出给定材料所反映问题的解决方案。要有条理地说明，要体现针对性和可操作性。（3）自拟标题进行论述。要求中心明确，论述深刻，具有说服力。

应考申论要求应当将三个部分统筹考虑、整体衔接。概括的过程既是熟悉材料的过程，也是分析判断的过程，是准确提出方案的必要前提；提出方案的过程既是解决问题的过程，也是进行思考辩论的过程。

申论考试最有价值的创新点是测试考生分析问题和解决问题的能力，这正是国家机关公务员的必备能力。从近几年中央、国家机关公务员申论考试试卷中不难发现，写作形式由单一化、模式化已变为多样化，写作内容由理想化已变成现实化。仅从试卷中文体写作限定条件的变化来看，要求考生步入一个更高的新层次。文体变化的脉络清晰可见：已经由概括问题的说明文、提出方案的应用文、阐述论证的议论文，发展为具体的对策、建议、讲话稿、情况报告和评论性文章。至于写作限定的条件和要求则更为具体，对文章写作的要求则是观点明确、分析具体、条理清楚、语言流畅。

申论考试设置的问题由开始的三道问题增加到后来的四五道问题，题型也多有变化，但仍以阅读概括、解决方案、辩证分析、综合论述为核心内容。从能力角度而言，阅读概括属于发现问题的能力，方案措施属于解决问题的能力，辩证分析、论述属于综合论证问题的能力。

三、申论的性质

申论考试，是具有模拟公务员日常工作性质的能力测试。作为公务员，对社会生活的方方面面都应当有所认识和有所思考，并且具备较高的思想水平和较强的分析问题、解决问题的能力。因此，申论考试所提供的一般都是社会性较强的背景材料，让考生对此进行分析和论述，从而考查考生处理公务员日常事务的潜能。

就公务员招考申论考试而言，对政治、经济、法律、文化、医疗、教育等问题均有所涉及，这就要求考生要具有比较丰富的知识，平时要注意广泛搜集各个领域、各个方面、各个专业的信息。

申论考试的给定材料，虽然涉及面很广，但试题具有较强的针对性、合理性，无论是概括主题、陈述看法，还是提出对策、进行论证，都应紧扣试卷上的给定材料。同时，问题的解决方案必须具有可行性，且大多涉及国家政策和关系民生的热点或敏感问题，只要考生了解和掌握相关常识，均可言之有物，言之成理。

四、申论与一般议论文的区别

申论考试的目的之一是测试考生发现并提出问题、分析问题、解决问题这三种能力，它与传统作文考核的议论文写作有所不同，其考试目标具有更高水平的整体系统性。这种测试比较高考议论文有以下特点：

（一）对考生能力考查更系统全面

申论不仅限于对考生阅读理解能力和文字表达能力的考查，更侧重于测试考生提出问题、综合分析和解决问题的实际能力，具有较强的综合性和现实针对性，能让考生充分发挥自己各方面的潜能。申论体现了考生以抽象思维为主、形象思维为辅的高水平思维特点。

（二）论证切入角度选择更现实专业

申论必须站在党和政府的角度考虑问题，其论证既不回避现实矛盾，又不离经叛道，必须实事求是，以行政管理人员的专业角度，进行解决社会现实问题的公务论证。

（三）对论证理论层面要求更深入具体

申论论证的对象是现实社会的事务问题，如2013年国家、省级公务员申论考试，考生如果不了解十八大文件及十二五规划纲要精神，分析回答则难以准确贴切。这是对社会生活实际矛盾的具体问题具体分析，体现了考生运用科学理论解决问题的实际水平。

（四）对论证语言体式要求更严格

申论语体接近公文语体或政论语体，主流属于较为严肃庄重、中性平和的文字，论证应当写出利弊与治理。在申论写作中较少使用或慎用抒情、描写等表达方式，多用消极修辞而少用积极修辞，其文风力求平实、质朴和简洁。

五、申论考试的命题

（一）命题题材更加贴近社会民生

申论考试主要考查考生处理实际问题的能力，因而命题题材的变化趋势就更加贴近社会民生问题，更加贴近现实生活。因此，考生应重点关注历年的社会热点问题，特别是近两年来中央较为关注或措施较多的社会热点，如文化建设、生态文明、“三农”问题、节能减排问题、教育问题、就业再就业问题、医保问题等。

（二）材料阅读能力要求越来越高

纵观历年申论考试给定材料的字数每年都在增加。同时，申论给定材料的形式不再局限于文字内容，还涵盖了数字、图形等内容，这使得给定材料更加复杂，增加考生了对材料的阅读、分析难度。考生要在短时间内摄取大量复杂的信息，并在总结、概括、分析的基础上有所体悟和感想，这是对考生阅读理解能力要求的提高。另外，给定材料中涵盖了大量可供借鉴的处理意见，这对解决方案策划类题目大有裨益。

（三）申论题型的变化趋势

1. 题型越来越丰富化，越来越强调对部分给定材料的把握

近年来中央、国家机关的申论考试材料越来越长，且题型越来越丰富，大部分题目的作答不要求对全部给定材料进行总体把握，而是建立在对部分材料进行深刻把握的基础上。

2000—2004年中央、国家机关的申论考试虽在命题形式上有一定差别，但都没有从根本上改变传统的“三段论”模式。这种三段式遵循“提出问题、分析问题、解决问题”的科学原则。一般是通过三个问题来体现这三方面的内容。“三段论”式的题型由于多年被采用而过于僵化，考生的应对已经模式化，很难考查出考生的真实能力水平，改变题型结构势在必行。

2005年以后，题目要求发生变化，已经变为“三段四问”或者“二段二问”或者“一段三问”，但无论提问形式怎么变，申论考核内容都不会发生本质变化。

第一，从题目的整体结构方面来看，申论的基本题型由“概括问题—解决问题—论述问题”

的三段式结构向“概括问题—分析问题—解决问题—论述问题”的四段式结构转变。

2000—2002年都遵循“概括问题—解决问题—申明论述”的结构。这种结构的弊端是：第二题和第三题重复考查了考生解决实际问题的能力。

2005年增加了分析问题部分，去掉了解决问题部分，变为“分析问题—概括问题—申明论述”三部分。2006年则变为“概括问题—分析问题—申明论述”三部分。不过在申明论述部分明确要求解决问题，而不再是单纯论述一个观点。2007年、2008年、2009年和2010年基本延续了这一结构，且分析部分题型更为丰富。2008年、2009年、2010年、2011年、2012年和2013年中央、国家机关和省级公务员考试申论科目的难度进一步加大，变为“概括问题—分析问题—问题对策—申明论述”四部分。

第二，从题目的具体类型看，可谓灵活多变，几乎每年都有一个新变化。以概括题目为例：2000年申论考试要求概括出给定资料所反映的主要问题；2001年申论考试要求概述材料的主要内容；2002年申论要求概括给定资料反映的问题的影响；2004年申论考试要求概述我国汽车工业的现状和发展趋势；2005年申论考试要求简述解决我国农村农民问题的两种思路。以论证题目为例，2000年至2003年以及2009年论证都属于材料作文，自拟题目；2004年和2005年论证部分是材料作文，命题作文。另外，2005年申论考试的论证部分发生了巨大变化，这就是通过题目限定了议论文的形式是评论。由此可以看出，论证部分越来越清晰地显示出分析说理能力的重要性。2008年、2009年、2010年、2011年、2012年、2013年都明确要求在论证部分解决问题。

第三，从具体的题目要求看，分析部分成为题型变化的主要阵地。从2005年中央、国家机关公务员考试（申论）的问题可以发现，分析部分的提问形式变化最大，以往是针对背景材料所体现的问题提出解决对策，但现在变成命题者已经把对策提了出来，考生的任务是做出选择，并阐述哪一些有效、哪一些无效及其原因。这种命题模式叫作“对策有效性分析”。从2005年出现“对策有效性分析”这一主观问题客观化的题型之后，2006年仍然保留了这种判断型分析。2008年、2009年、2010和2011年题目大大改变，出现了以前公务员考试很少出现的题型。

如2007年中央、国家机关申论科目的第二题：

“给定资料7”提到了“土地科学可持续利用管理”的问题。请结合“给定资料3～7”，谈谈对“土地科学可持续利用管理”应从哪些方面评价。要求：分条作答，简明扼要，不超过150字。

2008年中央、国家机关申论科目的第五题：

“给定材料11”列出了其职能部门准备对反对意见给予答复的基本内容，请指出这样答复存在哪些明显问题，并就存在的问题分别说明怎样修改补充。要求：1. 不从格式、语言上谈问题，仅从内容上指出主要问题。2. 分条作答，指出一个问题，接着写出修改补充的内容。3. 条理清楚，表达简洁流畅，不超过500字。

2009年中央、国家机关申论科目的第三题第1小题：

“给定材料5”对内地省区“欢迎沿海地区产业转移”的口号提出质疑。请对此进行分析，谈谈你的见解。（20分）要求：观点明确，分析恰当，条理清楚，不超过300字。

2010年中央、国家机关（省级以上）申论科目的第一题第2小题：

请结合给定资料中的具体事例，谈谈你对“海洋的污染将毁灭鱼儿的家园，但让人类不寒而栗的毁灭绝非仅此而已！”这句话的理解。（10分）要求：准确、简明，不超过150字。

2011 年中央、国家机关(省级以上)申论科目的第一题第 1 小题:

给定资料 4“黄河健康生命的主要表现形式就是‘三善’,即‘善淤、善决、善徙’,这是一个为几千年历史所反复证明的基本事实。”请结合对这句话的理解,谈谈对黄河自身规律的认识。(10 分)要求:简明、完整,不超过 200 字。

2. 公文型题目越来越受青睐

因为申论题目的要求往往是处理行政机关中日常的事务,因此公文写作一直是申论考试的重要题目。

2003 年和 2004 年中央、国家机关公务员申论考试分别出现过讲话稿和报告的题目。

2007 年中央、国家机关公务员考试申论第四题的第 2 小题又出现了公文型题目:假如中央有关部门成立联合检查组,对地方征用农民集体所有土地补偿费管理使用情况进行专项检查,请列出此项检查所查的主要内容。

2008 年中央、国家机公务员考试申论第五题,虽然对答复这种公文形式没做规范的形式上的要求,但从严格意义上讲,也是对公文写作的一种考查。

2009 年中央、国家机关申论科目的第三题第 2 小题:

这“四点对策”,内容上、表达上都存在问题。请指出这份对策存在的问题,并提出修改意见。(20 分)要求:1. 明确指出存在哪些问题;2. 写出相关的修改意见(包括写出需要补充的内容);3. 条理清楚、表达简明,不超过 400 字。

2010 年中央、国家机关省级以上(含副省级)综合管理类申论科目的第三题:

假设你是沿海某省省政府工作人员,请结合给定资料,草拟一份《关于将半岛蓝色经济区纳入国家发展战略的报告》的内容要点。要求:1. 内容全面,有针对性;2. 条理清楚,表达简明,不超过 400 字。

2011 年中央、国家机关(省级以上)申论科目的第三题:

国家某部门拟编写一本以“黄河”为主题的宣传手册,作为对青少年进行爱国主义教育的材料。宣传材料由四个部分组成,依次为:“黄河之水天上来”“黄河与中华文明”“黄河的治理与开发”“黄河精神万古传”。请参考给定资料,分别列出每个部分的内容要点。(20 分)要求:1. 切合主题;2. 全面、表述准确、有逻辑性;3. 不超过 400 字。

第二章　申论的基本内容

备考要点

要点一：通过模拟练习把握申论的卷面结构内容，着重注意申论的试题要求。

要点二：申论考试测评能力要素，即阅读理解能力、综合分析能力、提出和解决问题的能力、语言表达能力。

要点三：熟练安排申论作答的四个环节，即阅读理解材料、归纳概括要点、透彻分析并提出对策、进行综合论证表述；注意培养辩证思维的能力，辨析现实，抓住实质。

疑难分析

紧紧扣住贯穿申论考试各部分的提出、分析、解决问题三环节的能力要素，准确理解“三三制”应试理论；透视申论“阅读理解—归纳概括—解决问题—综合论述”的考试过程，初步了解系统化的理论方法与操作工具。

一、申论的结构内容

（一）注意事项

这部分主要说明测试要求、时间分配，给出指导性建议。考生须首先认真阅读这些提示，以便在答题过程中避免答非所问，科学合理地分配时间，按要求依次回答问题。

1. 申论考试与传统作文考试不同，是分析材料能力与表达能力并重的考试。

2. 作答时限：阅读材料 40 分钟，作答 110 分钟。

3. 仔细阅读给定的材料，按照试卷提出的申论要求依次作答。

（二）给定材料

给定材料约 6000 字左右，根据考试对象和所给时间的不同，材料长度会有变化。这些材料大多是带有新闻性质，其内容涉及政治、经济、法律、文化、医疗、教育等方面，反映的是社会现实生活中的热点问题，基本不涉及重大理论问题或专业性极强的问题。在申论考试中，概括主题、提出对策、进行论证都有具体字数的限制。

（三）申论要求

1. 早期

（1）请用 150 字左右的篇幅，概括出给定材料所反映的主要问题。

（2）请用不超过 300 字的篇幅，提出给定材料所反映问题的解决方案。要有条理地说明，要体现出针对性和可操作性。

（3）就所给定材料反映的问题，用 1200 字左右的篇幅，自拟题目进行论述。要求中心明确，论述深刻，有说服力。

2. 经过十多年的发展变革，现在申论要求为以下三方面

（1）对给定材料的理解、分析、整理、归纳、概括、综合；

（2）针对材料中反映出来的主要问题，进行专门或综合分析，提出具有可行性的解决方案；

(3)对材料的所有问题或某一方面的重要问题从模拟公务员角度阐发和论证相关见解。

二、申论的测评能力要素

(一)阅读理解能力

阅读理解能力指分析事物和概括问题的敏捷性和准确度。阅读理解能力强，就善于把握事物的本质，善于从各类材料中把握事物之间的联系，区分问题的性质、类别、轻重、缓急，发现同中之异，捕捉异中之同，而不是简单地就事论事。

阅读理解能力是对考生最基本的、首要的考核。考生首先要读懂所给材料的含义，这是解决后面题目的基础和关键。由于试卷中提供的材料在排列顺序和内容上往往是杂乱的，没有清晰的逻辑线条，所以要求考生能够通过阅读理解，理清各材料之间的逻辑关系，概括提炼出材料背后所反映的主旨。通常在回答试卷第一环节提出的问题时，这种能力将得到集中的体现。

(二)分析概括能力

在正确理解给定材料的基础之上，运用概念、判断、推理、分析、综合等逻辑思维的方法进行分门别类地筛选、加工，理出逻辑思路，提炼材料所反映的主题思想。这种能力是公务员完成日常管理工作必备的，通过试卷第二、第三环节设置的问题可以比较成功地测试出考生的这种能力水平。2007 年以来，考题愈来愈注重考查考生的综合分析能力。

(三)提出和解决问题的能力

针对问题能够提出行之有效的措施、方法和方案，这是考生能力测试的关键方面。公务员在管理活动中总会遇到各种各样的问题，而许多问题没有现成的解决方法，必须由管理人员针对随时出现的现实问题，及时地提出解决对策。因此在申论考试中测试考生提出问题和解决问题的能力就成为其核心目标。通常试卷第二环节提出对策和第三环节进行论证的过程就是集中考查考生这方面能力的过程。

(四)语言表达能力

考生要借助于语言文字将自己的思想、意见和看法等表达出来。语言表达能力是阅读理解能力、综合分析能力、提出问题和解决问题能力的综合表现。没有语言表达能力，即使前面三种能力再强，也无法让阅卷者了解。所以，良好的语言表达能力能够将考生的思维活动过程再现出来，使之逻辑清楚、层次分明、用词准确、结构严谨，并能够深入浅出地说明问题，及时中肯地提出问题和解决问题。这种能力始终贯穿在整个申论试卷的作答过程中。

三、传统申论考试中的四个环节

(一)阅读材料

阅读理解给定材料，是申论考试的基础性环节。这个环节虽然不用文字在答卷上直接反映，却是完成其他三个环节的前提条件，而且在时序上居于首位，不容置后。因为只有认真地读懂读通全部给定材料，才能把握材料所反映的事件的性质，才能准确地概括出给定材料所反映的主要内容或主要问题，完成第二环节的答题要求，也才能针对主要问题，就给定材料所涉及的范围和条件，提出切实可行的对策和方案，完成第三个环节的要求。最后，还要充分利用给定材料，切中主要问题，抓住主要矛盾或矛盾的主要方面，全面阐明、论证考生本人对给定材料所反映的主要问题的观点，以及解决问题的方案，完成第四个环节的要求。

一定要保证有充分的时间阅读背景材料。如果考试时间为 150 分钟，在合理分配时间的前提下，阅读材料的时间一般不要少于 40 分钟。保证阅读的时间，对后面三个环节的作答有很大益处。因为，只有读懂了给定材料，真正掌握了材料内容，才能保证后面三个环节的答题质量。

（二）概括要点

概括要点是承上启下的重要环节。一方面它是阅读材料环节的小结；另一方面，又影响提出的对策是否准确，是否更具有针对性，影响论证是否有扎实的立论基础。概括要点的关键，在于准确把握给定材料。有的材料较为复杂，问题零乱，彼此交错；有的材料问题比较集中。前者，要分析出主要症结所在；后者，要具体问题具体分析。但不管哪一类材料，都要进行归纳、整理及分析、比较，阐明给定材料反映的主要问题、主要观点或者主要内容等，否则，解决问题时就难以把握适当的分寸和尺度。

（三）提出对策

提出对策是申论的关键环节，它是针对前面概括出的问题而言的。前面概括出几个方面或几个层次的问题，本部分就应提出几个方面或几个层次的对策方案。

这部分重点考查考生思维的开阔程度、探索创新意识、应变能力和解决问题的能力。它给考生提供了充分发挥的自由空间，考生可根据各自的知识阅历，对同一问题各抒己见、见仁见智。需要注意的是，对策部分必须结合给定材料所涉及的范围和条件，才可能提出有针对性的切实可行的方案。

（四）进行论证

申论考试的最后一个环节是论证，是对考生"思""辩"的能力进行检测。这部分内容要求考生充分利用给定材料，抓住主要问题，全面阐明、论证自己的见解和观点。

从申论写作的全过程来看，论证是前三个环节的理论升华，前面三个环节则是论证的铺垫。论证需要浓墨重彩、淋漓尽致。一是因为它所占字数多，分值相对较高；二是这一环节能更全面、充分地展示考生的知识基础、理论水准、逻辑思维水平以及语言文字表达等诸方面的能力。

我省专家组经过多年来的探索和实践，初步探索出了较为简洁、系统又有操作性的应试指导理论——"三三制"申论应试理论。这套理论包括：三点概括法，三观对策法，三步论述法。

三点概括法：申论整体考查考生发现问题、分析问题、解决问题的能力，概括部分突出考查考生发现并提出问题的能力，兼顾分析和解决问题的能力。如前所述，申论阅读概括一般有三种问法，三种问法实质要求阅读概括分别侧重发现能力、分析能力、解决能力。近几年的选择问题、定义解释则是对传统阅读理解能力的考查。

因此，三点概括法就是以"一个中心，两个基本点"的方式概括。"一个中心"指概括材料要集中反映一个事件（或一类事件）这一中心（发现提出问题）。"两个基本点"中第一个基本点是指概括材料要揭示出事件的不同角度或不同层面的各种表现及相关原因的点（分析问题）；第二个基本点是要指出事件（问题和矛盾）的解决方向（解决问题）。这样，材料概括既可以突出中心事件以反映内容，又可以突出现象和表层、深层原因以揭示问题，还可以突出问题原因和解决方向以显示观点。

三点概括法暗含着申论给定材料的组合方式，即给定材料包含着问题的呈现、问题的原因、问题的解决，当然，肯定还有干扰性材料。这种概括方法显然比以叙述方式或对材料的中心思想进行中学生式的总结更有针对性和更加全面系统，既给出了阅读理解中对材料的分类标准，又提供了归纳概括的有效工具。

三观对策法：申论考试的第二部分多数是站在虚拟公务员的角度提出有效的措施和对策，实质是模拟行政解决问题。措施和对策的基础，是理解概括给定材料时对事件的多层次或多环节的表现产生的多种相关原因的透彻分析。这样，考生才可能有针对性地提出有效可行的对策。

为了便于把握，整体对策可以按照行政管理学的方法分为宏观层面对策（法律手段、政治手段与行政措施等）、中观层面对策（经济手段、科技手段、市场手段）、微观层面对策（行业手段、宣传教育手段等）这样三个层面的系统对策。

在此基础上，对策方案应当围绕材料反映的焦点或主要矛盾，集中采取可行性措施解决主要矛盾，兼顾次要矛盾。应当根据给定材料反映的不同层面的原因对症下药，将行政手段的普遍原理与材料的具体问题结合起来。对策的可行性体现在解决问题的意见或办法应从实际出发，结合具体情况。同时，要明确问题的"归口"，说清负责落实处理问题的行政部门或者职能机构，指明解决问题的实效性和必备的主客观条件。解决措施或对策排列时，可以从宏观、中观到微观；遇到紧急突发事件时，措施可以从具体应急措施入手，从微观、中观到宏观排列。

三步论述法：申论第三部分是综合论述。第一步，紧扣材料，引出论题或论点（提出问题）。第二步，原因分析或阐释对策依据（分析问题）。第三步，阐述措施和对策，显示必要性和决心（解决问题）。这种论述模式可称之为"典型式三步论述法"。

在"典型式三步论述法"的基础上，有的论述者为了突出对问题的分析、理由的阐述，在第一步提出问题不变的基础上，第二步着重加大对原因的分析或阐释对策的依据（分析问题），使第二步的内容成为论述的主要核心，篇幅也约占全篇的三分之二。第三步，精炼地阐述措施和对策，显示必要性和决心（解决问题），这种论述模式突出理由阐述，可称之为"理由式三步论述法"。

论述者为了突出对措施、方法的阐述，第一步提出问题不变，第二步简要地阐明原因、依据、目的等，接着重点展开论述解决问题的措施和方法；或者一开始就以阐述解决问题的措施和对策及其理由为主，将第三步和第二步内容糅合成为论述的主要核心。结尾或直接收尾或总结升华。这种论述模式突出解决措施，可称之为"解决式三步论述法"。

公务员考试的核心是考查考生运用科学理论解决实际问题的能力。"三三制"应试理论透视申论"阅读理解—归纳概括—解决问题—综合论述"的考试过程，紧紧扣住贯穿申论考试各部分的提出、分析、解决问题三环节的能力要素，为考生提供了系统化的理论方法与操作工具。实践证明，"三三制"申论应试理论有效地提高了考生对公务员申论考试的整体把握能力。

第三章　申论应试——审读材料

备考要点

要点一：准确理解申论考试审读材料的整体目标与原则。

要点二：一定要养成迅速分类的申论阅读习惯，了解申论材料的分类。材料内在的因果关系，一是事实材料与理论材料为基础与结论的因果关系；二是事实材料与理论材料为实证与诠释的因果关系；三是理论材料为递进关系，多事一理、多理同理的因果关系深化论点；四是事实材料为并列关系，多事一理，印证问题。

要点三：掌握材料的作用，理解材料与试题的对应规律。

疑难分析

抓关键句并作标记：在材料中寻找总领性和总结性的关键句子，如法律句、专家句、首尾句等，材料就是围绕这些句子展开论述和说明。对关键句的理解和把握，使我们能够完整把握材料的整体。

一、审读材料概述

（一）申论阅读目标

阅读理解直接决定其他环节的答题质量，它既是申论考试的一个关键环节，又是其他各个环节得以进行的基础。近年来，申论试卷所给的材料不管在数量要求上还是复杂程度上都一直呈上升趋势，要求考生在规定的时间内阅读完毕，并为后面的概括主题、提出对策和论证写作做好准备。

1. 阅读考试要求

阅读考试要求包括阅读试题和注意事项两个部分。对于注意事项，通常是对整个申论作答过程的指导性建议，只要有所了解即可。阅读试题就是一个审清题目含义和要求的过程。在阅读给定材料前，考生一定要仔细审读考试要求，反复推敲，准确领会题目的意图，把握试题的意旨和测试点。只有带着问题，才能使阅读更具有针对性，更易剔除一些无关紧要的干扰性材料，从而抓住问题的实质所在。

2. 阅读给定材料

在内容取材上，申论给定材料通常是当前突出显现的社会性问题、热点问题，涵盖了政治、经济、法律、文化、教育等诸多方面，具有较强的普遍性、现实性和社会性。材料选择更突出体现问题表现的宏观层面，以考查考生的宏观统筹能力。

纵观历年申论考试的材料，其结构形式主要有这样几种：一是单独事件型，即比较集中地反映一个具体问题，给定材料涵盖了这一事件的大致轮廓和情节；二是类属事件汇编型，即围绕某一个问题所摘录的素材；三是话题型，即材料围绕一个话题，既有具体的事件，又有政策的分析、专家的解读，还有理论的论证，有点有面；四是复合型，即兼顾了事件型和汇编型的形式，既有具体事件的操作，又有宏观性政策的分析。

在表现形式上，通常有文字材料和图表材料两大类。纵观历年申论考试，给定材料通常以文字材料为主。材料内容通过一定数量的文字语言来承载，要理解其中的内容和隐含的深义，不仅需要理解语言文字的字面意义，还要透过文字表面看本质。如果被说明的事物、现象比较复杂，则通常可以用图表材料、表格统计直观地表现出来。图表材料通常会辅之以必要的数字罗列和说明。

整体而言，阅读给定材料均可分为呈现问题的材料、阐述问题因果的材料、说明问题解决的材料三类。

（二）阅读理解能力

1. 认读语言的能力

认读语言的能力是最基本的阅读能力，是整个阅读过程的基础，也是阅读最起码的要求。其主要包括两项：一是认读的广度，即视觉范围的大小；二是认读的准确度。读得准确，不仅能锻炼语言的感知能力，而且能促进对语言的理解和记忆。

2. 理解语言的能力

理解语言的能力是在认读的基础上，对阅读信息进行消化、加工的能力，它是阅读能力的核心，是考查阅读能力最主要的内容之一。

理解语言的能力包括理解词语的能力、理解句子的能力、理解语言结构的能力、理解文章表达的能力等。整个理解过程是从对语言形式到对语言内容的理解，从对部分的理解到对整体的理解，继而在此基础上加深对语言形式和整体内容的理解。

3. 评价语言的能力

评价语言的能力是指对阅读材料的把握和评价能力，包括从材料的思想内容到表现形式、语言文字、写作风格等进行评价，就是从评价的角度进行阅读。

4. 应用语言的能力

应用语言的能力指通过阅读后，将获取的种种信息加以灵活使用，以获得新知识的能力。应用语言的能力的最大特征是由此及彼，举一反三。这是一种较高级的思维活动，需要掌握精读、速读、浏览、质疑、比较等方法，具有独立性和研究性。

（三）申论考试阅读原则

1. 目标性原则

申论材料需要带着问题进行有目标性的阅读，以提高阅读的效率。申论阅读对象包括给定材料和申论要求，带着问题阅读是为了有针对性地解答问题，而要全面准确理解材料内容，则需要培养自己的问题意识。最常见的问题思维是：

（1）材料表述的主题，即材料表达的中心是什么？

（2）材料反映的问题，即材料想要阐述主题涉及哪些问题及其结果表现？

（3）材料倾向性观点，即材料对问题持怎样的观点或态度、原因及其解决措施？

（4）材料内在的逻辑，即材料不同部分的内在逻辑关系，分别从哪些方面论述自己的观点？

通过对近年来中央、国家机关及各省招录公务员申论试题来看，大多材料内容与社会时政热点有关，这就要求考生在阅读材料时一定要透过所给材料的表面现象理解材料是针对什么问题的。针对性所指即为材料所反映的本质问题。看问题要有一定深度，切不可就事论事，把问题表面化，以免概括、归纳材料时偏题，提出对策时泛泛而谈，出现所提对策不合要求，甚至论证问题时就跑题的现象。申论材料大多是对某一热点问题的具体表述，只是现象。在阅读材料时一定要透过对具体内容的分析、理解、思考看本质，注意领会出题的意图是什么。

考生要注意申论给定材料的辩证性和系统性。辩证性是阅读理解材料并进一步完成申论作答的指导性方法和原则，忽略了辩证性就可能会犯不客观公正、陷入具体事实材料或脱离题材主题等错误。把握给定材料的辩证性要求主要有以下几点：

一是把握好整体与局部的关系。把握好整体，处理好局部，防止“只见树木，不见森林”，这样才能不会因为过分关注细节而导致偏离主题。

二是分清现象和本质。申论所给材料通常是一些新闻事件或问题表象。考生应该透过现象认识到材料所反映的本质和主旨思想，这样才能正确理解材料的观点和思想。

2. 筛选性原则（也可称为标记性原则）

考生要在整体把握的基础上对材料的信息进行筛选，并用符号标记出来，以便排除似是而非、与相关事实无关的干扰材料，更好地理解材料，即应在对理解材料内容有帮助的词语或句子下面做些记号，或者直接将提示段意或文章主旨性的句子圈线标记。

阅读材料时要求考生对所给的材料进行通读。首先，在草稿纸上对每段材料的意思进行提炼，分别列出。其次，对排列无序的材料性质进行分门别类，找出子材料间的共同性和差异性。有的材料中还列出解决问题的方法，有的子材料在整体内容上起承上启下的作用等。再次，在把握整体材料的基础上进一步归纳提炼，对材料内容进行升华，依据作答要求，整理出所需要的材料内容。

阅读材料的目的是要全面、准确、深入地理解材料的内容和含义。有些材料具有比喻和类比意义，这类材料给出的可能是故事、寓言、格言或自然、社会现象介绍。透过对材料表面的叙述来审视材料的隐喻义，通过把握材料表现的事物本质特征来明确材料的隐喻义。

一般来说，用含有隐喻义的材料写议论文，有较强的现实针对性。我们可以从中获得启发，展开联想，去思考相似的社会生活现象或包含相似道理的一些事物。同时就能理解写这类议论文不能光停留在对材料隐喻义的挖掘上，要引申开去，着重论述所联想的事物或现象，而准确揭示材料的隐喻义，找准两者的相似点，立论的第一步就不会偏离题意。如 2008 年材料 7“上海某大学地理研究所 G 所长指出美国人民把搁浅的鲸鱼推入大海，这值得赞扬，鲸鱼被非洲难民捕食，这也应赞扬，因为它救活了一群人”，就是类比环保与生存发展各自的合理性。

3. 整体性原则

申论阅读往往提供大量的材料，如何从整体上把握这些材料，并依据这些材料分析得出整个材料所要说明的中心问题，这是申论考试的关键。这就要求考生必须着眼于全局，要对材料有个全面的把握，理顺材料间的关系，而不应在某一组材料所反映的某一方面的问题上纠缠不清。这样可能会将考生的思路引入歧途，偏离整体材料的中心思想。这要求考生不能将每一部分材料孤立起来，而要从整体主旨的角度去理解每一段材料的作用，用整体去整合部分，才能在真正理解每一部分的基础上，达到对整体材料的把握。同时，也只有全面理解了材料，才可能全面概括材料，把握材料的主旨，制定全面、有针对性、可行性的对策，进而对问题进行论证。所以说整体把握的原则是阅读理解的基础，也是申论考试的基础。

4. 时间性原则

假如申论考试试卷给出的阅读参考时限为 40 分钟，那么根据多次的实战考试经验，专家建议以 30 分钟为最佳。因为申论考试看似时间宽裕，实则很紧张，而且考虑到每次作答前都要草拟提纲，回到材料中，这实际上是二次阅读。

一般来说，考生在进行第一遍阅读时一定要快，快速地浏览全文，大体了解文章的内容，对材料所反映的问题有个初步的印象。而在第二遍阅读时则要放慢速度，仔细分析每一组材料的内容，弄清材料间的逻辑关系。

要注意详略结合。即使对理解材料有帮助的句子，它们所起的作用往往是有大有小的，因此，考生在阅读材料时一定要注意详略得当。对重要的句子，如提示句、关键句、概括句等，要精读细读，而对于仅仅是对句子进行解释或举例论证的内容则要相对加快速度。

二、申论阅读的关键——给定材料的分类

从历年国家、各省申论试题来看，内容涉及社会、政治、经济、文化、法律等，尤其是时政热点，与百姓利益、生活关系密切的话题往往成为申论考试的重点。如国家公务员 2000 年论题为：噪音污染折射出的经济发展与城市布局之间的矛盾；2001 年论题为：感冒药“康泰克”含“PPA”风波引发的药品安全问题；2002 年论题为：网络的发展对社会生活带来的影响；2003 年论题为：交通、工矿企业事故频发与应急处理减少事故，安全生产；2004 年论题为：城市交通拥堵问题；2005 年论题为：农村经济发展与农民工权益保障，即解决农村农民问题的思路；2006 年论题为：构建和谐社会和坚持科学发展观，看政府应对公共事件的能力；2007 年论题为：土地“命脉”问题；2008 年论题为：怒江水电开发争议；2009 年论题为：经济发展中的产业优化升级和粮食安全问题；2009 年论题为：我国低端制造产业结构调整转型与粮食安全问题；2010 年论题为：蓝色海洋经济资源的科学保护开发与利用问题；2011 年论题为：海河流域治理与弘扬黄河精神；2012 年论题为：社会道德体系严重滑坡和公安安全危机问题，2013 年论题为：我国保护文化遗产和继承发展传统文化问题。

就甘肃省而言，2003 年申论考试论题为：防治“非典”问题；2004 年论题为：高考作文阅卷问题；2005 年论题为：敦煌机场少年坠机事件引发的问题；2007 年论题为：反垄断问题；2009 年消防总队招警申论论题为：公共应急处置机制；2009 年省考申论论题为：农民工就业及其子女教育问题；2009 年省政法试点改革招生申论论题为：尘肺事件；2010 年申论省考论题为：加强新闻媒体的公信力；2011 年论题为：弘扬科学精神，提升科学素养；2012 年论题为：城市规划建设与传统文化保护之间的矛盾及其解决问题。

可见，申论考试材料内容都具有一定的预见性、限定性和很大的不确定性。要求考生阅读给定材料应当迅速按照反映原因、反映问题（结果表现）、反映解决措施三种角度明确分类，为准确答题奠定基础。平时要注意观察，读书看报，做一个关注社会民生、关心国家发展、了解时事政策、善于学习思考的人，这也是作为未来公务员应该具备的最基本素质。

（一）材料的分类

1. 原因类材料、结果类材料、解决类材料、干扰性材料

按照申论考试的总体目标及材料的作用，所有的材料均可分为原因类材料、结果类材料、解决类材料、干扰性材料这四种基本类别。

（1）原因类材料

如 2011 年中央国家机关公务员考试申论材料 5 中：

“王景治河后，黄河相对安澜 800 年，据分析与王景所选定的东汉故道河身较短、地势较低，因而行河路线较优有关；另外，‘十里立一水门，令更相回注’所描述的可能是一种利用沿河大泽放淤的工程措施，这对于延长行河年限也有一定作用。以上所述主要是从治黄工程的角度看问题，但据黄河水文、植保专家的研究，王景治河至隋代的 500 多年间，为黄河史上又一阶段，其

特点是黄河下游河患相对较少，在此期间，黄河中游地区大暴雨的记录较少，这一时期黄河下游有分支，两侧又有较多湖泊洼地；但其中更重要的原因就是那时黄河输沙量的减少，否则，王景所开新河道（如汴水），也会很快被淤积，从而使河床不断淤高，降低其泄洪能力。这一时期黄河输沙量的减少并不是推论，而是有以下诸条事实，即在这一时期有关黄河水清的记载较多，且有'黄河清复清'的民谣。这一时期黄河输沙量的减少主要归因于黄土高原人口减少，植被得到一定恢复。安史之乱后，农牧界线又迅速北移到河套以北，大片草原又变为农田，又一次加剧了水土侵蚀，黄河下游灾害增多。五代、两宋至元、明时期，农牧界线一直游移于陕北和内蒙古之间，至清乾隆之后，农田植被更逐渐推移至阴山以北，这时整个草原几乎全部被当年栽培作物所取代，水土流失非常严重，陕北风沙加剧，黄河下游水患频繁。王景治河后，黄河安澜800年，他的治黄思路和做法很值得今人研究与借鉴。"材料5清楚地表述了王景治河后黄河安澜800年的主要原因。

又如，2010年中央、国家机关公务员考试申论材料1中："随着工业化、城市化的快速发展和人口数量的增长，全球海洋污染愈益严重。海洋污染的治理难度非常大，特别是像渤海这样的内海，海水封闭性强，自身交换能力差，一旦污染，它的自我更新周期至少需要15年。"材料揭示了海洋环境污染的背景原因是：人口增长和工业化加城市化。材料1中："科学调查与监测结果证明，陆源污染对渤海威胁最大，入海河流流域周边的生活污水、工业废水、农药及化肥污染是三大陆源污染源；此外，船舶石油泄漏、海上石油开采和海水养殖中的添加剂也会对海洋造成严重污染。在近期治理阶段，为遏制陆源排污，做了大量工作，但我国四大海域中，渤海沿岸超标排放的入海排污口最多，比例高达90%以上。渤海沿岸有分属在三省一市的13个城市，渔、盐、农、航运、石油、旅游、工业等众多行业在渤海进行经济开发活动，海洋、环保、农业、交通等政府管理的管不了治理，管治理的管不了排污。众多主体分享渤海的环境效益与经济效益，这就使渤海成为典型的'公地'，直接影响沿海地方政府治理的积极性，造成治理工作效率低下。《碧海计划》只是一个政策性文件，不具有法律强制性效应，执行过程中，难以借助法律手段实现管理体系、监测体系、投资体系、统计体系、评价体系的对接统一，这也直接影响了治理的效果，有关权威部门发布的2004年渤海环境质量公报显示：污染范围比上年扩大。未达到清洁海域水质标准的面积约2.7万平方公里，较上年面积增加约0.6万平方公里，占渤海总面积的35%。其中，轻度污染、中度污染和严重污染海域面积较上年分别增加了44%、55%和57%，污染程度明显加重。近几年的连续监测结果显示，进入21世纪以后，渤海环境污染仍未得到有效控制，轻度、中度和严重污染海域面积呈上升趋势。显然，《碧海计划》近期目标难以如期实现。"材料揭示了《渤海碧海行动计划》近期目标难以实现的多方面原因，实际是试题1答案所在。

（2）结果类材料

如2011年中央、国家机关公务员考试申论材料3中：

"长期以来，美国对密西西比河的开发活动主要是防洪和扩大航运，这两项耗费了巨大的财力、物力和人力资源，但水质问题却是影响着密西西比河全流域'健康'的一个关键性问题。……航运与其他活动的相容性仍是密西西比河管理的一个重要课题。泥沙淤积是密西西比河的主要环境问题……但尚未根本解决整个上游流域的综合治理，发生严重水灾的可能依然存在。

科学家警告说，森林砍伐已经使亚马孙河众多支流的水文状况发生了巨大变化，干流受到影响只是一个时间问题。目前亚马孙河的7000条支流正逐渐干涸，另外肥料和农药也对这些支流的生态状况造成了很大影响。……

埃及地处北非，是严重干旱缺水的国家，工农业及生活用水全靠尼罗河。曼扎拉湖位于尼罗河三角洲的北端，是一个长60公里，宽40公里的长方形湖泊，它对尼罗河的'健康'起到至关重要的作用。每年埃及各地的工业、农业和生活污水几乎都通过5条水渠流入湖中。……导致曼扎拉湖水质急剧恶化，湖里鱼类几乎绝迹，鸟类也大量减少，生态环境受到严重破坏。……记者在参观这一人工湿地工程时看到……鱼儿在池中悠闲地游动。经过鱼池流入曼扎拉湖的已处理过的水便不会再污染湖水。如今，这里的生态又恢复了勃勃生机。"材料通过概括叙述、具体事例和统计数据说明了密西西比河、亚马孙河、尼罗河等流域出现的生态危机的结果。

又如2010年中央、国家机关公务员考试申论材料3中：

"兵库县是日本重要的工业区和港口区，沿海岸线的许多地区，工厂林立，许多海岸都被砌成了高大笔直的混凝土大坝，而这些工厂所在的陆地，很多都是填海形成的。20世纪中期，日本经济高速发展，人口迅速增加，国土面积狭小的日本开始规划填海造地，从1945年到1975年，日本政府总计填海造地11.8万公顷（相当于两个新加坡的面积）并统一进行工业布局，将炼油、石化化工、钢铁和造船等资源消耗型企业配置于东京湾以南的沿太平洋带状工业地带上，使原料码头与产品码头成为工厂的一部分，减少中转运输费用。日本有关专家指出，港口与工业区紧密结合在一起的布局不仅使能源消耗量大的钢铁、水泥、制铝、发电和汽车业等成本下降，促进了这些行业以及造船、机械和建筑等工业部门的发展，而且使以石油为原料的石油冶炼、石油化学、合成纤维、塑料制品和化学肥料等工业飞速发展。最明显的问题就是海洋污染，很多靠近陆地的水域里已经没生物活动。整个日本的近海海域经历了20世纪六七十年代的严重工业污染，尽管后来政府立法要求工厂和城市限制排污，情况得到了一些缓解，但要恢复到以前的情况非常困难。由于工厂和城市长期排放污染物，海底大量细菌滋生，导致赤潮频发。其次是滩涂减少了约3.9万公顷，后来每年仍然以约2000公顷的速度消失。过度的填海还导致日本一些港外航道的水流明显减慢，天然湿地减少，海岸线上的生物多样性迅速下降，由于海水自净能力减弱，水质日益恶化。"材料通过概括叙述，揭示了环保错位的结果。

（3）解决类材料

如2010年中央、国家机关公务员考试申论材料1中：

"2001年，国务院正式批准由国家环保总局、国家海洋局、交通部等有关部门和天津、河北、辽宁、山东四省市联合制定的《渤海碧海行动计划》（以下简称《碧海计划》），旨在促使渤海近岸域海洋环境质量的改善，努力实现海洋生态环境良性循环。《碧海计划》总投资500多亿元，实现项目427个，主要包括城市污水处理、海上污染应急、海岸生态建设、船舶污染治理等内容。实施区域包括天津、河北、辽宁、山东辖区内的13个沿海城市和渤海海域，以每五年为一个阶段实施。近岸海域环境保护拟分阶段推进，分为近期、中期和远期目标。2001年至2005年要实现的近期目标是：渤海海域环境污染得到初步控制，生态破坏的趋势得到初步缓解。"材料说明了实施《碧海计划》这一整体的解决措施。

又如，材料1结尾部分："2008年11月，国务院批准了《渤海环境保护总体规划（2008—2020年）》。规划确定了加强重点环节和关键领域保护与防治，建立渤海污染与生态保护系统；面源点源治防联动，建立陆域污染源控制和综合治理系统；全面实施节水治污战略，建立流域水资源和水环境综合管理与整治系统等五大主要建设任务，体现了渤海环境保护任务的综合性、战略性与长期性，并强调在海洋开发过程中，全面推进节水、节能、节地、节材和综合利用，确保引时项目为低耗、低排放、低污染和高效益的企业和产品，促使海洋环境资源的可持续利用。”材料较具体地说明了渤海治污的解决措施。

(4)干扰性材料：干扰考生的判断，设置阅读障碍，提高试题难度的信息。随着申论题型的发展，各种话题都可能被说到，题目的来源日益缩窄，这种干扰性材料的出现频率和容量将呈递增趋势，且形式更巧妙，干扰作用更不易察觉。

(5)原因类材料、结果类材料、解决类材料均属对答题有直接或间接利用价值的“有用信息”，其作用可以分别表现为前述“三点概括法”中的“体现一个中心的材料”“包含原因结果基点的材料”“包含解决基点的材料”。其可用价值具体体现在以下几种：

一是体现一个中心。材料能体现给定材料的主题、对认识和解决问题具有实质意义的，可以是陈述句，也可以是论证句。

如：“在全国人民隆重纪念中国共产党领导人民治理黄河60周年之际，胡锦涛同志强调指出，黄河是中华民族的母亲河，黄河治理事关我国现代化建设全局。60年来，人民治理黄河事业成就辉煌，但黄河的治理开发仍然任重道远，必须认真贯彻落实科学发展观，坚持人与自然和谐相处，全面规划，统筹兼顾，标本兼治，综合治理，加强统一管理和统一调度，进一步把黄河的事情办好，让黄河更好地造福中华民族。”

对于黄河这个客观规律的认识和利用来造福于人类自身，我国人民经历了艰苦的探索，从给定材料4本身来看，列举了现代各个历史时期的不同认识和实践，这就集中表现在几代领导人的有递进性的指示上，尤其是最新的科学见解上。要准确概括把握第一题的主题必须从这里入手。

又如，“2007年，胡锦涛同志在中国共产党第十七次全国代表大会上的报告中指出，加快转变经济发展方式，推动产业结构优化升级，这是关系国民经济全局紧迫而重大的战略任务，要坚持走中国特色工业化道路，鼓励发展具有国际竞争力的大企业集团。(理论)同年5月1日，胡锦涛同志在郑州煤矿机械集团有限公司考察时，肯定了该集团产品在国内市场、国际市场所取得的成绩，并进一步指出，我们要创品牌，让郑煤机的产品具有国际竞争力。2008年9月8日至10日，胡锦涛同志前往河南焦作市农村考查粮食生产，在玉米丰产示范田，询问乡亲们对国家惠农政策有什么要求，一位村民答，希望粮食价格提一点，政府补助多一点。胡锦涛同志表示一定把这些意见带回去。他指出，发展粮食生产，一靠政策，二靠科技。在温县农科所，胡锦涛同志勉励科技人员为粮食高产稳产进一步发挥作用。在焦作市隆丰粮食储备有限公司，胡锦涛同志要求进一步把储备粮食管好。”

这条材料说明的是经济发展方式的转变，这是材料的要点所在，是全部给定材料中“出口加工业产业升级、农业规模化经营与粮食安全”核心内涵。要概述材料的主要信息即要点，这段语句是必要的依据。

二是反映问题——包含结果基点。

如2008年10月，记者就广东产业转型问题进行专访，决策专家C说，改革开放以来，广东一直是我国经济发展的“排头兵”，它所取得的成绩是激动人心的。2007年，广东的GDP达人民币30673亿元，经济总量首次超过台湾地区。这是广东继1998年超过新加坡、2003年超过中国香港之后，又一次超越“亚洲四小龙”，预计2010年将超过韩国。这种变化是非常惊人的。一句话，广东的成功也是中国的成功。然而，广东的问题也是中国的问题。广东的产业结构有硬伤，这种结构模式支持了过去二三十年广东及东部沿海经济的快速成长，现在则遇到严峻挑战。在加工制造产业的发展中，过去三十年主要是模仿国外早期的某种经济发展模式，“两头在外、中间加工”，比如广东的东莞，一段时间生产了全世界70%的电脑电源线，怎么生产的呢？无非是大量购买原材料，经过一道至数道工序制成零部件，组装成半成品卖到海外市场。从严格意义上说，东莞只是一个制造“车间”，而不是“工厂”，因为对定价有决定权的会计和设计部门全是在国外。结果，同一件衬衣在美国卖近百美元，而我们的出口价仅有七八美元。

通过对这则材料的阅读，即可得出问题及原因所在，也有的问题不在表面而潜伏于深层，表现形式较为隐蔽，需要进行思考分析，才能认清问题的本质。

三是揭示原因——包含原因基点。

如东莞在解放初期，属东江行政区管辖，1988年升格为地级市。当时，在成本上升的不断挤压下，香港繁荣了几十年的出口加工业迫切需要转移，一线之隔的广东成为首选。改革开放初期，广东采取简政放权措施，吸引外资的审查权下放给各个地级市，东莞则进一步把招商引资权下放到乡镇。凭借地缘优势、全国各地的廉价劳动力以及外资提供的资金、技术和管理经验，东莞迅速从一个无足轻重的农业县发展成为闻名国际的“世界工厂”。有个说法令东莞人自得不已：“不管在世界上什么地方下订单，都在东莞制造。”2007年，东莞的GDP达到了创纪录的3151亿元。东莞的经济奇迹，是中国30年经济奇迹的典型代表。其实2004年后，东莞已面临巨大危机。先是“民工荒”，接着是人民币不断升值、出口退税调整等因素，增加了加工成本。由于村自为战，东莞土地的利用效率越来越低，却无法整合，电和水资源也很紧张，电厂污染也很厉害。在这一系列因素的影响下，2007年，东莞出现了让人担忧的企业迁厂或倒闭现象。据有关估计，倒闭、迁移或不辞而别的企业大概占总数的10%到20%。……种种迹象表明，“东莞模式”已到了不得不改的地步。但如何实现转型，目前还没有明确的路径。低水平的劳动力、旧产业离开东莞，高层次的劳动力、新产业从何而来？有人认为，外资企业，特别是世界500强企业的技术水平比较高，它们会成为东莞转型的推动者。但也有人尖锐地指出，外资企业是逐利而动的，哪里有利可图就到哪里去，不大可能费心费力地参与自主创新。只有培养一批扎根本土的当地企业，才更有可能和本地经济同甘共苦。港资企业没有转型的历史，只会搬迁或倒闭；台资企业的设计、研发都在台湾地区，大陆只是制造部门而已。

该材料在后面直接指出了原因。但更多的申论材料不直接指出原因，而把原因包含在陈述性语句中。也有的原因陈述既非潜于深层，也不是直接揭示，而是处于两种情况之间。

四是蕴藏对策——解决基点。

(1)有的材料主要是以陈述句的形式，表达解决材料中所反映问题的对策措施。

如“一方面要提高农民种田补贴，另一方面要通过技术手段调控好农业物资的价格。如果这两方面的问题解决好了，粮价问题或许根本算不上一个问题”。

(2)有的材料不是正面直陈对策，而是反面启示的。

如2008年北京市公务员招考申论给定材料第3条，在发达国家，由于法律完善，执行严格，使得各行企业一旦违规违法就必然身败名裂，倾家荡产。表面说的是外国，树立一面镜子，其实是暗示我国可以借鉴发达国家做法，完善法律，严格执行，使得各行企业一旦违规违法就必然身败名裂，倾家荡产，用严厉的他律来解决当前自律所不能解决的问题。

(3)借原因提示的。

如2008年北京市公务员考试申论给定材料第15条，以论证句陈说当前我国市场竞争中

"逆向淘汰"严重,市场机制不能正常发挥作用,商品生产者、服务提供者不能根据商品和服务的质量获得相应的回报。

所阐述的理论实际上是通过对原因的深层剖析,提示了解决问题的方法指导——既然根本原因是市场机制不成熟、不优良,那就要优化市场机制,变"逆向淘汰"为"正向淘汰",使生产经营者按其提供商品和服务的质量获得价格、准入等相应的回报。从这样的理论性论述中,同样可以提炼出解决问题的对策。

2. 理论材料、事实材料和复合材料

(1)理论材料是对客观事物和实践的抽象概括,形式可以是知识、定理、规律,可以是原则、方法、概念、论断,也可以是言论、思想观点,其表现为论述性的语句。在申论考试的给定材料中具体表现为:

①科学公理、原理、定律。

②前人经典、至理名言。

③民谚俗语、格言警句。

④法律法规、方针政策。如《土地管理法》规定:"征用耕地的补偿费用包括土地补偿费,安置补助费以及地上附着物和青苗的补偿费……"

胡锦涛同志在十七大报告中指出,加快转变经济发展方式,推动产业结构优化升级,这是关系国民经济全局紧迫而重大的战略任务……

⑤领导专家、权威观点。如《中国改革》杂志,"被征用土地的收益分配大致是:地方政府20% ~30%,企业40% ~50%,村级组织25% ~30%,而农民仅占5% ~10%。地方政府采取强制性土地征用政策,低价征地,高价出售,从中获取巨额土地资本增值受益;同时,城市化的进程又是地方政府的政绩,被媒体大力地宣传。在商业和政治双重利益的驱动下,城郊农民大量失地,而不法之徒也由此以权力寻租的方式获取暴利。"

⑥名词术语、定义判断。如幸福感既是对生活的客观条件和所处状态的一种事实判断,又是对于生活的主观意义和满足程度的一种价值判断。幸福指数,就是衡量这种感受具体程度的主观指标数值。

⑦正确事理的推论。

(2)事实材料是对事件发生的时间、地点、原因、经过、结果等比较完整的反映,是事实的陈述和实践的总结,形式可以是事例、典型经验、措施做法,也可以是数据、图表、文件、谈话,语言形式为叙述性的语句。

(3)复合材料(理论 + 事实)一般指在一条材料中理论与事实内容并存,同时或先后出现,用事实阐述理论,从事实推出理论。

①演绎顺序:从理论到事实。

如"黄河是中华民族的母亲河,是华夏文明的摇篮。(以上为理论概括)黄河从青海源头,向东流经四川、甘肃、宁夏、内蒙古、陕西、山西、河南等省区,在山东肯利县注入渤海,全长5464千米,流域面积75.24万平方千米。黄河流域是中华文化的发祥地之一。几十万年以前,这里就有了人类的踪迹,新石器时代的遗址,遍及黄河沿岸。进入阶级社会以后,在一个相当长的历史时期内,黄河流域是我国政治、经济、文化的中心。黄河流域是我国开发最早的地区之一,在世界各地大都还处在蒙昧状态的时候,我们勤劳勇敢的祖先就在这块广阔的土地上斩荆棘、辟蒿莱,劳动生息,创造灿烂夺目的古代文化。黄河流域四季分明,植被繁茂,山溪密布,阜有密布如网的河流之水,涝有山冈丘峦可退。这里有第一个能显示华夏文明的夏王朝宫殿群,还有商王朝第一个有宫殿的都城偃师商城和郑州商城。商王朝迁徙到安阳殷墟时,甲骨文字已是常用的规范文字。青铜器更显现了殷商王国政权的演化过程。文字和王权的出现,是黄河文明进程中的一个重大转折点,‘中国’一词最早的所指也是黄河流域。”

②归纳顺序:从事实到理论。

如“东汉永平十二年,孝明帝令水利专家王景治黄(此前黄河已泛滥几十年)。王景受命于危难之际,率几十万兵士民工,修汴渠治黄河,历时一年,用费亿钱。自王景治河后,河行新道,维持了900多年未发生大改道,是时,汴渠成为东通江淮的主要水道。王景的主要工作是修建了自荥阳至千乘的黄河大堤,治理了作为东汉漕运主要通道的汴渠。(事实)王景治河后,黄河相对安澜800年,据分析与王景所选定的东汉故道河身较短、地势较低,因而行河路线较优有关;另外,‘十里立一水门,令更相回注’所描述的可能是一种利用沿河大泽放淤的工程措施,这对于延长行河年限也有一定作用。以上所述主要是从治黄工程的角度看问题,但据黄河水文、植保专家的研究,王景治河至隋代的500多年间,为黄河史上又一阶段,其特点是黄河下游河患相对较少,在此期间,黄河中游地区大暴雨的记录较少,这一时期黄河下游有分支,两侧又有较多湖泊洼地;但其中更重要的原因就是那时黄河输沙量的减少,否则,王景所开新河道(如汴水),也会很快被淤积,从而使河床不断淤高,降低其泄洪能力。这一时期黄河输沙量的减少并不是推论,而是有以下诸条事实,即在这一时期有关黄河水清的记载较多,且有‘黄河清复清’的民谣。这一时期黄河输沙量的减少主要归因于黄土高原人口减少,植被得到一定恢复。安史之乱后,农牧界线又迅速北移到河套以北,大片草原又变为农田,又一次加剧了水土侵蚀,黄河下游灾害增多。五代、两宋至元、明时期,农牧界线一直游移于陕北和内蒙古之间,至清乾隆之后,农田植被更逐渐推移至阴山以北,这时整个草原几乎全部被当年栽培作物所取代,水土流失非常严重,陕北风沙加剧,黄河下游水患频繁。王景治河后黄河安澜800年,他的治黄思路和做法很值得今人研究与借鉴。”

③演绎—归纳循环顺序:从理论到事实再到理论。

如“‘维持黄河的健康生命’是被广泛宣传的一句口号。黄河的健康标准是什么呢?通常说法有四条,即堤防不决口,河道不断流,水质不超标,河床不抬高。(理论)初闻此话,似觉有理。但实际上这不能算作黄河自身的健康标准。从黄河的发育史上可知,在有人类之前的许多年,黄河曾是互相之间并不连通的四段,最下面的一段为三门峡所阻隔未能入海,那时它是一条内陆河,而此时黄河的生命非常健康,正处于它的蓬勃发育时期。在有了人类之后,黄河是三年两决口,百年一改道’。(事实)因此,若舍掉人类存续与黄河的相互关系,单讲黄河本身而言,黄河健康生命的主要表现形式就是‘三善’,即‘善淤、善决、善徙’,这是一个为几千年历史所反复证明的基本事实。否则,也就不会有25万平方公里的华北大平原,而这恰是几亿中国人安身立命的根本。自1946年黄河水利委员会指导治黄以来,黄河伏秋大汛没有决口,可谓‘三年安澜’;其后几十年固堤防洪成了治黄的主要手段,成绩很大,但代价也很大,其结果是黄河河床不断淤高,这为未来埋下了很大隐患。”

④归纳—演绎循环顺序:从事实到理论再到事实。

如“黄河担负着沿黄地区50余座大中城市和420个县的城镇居民生活供水任务,黄河污染给城镇居民供水安全带来巨大威胁。2003年,黄河发生了有实测记录以来最严重的污染,三门峡水库蓄水变成‘一库污水’。(事实)三门峡水库自规划修建之日起便承载着国人‘黄河清’的千年梦想。由于黄河下游难得一清，古人把‘黄河清’作为一种瑞征。南朝萧统编选的《文选》中首次提出‘黄河清而圣人生’的说法，后来逐渐演变成‘圣人出而黄河清’的祈盼。面对黄河这样一条‘善淤、善决、善徙’、水旱灾害频仍的河流，人们盼望圣主的诞生，以便带来‘河清海晏’的太平盛世，也本无可厚非。在封建社会，许多大臣曾上书奏称黄河变清，如清雍正年间的河道总督齐苏勒曾奏称黄河变清，雍正皇帝非常高兴。然而，由于黄河治理的复杂性，在漫长的历史时期，‘黄河清’从未真正实现，只是萦绕于人民心中的梦而已。（理论）当年，三门峡水利枢纽修建之时，美国巨型大坝的建设正如火如荼，胡佛坝、大古力坝相继而起，苏联也先后在伏尔加河、顿河流域上建起高坝大库。因此，很少有人怀疑这样的构想：在黄河上建起一座大坝拦截泥沙，再附之以水土保持措施，从而既能让下游变清，又能综合开发。当全国人大一届二次会议的一千多位代表面对修建三门峡水库这样一个承载着国人‘黄河清’千年梦想的工程，一个‘战胜自然的伟大计划’时，一致欢呼通过，也是完全可以理解的。”

3. 背景性、参考性、依据性、干扰性材料

背景性、依据性和参考性材料都是对作答有价值的材料，或多或少地蕴含着答案、答题思路和线索；干扰性材料是对作答没有价值和起反面作用、干扰答题思路的材料。依据性材料是作答时必须依据的材料，是作答不可缺少的条件，其价值和地位高于参考性材料，特别是对概括、归纳等再现材料内容的题型，具有提示答案的作用；参考性材料对于作答有一定的价值，经提炼后可以斟酌情况参照使用，不是非用不可，同时对于原因分析、提出对策类题型有较大的价值，需要根据具体情况决定取舍。干扰性材料在直观上与有价值的材料有表面的某种相似性，实质则与问题本身和作答要求均无关系，不能反映问题，也不提供作答思路和线索。

（二）材料内在隐含的因果关系

1. 事实材料与理论材料为基础与结论的因果关系。

2. 事实材料与理论材料为实证与诠释的因果关系。

3. 理论材料为递进关系，以多事一理、多理同理的因果关系深化论点。

4. 事实材料为并列关系，多事一理，印证问题。多个事实材料相互叠加、相互印证，从不同侧面说明同一个问题。

（三）材料隐含的主题

给定材料作为一个整体，其总体作用是划定信息边界。考生要明确材料的主题，即试题围绕什么问题设置的题目。一次申论考试只有一个主题，只能围绕一个主要问题，至今还没有出现一次申论考两个以上主题的情况。通常这个考试主题，也就是给定材料所传达的主要信息，可用一句话来概括。

（四）材料与试题的对应

1. 题型与给定材料的对应方式

（1）归纳要点类试题：具有较强的客观性，对材料中包含的要点，都可以归纳并复述，因此，这一题型可对应所有的材料，但要注意作答范围，因为有的试题并不需要对所有材料进行归纳概括，而要求对某几项材料进行归纳。

（2）摘要类试题：同上。

（3）概述内容类试题：同上面两种题型一样，实质都是对材料的直接或间接再现，客观性较强，不需要掺入考生自己的观点。作答对象是材料的内容。

（4）概括问题类试题：有一定的客观性，可对应所有的材料。要对材料进行分析，运用一定

的阅读写作方法和逻辑思维方法,才能概括或归纳出材料所反映的问题。答案反映考生的思维结果即观点。

(5)材料排序类试题:有较强的客观性,必须对特定材料排序,可对应所有的材料。

(6)找关键词并做背景链接类试题:有较强的客观性,所摘出的关键词、选择做背景介绍的关键词都必须是材料中的词语,且背景信息的介绍也要依据材料客观内容,如果不是直接引述原文,用自己语言做出的复述也必须符合原文的精神。

(7)分析原因类试题:有一定客观性,只能对应特定材料,即可以归纳出原因或包含着原因的材料,也可以是事实材料。要通过对事实的分析来揭示原因,也可以是理论性的,从理性阐述中直接选取,或提炼概括出对问题原因的分析部分。

(8)提出对策类试题:有一定客观性,只对应特定材料,可以是事实性的,也可以是理论性的。要对事实总结概括,得出对策。

(9)全面评论类试题:客观性弱于以上诸型试题,可对应所有的材料,无须直接摘引原文原句,只要忠于材料精神,全面评论其中反映的问题,结合材料和其他论据得出结论、提出对策。

(10)写作类试题:客观性和对应性要根据具体情况判定。题目的侧重点不同,如有的要求写成情况综合,接近于摘要和归纳、概括,客观性较强;有的要求自拟题目全面展开论证,客观性同于论述题,不是必须引用原文,应在忠于材料精神的前提下,结合材料和材料以外的论据展开论述。

2. 材料的利用方式

(1)对于摘要复述类试题的材料内容可直接引述,这种材料必须是实在的、能够直接反映问题和说明要点的。

(2)概括复述类问题,可采取抽象概括与直接摘抄相结合的方式利用材料。

(3)对于排序类问题,材料不能直接利用,在确定次序后,依次将材料的序号写在作答位置。

三、审读材料的系统方法

我省申论学科组提出了"三三制"申论应试理论,即三点概括法、三观对策法、三步论述法。其中,三点概括法暗含着申论给定材料的组合方式,即给定材料包含着问题的呈现、问题的原因、问题的解决。这种概括方法显然比以叙述方式或对材料的中心思想进行中学生式的总结更有针对性和更加全面系统,既给出了阅读理解的分类视角又提供了归纳概括的有效工具。同时,申论答题以三点涉及的方面为主,因此阅读就要围绕着"一个中心,两个基点"来展开。具体可以分为三个阶段:

(一)认真审题

申论试卷中,材料就是申论解题的基础,考生依据材料总结概括出的主要内容或提出的主要问题就是申论的精神实质,是申论写作的依据。申论要求就是对申论解题的具体要求。所以,在考试过程中,对考试要求的审读非常关键。一方面,只有弄清了要求和题目,才能带着问题进行有针对性的阅读材料,提高阅读效率;另一方面,如未能准确审清题意就作答,就很有可能出现跑题、偏题、宽题、狭题的现象。一旦此着不慎,将满盘皆输。因此,全面、准确地理解题意,对给定材料进行多角度、全方位、确切、深刻的周密分析、辨认和筛选,是弄清中心、把握重点,从而迅速准确破题的关键。

(二)快速略读

1. 略读的目的

从整体上了解材料。

2. 略读三原则

(1)关键句原则。文章中通常有一两个提示文章段落大意或是提示文章中心、主旨、观点、态度的句子,我们称之为关键句。一般来讲,首句常常引出整个文段的问题,尾句通常对文章所述内容起一个总结概括的作用,因此关键句通常处于文段的首末位置。

(2)关键词原则。在阅读材料时一定要注意一些表示逻辑关系的词语,如"首先""其次""最后""一方面""另一方面""第一""第二""总而言之",等等。除了表示逻辑关系的字词外,材料中通常包含一些表示局部材料性质或代表意见、态度的词,如"究其原因""解决之道""深入分析""认为""提出",等等。

(3)高频词原则。在速读过程中,对一些出现频率较高而又不是体现逻辑关系的词语、概念和说法一定要留意,因为这类高频词往往体现了材料或文段要表达的主旨和中心思想。

(三)重点精读常用技巧

1. 关键句、总结性概括法

总结材料大意,明确材料作用。每阅读完一组材料后,都应该对该材料进行分析、综合,然后用自己的语言将这组材料所表述的内容简要地概括出来。概括材料的方法有关键句概括法和总结性概括法两种。

(1)关键句概括法。关键句概括法就是按照关键句原则,在材料中寻找总领性和总结性的关键句子,整组材料往往就是围绕这些句子展开的论述和解释说明。对关键句的理解和把握,使我们能够整合、归纳出整组材料的大意。因此,在总结概括材料的大意、内容时,关键句会起到很大的作用,考生应该充分运用这一简便方法。

(2)总结性概括法。总结性概括法是指当材料中没有关键句,整组材料只是以一种陈述的方式将信息罗列出来时,我们就应该对整组材料进行综合的分析、概括,进而归纳出这组材料的主要内容。在归纳材料内容时,一般需考虑的要素有主体、事件、时间、地点、原因、结果等。其中,主体和事件这两个核心要素是归纳内容时考虑的重点,切忌不可删除,而时间、地点、原因、结果等要素,可根据需要保留或删除。

2. 合并归类法

进行材料归类,提炼中心思想。通过对各组材料的分析归纳,考生已经对材料的内容有了比较系统的把握,接下来就需要对材料进行合并归类了。所谓合并归类是指通过对材料上下文之间内容的比较,将阐述同一问题的材料归在一类,理清各材料的段落层次的关系,从而为归纳中心思想做好铺垫。

(四)精读的例题实战演练

如 2011 年甘肃省公务员录用考试《申论》试卷第一题要求如下:

材料 1

2011 年 2 月,科技部和科学技术奖励工作办公室发布通告,经调查核实,2005 年国家科学技术进步奖二等奖获奖项目"涡旋压缩机设计制造关键技术研究及系列产品开发"的推荐材料中存在代表著作严重抄袭和经济效益数据不实的问题。经国家科学技术奖励委员会审核同意,并经国务院批准,决定撤销"涡旋压缩机设计制造关键技术研究及系列产品开发"项目所获

2005年国家科学技术进步奖二等奖，收回奖励证书，追回奖金。科技部和国家科学技术奖励工作办公室日前发布通告，撤销西安交通大学原教授李某等2005年获国家科学技术进步奖二等奖的决定，收回奖励证书，追回奖金。这是中国首例因学术造假被撤销的国家科学技术进步奖获奖项目。

2006年以来，包括清华大学、同济大学、上海交通大学在内的一些高校接连身陷"造假门"事件，国内顶尖高等学府的学术风气遭遇信任危机。清华大学医学院院长助理刘某，因在个人履历、学术成果材料中把他人论文作为自己的成果，涉嫌学术造假，被撤销教授职务。上海同济大学生命科学学院院长杨某，因申报评奖材料中将他人论文列入自己成果清单，被免去同济大学生命科学学院院长职务，6月，又被免除教授资格，终止聘用合同。

上海交通大学微电子学院院长陈某，因"汉芯"系列芯片造假，骗取国家上亿元经费，被撤销学院院长职务，教授聘用合同也被解除。据调查，陈某负责的"汉芯"团队所研制的成果，其实结构简单，并不能单独实现指纹识别和MP3播放等复杂演示功能。

韩国胚胎干细胞研究带头人黄禹锡发表在美国《科学》杂志上的论文被调查有涉嫌造假，首尔大学决定撤销他的首尔大学教授职务。韩国政府决定，取消黄禹锡"最高科学家"称号。检察部门以诈骗、侵吞研究经费、非法买卖卵子等罪名向黄禹锡提出指控。韩国最高人民法院判处黄禹锡有期徒刑一年六个月，缓期两年执行。

王某于20世纪90年代就获得了"杰出青年基金"，被公认为是最能不顾其他杂事只管埋头做科研的人，因为要做意义非常重大的课题，到青年基金三年期结束的时候，这位年轻的数学家没有发表一篇论文，他用这三年的全部精力做了一项非常杰出的研究，但当杰出青年基金三年期验收的时候，因为没有论文，很难通过。最后，迫于验收的压力，他把本可以发表的长达100多页的关于他三年里所做的那项杰出研究的论文生生拆成了五篇来发表，就为了能凑够论文数量以通过验收。

有权威机构公布了一项调查，在接受调查的180位博士学位获得者中，60%的人承认他们曾经花钱在学术刊物上发表论文，相当比例的人承认曾抄袭过其他学者的成果。

材料2

某报记者小S，就最近几年我国学术浮躁问题，采访一位教育界评论家刘某。刘某说："近几年来，我国学术浮躁事件曝光日益频繁。民众对学术浮躁的质疑、举报和批评日益激烈。"刘某认为目前学术浮躁呈现多样化，并举例说："请人代抄帮忙是中国大专院校中的流行造假手段。大专院校的领导、老师们平时工作繁忙，自然要请人代劳。请大学生代劳，成为各学科教师使用廉价劳动力的潜规则。大学生帮助主管老师撰写学术论文的事件时有发生。拼凑编辑造假也成为当今常用的造假手段。一篇用拼凑编辑手段造假完成的文章或者著作，表面看上去非常完整，也非常有条理，有数据案例，还有历史上名人名家的经典思想观点佐证，文笔文法基本上也没有大的错误。可是仔细阅读研究就可以清楚地发现：作者根本没有自己创新的思想观点，所有看上去比较重要的思想观点不是引用历史名人的，就是抄袭民间大众的。"

刘某告诉记者小S，几年前一位回国的朋友揭露，曾经在中国畅销的欧美名家撰写的经营管理著作，绝大部分是中国内地的编辑出版机构杜撰造假的。就连欧美名家的姓名、个人履历、所在机构名称等都是假的。

今年的全国政治协商会议上，记者听到委员们最多的发言就是：目前，科技界浮躁虚假之风大肆盛行，学术腐败、泡沫论文、虚假奖项等现象泛滥，许多科技工作者不能够脚踏实地地开展工作，浮躁虚假之风已经严重侵蚀了整个科技界，更成为阻碍科技创新、建设创新型国家的最大绊脚石。专家学者认为，近年来出现的学位论文抄袭事件，共同的原因是在平时培养中，老师对学生的指导很少，在审阅学生的论文时，导师放宽要求，有的老师甚至根本就没认真审阅。现行制度下的中期答辩、论文评审等，都很难真正避免论文质量不高、学术不端问题。不改革制度就想避免学术不端，是不可能完成的任务。防治学生论文抄袭，导师负有义不容辞的责任。导师不仅要在知识传授和方法训练上指导学生，承担"传道、授业、解惑"的责任；同时，也应加强对学生的道德引导，帮助学生提高诚信素质、学术品德。

某省人大代表医学院研究生处处长赵某分析，现在职称评定体制存在问题。很多行业评聘都要论文，这就给造假"行业"存在提供了土壤。政府应严厉打击学术造假背后的"造假产业"。某省人大代表也是大学校长的胡某也表示，对学术造假，法律上很难界定，国内也曾有几例因学术造假告到法院的，但论文毕竟不是专利，怎么算造假不好说，也没对他人造成直接的危害，最终不了了之。

业内人士指出，目前我国每年发表的科研论文越来越多，而且越来越长。学术著作也越来越厚，但是原创性的科研成果却越来越少。

材料3

前不久，湖南岳阳市人民政府宣布，经过当地有关部门两个多月的奋战，成功破获一起涉及福建、湖南、浙江三省的瘦肉精生产、销售案件。采访发现，与以往类似事件不同的是，这次竟从饲料中检测出以前从未出现过的苯乙醇胺A。警方从浙江大学教授邹某处查获含苯乙醇胺A的饲料1500公斤，并对其实施刑事拘留。

如果说此前的瘦肉精等食品安全事件，抓抓利欲熏心的销售商家源头，问责一下管理不严的监管部门，还算一种对食品安全的把控。可此次冒头的新型瘦肉精事件背后，竟赫然站着个浙大教授的身影，这又让对科学怀着无比景仰之情的公众情何以堪？原来，这些严重损伤公共利益与公众生命安全的食品安全事件背后，竟还有所谓专家学者与之共谋的魅影。这些"天才的发明"让人叩问，究竟是什么让学界人士堕落如斯？

浙大教授究竟在这起瘦肉精事件中扮演着怎样的角色？仔细分析，不难想象。就在几年前，就曾有报道揭示，绵延多年的"瘦肉精中毒"事件本可在源头上避免。在西方早已发现瘦肉精的危害，并禁止使用时，国内一些学者却因为课题经费、职称、地位、技术转让费等利益诱惑，集体屏蔽瘦肉精负面信息，最终造成后期一系列瘦肉精中毒事件。

长期以来，科研人员与利益靠得太近，又缺少相关规范制约。当学者将科研建立在贪婪的基础上，则公众安全必然被科技反噬；当科研成果缺乏监管，则"科学无禁区"就必然演变成"科学道德无禁区"。科研精神最核心的理念应是公共精神与社会责任。倘若科学研究无视公共道德，藐视法律与科学伦理，则不仅会对社会造成可怕的伤害，更会让科学者个体陷入道德与法律的挞伐漩涡。有鉴于此，浙大教授涉案瘦肉精事件，理应成为公众乃至学界反思科研道德与科学伦理的契机，不仅需建立详细的规范与细则来规范科研，更要让食品监管深入科研领域，让科研走在合乎道德伦理与法律的路途上。

材料4

有学者指出，最近十几年，中国的大学教育取得了不小的进展，但普遍存在着急功近利的倾向。高校扩招本来是为了通过普及高等教育来提高民族的竞争力，但片面追求规模和数量增长、急于求成的扩招是一种高等教育的"虚胖"，各高校的软、硬件配套设施根本无法满足突然拥进校园的膨胀数倍的莘莘学子的需要。扩招使师资大量缺乏，高校不得不以降低招聘"门槛"来充实老师队伍。一些大学教授把赚钱当作正业，而把教学和科研当作副业。另外，学校把学术成果作为评价教师职业能力的绝对标准，教师如果在2～3年内没有发表文章或者申请到课题，便要被解聘或者降级。这导致许多教师不是潜心研究，而是抄袭他人论文予以发表；有的则在别人的研究成果中挂个名；有的则出钱请别人写文章，在国内外报刊发表；有的靠胡拼乱凑，学术垃圾成批从这些人手中生产出来。

某报曾经对当今大学生的学习情况开展了一次专门的调查，在采访中记者发现，求职仿佛已经成为大学生的首要任务，而学业似乎沦为副业。目前很多高校的专业课出勤率很低，而学生们对此早就习以为常。一位大四学生说："我们可不是玩儿，好多人都是参加实习或是找工作去了，老师也都是支持的。说实话，现在学费这么贵，上大学还不是为了找工作？这些专业课可以不上，找工作才最重要。"在谈到毕业论文时，另一位大四学生告诉记者，自己正忙着面试、实习，刚"东拼西凑"了一篇开题报告，"论文到下学期再说吧，写论文不仅对找工作没有帮助，还要花费不少精力，我看不少学长一周就能搞定论文，这已经算认真的了"。大学生小王告诉记者，对做学问、搞研究他一点没有需求感，考试嘛，"60分万岁"，平时自己拿谈恋爱来消磨时光。

材料5

"为什么我们的学校总是培养不出杰出人才？"这就是著名的"钱学森之问"。"钱学森之问"是关于中国教育事业发展的一道艰深命题，需要整个教育界乃至社会各界共同破解。

从1977年国家恢复高考至今，中国教育取得了历史性的进步，为改革开放、国家建设培养了大批建设者。但放眼当下中国教育界，的确如钱老所发的感慨："回过头来看，这么多年培养的学生，还没有哪一个的学术成就能跟民国时期培养的大师相比！"

由"钱学森之问"，以及建设世界一流大学的目标与当前高校教育质量日趋下降的矛盾，还有当前存在的学术造假等教育界乱象，我们不难看出：无法培养出创造性、发明型杰出人才已成为一大社会难题，制约着中国的发展。吉林大学、山东大学等学校校长为给学术更大自由而主动退出学术委员会，教授治校、高校去行政化已在社会上引起了广泛讨论。

中国科技大学前校长、现任南方科技大学首任校长的教育家朱清时，在2009年接受凤凰网访谈时说：未来十年应该是中国教育改革的十年，去除行政化、让教授治校、恢复学术至上是中国大学的必由之路。2010年6月张清杰任武汉理工大学校长，他在就职演讲中表示要营造学校"学术至上"的浓厚氛围。2010年颁布的《国家中长期教育改革和发展规划纲要(2010—2020年)》提出："探索教授治学的有效途径，充分发挥教授在教学、学术研究和学校管理中的作用。"这也说明了从国家到学者对学术自由、教授治校的思索。

材料6

2004年中国科学院完成《我国科学道德与学风问题基本分析和建议》，对中国科学界许多违背科学道德规范、败坏学风的学术不端行为、道德失范及学风浮躁现象进行全面评估。2007年1月16日，中国科协七届三次常委会审议通过《科技工作者科学道德规范(试行)》，第三章列述了各种"造假、抄袭、剽窃和其他违背科学与共同体惯例"的"学术不端行为"。2010年10月31日，第十二届中国科协年会科学道德论坛在福州举行，中外专家学者就科技团体在科学道德规范建设中的引导作用、学术不端行为的源头治理、提升学术机构科学道德和诚信的办法等展开了讨论和交流。

材料 1 运用关键句总结法：

第 1 段：中国首例因学术造假被撤销的国家科学技术进步奖获奖事件。

第 2 段：高校发生系列“造假门”事件，虽然被严厉处罚，但高等学府的学术风气遭遇信任危机。

第 3 段：“汉芯”系列芯片造假。

第 4 段：韩国胚胎干细胞研究带头人黄禹锡在美国《科学》杂志上的论文涉嫌造假。

第 5 段：科研验收制度存在形式主义危害。

第 6 段：60% 博士承认曾花钱在学术刊物上发表论文，相当比例的人承认曾抄袭。

材料 1 梳理关键句的逻辑顺序总结为：主要反映的是中国高校学术造假现象严重，虽然被严厉处罚，但高等学府的学术风气遭遇信任危机（结果类）。科研验收制度存在形式主义危害（原因类）。

韩国科研造假与主题相关，但没有进一步表述，结合常识，属于干扰材料。

材料 2 按顺序划定主要关键句是：

第 1 段：我国学术浮躁事件曝光日益频繁。民众对学术浮躁的质疑、举报和批评日益激烈。学术浮躁呈现多样化，请人代抄，拼凑编辑造假。

第 2 段：编辑出版机构杜撰造假。

第 3 段：学术腐败、泡沫论文、虚假奖项等现象泛滥。科技人员不脚踏实地开展工作，浮躁虚假之风严重地侵蚀了整个科技界，更成为阻碍科技创新、建设创新型国家的最大绊脚石。学位论文抄袭原因是老师对学生指导很少，放宽要求，不认真审阅。改革制度，导师不仅要在知识传授和方法训练上指导学生；同时，也应帮助学生提高诚信素质、学术品德。

职称评定体制存在问题。给造假“行业”存在提供了土壤。政府应严厉打击学术造假背后的“造假产业”。对学术造假，法律上很难界定，往往不了了之。

第 4 段：原创性的科研成果越来越少。

分类总结关键句为：

科技人员不踏实工作；老师对学生论文不严格；职称评定体制存在问题；学术造假，法律上很难界定（表面原因类），学术腐败、泡沫论文、虚假奖项等现象泛滥；学位论文抄袭盛行（表面结果类），民众对学术浮躁的质疑、举报和批评日益激烈，原创性的科研成果越来越少，浮躁虚假严重侵蚀科技界，阻碍科技创新和创新型国家的建设（深层结果类），改革制度，导师不仅要在知识传授和方法训练上指导学生，也应帮助学生提高诚信素质、学术品德；政府应严厉打击职称评定体制带来的学术“造假产业”（解决类）。

材料 3 按顺序划定主要关键句是：

第 1 段：警方从浙江大学教授邹某处查获含苯乙醇胺 A 的饲料 1500 公斤，并对其实施刑事拘留。

第 2 段：国内一些学者因为课题经费、职称、地位、技术转让费等利益诱惑，集体屏蔽瘦肉精负面信息，最终造成一系列瘦肉精中毒事件。

第 3 段：科研人员与利益靠得太近，又缺少相关规范制约。科研精神最核心的理念理应是公共精神与社会责任。不仅需建立详细的规范与细则来规范科研，更要让食品监管深入科研领域，让科研走在合乎道德伦理与法律的路途上。

分类总结关键句为：

国内一些学者因为利益诱惑，集体屏蔽瘦肉精负面信息，造成瘦肉精中毒事件，浙大教授邹某被拘留是其中典型（原因结果类）。科研精神最核心的理念应是公共精神与社会责任，科研需要道德自律和法律监管，要建立详细的规范与细则，让食品监管深入科研领域，使科研遵守道德伦理与法律（解决类）。

材料4按顺序划定主要关键句是：

第1段：中国大学教育取得了不小的进展，但普遍存在着急功近利的倾向。

第2段：学校把学术成果作为评价教师职业能力的绝对标准，引发大量学术垃圾的出现。

第3段：大学生认为专业课可以不上，找工作才最重要。

分类总结关键句为：

中国大学教育普遍存在着急功近利的倾向。把学术成果作为评价教师职业能力的绝对标准（原因类），引发大量学术垃圾的出现。大学生忽视专业课，忙于求职（结果类）。

材料5按顺序划定主要关键句是：

第1段：为什么我们的学校总是培养不出杰出人才？“钱学森之问”。

第2段：无法培养创造性人才成为社会难题。应当实行教授治校、高校去行政化。

第3段：《国家中长期教育改革和发展规划纲要》探索教授治学。

分类总结关键句为：无法培养创造性人才引发“钱学森之问”，制约中国发展（结果类），国家探索教授治校、高校去行政化（解决类）。

材料6划定主要关键句是：国家施行科技工作者科学道德规范（解决类）。

2. 根据给定资料7～9，请你分析张悟本事件折射出哪些现实问题？（20分）要求：问题全面明确，分析恰当透彻，表述简洁明了；不超过250字。

分析试卷第二题要求，可以明确题目是要考生对部分材料的部分内容进行分析概括，涉及事件折射的现实问题，实际的是表面上的事件导致的社会影响结果，深层的是引发事件的多方面原因的两大方面，考生就应当从两大方面出发，阅读并寻找相关关键句并画线。

材料7

2011年5月28日，温家宝同志在中国科协第八次全国代表大会上强调，解放思想、实事求是、崇尚理性、勇于探索、追求真理，这是科学技术与生俱来的秉性，也是科学精神的实质。科技不仅是知识和技能，更是一种文化、一种精神。一个具有科学精神的民族，才是真正有生机、有希望的民族。要努力提高全民族的科学素质。要大力加强科学普及工作，传播科学思想，弘扬科学精神。他希望广大科技工作者抓住机遇，顽强拼搏，为我国科技发展和现代化建设做出更大贡献。

材料8

2011年1月26日，由我国热心科普事业的两院院士和科学专家学者共同评出的2010年全国十大科普事件在京揭晓，“张悟本事件”上榜。张悟本本为纺织厂下岗职工，由于有人“包装”“炒作”，其出版的《把吃出来的病吃回去》销售火爆，而被称为“养生食疗专家”。2010年2月湖南卫视《百科全说》为他做了专题节目后，其知名度更是迅速蹿升。2010年5月有媒体报道其学历有造假嫌疑，他大讲特讲“绿豆煮水喝能治近视、糖尿病、高血压，还能治肿瘤”，“长条茄子可以吸油、降血脂，还能治肿瘤”，此种食疗理念也遭到质疑。5月26日，张悟本煞有介事地在北京召开新闻发布会回应媒体质疑。但不久，经媒体和相关单位调查证实，张悟本所称出生于中医世家，父亲张宝杨是党和国家领导人的保健医生，他曾就读于北京医科大学临床医学系、北京师范大学中医药专业，担任中华中医药学会健康分会理事、中国中医科学院中医药科技合作中心研究员，并是卫生部首批营养专家，等等，均系子虚乌有。

就是这样一位伪专家，用他的伪科学，把“悟本堂”变成了一些人心目中的神仙台，找他看病的人趋之若鹜。据《成都商报》报道，有人因按张悟本的方子喝绿豆汤导致胃病、痛经。还有网友发帖称，他花2000元找张悟本看病，开的方子是绿豆汤和冬瓜汁，用了不但没有起到好的效果，倒添了不少毛病。

张悟本的神医骗局被拆穿，其“行医”场所悟本堂也很快被拆除，一个靠着绿豆汤、白萝卜、长茄子“理论”忽悠民众的假专家，终于无法再混迹江湖了。包括张悟本在内，一些所谓“神医”“养生明星”的发迹，固然与其本人骗术高超、媒体包装炒作推波助澜以及政府部门监管不力有关。但是，他们之所以能受到群众如此的追捧，从另一侧面也反映了群众对普及养生保健知识的需求。随着生活水平的提高，人们对健康养生方面的信息越来越关注。我们周围有许多货真价实的医学专家，他们在理论素养、临床经验方面都有上乘水准，也出了不少论著。但是，他们往往忙于教学、诊疗、写论文、做研究，活动范围仅限于学术圈，没有将学术知识转化为群众需要的、通俗易懂的养生常识，或者说这种转化的力度还不够。所以，假神医才占有了市场。

浙江的姚某曾经是张悟本的粉丝，作为一个平民，他曾被张悟本的理论深深吸引，他曾试着生吃冬瓜汁，晚上不吃荤，还动员别人也跟着做，“我现在为自己的无知愚昧感到惭愧”。不过，他又继续发问：“张悟本出事了，每个人都恨不得踏上一脚，但他走红时，那些高贵的脚在哪里呢？”如果专家和有关部门能更早、更及时地戳穿张悟本“假神医真骗子”的嘴脸，那么受蒙骗的公众应该会少得多，中国科普研究所专家H表示：“科学界若不能及时有效地发出自己的声音，理性引导公众，一方面很容易造成谣言四布，恐慌蔓延的恶性后果，另一方面也会造成科学家公信力的丧失。”

材料9

2010年11月25日，中国科协召开新闻发布会，对第八次中国公民科学素养调查结果进行公布。调查结果显示，2010年，我国具备基本科学素养的公民比例为3.1%，相当于日本（1991年为3%）、加拿大（1989年为4%）和欧盟（1992年为5%）等主要发达国家和地区在20世纪80年代末的水平。

公民的科学素养水平从三个方面进行测度：公民了解必要的科学知识，掌握基本的科学方法，崇尚科学精神的程度。一个被调查者只有同时通过以上三个方面的测度，才被认定为具备基本的科学素养。

在三个测量维度中，“公民了解必要的科学知识”与国外的差距较大。以国际通用的科学知识测试题的平均正确率来看，2008年美国的水平为64%，2010年中国的水平仅为41%。在“掌握基本的科学方法”上，我国公民的科学素养提升缓慢，而对于“崇尚科学精神的程度”这个维度，国际上没有统一的题目和标准可供对比。

随着人们对自身健康的日渐关注，近年来“养生热”持续升温，已成为巨大产业。中国青年报社会调查中心联合北京益派市场咨询公司进行的一项调查显示（2704人参与），82.9%的人明确表示自己需要养生。调查中，40.8%的人表示自己的养生知识主要来源于“专家”，来源于网络、电视等大众媒体的人更是超过半数。

一直以来国家都很重视科学，科学几乎成了最终的价值判断标准。如果说某事科学，就意味着一路顺风,绝对正确而且靠谱,反之,就是垃圾。但奇怪的是,直到今天,一些民众不仅没有具备起码的日常科学理性,甚至连常识都没有,科学常识早就被丢在十万八千里之外。不信科学,信邪说,越邪越信,一些缺乏科学修养和理性判断的媒体工作者热衷于用“神秘现象”“一夜成名”等传奇性、娱乐性的“新闻”吸引公众眼球。从无中生有的“水变油”,到夸大其辞的“基因皇后”;从肆意炒作的“纳米”,到遍地开花的“国内首创”“国际一流”,这类与科学精神相悖的不正常现象,都曾被新闻媒体,包括在全国具有相当权威性和影响力的媒体“充分肯定”,大唱赞歌。正如萨根在《魔鬼出没的世界》中所指出:“落后的科学普及所放弃的发展空间,很快就会被伪科学所占领。”

材料 7 划定主要关键句是:科学精神的实质是追求真理,要加强科学普及,弘扬科学精神。

材料 8 按顺序划定主要关键句是:

第 1 段:由于有人“包装”“炒作”,知名度迅速蹿升,经查,张悟本所称资历、荣誉均系伪造。

第 2 段:伪专家用伪科学给病人添病。

第 3 段:张悟本等假神医占有市场与骗术高超,媒体包装炒作推波助澜以及政府部门监管不力有关。侧面也反映了群众对普及养生保健知识的需求,真医学专家没有将学术知识转化为群众需要的养生常识。

第 4 段:科学界若不能及时有效地发出自己的声音,理性引导公众,一方面造成谣言四布,恐慌蔓延的恶性后果,另一方面也会造成科学家公信力的丧失。

分类总结关键句为:张悟本事件(结果类),一方面因为群众对普及养生保健知识的强烈需求(原因类),但医学专家没有及时科学引导公众,将学术知识转化为群众需要的养生常识,加之政府部门监管不力,致使利欲熏心的张悟本等与不良媒体,趁机运用骗术与炒作占有保健市场。

材料 9 按顺序划定主要关键句是:

第 1 段:2010 年中国公民科学素养相当于发达国家 20 世纪 80 年代末的水平。

第 2 段:公民的科学素养水平从三个方面进行测度。

第 4 段:养生热持续升温,已成为巨大产业。养生知识主要来源于“专家”,网络、电视等大众媒体。

第 5 段:一些民众科学常识缺乏,为了吸引公众眼球,某些缺乏科学修养和理性判断的媒体炒作宣扬伪科学。

分类总结关键句为:一些民众科学常识缺乏,中国公民科学素养与发达国家公民差距较大;为了吸引公众眼球,某些缺乏科学修养和理性判断的媒体炒作宣扬伪科学(结果类)。

又如 2010 年甘肃省公务员录用考试《申论》试卷第一题要求如下:

1. 请用不超过 150 字的篇幅,概括出网络购物与电视购物的特点。(20 分)要求:概括准确,条理清楚,语言流畅。

材料 1

笔者是个有 30 多年烟龄的老烟民了,一直想戒烟,但一直未能戒成。今年 9 月初见河南卫视、山西卫视等多家电视台播放戒烟广告节目。其中采用德国品质专利的勃兴登清毒烟弹广告声称能清除体内多年累积的尼古丁,自购买之日起勃兰登清毒烟在中国保修 1 年,维修 10 年,免费赠送充电电池、电子烟杆,每盒烟弹仅售 99 元人民币,手续费 39 元。3 个疗程,无效退货。广告描述得如此令人心动,笔者信以为真,急忙打了广告下方的联系电话:400 - 8210 - 010,电话有人接听，声称业务很忙，一会联系。没过10分钟来电显示021－33328004，电话确认笔者地址、电话后，工作人员称即可发货，货到付款。事过一个星期，笔者果然接到快递公司电话通知，急忙去取货。为了防止特快行业“先签字，后验货”的“行规”，收到货后笔者让邮递员打开邮政包装盒，以为里边的商品盒就是自己所需的商品，便向代收货款的工作人员付了款，但索要发票时工作人员称要向经销商去要。笔者回到家里打开商品盒，按照商品说明组装清毒烟然后吸起来，吸了不到2分钟就没烟了，换上新买的烟弹依然没有烟。按经销商电话急忙打过去，已无人接听。电视广告上留下的电话，已连续两天无人接听。从网上查找生产商、经销商与东方投资也没网址，只有几个跟我经历一样的网民直呼上当受骗。

《快递服务行业标准》规定，快递服务人员将快件交给收件人时，应有义务告知收件人当面验收快件；验收无异议后，验收人应确认签收。而《消费者权益保护法》也规定：“消费者享有知悉其购买、使用的商品或者接受服务的真实情况的权利。”虚假广告商利用媒体夸大产品性能与商品包装，欺骗消费者的知情权和公平交易权，再利用国内特快专递代收货款的漏洞，采用货到付款迷惑消费者，形成了广告经销商、媒体宣传商、快递公司的共同利益链，对消费者的“软肋”进行侵犯，而有谁对消费者进行维权保护呢?

在此提醒广大消费者，在购买电视广告商品时应慎重，以防上当。在领取自己的快递物品时，要先验货，后签字，避免不必要的损失。

材料2

虚假广告如今已经成为人人喊“打”的过街老鼠，为此，有关部门接连下达了各种规定，体现了一个“严”字。但是，荧屏上的虚假广告还是屡见不鲜。

每当夜深人静之时，那些“瘦身”“丰胸”的广告就在各家卫视摆起了地摊，拼命地“吃喝”，其广告词一听就知道是言过其实的夸张，令人难以置信。类似“你想多大，就能够多大”的丰胸广告比比皆是，有些广告在情节的设置和对话上更是不堪入耳。这样的电视广告能够出现在各家卫视的荧屏上，关键还是经济利益的驱使。

在上海电视节“白玉兰论坛”上，国家广电总局传媒机构管理司、网络视听节目管理司副司长任谦表示，国家广电总局将“严打”电视虚假广告，并整顿电视购物节目。任谦在论坛上还透露，国家广电总局将继续加大监管力度，出台一系列政策条例，对违犯法律法规、违反宣传纪律、播放虚假广告的播出机构进行严打，违者将遭到停牌、停播等严厉处罚。此外，也将对广告进一步规范，对电视购物节目进行指导、管理和整顿，通过行业自律、签订自律公约来抵制不良、低俗的内容。“总之，希望通过综合手段，让媒体提升自己的公信力、美誉度、影响力，更好、更快、更健康地发展。”这是主管部门对严打电视虚假广告表达的一种态度，也是顺应民心的举措。如同明星代言虚假广告要承担连带赔偿责任一样，对播出虚假广告的电视媒体有了具体处罚规定，这就从源头上阻止了虚假广告的传播通道。政策和法规的出台，虽然提供了“量刑”的依据，但是，对于虚假广告也要有一个识别的过程和责任的区分，这是一个较为复杂的法律问题。比如对明星代言虚假广告连带责任的处罚问题，至今还存在着如何界定的争议以及由此所引起的不同看法。

荧屏播出广告，最起码的一点应该是言语与事实相符。其实，对有些荧屏虚假广告的识别并不难，关键还是在于媒体责任意识的弱化。没有规矩，不成方圆；有了规定，要严格执行。对荧屏上那些“丰胸”和“瘦身”等言过其实的广告，观众很有意见，应该狠下决心进行治理，严打电视虚假广告应先从深夜开始，电视媒体首先要清理自己的荧屏。

材料3

自从“电视购物”登陆荧屏，由其引发的消费纠纷就层出不穷。日前国家广播电影电视总局在上海电视节闭幕之际透出讯息：有关电视购物的两个标准——《电视购物节目标准》及《电视购物行业标准》——有望今、明两年出台，而节目中出现的嘉宾、主持人都将成为重点整顿的对象。此前早有相关部门证实：部分电视购物广告中的“专家”“学者”等权威人士为演员扮演，而“演员”在片中所列头衔多数“子虚乌有”。对此，公众提出：光靠消费者自身很难发现这些问题，希望有关部门为“专家”“学者”推介产品立规矩，在广告审核时就竖起门槛，避免“李鬼”上镜。此番广电总局在“双标”规定中就明确指出：对涉及电视购物的播出频道、电视购物公司、生产厂家、节目、网站、投诉与反馈、呼叫中心等8个方面会设定一定的门槛，而对节目中出现的嘉宾、主持人等也都将进行备案，严禁演员扮演专家、学者，严禁嘉宾“打一枪换一个地方”。

材料4

电视购物和网络购物等新型购物方式以其便利的形式，吸引了不少消费者的目光，但是这种购物方式却存在不少风险。日前，乳山市工商局消保科提醒消费者谨防电视购物和“网购”中屡见的“夸大宣传”“货不对板”“承诺赠品不兑现”三大陷阱。

近期，市民赵先生在电视上看到一款手表的广告宣传：“镀18K黄金，镶嵌1.26克拉真钻，原价11800元，现价1000元，限量20只，欲购从速。”赵先生拨打订购电话购买了这款手表。收到货后，赵先生发现，“金钻手表”根本没有钻石，更不是镀金表，可因手表的经销商不在本市，赵先生想索赔只能去经销商所在地。考虑到诸多不便，赵先生只得放弃了维权念头。

类似情况在消费者刘女士、宋先生和孙先生身上也都发生过。刘女士通过电视购物订购了一件电器，收到的商品竟然是“三无”化妆品。宋先生花799元在网上买了一部数码相机，货到后发现店家所说的手机卡等赠品都没有兑现。孙先生以540元钱邮购了一部手机，货到后发现竟然是一部没法开机的假手机。

乳山市工商局消保科工作人员介绍说，随着网络和信息技术的快速发展，消费者对电视和网上购物商品的申诉明显上升，申诉商品种类繁多，其中手机约占60%，数码相机、手表、保健品、化妆品、饰品、服装等约占40%。自2010年1月份以来，乳山市工商局受理各类咨询和申诉9件，投诉内容主要包括夸大宣传、货不对板和承诺赠品不兑现三大类。而由于异地购物，消费者难以举证。此外，通过电视或网络购物的消费者大多没有购物凭证，且卖家一般规定付款后才能开箱验货，而一旦打开包装箱后，卖家便可能以消费者“已打开包装箱，不能认定是否为原产品”为由拒不承认商品存在的问题。另外，按照属地管辖的原则，消费者购物产生的纠纷应由生产商或销售方所在地相关部门受理，一旦发生纠纷，解决很不方便。

乳山市工商局12315申诉举报指挥中心特别提醒广大消费者：不要轻信夸大宣传；不要轻易邮寄货款；不要轻易签字盖章；保留相关证据，包括邮单、包装箱等。

材料5

最近，上海市消保委12315禁用词语热线和市工商局联合公布了国庆长假七天的投诉举报情况。结果显示，消费者对电视购物的投诉量居首位，12315热线七天共接到涉及电视购物的投诉达52件，比2009年同期增长160%，很显然，电视购物已经陷入了极大的“信任危机”，如果有关部门、机构和运营单位不及时采取措施，电视购物很可能陷入“过街老鼠人人喊扫”的境地。橡果国际股价大幅下滑的直接原因是企业的诚信问题，而根本原因则是电视购物模式的先天性诟病。因为消费者对电视购物的投诉并非花落橡果国际一家，其他的电视直销购物公司也普遍存在这样的问题。电视购物已经完全变成了一颗毒瘤。这类购物广告充分抓住消费者贪便宜求实惠的心理，以低价格推销假冒伪劣商品，害得不少消费者“叫苦不迭”，每当看到吹得天花乱坠的电视购物广告就心生厌恶。

从电视购物诞生到今天，问题层出不穷，从未间断过。由于假冒伪劣和坑蒙拐骗屡见不鲜，早在2006年8月的时候，国家广电总局、国家工商总局就颁发了对药品、医疗器械、丰胸、减肥、增高产品等五类商品不得在电视购物节目上播放的法规条令（禁播令），给电视购物敲响了警钟，然而事实并未如有关部门期待的那样发展。2007年，随着“藏秘排油”“胡师父无烟锅”等虚假宣传电视直销产品相继被曝光，电视购物再次走到了风口浪尖。加上本次上海市消保委和工商局公布的投诉，电视购物如此之多的弊端让我们疑惑：难道它真的已经成了扶不起的阿斗？

材料6

电视购物早期的高速发展得力于其模式的新颖、运营成本的低廉以及给客户带来的方便快捷，不过这也成为电视购物招摇撞骗的不二法门。据一位曾在电视购物行业工作过10余年的业内人士透露，50万的注册资金、七八名客服人员、一款产品、10万的现金流就能组成一个电视直销公司，其实这种公司和皮包公司别无二致，如此低成本运作的模式让很多电视直销公司敢于铤而走险，为了自己的利益采用欺骗手段坑害消费者。

与此同时，越来越多消费者上当受骗的情况被举报出来，从中我们不难发现，电视购物至少存在以下问题：过分或片面夸大产品功效，诱导消费者；违规发布广告；采用虚假的现场演示或是运用数码技术合成效果对照图片，诱导消费者购买其产品；肆意贬低同类商品；内容低级庸俗、售后无保障等。不过电视购物的问题并非无解，关键在于有关部门、机构和运营单位要切实采取有效措施严打假冒伪劣，保护消费者利益。这在国内其实已经有了很成熟的范本可供借鉴使用，这就是网络购物。针对近期“电视购物”被消费者投诉的情况，中国商业联合会媒体购物专业委员会透露，规范电视购物行业的《中国电视购物行业标准》正在抓紧起草，其中就大量借鉴了网购行业的先进经验，如淘宝网推出的7天无理由退、换货。

材料7

网络购物和电视购物在模式上有一定的异曲同工之妙，他们都能让消费者非常方便获得自己需要的商品。但相比电视购物，网络购物采取了多种举措保证消费者的利益，所谓诚信为本，这是网络购物能获得持续快速发展的主要原因。

就拿国内第一大网购平台淘宝网来说，在淘宝网成立之初，就采用了信用评价体系、第三方支付工具支付宝来提高网络购物的信用度。2007年8月，淘宝网全面推广“消费者保障计划”，第一阶段一经推出就获得了不错的效果，网购环境获得持续不断的净化；2008年3月份，淘宝又推出三项禁用词语新规则，作为消费者保障计划的第二阶段，通过“假一罚三”“7天无理由退换货”和充值卡“闪电发货”三大举措不断提升消费者的购物体验和信任度；2008年9月，淘宝继续推出消费者保障计划第三期，其中包括数码与家电类目30天维修、古董珠宝类目保真、食品类目认证审核、奢侈品鉴赏以及屏蔽搜索引擎五大举措。

淘宝分步实施的消费者保障计划在确保消费者获得高质量使用体验的同时，也为他们的利益加上了多重保险，为网络购物的持续、快速、健康发展提供了良好的外部环境。

回过头来看电视购物行业。其实，淘宝的消费者保障计划可谓提供了一个不错的范本，除为相关标准提供了参考依据之外，目前约有40多家电视购物企业也纷纷效仿其经验，致力于打击假冒伪劣，保障消费者利益，提升其信任度，不过能否起到真正的效果还有待观察。在低成本高回报的情况下,始终有人会铤而走险,加上电视购物很难形成网络购物那样统一的平台,管理方案的执行力度始终是鞭长莫及。在此前提下,笔者觉得电视购物其实应该退出历史舞台,其职能完全可以由网络购物来替代。因此,强烈建议有关部门直接加大对电视购物的查处和打击力度,而不能停留在简单的规范和完善上。

材料 8

打开网页、轻点鼠标、等待配送,网络购物以省时、便捷、高效等特点深得消费者青睐。"拨打屏幕上的电话轻松订购",电视购物的流程则更为便捷。然而,在网络购物、电视购物过程中,消费者并没有直接面对商家的机会,交易大多是由快递公司作为中介来实现,加之商品无法"眼见为实",消费者的合法权益极易受到侵害。

据中消协网站资料显示,侵权方难以寻找、侵权证据难以掌握、侵权责任难以认定是目前受理网上投诉面临的三大困难。

中闻律师事务所的王坷律师认为,网络的虚拟性导致商品信息仅由卖方单方面提供,买方无法在购买前检验。消费者可以选择货到付款,先验货、再结清款项,以保证主动权。但是,在退换货方面,由于作为侵权方大多没有实际经营地址,这加大了消费者求偿的难度。

对此,天津消费者协会受理投诉的工作人员建议消费者通过以下渠道保护自身权益:首先,选择口碑好的购物渠道,并通过网友留言了解卖家信誉;其次,选择"货到付款"或"支付宝"等第三方支付系统,避免与卖家进行直接的钱款交易;第三,妥善保存订货单据以及聊天记录、电话录音等交易记录,并索要发票单据,以备投诉;此外,选择"货到付款"时,要做到先验货、后付款,若出现问题可拒绝付款。

材料 9

如今网上消费已经深入百姓生活,大至家电、汽车,小到食品、文具等,轻点鼠标,在网络商城里就可一览无余。然而近年来,网络消费投诉案件数量也与日俱增。

浙江传媒学院制作系大三学生小王喜欢在网上买衣服,不久前她在网上看中了一件价值580元的外套,当即给店家汇了钱去,收到货后发现颜色和大小都不合适,可当小王提出退货时店家表示只能换货,同时换货产生的邮资还需要小王自付。

小王介绍,网上店家通常喜欢把货物的图片用软件做得十分漂亮,针对不同顾客的需求还会附上不同样式的说明,可是实际货物的分类却并没有说明上描述得那样明确。

在媒体行业工作的罗小姐在网上购买了一部价值3000元的诺基亚手机,这款手机在网上标价比市场价便宜了近千元,货到后,罗小姐发现手机有明显的使用痕迹,根本不是网上介绍的全新手机,同时也没有发票和全国联保的单据。经追问,店主表明正因为是二手的所以才比市场价便宜,如果手机出了问题也只能到相隔几百公里外的另一个城市去修理。

据了解,杭州市消费者协会和工商行政管理局每个月都会接到不少类似的举报。然而由于缺乏有效的监管机制和措施,网购、电视购物的维权存在许多困难,再加上很多卖家都是个体户,没有到工商部门注册登记,而网上商店特有的虚拟性,也使得工商局无法出面上门解决问题。网购如同一把双刃剑,当消费者体验网购带来的便捷、实惠的同时,不得不面对维权困难的现实。记者了解到,如今有关网购的抱怨声日益高涨。

杭州市工商行政管理局12315举报申诉指挥中心工作人员胡永海介绍,网络购物中的纠纷通常分为几种,如使用特效处理制造夸张的效果;货到付款,剥夺消费者的验货权;经营者没有明确的名称、地址;购物缺少凭证等。

除此之外，网络、电视购物相关的法律法规尚存在盲点的情况，对于消费者维权也十分不利。据浙江国圣律师事务所的程学林律师介绍，网购或者电视购物发生纠纷都属于民事纠纷，但由于我国在网络购物方面的法律体制还不完善，网购维权实际操作起来是非常困难的。

首先，由于网上商家是虚拟的，不需要像现实中的商家一样进行工商登记，所以法院很难受理诉讼主体不明的案件。

另外，购物证据不足。消费者手中除了汇款单或者与买家的交易记录外就没有其他购物凭证，而汇款单又无法具体标明商品的功能、型号等内容。许多网上交易还是跨省市的异地交易，这也给监管部门受理与查处造成困难，消费者的损失很可能追不回来。

此外，诉讼成本也过高。网上购物的金额通常不大，有的甚至只有几元、几十元。为了这样一起纠纷花大量的财力和精力，许多消费者也感到得不偿失。

材料10

“把一根牙签夸成参天大树，把一只猴子夸成齐天大圣，把一间小屋夸成豪华别墅”。这是2010年春晚相声《超级大卖场》对一些电视购物虚假广告宣传的讽刺和揭露。

电视购物是舶来品，自20世纪90年代中期进入我国，至今已有十余年。在国外，电视购物是消费者购买产品的主流渠道之一。在国内，消费者对这种居家购物方式的接受程度也在逐渐提高。电视购物采用“产品展示+导购人员解说+模特现场示范”的方式，刺激消费者的购物欲望。消费者选择电视购物，往往是看中其购物快捷方便、价格低廉并受其极具煽动性的广告的诱惑。但由于市场监管机制不健全、法律法规缺失等原因，目前我国电视购物行业的发展呈无序状态，暴利和虚假广告宣传的问题较为普遍。尤其是对药品、医疗器械、丰胸、减肥、增高等产品方面的虚假宣传，误导了众多消费者，并给不少消费者造成了健康及财产的损失，以致国家广电总局严令电视购物节目禁播这五类商品的广告。电视购物行业陷入严重的信誉危机。

此外，由于电视购物的交易双方存在地域距离、厂商诚信缺失、经营者与媒体互相推卸责任等原因，当消费者合法权益受到侵害时，容易面临退换货难、投诉举证难、调解处理难等问题。

与电视购物方便快捷的特点有异曲同工之处的网络购物，随着互联网的普及在我国迅速兴起并得到众多消费者的青睐。但客户信息泄露、假冒伪劣产品多、宣传与实际不符、利用“钓鱼”网站实施诈骗等损害消费者利益的事件比之电视购物有过之而无不及，使该行业同样陷入诚信危机。规范电视购物和网络购物市场经营秩序，让广大消费者有个安全、放心的消费环境，是各级政府义不容辞的责任。

材料11

消费者们怎样判断一个团购网站是否有诚信度呢？调查显示，媒体对该网站的正负面报道(37.8%)、该网站以往推出的团购质量(30.5%)和网友对该团购网站的评价(23.8%)成为消费者判断一个团购网站是否有诚信度的重要因素，这三个因素归根结底还是归结到“口碑”上，只有平常服务做得好了，人们或者媒体口口相传，口碑自然就起来了。最近，多个团购网站纷纷推出巨额广告战略，想通过广告的轰炸，“炸”出自己的口碑，这可能会收获甚微。调查数据显示，只有7.8%的受访者会根据看外界是否有该网站的广告而判定这个网站的诚信度。

由于法律方面相对团购网站发展的滞后，有关部门对其管理存在很大的漏洞，团购用户普遍存在维权难的问题。52.8%的消费者遇到团购纠纷时想维权不知道找哪个部门，此外竟然还有6.9%消费者会自认倒霉。只有三分之一左右(36.1%)的消费者会选择与团购网站沟通协商，而对本来应该是管理主体的工商部门的选择出乎意料地排在最后，只有4.1%。作为“上帝”的消费者在遭遇纠纷时的反应让我们不禁感叹消费者维权意识之低。

工商部门多次提醒消费者应该加强维权意识。假如遇到纠纷,消费者可以选择与团购网协商、投诉至工商部门或在购团网上的投诉区进行投诉。作为中国领先的团购导航网站,购团网一直致力于义务帮助消费者解决团购中的投诉问题,自从设置投诉区以来,共收到消费者在团购网站上解决不了的疑难投诉1243条,其中的921条在购团网的协调下得到了解决,解决率达到74%。购团网既为维护消费者的利益做出了努力,也为团购能够持续被消费者喜爱做出了贡献。

材料12

“有利可图才有诈骗,诈骗的成本高、收益小时,针对电视购物的诈骗才会减少。”北京市盛峰律师事务所主任律师于国富表示,“广播电视管理行政主管机关应该有能力做到强化监管,并建议消费者协会可以考虑借鉴音著协的做法,代表消费者起诉侵权方。”

面对电视购物出现的诚信危机,中消协副秘书长武高汉也表示担忧。他呼吁,应对电视购物节目和相关企业引入事先的资质审查,从源头控制广告和商品质量。另外,还应该引导规范电视购物产业的发展,如加强立法、推动相关部门的监管以及提高消费者的维权意识等。

首先,国家应该针对电视购物等行业加快立法,严厉惩罚诈骗行为,堵住相关法律漏洞,增加犯罪成本。其次,电视购物业应该有意识地自我规范,要由有责任心的企业出面引导行业的发展方向,引入以支付宝为代表的第三方担保交易模式,把握住虚拟购物中支付这个关键点。再次,消费者要提高自我保护意识,要有一些必要的警惕心和必要的消费习惯,不要轻易相信商家所打出的承诺。坚决要求使用支付宝等第三方担保交易模式,如遇问题可与卖家所属地的消协联系或与网站的消保联盟联系,以维护自己的合法权益。

“由于缺乏核心的推动力量与行业自我约束,电视购物将在较长的一段时间里无法形成良好的生态体系。”中消协副秘书长武高汉警告说,“如果行业整体不诚信的局面再得不到扭转,将变成另一个‘传销’!”

材料13

信息时代的到来,使大众和社会对媒体的依存度越来越高,作为受众信息的主要来源,媒体承担着重要的传播义务。然而,许多媒体却存在着不同程度的信任危机,媒体公信力成为一个被推上日程的新问题。

在大多数国家,媒体的收入主要来自于广告,尤其在目前国内传媒盈利模式较为单一的情况下,广告几乎是媒介收入的主要来源。正是基于这种利害关系,广告商仿佛抓住了媒体的软肋,在传播活动中对媒介进行着或明或暗的干扰。如各种涉性药品、医疗、保健品广告以及相关电视购物广告,内容低俗,画面不雅,然而媒体为了追求经济利益,往往对这些不良的商业传播采取听之任之的默许态度。媒体的纵容不仅会欺骗和误导消费者的购买行为,损害消费者的直接利益,而且会污染社会风气,败坏媒体自身的信誉。

面对欺骗,公众对媒体的忠诚度大打折扣。受众对媒体不买账,媒体传播对象减少,依托于媒体的广告覆盖人群就会受到影响,因此便极易形成广告商、受众、媒体三者之间的恶性运营模式,并最终导致媒体公信力的丧失。

面对媒体公信力的缺少,新闻机构必须尽快找到行之有效的解决办法以重塑在受众心中的正面形象,主要应该从以下几个方面努力:一是要提高媒介工作者的自身素养。真实是新闻的第一要义。这就要求新闻工作者必须提高自身的职业素养。首先是业务素养的提高,一个新闻从业人员应具有较强的新闻敏感度和敬业精神。其次，作为一名媒介工作者，必须具备一定的道德修养，以维护人民的利益为己任。二是要加强新闻媒介的内部管理。重塑媒体公信力，不仅要依靠道德和记者的自律，同时也要加强新闻机构的内部管理，制定严格的管理办法。三是要处理好新闻与政治的关系。随着时代的进步，媒介地位也得到迅速提升，媒体不再是政治的宣传工具，而是政府与人民之间的桥梁。媒介的传播活动也不再是单向不可逆的，人民的呼声同样可以通过媒体传达给政府，新闻媒介恰可以利用这种双向沟通的正面作用而构建一种依托于政府的公信力，从而真正走向群众，贴近群众。

材料1划定主要关键句是：虚假广告商利用媒体夸大产品性能与商品包装，欺骗消费者的知情权和公平交易权，再利用国内特快专递代收货款的漏洞，采用货到付款迷惑消费者，形成了广告经销商、媒体宣传商、快递公司的共同利益链，对消费者的“软肋”进行侵犯。

材料2划定主要关键句是：虚假电视广告能够出现在各家卫视的荧屏上，关键还是经济利益的驱使。

材料3划定主要关键句是：自从“电视购物”登陆荧屏，由其引发的消费纠纷就层出不穷。

材料4划定主要关键句是：电视购物和网络购物以其便利的形式，吸引了消费者，但是这种购物方式却存在风险，屡见“夸大宣传”“货不对板”“承诺赠品不兑现”三大陷阱。

材料5划定主要关键句是：电视购物广告抓住消费者贪便宜、求实惠的心理，以低价格推销假冒伪劣商品，坑害消费者。

材料6划定主要关键句是：电视购物早期的高速发展得力于其模式的新颖、运营成本的低廉以及给客户带来的方便快捷，不过这也成为电视购物招摇撞骗的不二法门。

材料7划定主要关键句是：网络购物采取多种举措保证消费者的利益，如信用评价体系、第三方支付工具支付宝来提高网络购物的信用度。

材料8划定主要关键句是：网络购物以省时、便捷、高效等特点深得消费者青睐。在网络购物、电视购物过程中，消费者并没有直接面对商家的机会，交易大多是由快递公司作为中介来实现，加之商品无法“眼见为实”，消费者的合法权益极易受到侵害。侵权方难以寻找、侵权证据难以掌握、侵权责任难以认定是目前受理网上投诉面临的三大困难。

材料9划定主要关键句是：缺乏有效的监管机制和措施，网购、电视购物的维权存在许多困难，再加上很多卖家没有到工商部门注册登记，而网上商店特有的虚拟性，也使得工商局无法出面上门解决问题。网购如同一把双刃剑，当消费者体验网购带来的便捷、实惠的同时，不得不面对维权困难的现实。

材料10划定主要关键句是：电视购物快捷方便、价格低廉并受其极具煽动性的广告的诱惑。但由于市场监管机制不健全、法律法规缺失等原因，电视购物行业的发展呈无序状态，暴利和虚假广告宣传的问题较为普遍，给不少消费者造成了健康及财产的损失，国家广电总局严令电视购物节目禁播五类商品的广告。电视购物行业陷入严重的信誉危机。电视购物的交易双方存在地域距离、厂商诚信缺失、经营者与媒体互相推卸责任等原因，当消费者合法权益受到侵害时，容易面临退换货难、投诉举证难、调解处理难等问题。客户信息泄露、假冒伪劣产品多、宣传与实际不符、利用“钓鱼”网站实施诈骗等损害消费者利益的事件比之电视购物有过之而无不及，使网购同样陷入诚信危机。

材料11划定主要关键句是：法律方面相对团购网站发展的滞后，有关部门对其管理存在很大的漏洞，团购用户普遍存在维权难的问题。

材料12划定主要关键句是:由于缺乏核心的推动力量与行业自我约束,电视购物将在较长的一段时间里无法形成良好的生态体系。

材料13划定主要关键句是:媒体的收入主要来自于广告,广告商抓住媒体的软肋,利用媒介做虚假广告。

梳理关键句,按照150字的字数限制,概括出网络购物与电视购物的特点如下:

电视购物具有模式新颖、运营成本低廉以及给客户带来的方便快捷、省时、高效、实惠等特点,不过也导致电视购物出现欺诈现象,屡见“夸大宣传”“货不对板”“承诺赠品不兑现”三大陷阱。网络购物采取如支付宝等多种举措保证消费者的利益,但侵权方难以寻找、侵权证据难以掌握、侵权责任难以认定是网上购物投诉面临的三大困难。

(2)抓材料中带有总结性的“首尾中心句”。总结性的中心句往往是对一段材料实质性内容的高度概括和总结,通常是每段或每小节材料的第一句或最末一句话。

如2012年国家公务员招考试题给定材料2:

从某种意义上说,这些无形的非物质文化遗产是比长城、故宫还要重要的财富。长城、故宫是古老文明留下的躯壳,和博物馆中的恐龙标本一样,失去了实用性,是死的东西。而那些无形文化遗产,大多是活着的。活生生的文化遗产的流失,就更令人感到心痛。中国的无形文化遗产之丰富,在世界上首屈一指,然而伴随着现代经济的迅速发展,民间文化形态迅速消亡。村村寨寨的节庆活动没人张罗了,流行歌曲取代了地方戏,动画片挤走了民间故事和皮影戏。过去的农村姑娘个个会绣嫁妆,现在结婚时则到集市上去买廉价而缺少灵气的印花纺织品。而戏曲、秧歌、剪纸、刺绣这些活着的文化,集中体现着古老东方文化的独特、优美与神秘,表明我们中国人之所以为中国人。

民间文化的消失,其速度远快于生物物种的灭亡速度,而后果却和生物物种的灭亡同样严重。祖先留下的千姿百态的民间文化和历经数千年的乡土艺术、民俗器物,大部分在还没有得到完整的记录和保存前,就已经消失。它们一旦毁灭,就无法再生。这样下去,中国数千年的民族民间文化将面临断裂的危险。

第一自然段中:“从某种意义上说,这些无形的非物质文化遗产是比长城、故宫还要重要的财富。”第二自然段中:“民间文化的消失,其速度远快于生物物种的灭亡速度,而后果却和生物物种的灭亡同样严重。”等语言均带有总结性。

(3)抓材料中的“政治法律句”。材料中有许多反映方针、政策、法律、规定等制度性的句子,因为这类句子反映的是政府对某个问题的态度或进行工作的依据。

(4)抓“领导专家讲话句”或“意见舆论句”。许多材料会带有极强的导向性,穿插领导人讲话、专家意见、有关人员的观点、会议要求等句子。这类句子对帮助理解材料有很好的作用。

(5)审读材料时,抓“这”字句。常表现为“这说明、这意味着、这证明等”。句中、句末“这”字后面的语句有一部分是反映材料主旨的,也是非常重要的,切不可大意。

2. 在阅读材料的基础上整理出每段材料的内容

按照原因类、结果类、解决类材料等分类排列材料,合并同类项,并列出逻辑顺序关系,从整体上对材料进一步认识。

阅读材料时,在对每个子材料所给信息分类、归纳的过程中,需要注意:有的问题具体事例多,因果关系、层次复杂;有的问题具体事例少,且将表现不同问题的材料进行混杂;有的材料既提示解决措施,又是新问题(结果)的原因。对问题的表述绝不可依子材料的多少而定,亦即只有一个子材料但只要涉及结果和原因,能说明问题,在提炼、归纳时就不可偏废。

如2009年甘肃省公务员录用考试《申论》试卷第一题要求如下:

1.请概括给定资料所反映的主要问题。(20分)要求:概述准确,语言简练,条理清楚,表达流畅,字数在150~200字范围内。

分析试卷第一题的要求,可以明确题目要求考生用150字对全部材料的部分内容进行概括,即对农民工权利和权益这类问题(事件)的结果和原因,考生就应当以结果为主,辅加主要原因,阅读并寻找相关关键句并画线。

1.我国农村劳动力数量众多。改革开放30多年来,通过发展乡镇企业和农民进城务工已经转移了2亿多农村富余劳动力。在我国工业化、城镇化加快发展的阶段,大量农民工在城乡之间流动就业的现象在我国将长期存在。调查显示,我国农村目前还有大量富余劳动力,这一群体大部分还将以农民工形式转移出来。农民工分布在我国国民经济各个行业,在加工制造业、建筑业、采掘业及环卫、家政、餐饮等服务行业中已占从业人员半数以上。

2.据甘肃省政府外出劳务办公室介绍,2005年,全省共输转富余的劳动力409.83万人次,同比增长26.39%,有组织输转139.19万人次,外出务工人员创劳务收入100.82亿元,同比增长56.55%。

3.进城就业的农民工没有城市户口,尽管在城市就业和生活,但其社会身份仍旧是农民,在农村还保留着承包土地。他们虽然已经主要从事非农业劳动,但大多还要在农忙季节返乡从事农业生产。他们属于亦工亦农者阶层。他们的工作完全由劳务市场需求调节,与所供职的企业或雇主之间没有长期的固定契约关系,两者之间的雇佣关系往往随着一项工程或业务的完成而终结。这种关系一旦终结,就需要重新寻找工作。他们的职业具有临时性、季节性、流动性等特点。他们是一个介于产业工人与传统农民之间的双向交叉的社会群体,经常在城市和乡村之间流动、颠簸。他们中的绝大多数尚处在一种双向流动过程中,能在城里找到工作就往城市流动,找不到工作就往家乡流动。他们常年在全国各大、中城市漫游,苦苦寻求着各种就业机会。由于户口在农村,因此他们的许多权利和义务都与户籍所在的农村发生联系。农村是他们的输出地,往往又是他们的归宿地。找不到工作或者患了疾病,便重新回到农村从事农业生产劳动。尽管不在农村谋生,但他们的根还在农村,他们的家庭、心理寄托与感情牵挂都系于农村,自我感觉上也还是一个农民。农业虽不再是他们的主要职业,但还要兼而从之,以此作为自己和家庭成员的最后生活保障。尽管他们已身在城市,从事着非农业劳动,但还带着农业、农村、农民的脐带。

4.一项调查结果显示,98.7%的雇主没有为农民工办理养老金、住房公积金和医疗保险金,93.4%的雇主没有为他们办理工伤保险。更有甚者,多数农民工不敢提出签订劳务合同的要求。他们往往在缺乏劳动保护和安全保障的恶劣环境下工作,不惜以牺牲健康为代价。有报道称,在广州接触职业危害的40多万工人中,70%以上是农民工。恶劣的工作环境,使他们成为"最容易受伤"的群体。

相当多的农民工被任意延长劳动时间,却得不到相应报酬。他们的劳动报酬原本就非常低廉,还常常受到企业主的克扣和恶意拖欠。新华社记者曾在北京、浙江、安徽随机抽样访问了80名农民工,其中竟有72.5%的农民工的工资不同程度地遭到拖欠。

进城就业的农民工原本就是来自农村的贫困阶层。他们来到城市打工谋生,一般居住在城乡接合部,在建筑工地打工者则大多就地住在工棚内,也有不少住在自己用各种建筑废料搭建的棚屋内。其居住条件的共同特点是：居住拥挤、采光和通风条件较差、潮湿，往往成为城市中的卫生死角。为了尽可能地节约在城市中的开支，农民工的饮食一般比较简单，他们是农贸市场低档蔬菜和街头路边饮食摊档的主要顾客。出行的主要交通工具是自行车，他们是旧自行车的主要销售对象。他们想尽办法节衣缩食、省吃俭用，为的是在过年的时候能够多带几个钱回家。

农民工是城市中失业最为频繁的群体。他们中有不少人经常处于失业状态。一份调查结果显示，2008年10月以来，农民工遇到过失业问题的比例高达45.4%，有45.5%的人遇到了3个月或更长时间的失业。失业对他们来说，意味着连那点微薄收入也没有了。

5. 尽管进城就业的农民工不同程度地接受了现代城市文明特别是工业文明的熏陶，参与了社会化大生产的实践，但这毕竟还只是初步的，尚未能锤炼出他们严密的组织性、纪律性。在多数农民工就业的个体私营企业，甚至连职工代表大会这样的职工参与企业管理、行使民主监督权利、维护合法权益的组织形式都没有。在这些企业里，基本没有农民工的主人翁地位可言。他们在企业里完全处于一种无权的地位，所以对企业的经营状况和效益的关切度也根本不可能有国有企业职工那么高。除了出力干活挣得工资以外，他们根本不去关心所在企业的前途命运。因此，置身于这种环境和氛围之中的农民工也不可能萌生主人翁意识。当然，也有一部分农民工从业于国有企业。即便是这部分农民工，也没有多少主人翁地位可言，因为农民工同所在国有企业的关系也是一种雇佣关系，加之他们在企业里的身份被统称为临时工，因而不可能被当作企业发展的依靠力量，不仅不被吸收来加入企业工会、参加职代会、参与企业民主管理，而且也根本享受不到本企业中的城市职工所享受的各种福利待遇，甚至连工资级别也完全与城市职工分属两个体系。同时，农民工自己在心理感受上，也从来没有把自己看成是“单位人”，没有心思去管企业的事。

6. 按照有关法律规定，选民实际上已经迁居外地但是没有转出户口的，在取得原选区选民资格的证明后，可以在现居住地的选区参加选举。在实际操作过程中，作为非当地户籍的外来暂住人员，远离户籍所在地的农民工一般宁肯放弃自己的选举权和被选举权，也不愿去办理这些烦琐的选民资格手续。因为要办理这些手续，他们一要中止好不容易才谋到的工作，冒失去这份工作的危险；二要付出较高的办理成本，其中包括误工工资和往返的差旅费用。因此，在办理选民资格手续和放弃参加选举二者之间，他们通常会选择后者而不是前者。当然，做出这种选择，并非是因为农民工们缺乏参政的热情，而是制度安排没有考虑非当地户籍的外来暂住人员取得选民资格证明要付出多大的成本，是这种有缺陷的制度安排，把他们排斥在了城市政治生活之外。在现阶段，我国社会还缺乏让农民工阶层表达自己利益诉求的渠道，缺乏使政府能够倾听到农民工呼声的机制。

7. 清华大学社会学专家的调查结果表明，在城市社会分层体系共100种职业的排位中，农民工居于第94位，而且排在最后10个位次的职业都与农民工不无关系。

全国人大代表郑功成接受记者采访时这样表示，根据调查显示，过去10年间，在广东经济持续增长的情况下，广东农民工工资才增加了60多元钱，扣除物价上涨因素，实际上工资是下降的，还不如10年前。

8. 长期以来，不少城市在就业方面普遍实行总量控制、先城后乡的政策，设置种种职业、工种限制。近年来，有些城市的政府为解决城市职工再就业问题，制订了各种就业准入制度，限制外来人员进入某些行业。有些城市政府甚至下发红头文件，要求一些部门和行业清退农民工，为本地下岗失业人员腾位子，搞所谓的"腾笼换鸟"。在对农民工实行就业限制政策的同时，还强制性收取各种管理费，以提高就业成本为手段，进一步强化就业壁垒。除此之外，对农民工劳动权的歧视，还表现在对他们的劳动休息权、工资报酬权和劳动保护权等方面的侵害上。用工单位和雇主大多不与农民工签订劳动合同，工作时间、劳动强度、报酬和工伤处理办法全由用工单位和雇主说了算。用工单位和雇主随意延长工作时间、增加劳动强度，却很少给务工者支付超时超额劳动报酬。尤为突出的是，拖欠农民工工资的情况十分严重。一些用工单位特别是建筑企业，不是按月给农民工发工资，而是一年一结，有的甚至连这也做不到。如果农民工中途变更工作，就基本上拿不到工资。由于种种制度性和非制度性的原因，进城就业农民工的子女往往享受不到与城里孩子同等的受教育权。一项调查结果显示，全国流动人口中处于义务教育年龄段的孩子，有9.3%处于失、辍学状态。

又一个新学期开始了，新的希望再次呈现在孩子们眼前。然而，对于那些仍没给自己的孩子找到学校的农民工来说，孩子的上学问题已经成为他们最头疼的事情。

2月19日上午，记者在海南省海口市南海大道遇到了正为孩子上学问题奔波的四川籍农民工卢某。记者随他一起走访了坡巷村附近的3所民办小学。老卢告诉记者，有段时间他的两个儿子都在海口读书。后来，他把大儿子送回了老家，而10岁的小儿子则留在海口一所民办学校读小学四年级。因为小儿子的学校学费有些贵，条件又不是很好，他就想给孩子换个学校，但直到现在还没有找到合适的。

记者随老卢来到了南海大道的一个横岔路口。在这里，两所民办学校分别打出了长长的招生条幅。在一条幽深的小巷里，记者小心地避过堆放在路边的垃圾，好不容易才看到了一块写着"明X学校"的牌匾。记者看到，教学楼前用砖块拼成一段小路，操场上堆放着一堆一堆的沙石，篮球架下到处是厚厚的沙土……老卢黝黑的脸上有些失望。他说，他们夫妻都没什么文化，就想让孩子在环境稍好一点的学校上学，而这所学校显然太让他失望了。下午，老卢打听到位于坡巷村的海口市兰亭学校正在招生，就带着孩子赶了过去。一进校门，老卢径直向贴有学生报名收费表的黑板走去。不一会儿，他就失望地从人群中钻了出来。原来，该校学前班走读生收费为380元；1～5年级收费为400元；6年级420元；初中1～2年级600元；初中3年级650元。下午4点，他带着孩子来到南海大道博巷路的金龙利文学校。这一次，他依然无奈地直摇头。招生简章上写道：小学走读学费每学期600元，教材费80元；初中部每学期学费800元，教材费20元。另外保险费40元/年，体检费20元/年，春季校服费50元/套。无奈的老卢蹲在学校门口点起了一支烟——当地最便宜的软盒宝岛牌。他告诉记者，他的大儿子以前一直在海南的民办学校上学，由于质量参差不齐，大儿子转了4次学才找到一所环境相对较好的学校。大儿子小学毕业前，他们发现，由于没有海口市户口，儿子根本就不能报考教学质量较好的初中。他一咬牙，花了1.6万元将大儿子送进了家乡一所比较好的中学。

"现在，小儿子也念小学四年级了，又遇到了当初一样的问题：民办学校环境不好，学费又贵。我做梦都想让儿子能上一所师资和环境比较好、收费便宜的公办学校，可现在连个过得去的民办学校都找不到……"

据了解，近年来海南在教育方面的投入日益增长，但是由于教育方面存在一些历史遗留问题，海南的教学资源依然无法满足需求，很多公办学校班级人数已经严重超标，无法再吸收更多的农民工子女。

海南省跨省用工管理所所长吴以仁告诉记者，每年进入海南省的外来务工人员大约有30

万人,农民工子女上学问题日益突出。2004 年,海南省教育厅曾进行过一次调查,发现在 8000 多名农民工子女中,仅有 2000 多人进入公办学校就读,就读率仅占 25% 左右。

9. 当进城就业的农民工离开农村来到城市以后,由于与家人、亲戚、朋友减少了面对面的亲情互动,又无法融入城市社会,他们在情感方面失却了宣泄的机会与场所,故而在社会流动与漂泊中产生种种心理不适,长期处于情感需求与情感实现的矛盾冲突之中。由于受到文化程度和经济条件的限制,他们很少能光顾城里的书店、图书馆等文化设施。长期和过度的精神压抑,不仅会使一些农民工患上精神类功能性疾病,有时甚至使一些农民工会形成某种直接导致过激行为的变态心理。近年来,一些城市发生的恶性案件,许多都与农民工有关。

10. 有关调查表明,目前我国公民具备基本科学素养的比例为 1.98%,美国这一比例为 17%,我们与美国等发达国家相比的差距是明显的。即使在生活水平相对较高的江苏省,公民具备基本科学素养的比例也仅为 2.03%,全省人均科普费用仅为一角钱。

四川的一项调查表明,近九成成都市民不了解网络。江苏省的一项抽样调查结果显示,有 1/5 的人相信求签可预测人生或者寿命,1/4 的人相信相面,还有相当数量的人相信周公解梦、星座预测。

中国科普研究所副所长雷绮虹介绍,根据中国科协 2003 年的一项调查结果显示,我国生产工人、运输设备操作及有关人员、商业及服务人员的整体科学素养水平在社会各职业中均属较低人群。这种状况直接影响到城镇劳动人口的就业、转岗、创业能力,也影响到企业的竞争力、创新能力的提高。由于企业员工科学素质偏低,导致我国产业技术水平不高,高技术产业所占比例很少,劳动生产率仅为发达国家的 25%。

11. 有一年的春晚,冯巩、朱军、牛莉合说了个相声《跟着媳妇当保姆》。其中,扮演城里人的朱军有几句台词耐人寻味。大意是:"没有你们农村人,我们城里人连年都过不好。谁给我们送牛奶,谁给我们来送报,谁在午夜运垃圾,谁在黎明扫街道。"

"2008 年在电视前看到奥运会时,我可以对别人说,这里有我的一份力呢。为了这个,过年不回家也值了。一辈子能赶上几回呢!既然赶上了,就做点什么。"在北京东直门地铁建筑工地,来自四川的 42 岁农民工侯位银骄傲地说。

大年初一下午三点多,位于北京东直门的"轨道交通首都国际机场线 01 标段"工地现场,为了保证工程如期完工,180 多名农民工放弃了回家过年的机会,在工地上一如既往地忙碌着。

12. 据国内权威媒体 2009 年 2 月 2 日报道,在春节来临之际,我国部分省份已经开始采取行动赋予农民工产业工人待遇。留在上海、江苏、广东等城市里过春节的数十万农民工,收到了当地工会组织发放的慰问金和年货。这是根据中华全国总工会今年 1 月初宣布的增拨 500 万元"农民工簇项温暖资金"做出的具体行动。而拨付专项资金给农民工,这在"送温暖"工程开展 10 多年的历史中还是首次。

13. 党中央、国务院高度重视保障农民工权益和改善农民工就业环境问题,近年来制定了一系列政策措施,各地区各部门做了大量工作,取得了明显成效。新春伊始,《国务院关于解决农民工问题的若干意见》正式发布了。《意见》充分肯定了农民工在我国经济社会发展中的地位和作用,深刻阐述了解决好农民工问题的重要性、紧迫性和长期性,明确提出了做好农民工工作的指导思想、基本原则和政策措施。落实好这个文件,解决好农民工外出务工遇到的困难和问题,必将会极大地维护和调动广大农民工的积极性,推动城乡共同繁荣,促进社会和谐稳定。《意见》全文分 10 个部分 40 条,约 9000 字,涉及了农民工工资、就业、技能培训、劳动保护、社会保障、公共管理和服务、户籍管理制度改革、土地承包权益等各个方面的政策措施。《意见》提出做好农民工工作的基本原则是公平对待、一视同仁;强化服务,完善管理;统筹规划、合理引导;因地制宜、分类指导;立足当前、着眼长远。

曾有报道说,公安部正在抓紧研究进一步深化户籍制度改革的意见,拟取消农业、非农业户口的界限,探索建立城乡统一的户口登记管理制度。目前,全国已有10个省份着手进行户籍改革标点,这对农民工来说,又是一个好的消息。它意味着旧的户籍制度最终将被彻底打破,阻碍城乡市场统一的壁垒也终将被彻底清除,农民转为产业工人会更加便利和自由。关于这一点,正如上海市社科院专家陆晓文所说:"进城的亿万农民工基本上已成为补充传统产业工人大军的重要力量,给予他们正式的产业工人身份和待遇关系全局,是不可逆阻的历史趋势。"

上述材料中画线部分的关键句,经过精简,合并同类项,进而分为整体结果类和具体表现类,实际就是问题及其表现。

第四章　申论应试——概括归纳材料

备考要点

要点一：准确理解、把握三点概括法，以“一个中心，两个基本点（简称两个基点）”的方式概括。“一个中心”指阅读理解后的概括材料要集中反映一个事件（或一类事件）这一中心（发现提出问题）。

要点二：准确理解、把握“两个基点”中第一个基点是指概括材料要揭示出事件的不同角度；第二个基点是要指出事件（问题和矛盾）的解决方向（解决问题）。

疑难分析

认真区分三点概括法对应不同的方法：概括是指通过对材料的主要内容进行分析归纳后，再进一步提炼材料的中心思想，即概括出材料所反映的主要问题或问题的特定方面。概述的是问题的表面现象，概括要求考生透过问题的表面现象来发掘问题的本质。名词解释考查的是特殊的概括能力，体现的是对概括类型题目的一种更高要求。

一、概括归纳类题型概述

概括归纳就是在阅读材料的基础上依据答题的要求对材料进行分析、归类、综合、提炼和总结。从申论要求和题目设置上看，历年试卷中，申论要求部分，均设置总结概括类题目。总结概括能力是直接通过题目来考查的，有概括材料主要内容、主要问题或现状、趋势、意义等方面。

从内容上看，申论材料有两种类型：第一种，材料集中反映社会生活中发生的、有一定影响面而又亟待解决的具体问题，以客观陈述为主。这类问题涉及的对象往往是双边的、具有“案例”的某些因素，但并不是一个完整的案例。第二种，材料是围绕某一社会“热点”问题摘录、组合而成的。它可能是影响范围很大的突发性事件，也可能是久积未解的社会“难题”，与新闻综述有些相似，但绝非是完整的新闻综述。

从材料的组合形式上看，申论考试材料是由诸多信息“拼合”而成的。这些信息无论是客观陈述，还是评析论证的，都具有关联性或连带性，只有少数材料之间没有什么关联。申论材料不是一篇完整的文章，而是各则子材料的组合，不一定体现严格的时空顺序或严格的逻辑顺序，或者打乱了原有的逻辑顺序。根据材料的内容和组合形式，要准确理解和把握材料的含义，就必须对各则材料进行分析并加以综合，理清相互之间的逻辑和关系，进行总结概括。

从材料与核心问题的关系看，申论考试概括归纳的要求主要有四种：

第一种是对全部材料的全面内容的概括，其涵盖度最广也最难概括，涉及事件的整体原因、结果和解决。

第二种是对全部材料的某方面内容的概括，涉及事件的某方面原因或结果或解决。

第三种是对部分材料的全面内容的概括，涉及某一相关事件的整体原因、结果和解决。

第四种是对部分材料的某方面内容的概括，涉及某一相关事件的某方面原因或结果或解决。

从问题字面上看,申论考试概括归纳的题目要求主要有四种:

第一种是要求考生概括材料反映的事件的原因。如2010年中央、国家机关公务员申论考试要求"《渤海碧海行动计划》近期目标难以实现有多方面的原因。请依据'给定资料1'分别进行概括。"

第二种是要求考生概括归纳材料所反映的事件的主要问题,如2009年国家公务员招考申论考试要求:"我国改革开放三十年,取得了巨大成绩,也面临许多问题。请概述'给定材料'反映的我国当前经济发展要解决的问题。"

第三种是要求考生概括材料所反映的主要观点,如2008年中央、国家机关公务员申论考试要求:"在怒江开发水电资源问题上有重大争议。请根据给定资料1~8,指出争议的焦点是什么,并对主张怒江水电开发和反对怒江水电开发的理由分别加以概述(实质是概括观点)。"

第四种是要求考生概括材料的主要内容。如2006年中央、国家机关公务员申论考试要求"用简洁的语言概括丁部长的讲话"(实质是概括内容)。

原因、问题、观点、内容概括侧重有所不同,就是从概括材料反映事件的某一方面要素到概括材料反映事件的全部方面要素。概括某方面原因,一般较为直观简单,但一些材料会刻意隐含深层次原因,则需要系统思维和深度挖掘。若是归纳问题,一定要透过材料表面现象,深层次地看待事件的本质,发掘事件产生的原因。若是归纳主要观点,那么这类材料大多是反映有争议性的话题,每个话题都有相关材料支持,材料所反映的几种观点明显是不同的,所持的态度也有差异,对不同观点态度的把握、提炼要全面。若是归纳主要内容,则要求考生对材料进行梳理、分析、提炼,逐步归纳,把材料所反映的要点、涉及的问题、出现的态度,包括发展的趋势和应对的方针都概括进去,从而把中心内容总结出来。

二、概括归纳问题的方法

对材料概括能力的考查分别侧重发现能力、分析能力、解决能力。概括部分突出考查考生发现提出问题的能力,兼顾分析和解决问题的能力。三点概括法暗含着申论给定材料的组合方式,适合申论整体考查考生的发现问题、分析问题、解决问题的能力,其核心可根据题目不同要求进行有所侧重地概括,既给出了阅读材料的分类视角,又提供了归纳概括的有效工具。

第一步:针对概括要求,一言以蔽之,阐述一个中心,用一个句子高度概括材料中心(实质反映发现问题的能力)。

给定材料所反映的问题是一个"新事件"或一类"新事件",考生通过对所给材料的整体把握,抓住重点语句就可高度概括出来。如本书关于防止"非典"的材料:归纳概括时通过对子材料2、3、4、5、6、7、8、9、10、11、12可归纳出"非典"是一种全新病毒,对各国人民的生命健康威胁极大。通过对子材料14的阅读分析可以归纳出,我国在"防非"中采取的措施以及加强国际和地区合作的必要性。通过对子材料15、16的分析可归纳出,我国在防非中取得的成就。把这些要点进行归纳可得出该材料所反映的主要问题是:"非典型性肺炎是人类共同面对的一个世界性难题,给各国人民的生命健康带来了极大的威胁。各政府、人民以及相关医疗机构应加强合作,做好非典型性肺炎防治工作(因为'非典'是全新病毒,以前从未遇到过,因此需要全人类共同努力才能战胜,这是从世界范围而言),我国各级政府要进一步认识做好非典型性肺炎防治工作的极端重要性,把它作为当前的一项重大任务抓紧抓好('非典'对人民生命健康危害极大,因此要从思想上高度重视,做好防治工作,这是就中国而言)。"从中可看出,回答问题的语言全在材料中,思路是:全新病毒"非典"需要全人类加强合作,共同预防。从范围而言,遵循从

"大"到"小",由"面"到"点"。

第二步:针对概括要求,概括事件原因、结果、基点(实质反映分析问题的能力)。

给定材料经常表述的是某一(类)事件(案件)的结果和表现(实际是问题现象),概括、归纳时一定要透过材料所反映的表面现象,思考为什么会产生这一事件(案件)。概括材料的问题时往往要联系社会热点、焦点话题,要求考生关注社会热点、了解国家政策,提出问题时要做进一步思考,寻找根本原因,提炼极为需要的原因、结果、基点。

如2009年中央、国家机关招考公务员申论考试题目一:我国改革开放三十年,取得了巨大成绩,也面临许多问题。请概述"给定材料"反映的我国当前经济发展要解决的问题。(20分)要求:紧扣给定材料,全面,有条理,不必写成文章,不超过300字。

经过略读和精读可以发现,给定材料主要围绕着经济发展中的产业结构升级和粮食安全与农业发展中要解决的主要问题而组合展开,字面上就能找到的原因、结果关系主要有两大方面:

第一,因为设计研发等两头在外,研发能力低,加工业盈利能力很低下;人民币升值,原材料上涨,土地利用率低下;民工荒;出口退税政策调整,没有及时向低成本地区转移,亏损、倒闭风险大增;以"东莞模式"为代表的出口加工业发展模式已经到了难以为继的困境,面临产业升级的严峻挑战。

第二,粮食价格低,政府补贴较少,农资价格大幅上涨,农民种粮意愿下降,粮油经营领域外资独大,严重影响国内相关企业的发展。

但给定材料中,企业自主创新不足是"东莞模式"致命缺陷之一,而揭示这一重要原因的是材料6,其中对日本著名企业家稻盛和夫创业发展经历的介绍,间接对比暗示了我国加工业发展升级的必由之路。同时,给定材料以胡锦涛同志在小岗村的讲话从侧面进一步暗示:土地承包权流转不畅,农业适度规模经营不足,农业后劲不足。将材料7、8、9联系起来,可以推断出一个因果关系:粮油经营领域外资独大,从长远来看,必然影响国家粮食安全。最后综合分析,出口加工业和农业都面临着可持续发展的挑战和困境,这正是倡导科学发展观的深刻而全面的原因。

第三步:根据概括要求,概括解决基点(实质反映解决问题的能力)。

给定材料常表现为由一定的原因带来的结果和表现(问题现象),接着材料或明示或暗示如何解决问题,有的干脆直接列举已经采取的解决措施,这些措施或已起到解决问题的作用,或因解决措施不到位不完善又引发了新的问题矛盾,亟须加强完善解决措施,这些内容在概括时要根据申论考试设置问题的要求或简洁或明晰地回答。

如2007年中央、国家机关公务员录用考试申论试卷:

1.略。

2.北焦村的土地所剩无几,村办企业在20世纪90年代中期也相继破产。从2000年起,北焦村就陆续有村民上访,开始六七个人,到现在已有几百人集体上访,累计上访1000多人次。石家庄市长安区南高营镇西古城村,有关部门为搞土地开发,造成380亩耕地、菜地无法耕种,至今垃圾成堆,杂草丛生,已闲置了四年。村民上访无效后,自发组织起来,在耕种地旁搭了间瓦房,日夜轮流看守,反对圈占。

《土地管理法》规定……

某研究农村经济问题的专家提出,农村城市化进程可以有两种选择,一种是将原有的集体经济组织全部解散,农民以独立的家庭个体进入城市经商、打工,但前提是必须实现公平分配,另一种是保留原有的农村社区组织，并对产权制度和组织形式进行彻底改造，以适应城市化的进程。

2004年10月底，国务院下发了《关于深化改革严格土地管理的决定》，强调农用地转用和土地征收的审批权在国务院和省、自治区、直辖市政府，各省、自治区、直辖市政府不得违反法律和行政法规的规定下放土地审批权。该《决定》对农民最关注的征地补偿作了新承诺：土地补偿费和安置补助费的总和达到法定上限，尚不足以使被征地农民保持原有生活水平的，当地政府可以用国有土地有偿使用收入予以补贴。县级以上政府应当使被征地农民的长远生计有保障。这意味着各级政府要将土地出让金部分转移给被征地的农民。

部分媒体称这个决定是“土地新政”，并给予较高的评价。但部分上访农民则有更高的期待。福建省厦门市海沧区霞阳村的许某说，村里的3000多亩地都被征光了，他希望中央政府真正给农民土地所有权和使用权。政府要保障农民的经济权利，为农村经济发展服务，不要与农民争利，更不能把农民的土地抢走给开发商，他期望征地制度改革能让农民拿自己的土地直接进入市场交易。有的专家倾向于根据土地使用性质，把土地转让市场区分为两大类进行交易，以保障农民得到应有的补偿。这位专家还指出，目前存在两级市场，政府对一级市场具有垄断权，土地交易先由国家或集体收回，再进入二级市场交易，这导致转让利益分配严重不均。

3. 以占江苏省不足4.7%的面积，承载了占江苏省6.2%的人口，产出了占江苏省14.8%的经济总量，以保护土地资源来保障发展，以保障经济发展促进资源保护，成为写在无锡大地上的辩证法。据统计，江苏全省GDP每增一个百分点，用地量为2.4万亩。2003年，无锡GDP实现1901.22亿元，增幅达15.4%，而用地增加仅15.6万亩，土地资源消耗量仅相当于全省平均水平的一半。

在无锡4787.6平方公里的总面积中，山丘与水域占47.7%，人均耕地仅0.55亩，为江苏省地级市中最少的城市。但随着经济社会的迅猛发展，无锡对土地的需求量很大。无锡市政府用严格的制度保护耕地，将耕地“占一补一”的工作列入各级政府年度考核目标，每年以“市长令”形式下发土地复垦方法，全面开展土地开发整理，明确“谁复垦谁受益”。连续多年来，无锡每年都召开土地复垦流动现场会，极大地激发了基层人民的热情。宜兴原茗岭镇是人均粮田不足0.4亩的山区乡镇，他们向涧滩要地，向荒山要地，不仅10年建设没占用一分粮田，而且增加耕地3400多亩，这里实施的国家级“丘陵山区万亩土地综合开发整理项目”被联合国列为在我国的11个示范区之一。2001年至今，无锡关闭了沿太湖地区200多家矿山企业，通过土地开发整理，共新增耕地4.3万亩，相当于10余个中心商务区。目前，正在建造28层高的农民公寓。据测算，原来农民散居时户均占地超过0.5亩，住进公寓后户均占地不足0.15亩。

4. 首钢矿业公司在各级政府部门的指导下，加大投入，加强管理，技术创新，先后完成了大石河铁矿尾矿库、新水选矿厂尾矿库、裴庄土场、羊崖山土场等一大批复垦项目，使矿山的生态环境得到了初步的改善。经多年覆土种植，大石河铁矿尾矿库，如今处处郁郁葱葱，长满了紫穗槐；三四年前还是一座沙山的新水尾矿库，如今1200余亩沙棘长势旺盛，已结出沙棘果；裴庄土场覆土种植的刺槐已经成长为一片参天大树林，好像一座森林公园。首钢矿业公司在生产过程中破坏土地，主要是采矿中形成排土场和在选矿中形成尾矿库，针对不同的条件，公司组织工程技术人员进行攻关，采取不同方式开展土地复垦工作。排土场是采矿过程中排出的岩石的堆存场所，是人工堆积起来的废石山，岩石裸露，坡度较陡。公司对排土场采取了平整、覆土、绿化的办法。一是在采矿过程中，将采矿剥离后表土单独存放，以备复垦利用。二是待排土场停用后，用推土机平整，为减少工作量，做到小平大不平，平台四周做出 0.5 米的土挡，防止水土流失。三是将存放的表土覆在上部，厚度 0.5 米，栽种以刺槐、紫穗槐为主的水土保持林。首钢采用此方法先后使 2950 亩排土场披上了绿装。

首钢公司目前有尾矿库 3 座，尹庄尾矿库是 1996 年投入使用的新库，不具备复垦条件，另外 2 座尾矿均已进行了复垦。为防止水土流失，首钢公司每年投入大量资金沿坝面堆成 10 ~ 15 米平台，砌有排水沟，保证了汛期雨水沿排水沟排走，从而防止了水土流失。在平台和平台后斜坡上覆盖 20 厘米厚的土，种植以紫穗槐为主的坝面水土保持林。经过几年的实践，已完成尾矿坝绿化 600 余亩，给库区周围的群众建起一条绿色防护带，有效地控制了二次扬尘污染，也为我国固体废物治理探索出一条新的路子。

5. 从 2004 年起，河南省开启了整治“空心村”、砖瓦窑场和工矿废弃地的工作，计划用 5 年整治出土地 150 万亩，用于县域经济发展用地或重新恢复为耕地。截至目前，整治出土地 46 万亩，净增耕地总量 26 万亩。全省已连续 6 年实现耕地占补平衡。

不久前，郸城县王拱集村的李老汉得到了一份“大礼”，他家从村里多分了两亩地。“空心村”整治后，该县许多农民都像李老汉一样享受着这份喜悦。目前，郸城县已完成了 19 个“空心村”的治理，新增耕地 7801.7 亩。河南省国土资源部门有关负责人介绍，该省人均耕地只有 1.23 亩，低于全国平均水平。而全省从“空心村”、砖瓦窑场和工矿废弃地整治中可挖掘出土地 223.4 亩，可复垦耕地 183.3 万亩。

材料主要涉及四方面的解决措施：一是专家的建议，把土地转让市场区分为两大类进行交易，以保障农民得到应有的补偿；二是无锡开展的土地开发整理，“谁复垦谁受益”的做法；三是复垦尾矿库、排土场；四是河南省开启的整治“空心村”、砖瓦窑场和工矿废弃地的工作。这些措施对于题 1“根据‘给定资料 1、2’的内容，整理一份供有关负责同志参阅的材料的全面概述”提供了解决措施的参考依据。这些措施也为题 3“给定资料中谈到了排土场、尾矿库的绿化，‘空心村’、砖瓦窑场和工矿废弃地的整治，请概括说明这些做法的目的和意义”的作答奠定了明确的解决措施基础，便于考生把握。

三、概括归纳的要求

（一）概括角度要准确

概括的角度是指考生认为材料从哪个方面反映问题，如果概括的角度偏离了材料的意图，那么它就是一个不成功的概括。因此，考生在总结概括问题时一定要严格按照答题要求，紧紧围绕材料，针对材料反映的主旨做出回答。要确保概括出发点的党和政府视角的综合高度，要从多个方面、多个角度全面理解材料，多思考、多权衡，从最恰当的角度进行概括。

（二）概括主旨要突出

对于一般的写作，中心主旨要鲜明突出。在概括时，要处处从表现中心主旨的角度来考虑如何选材与组材、如何叙述与确定繁简重点等，如何运用线索的穿插使文章成为一个有机的整体，从而纲举目张，更好地表达中心。

（三）概括要素要清楚

叙述要素包括人物、事件、时间、地点、原因、结果等。事件是申论叙述的核心要素之一，原因和结果是申论叙述的根本要素。有了这些要素，申论叙述才完整，交代才清楚。

（四）概括详略要得当

材料详略的选择与剪裁的艺术，是写文章高下、成败的关键之一。详略处理的标准，不同的题材、文体虽有所不同，但概而言之，都要符合所要表达的内容、主题的需要。要紧扣中心内容选材剪裁，务求集中笔墨，把主题思想鲜明而又深刻地表达出来。

（五）概括的线索顺序要明确合理

线索是贯穿全文的主线，是组织材料的思路在文章中的反映。每篇文章都要有一条主线，把相关材料连接起来，从而统领全篇，使文章条理清晰，结构严谨，使读者对文章有个清晰明了的印象。一般来说，对申论材料的概括可以按逻辑顺序，也可以按时间顺序或空间顺序。材料有了选择和加工，但要使它们成为一个有机的整体来表现主题或中心，还需要一定的顺序来组织，这样才会给人条理清晰、结构严谨的感觉。结构安排得巧妙，还会有波澜起伏、引人入胜的效果。

（六）概括的语言要精练

五、总结概括过程中的注意事项和常见错误

（一）概述材料反映内容、观点的方法和注意事项

在申论考试中，对考生概括材料能力的考核主要分为两种，即概述能力和概括能力。这两种概括无论从方法上还是要求上都是存在差异的。概述一般是指概括材料所反映的事件或现象，也包括对观点的概述。它常常要求概括出材料所反映的问题涵盖哪几个方面、哪几个层次，或者是材料所反映的内容包括哪几个方面的观点、意见、争议等。概括则比概述又深入了一个层次，它需要在分析内容的基础上，挖掘内容的主旨。

1. 简化法

一般来说，在给定的一组材料中，往往会包括主体、事件、时间、原因、结果等各种要素。对该组材料来说，主体和事件是核心，它们表达了材料所反映的主要内容，而时间、地点、原因、结果常为辅助性要素，它们对材料的主题常常起补充说明作用。因此，在概括材料内容时，考生应用简洁的话语将主要内容抽象概括出来，去掉材料中的细枝末节，概括内容中的精髓。也就是说在概括材料时要将主体和事件从材料中提取出来，而对时间、地点、原因、结果等要素，可根据需要保留或删减。

2. 溯源法

申论考试的材料部分往往是几则材料反映的共同内容，或是围绕同一话题展开，对于这样的几则材料往往要将其归入同一层次，然后分别分析各层次的内容，进而归纳出整个材料的主要内容。

3. 分类列举法

一些申论试题的材料由事例和争议的意见两部分组成，对这类材料主要内容的概述，主要体现在有争议的不同观点上。因此，针对这类申论试题可采用分类列举法进行概述，即对不同类的意见进行逐一介绍。如材料是关于网络对青少年的影响这一话题的：有一些家长认为网络给青少年身心发展带来了很大的损害，应坚决反对；有的则支持；有的较客观，主张建立绿色网络。

4. 概述内容的注意事项

（1）概述内容时要注意对材料进行全面的梳理和层层归纳，按限定字数作答。

对材料内容的概括归纳要在阅读材料的基础上进行，这是对材料内容进行的初步总结。概括是对材料内容从细枝末节的无序子材料排列到对整个材料从微观走向宏观、从感性认识走向理性认识的整体把握。概述材料一般要求对材料所反映的主要内容的各个要点都要进行概括，

尤其注意不能丢掉对反对意见、负面影响的概括(除非只要求你概括赞成方面的内容),要归纳好内容,抽象概括是重点,逻辑思维是方法,语句通顺、语言简洁、语义明确是关键,言辞朴实无华、庄重到位是特点。这几点都是申论考试对考生处理材料能力的要求。

(2)概括内容时注意对材料要做更进一步思考,要找到深层原因,要透过现象看到本质,即找到与社会时政热点有关联的话题。

要对表达相同内容的材料进行合并。申论考试的材料部分往往是几则材料反映共同的内容,或者是围绕同一话题展开。对于这样的几则材料要进行合并,做到不重复概括。准确概括要求考生必须对国家宏观政策有较深入的了解,对社会的热点和争议性较强、矛盾尖锐的社会现象有所研究。概括、归纳时要透过个性看共性,发散思维,由近及远。对问题的看法能做到力透纸背,入木三分。对问题的表述要做到客观、公正、平和、中肯。

(3)针对近年来申论考试此类题目的新变化,要注意知识储备,既要有广博的知识,又要有较高的理论修养,能够准确理解党的各项方针政策。求创变新是申论考试永恒的主题。

提高国家机关工作人员文字运用、材料处理、办事效率的能力势在必行。

(4)概括语言要简练、字迹要工整。概述一般会有字数的限制和要求,这就要求考生以最少的文字表达最丰富的内涵,所以在语言表达上必须简练,而不能陷入对具体现象、事实的叙述中。同时,字迹工整与卷面的整洁给评卷人的第一印象至关重要。

(二)概括的常用方法和注意事项

概括是指通过对材料的主要内容进行分析概括后,再进一步提炼材料的中心思想,即概括材料所反映的主要问题或问题的特定方面。如果说概述的是问题的表面现象,那么概括就是要求考生透过问题的表面现象来发掘问题的本质。常用方法如下:

1. 寻根究底法

该方法是把握事物本质的最有效的办法。寻根究底也就是因果分析的方法,就是在分析材料时,根据结果去探查原因,在原因处入手,分析问题的本质。俗话说“无因不成果”,意思就是任何事物的发展变化都有其原因,找到了产生问题的原因,也就找到了材料反映的主要问题。因果分析就是依据其结果,顺藤摸瓜、层层推进,追溯到其根源。

2. 删繁就简法

删繁就简要求认真阅读给定材料,找出各个材料段落中的关键词、主旨句或内容要点,删除那些不必要的叙述性、说明性、解释性语言;深入理解材料的思想内容,捕捉材料中蕴含的观点,从而对给定材料进行筛选、提炼,保留那些最能表达观点、思想和主题的材料,压缩与主旨关系不密切的材料。总结出关键材料段落的大意,从而得出主要部分的内容要点,再根据彼此与题材主题的相互关系进行组合、整理,形成具有一定连贯性和合理逻辑的概括性文字。

3. 联系现实法

联系现实进行概括总结具有两层含义,即既要紧密联系给定材料中的案例、事实、现象等叙述性文字,又要联系给定材料所依据的政治、经济、文化、法律,以及党和国家的大政方针政策等大背景。联系现实进行概括体现了概括类题目具有一定的客观性,即我们的概括必须以给定材料和社会现实为依据,其中联系给定材料是第一位的,不能撇开材料想当然地概括。同时,随着申论给定材料的字数逐渐增多,概括问题的内容都体现在材料当中,我们只要准确、深入地理解了材料内容,就可以得出概括的结论。

4. 求同辨异法

求同辨异包括同中求异、异中寻同两个方面。申论给定材料都是一个大问题的不同方面、不同层次、不同形式的各种相互区别、对立的观点和材料。因此,我们在对材料进行概括的时候,就可以针对这些层面、形式等进行概括,对其中反映相同观点的材料进行整合、归类、合并,对反映不同观点的材料进行区别。

求同变异与删繁就简方法是我们在做申论概括题,尤其是进行综合性概括、整体性概括时,通常采用的一种方法。

(四)概述、概括过程中的常见错误

1. 概括分类混乱

部分考生在概括分类时,内在逻辑不清,这一方面反映了阅读不够细致的问题,另一方面也反映考生缺乏对材料的系统统筹能力。

2. 概括不够深入

不能抓住主要问题进行升华,只是在一些枝节问题上做文章,或者只是就事论事做表面的文章。这说明理论水平与对问题的分析处理能力较差。

3. 材料驾驭不好

有的考生概括部分的答卷只是概括一部分材料,不能驾驭全部材料。概括中顾此失彼,顾了主要原因,失了次要原因;顾了主要结果(问题),失了次要结果;顾了主要对策,失了次要对策。

4. 综合分析能力不强

有的答卷也能找出几个问题,但是不能进一步分析,找出相互之间有机的联系,说明考生的综合分析能力不强。

5. 概括表述不畅

因为有的考生基本功较差,特别是文字水平较差,结果在概括中概念混乱,语言啰唆,错误和病句较多。

第五章　申论应试——策划解决问题的方案

备考要点

要点一:灵活把握三观对策法,即任何问题的产生都可以从宏观层面、中观层面、微观层面找到原因,并从这三个层面出发,有针对性地提出措施。

要点二:了解行政管理学的方法采取政治手段、法律手段、经济手段、科技手段、宣传教育手段、行政手段六大手段来解决问题。

要点三:学会从行政管理的"决策—沟通—实施—监督"四大环节提出解决方法。

疑难分析

三观对策法与三点概括法中原因、结果、基点存在整体的对应关系,如果在材料中一时未能发现问题,不妨从三观的角度逆向推理,可从解决对策中倒推出来。

申论考试主要是模拟公务员日常工作所处理的实际问题,所以自然要对考生解决实际问题的能力进行考查。申论试卷专门设置了题目考查考生方案策划的能力。如果说我们在概括类题目中所做的是提出问题、发现问题,那么我们进行方案策划就是对发现的问题加以解决。申论考试的这部分内容考查考生思维的开阔度、探索创新意识、应变能力和利用既有信息解决实际问题的能力。

考生如果想提出实际而又实用的对策,就必须先弄清楚引起问题产生的各种原因,并分清其中的主要原因和次要原因,然后针对各种原因分别提出可操作性方案或切实可行的应对策略。提出方案的前提是准确地概括出给定材料反映的主要问题。由于大学生到基层工作具有从事国家行政事务、社会事务和机关内部事务管理的特殊身份,申论考试通常在方案策划部分给出一定的身份限制,即模拟身份,以检验考生是否适应这样的身份。考生在进行方案策划的时候必须设想自己是国家机关工作人员,政策措施、言语表达等都必须符合这一身份。同时,还要求考生所提出的方案必须合情合理,即符合国家的法律、规章制度,符合事物发展的基本规律以及人之常情。

一、策划方案的步骤

(一)策划方案的步骤

1. 仔细审题,准确定位

考生应仔细审题,弄清出题者为你设定的情境身份(即"虚拟身份")。身份定位准了,就有可能"抓准"问题,提出切实可行的处理意见。当然,从"虚拟"身份的角度出发应结合切身实际,扬长避短。

如 2011 年国家公务员录用考试省级以上(含副省级)综合管理类申论测试的第三题:"国家某部门拟编写一本以'黄河'为主题的宣传手册,作为对青少年进行爱国主义教育的材料。"隐含的虚拟身份是教育部的公务人员。

如 2010 年国家公务员录用考试省级以上(含副省级)综合管理类申论测试的第三题:"假

设你是沿海某省省政府工作人员，请结合给定资料，草拟一份《关于将半岛蓝色经济区纳入国家发展战略的报告》的内容要点。”隐含的虚拟身份是省政府办公厅或省发改委的公务人员。

2. 分清主次，抓住关键

作为考生，应在概括材料内容的基础上，进一步分清问题层次，理顺关系，分清主次、轻重、缓急，把握主要矛盾，确定解决问题的关键点。关键点就是解决问题的突破口，突破了这个关键点，问题就解决了一大半。诚然，做到这一点的前提是在综合分析材料时，弄清材料究竟反映了什么问题。但是，遇到材料所反映的问题比较复杂时，应根据“身份”要求，抓住要害，切忌面面俱到或舍本逐末。

3. 确定步骤，拟出草稿

找准问题的关键以后，接着就应该确定解决问题的基本步骤，提出可行意见。所谓可行的意见或办法，应具备三个基本要素：一是“问题”要明确“归口”，要有直接能解决“问题”的政府部门或机构去处理与落实；二是要有解决“问题”的具体步骤与办法；三是要考虑到解决“问题”的时效性和必备条件，切忌模糊、脱离实际和坐而论道。

4. 认真修改，完成定稿

方案草稿写出来以后，还应加以修改。修改就是对方案的中心及各个组成部分、材料的选用、详略的处理、结构的安排、语言的运用等方面，进行全面的斟酌和修正，尤其注意改正语言表达的错误。总之，要做到中心明确，前后一致，逻辑严密，文从字顺，意思圆通，力求做出高质量的解答。

（二）策划过程中思维方法的运用

1. 因果关系分析

（1）分析主要原因和次要原因。根据各种原因与材料反映的问题之间的关系，着重分析主要原因；对次要原因，应根据它们所起的作用及其与主要问题之间的关系，有所区别地对待。在分析过程中也要注意分清内因、外因，这对于分析清楚问题产生的根本原因也非常重要。

（2）分析深层次的原因。原因具有多层次性，在原因的背后，还有产生原因的深层次原因。遇到多重原因的问题，应该层层追究下去，直到找到根本原因。

（3）分析异因同果、同因异果。这种分析方法就是要异中求同或同中求异，辩证地看待问题。关键是分析不同原因和结果之间有什么联系。有时，几种现象之间互相分离、互相排斥或互相对立，表面上是互不相干的原因和结果，但如果用联系的眼光看问题，深入分析下去，就可以发现在它们的背后存在着某种共通之处，也就从事物表面看到了问题的本质。

2. 抓住事物的主要矛盾

事物的主要矛盾和矛盾的主要方面决定了事物的性质，只有抓住事物的主要矛盾，才能抓住事物的本质，才能找到材料反映的主要问题。因为体现主要矛盾的事物，往往是问题的根本原因。因此，分析原因，提出对策，要抓住事物的主要矛盾，这样才可能提出解决问题的方案。

3. 多向求异分析

对问题从不同的方面、不同的角度去分析，就可以找到不同的对应关系和联系方式，就可以得出崭新的认识和不同的结论。用这种方法分析问题，可以把问题看得更完整、更全面、更深刻。如安全生产事故问题。引发安全生产事故的原因不是单方面的，而是多方面的。有设备简陋的原因，有管理者不重视安全生产的原因，有对安全生产监管不力的原因等等。在分析这个问题时，如果不能从不同方面、不同的角度去分析，就不可能提出一个完整的方案。

4. 抓住特殊性分析

认识事物既要注意其普遍性，也要注意其特殊性。只注意事物的普遍性而不掌握其特殊性，就不能认识任何具体的事物。所以，在提出对策时，一定要抓住事物特有的性质进行分析，必须坚持具体问题具体分析的原则。一般来说，在申论考试中最常采用的特殊性论证的环节是针对问题产生的原因，“对症下药”。只有针对不同的问题、不同的原因，分别加以解决，才能使措施具有针对性和可操作性。

二、策划方案的基本方法

申论考试的第二部分多数是要求从虚拟公务员的角度提出有效的措施和对策。

为了便于把握，对策措施可以概括为宏观层面对策（如法律手段、政治手段或行政措施等）、中观层面对策（如经济手段、科技手段等）、微观层面对策（如行业手段、宣传教育手段等），同时，按照行政措施实施过程可以分解为决策、沟通、实施、监督四个环节，统称为三观对策法。

需要注意的是：行政管理的几种基本手段的具体运用必须按照针对性、有效性原则，遵循“急、缓、重、轻、主、次”的基本顺序，或单独运用，或综合运用，应当根据材料、现实和题目要求辩证决策。

在以上基础上，方案应当结合申论给定材料，针对题目设置的具体的问题，根据阅读分解出来的造成矛盾和问题的多方面原因，突出主要问题的解决措施，视情况安排或省略次要或一般问题的解决措施。有了大致措施，就可以进一步明确措施实施的归口。而后，对措施进行有序排列，或按主、次、轻、重、缓、急，或按宏观到微观等。通常安排解决措施以 5 ~7 条为宜，措施过多显得繁杂，措施过少则有简单之嫌。

（一）运用倒推法，全面分析问题、现象出现的原因

任何问题的产生总是有其原因的，如果要想提出切实可行的解决方案，就必须弄清问题产生的原因，并区分出主要原因和次要原因、表面原因与本质原因，并针对各个原因分别提出解决方案。在分析原因时，我们通常使用倒推法，即从材料所反映的表面问题一步一步地推导出产生表面问题的本质原因，即深层次问题。

以 2009 年国家公务员申论考试所提供的材料为例，该材料所描述的主要问题是：对于开发怒江水电存在巨大争议。对这一问题，我们可以作以下推导：

水电部门与专家立场截然相反，引发争议→怒江州出台了《两库十三级》开发方案→掠夺式开发→经济与发展规划不合理。（“→”表示问题产生的原因）

另外，对水电部门出台了《两库十三级》开发方案的原因，我们还可以作如下推导：

（1）怒江州的单纯的经济开发冲动；

（2）怒江州对环境保护不够重视；

（3）规划部门对水电规划管理严格；

（4）水电开发与当地百姓休戚相关，而百姓却无发言权，说明决策机制不合理。

由此，我们就可以推出产生问题的根本原因是决策机制不合理。通过对以上原因的分析，我们就可以得出完善决策的方案。

任何问题的产生总是有其原因的，如果要想提出切实可行的解决方案，就必须弄清问题产生的原因，并区分出主要原因和次要原因，分清根本原因和非根本原因，并针对不同原因分别提出解决方案。在分析特定问题的原因时，通常采用以下四种方法：

1. 直接倒推法

从材料所反映的表面现象一步一步推导出产生问题的本质原因,即深层次的原因。

2. 内外因分析法

内部矛盾是事物发展的内因,外部条件是对事物发展起推动作用的外因。内因是根本原因,外因通过内因才能起作用。任何事物的发展和问题的存在都是由内外因相互作用共同推动的,因此我们在对特定问题进行原因分析的时候,应充分利用这一辩证的分析方法。

3. 主体归责法

申论材料的取材范围主要是一些影响范围很大的突发性事件,或者是久积未解的社会"难题"。不管是突发性公共事件还是社会"难题",都涉及多方面的利益主体,是由这些主体共同参与、共同推动的。因此,各不同主体的特定行为(包括行为和不行为)就构成了问题出现的原因。我们利用这种方法进行原因分析的时候,既要关注主体在事前的行为,也要关注事后各方的态度。

如针对圆明园防渗工程问题,我们可以进行如下分析:

防渗工程涉及的利益主体包括社会舆论、环保部门、文物部门、海淀区政府、圆明园管理处;社会舆论起到了问题披露的作用,使圆明园防渗工程成为一个社会热点问题,同时也起到了一个监督作用;环保部门,作为主管职能部门,到工程几近完工之时才发出叫停,有监管不到位和失职的问题;文物部门,主管职能部门,有失职问题;海淀区政府,未经合法程序就通过了该工程的审批,存在以权代法、执法不严的问题;圆明园管理处,工程建设单位,未通过相关审批程序、合法手续擅自开工建设,是该工程违法的主要原因。

当进行责任归咎时,职能部门相互推诿。对以上各方主体的行为进行分析,就可以看出问题出现的原因所在,同时,也便于进行具体方案策划时针对各方的失职和不恰当行为进行归责,提出具有针对性又切实可行的方案。

4. 综合分析法

事物是普遍联系的,造成某一特定事实或问题的原因也是多方面、多层次的。我们在分析某一问题的时候,应该尽量从多个角度进行,尽量分析得全面,这样才能提出从根本上解决问题的方案。对于宏观性问题,要分析其政治原因、历史原因、经济原因、文化原因等,对于具体的社会问题,也要分别从体制、观念、利益等各个方面进行分析。

如对于"三农"问题,其原因表现在:历史方面,我国是农业大国,农村人口占的比例大;经济方面,我国农业生产力落后,农业技术不发达,收入低;文化方面,我国农村人口受教育程度低,文化素质不高;政治方面,我国农民法律意识缺乏,政治民主意识、权利意识淡薄。

再如,综合分析公共安全问题的原因,则主要有这样几个方面:一是体制处于转型期,价值的多元化会产生局部社会动荡,增加社会控制难度;二是城镇化进程加快导致大规模社会人口流动,从而产生附带性的社会治安问题;三是社会收入、贫富以及其他资源的不公平分配,容易使部分人心理失衡,增加矛盾与冲突;四是政府体制也处于转型期,社会调控能力弱。

(二)针对宏观、中观、微观三个层面、六种解决手段、行政管理四大环节的不同原因,制定相应对策

任何问题的产生都可以从宏观层面、中观层面、微观层面找到原因,并在宏观、中观、微观三个角度进行有针对性的合理解决,也可按行政管理学的方法采取法律手段、行政手段、经济手段、思想教育手段等,还可以从行政管理的"决策—沟通—实施—监督"四大环节查找原因,提

出解决方法。具体来说,我们在弄清引起问题产生的各种原因之后,就可以针对各个原因分别制定不同的对策。一般说来,问题的产生主要受以下因素的影响,即人、政策、法律、法规、经济利益、科学技术、宣传、教育、执行和监督。因此,我们在制定相应对策的时候就应该从这几个方面考虑。

(1)由于法律、法规、政策、规章制度的原因,我们就可以考虑修改政策,完善法律法规,撤销或改变相应的规章制度。

(2)由人引发的问题,我们可以具体分析是由哪类人引发的,然后再针对不同的人制定相应的对策。由于政府的原因,我们就要追究相关领导者和当事人的责任;由于群众的原因,我们就要对群众进行宣传、教育;由于个别人的原因,我们就要对个别人进行奖励或惩罚。

(3)由于经济利益的原因,我们就可以考虑以下方面:对某些企业或个人为了私利而危害公共安全或损害大部分人民群众的利益的行为,可以责令企业或个人限期改正。如果拒不改正或不可能改正的,则强制关闭企业,或追究个人的相关责任。而对于为了大部分人的利益而不得不损害小部分人的利益的情况,我们则可以视情况,采取各种措施尽可能将损害降低到最低点,并给予受损害的群众一定的赔偿或补偿。

(4)由于科学技术的原因,可以考虑增加资金投入,提高科研水平,加快科技成果的转化周期;可以引进人才、先进的管理方法;加大对教育的投入,努力培养科技人才等。

(5)由于宣传、教育的原因,就可以通过新闻媒体及各职能部门,加大宣传力度,巩固相应宣传成果等。

(6)由于执行不力、监督虚设的原因,可以通过加强责任制和内部、外部监督来解决。

(三)结合行政管理流程进行方案评估,选择最优方案

行政管理的顺序、流程分为“决策—沟通—实施—监督”四大环节,解决问题的措施与这四大环节密切相关,策划方案应当兼顾问题产生的各个环节,这样综合考查之后就可以进行方案评估。

方案评估是指对提出的各种方案进行全面的评估和论证,并在此基础上,选定最佳的方案。在进行方案评估时,一般要遵循两个原则,即效益性原则和可行性原则。效益性原则是指在进行方案评估时,应考虑每一个方案可能会给人们带来多大的效益(包括经济效益和社会效益),并需要付出多大的代价,然后在权衡利弊的基础上,选择最佳方案。可靠性原则是指所提出的方案有几条在现实生活中是行得通的,或者说,所提出的方案在多大程度上具有可行性。

针对上述因素提出的措施进行评估,更重要的是一个结构调整、条理整合的过程,即针对不同因素、原因的措施,不同环节的解决方法对解决问题的作用、效果是不一样的。在评估过程中就应该按照由近及远、由急入缓、由眼前到长远、由局部到整体、由表层到深入的原则对其进行整合安排,做到条理清楚、层次分明、详略得当。

三、选择性分析的应答方法

选择性分析题通常是针对措施或方案的有效性进行选择并分析,因而我们又称之为有效性分析。同时,我们前面也讲到过,这类题目实质上是属于提出对策类题型的一种变式,因而我们将其纳入到方案策划能力章节中讲解。

传统的提出对策类题目通常是设置一定的身份、一定的标准,要求考生针对材料反映的问题提出解决方案,可以从很多方面进行分析,考生有充分的自由发挥的空间。选择性分析则是针对问题列出方案措施,而要求我们对其进行判断、选择,并在此基础上分析原因。这就像转换

了我们的角色。传统题目中,我们就是一个考生、一个决策者;在选择性分析题目中,我们更像一个面对考生答卷的阅卷老师或是一个政策评论员。我们对既定政策的评判就像老师在对考生提出的对策答案改卷一样,那就需要一定的评分标准和分析步骤。

(一)对策有效性的标准

1. 针对性

这是我们提出对策的首要标准。选择性分析题目所列出的对策必定是针对一个特定问题的,即要解决的一个具体的问题。既有的对策是否具有针对性,首先必须要针对题干所要求解决的问题,否则就是偏题、离题。不能解决问题的方案就不具有效性。通常情况下,一个问题会有特定的具体表现和具体问题层面,一项对策一般也不能解决整个问题,而是只能解决问题的具体层面。申论考试材料的题材通常是一个社会性、普遍性的问题,短短的材料篇幅不可能涵盖问题的全部外延,而只能集中反映问题的一些突出层面。因而,申论考试中,对策的针对性还有一层含义就是要针对问题在申论材料中的方面、层次及其原因、根源。

2. 可行性

提出对策类题目中,一个明确的要求就是方案要具有可行性。因而,我们在提出对策时也尽量细致分析问题存在的原因、根源,尽量将对策具体化,以使其具体、可操作。前面讲到方案策划的“三步”策略中,其中首要也是最重要的一步就是分析问题的原因。只有找对了问题的原因,才能针对实际情况提出可行的措施,提出的措施才能真正解决问题。因此,可行性的第一个要求就是归责要明确。

另外,对策方案要具有效性,必须考虑问题所处的现行背景和条件,而不能超越现实、不切实际、大喊口号。不切实际的措施,一表现为大,即表现过于宏观、过于理论化,与具体实际的问题切合不够紧密;二表现为高,即超越了现实条件而无法付诸实施,只能是不切实际的空谈。

3. 原则性

这就是所提对策必须合情、合理、合法。对策的提出有一个实体制度和观念背景限制。

(二)选择性分析题目的解答步骤

1. 对应问题

首先,要找出题目要解决的问题,它是各个选项围绕的中心问题。其次,每一个选项都对应并力求解决一个具体的实际问题,或问题的某一层面。我们将对应问题找出来,与中心问题进行比较,是为解决对策针对性的问题。这是分析对策有效性的第一步。

2. 分析问题

我们从选项中找出来的问题不一定就是题干所描述的中心问题,而可能是这一问题的变式,也可能是其某一方面,所以要对其进行分析,找到它们之间的切合点。只有对策对应的问题属于题干问题,并且两者之间具有一定的切合点,这个对策才算具有针对性,否则就不是针对的、有效的解决之策。

3. 分析对策

当解决了对策的针对性之后,还要考查它是否可行,是否合情、合理、合法。这就要求对对策本身进行分析:一是分析归口的责任主体是否正确,二是分析主体行为是否有效。必须将问题归咎到恰当的部门、机构或个人,否则就是问题不对口,主体无权或不能解决该问题。确定了主体之后,还要分析其具体行为是否有效,主体是否有权、有能力实施该行为,主体行为是否合情、合理、合法,行为措施是否结合实际问题,行为的度是否恰当等问题。

四、策划方案的实战演练

如2006年中央、国家机关公务员录用考试申论试题：

【主持人】各位网友，大家好！近年来，伴随着我国经济形势的快速发展，一些突发性的公共事件也时有发生，如2003年非典爆发、重庆开县井喷事故，2004年禽流感事件、北京密云虹桥踩踏事故，2005年江苏淮安氨气泄漏、安徽疫苗事件、四川猪链球菌事件，2006年一次比一次强劲的台风的侵袭、一次又一次的矿难，等等。这些问题的积累已经影响到我国经济的健康发展。

鉴于此，有关专家指出，应尽快找出当前社会领域存在的主要问题，弄清其性质及产生的根源，以便在政策上做出必要的调整。因此，建立预防突发事件、强化危机管理的国家总体应急预案则显得极具必要性。今天，新华网将邀请国务院发展研究中心社会发展研究部部长丁宁宁做客"新华访谈"，就危机预案对经济社会安全稳定发展的意义、如何打造应急预案的"经济基础"、如何提高社会各界的危机意识、如何利用经济手段介入应急预案等相关话题，与网友在线交流。欢迎网友踊跃参与提问。

【主持人】有网友问：丁部长，现在自然灾害和疾病发生越来越频繁，各界政府有没有把建立突发事件的机制列为考核指标。请您介绍一下，谢谢。

【丁宁宁】首先，我们要理清什么是"突发公共事件"。它不是一般的事故，有人把它混为一般的事故，不是太准确。当然，如果由于政府本身的执政能力而发生问题，使一般事故扩大为突发公共事件，就是政府的公共能力问题。一般情况下，政府对于一般情况下的各种自然、人为的相关事故都有一套处理程序，比如交通事故，公安局有一整套的处理程序，一般情况下不会变成突发公共事件。

另外，在工业化初期，火灾曾经是突发公共事件一个重要的隐患和诱因。但是在建立了消防队和联防机制之后，火灾就不再成为一个突发公共事件的主要诱因了。实际上，在整个人类和自然界的发展过程中，总会遇到一些原来没有遇到过，或者原来遇过但影响没有这么大的事件，比如自然灾害，还有由于中国人口多，在某些建筑物或者大型活动中产生的践踏事件等等。

【主持人】刚才您说的如何界定公共突发事件，是随着社会的推进和人数的增加，概念也在发生变化。我们细化什么是公共突发事件，一般的交通事故每年的死亡率非常大，就个案来讲，一个一个形成不了公共突发事件。比如火灾以前曾经是公共突发事件。

【丁宁宁】17世纪初伦敦发生的大火，是导致国际消防队建立的原因之一。

【主持人】首先我们理解什么是突发公共事件的概念。网友"多多到天堂去了"：请问，建立国家总体应急预案的必要性，预案必须具备哪些内容？

【丁宁宁】从现在开始，建立国家的总体应急预案是有必要的。这种必要性主要来自于海啸、地震，包括大的飓风，这类灾害以及灾害的严重影响是不可预料的。但是对这些灾害，一个有组织的政府是有一整套的处理程序，比如有防灾委员会、防洪局、地震局等，这些都已经常规化了。

最重要的是，由于我国处于工业化进程的特殊时期，在这样一个发展阶段，社会矛盾引发的公共突发事件在增多，比如征地引起老百姓集体的诉讼、集体上访。上次由于新闻界的关注，把一个大学生死亡变成了一个公共事件，最后导致我们把遣返站变成救助站，这恐怕是今后应该更加注意的。由于西方敌对势力的影响，欧洲普遍发生橙色革命，这种情况在我国也有可能发生。这种敌对势力的目的就是影响人们的生活，制造突发公共事件，使我国现代化建设中断。

【主持人】我们在访谈前沟通的时候曾经提到法律永远是滞后的,我们谈到大学生死亡的案例,在某种程度上,一个新类型的事件出来以后,相应的应对机制也有可能最后形成解决问题的新机制。

【主持人】网友"七子之歌":如何提高社会各界危机意识?我们还是应该从思想上提高应对公共突发事件的意识。

【丁宁宁】从这个角度讲,恐怕更多的是要引导公众,来关心我国社会主义市场经济的制度建设。因为社会主义市场经济是具有中国特色的制度设计,但是和西方市场经济其实也有很多共同的地方,比如在政府公共服务职能方面,哪些应该是由政府承担的责任,哪些是市场解决的问题,应该有一个责任界限。如果这些问题解决不好,就会出现不能正确应对突发事件的问题,比如非典出现的时候,由于我国多年以来,国家防疫部门自己要挣钱、卖药,国家的经费大量减少,它们以为非典可以通过市场解决。当时整个防疫系统本身就不起作用了,以至于在广东发现病毒之后,不能够很快加以确诊,由于没有明确的居民协调机制,当时几个部队的研究人员和地方研究人员为了样本,还不能取得一致的意见,以上情况都延缓了我们对非典的应对。

但是,一旦国家动员启动了相关机制以后,由于国家动员体制很强,所以很快就在各个城市实行了隔离,所以非典很快就解决了。这个问题使我们意识到,我国公共防疫体制还应该是国家出钱,应当加强科研水平,才能够防患于未然,而不是等到流行病发展到相当规模的传染程度,我们再应对。

【主持人】从社会发展研究方面角度看,您判断在应对非典问题上,我国的快速反应机制在国际上处于什么水平?

【丁宁宁】相对于西方民主国家实事求是地说,我国目前所谓党政统一的领导体制肯定更有效。因为非典在中国,已经产生了小规模的传播,这种情况下很难抑制,但我们很快把它抑制了。

【主持人】网友:丁部长,是什么原因引发了这些危机?我们今天探讨的所有危机,这个问题太大了。

【丁宁宁】突发事件可以有不同的分类法,一种是已知的,一种是未知的。非典属于未知传染病,突发事件不一定成为公共事件,如果卫生防疫体制有效,就会及早发现这种病,及早隔离,而不会成为公共事件。由于卫生防疫体制本身出现问题,一直到小规模流行的时候,才引起了我们的警觉,这样一个突发事件就变成了公共事件。但是在变成突发公共事件之后,政府采取了强有力的回应,就抑制住了,最后降低了公共事件的危害,但实际代价并不小,很多医护人员也都感染了非典,相当多的非典患者还留下了很多后遗症。

【主持人】网友"雪夜的情怀":我国是否已经初步建立了突发公共事件应急机制?其积极作用是什么?

【丁宁宁】7 月 26 号国务院常务会议已经解决了这个问题,今年人大开会的时候,各个代表提出应当建立国家突发公共事件的总体应急预案,这个意见已被国务院认真执行,7 月 26 号国务院常务会议已就国家突发公共事件总体应急预案进行了讨论并通过。这个预案是由 25 件专项应急预案和 80 件部门应急预案组成,有相当省部级机构已编制了自己的应急预案。全国应急预案的框架体系应当说已初步建立。

【主持人】应对突发事件的解决思路大体是一个体系吗?

【丁宁宁】非典以后,相当多的境内外学者向国务院建议要成立国务院或者国家紧急状态委员会,被国务院内部讨论否定了。原因是,既是突发事件,有很多原因我们是不知道的。最重要的是不管发生什么样的突发事件,在发生突发公共事件的时候,建立一整套工作原则、组织体系和协调机制。

比如现在发生了一起非常大的交通事故,那么,医疗救护单位应当怎么救,交通部门怎么疏散交通,广播系统怎么呼吁部门给予协助,群众不要围观以免造成拥堵,这需要各部门之间的配合,一起完成社会救助行动。因此,我们认为更重要的是在制定突发公共事件的应急预案时,把握对应急预案的本质就是一个工作原则、组织分工、责任分工以及协调机制。比如水灾、地震过后往往有大病,所以不是简单把水灾或者地震的事故处理了,事后还要有后续的步骤。另外,大的自然灾害过后还要有重建工作,第一步要救人,第二步防疫,第三步恢复建设,这需要国家投入和社会机制相结合。

【主持人】如何界定突发公共事件的严重性,您认为,我国目前处在突发公共事件的高发时期吗?

【丁宁宁】当前我国是处于突发公共事件的突发期,我主要是指社会根源的突发公共事件。近年来,由于市场经济体制推进的速度很快,特别是加入世贸组织后,相应的社会保障和社会公共服务机制不够完善。比如社会保障系统,养老系统保障不到两亿人,参加医疗保险的城市居民还不到一半,就更不用说农村了。有些情况下,城市化进程很快,包括一些大的建设、道路、水库、征地等等。补偿机制不够完善,导致部分社会群体的利益受损害,因此引发了一些社会根源的突发事件。我认为是高发期,并不是说现在自然灾害越来越多,自然灾害有它一定的规律。

【主持人】上帝要惩罚人类,并不是在人类有准备的时候,也不是集中在某一个阶段里。

【丁宁宁】比如海啸,已经有很多年在中小学地理书中它都不是重点内容,但东南亚的海啸,因为英国一位年仅10岁的小女孩凭借自己在学校里所学的地理知识,预测出即将发生的海啸,从而挽救了100多名游客的生命,大家又认为应该纳入教材了。但是我认为这是偶然事件。

【主持人】网友"有遥远的地方吗":灾害频发从哪几个方面考验民政、财政和卫生等方面的救灾应急反应?

【丁宁宁】一个国家总是要有一定的富余财力,包括各物资储备以应对各种突发事件,包括经济的、政治的,这种能力是一个国家政府是否成熟的表现。我们不能动不动一遇到自然灾害就到国际上呼吁救中国。中国人口占世界人口四分之一,所以我国在这方面一直做了大量的准备工作。在我们过去政府体制机构建设中就已经注意到,我国有粮食储备局、银行储备,财政也留有余地,包括我们为民政部准备的救济款。

如果没有,就进入下一年的财政预算,如果不够,中国老百姓储蓄的积极性特别高,已经相当于我国一年的GDP,中国未雨绸缪的思想深入人心,所以不存在没有储备的问题。另外,在中国的历史中,有唐山地震救灾的经验,武警部队和野战军如何协同。这回的公共突发事件应急预案分了四个级别,在不同的级别上,不同的政治机构或者特殊部门、特殊力量会介入进去,这是由中央统一指挥的。

【主持人】网友"ZZ40":应急并不等于浪费,我们在总结非典成功经验时,决不能忽略它的巨大浪费。这次矿难事件中也充分说明这一点,浪费是何等的惊人,又是何等的冠冕堂皇。

【丁宁宁】"浪费"有两方面的含义,一个是不应该花的钱花了,是浪费。有一些情况,特别是当突发公共事件原因不明的时候,有一些防御性成本产生的措施。前两天台风"麦莎"在浙江沿海登录的时候,我就被困在杭州了。这时中央防灾救灾委员会下令,飞机停飞,要求几十万人撤离，这要产生代价。事后可能风暴没有想象的那么大，我们不能认为这种代价就是浪费。因为老天爷的事谁都说不准，在浙江的时候风力是12级，这样的风速肯定要造成大量的损失，所以人员要很快撤离。不管由于什么原因，台风上岸以后风速减缓得很快，这我们无法预料。这种情况下，我们不能认为撤离就是浪费。当然，如果把建设防灾救灾的款、国家物资用来大吃大喝，把钱装在腰包里这才是浪费。

【主持人】网友"一言等于九鼎"：举几个例子表明应急预案在实践中发挥的作用、教训。网友"英岗岭"：举几个例子表明同样的危机、不同的结果。

【丁宁宁】国际、国内的例子都有。国内的例子，今年春天"流行性脑炎"又出现了，这种病已经多年没有发生，不存在病毒未知的问题。我国由于非典以后，建立了比较严格的卫生防疫报告机制，这和卫生领域的应急预案是吻合的。这次"流脑"在南京、江苏一带大概只四天就解决了。美国的飓风这次很大，但是令人们惊讶的不是飓风的破坏力，而是一个政府、一个最强国家的政府竟然在飓风发生三天以后，不采取任何行动。同样类似级别的飓风，在加勒比经常发生，有一些人说古巴的体制不好，但古巴的每次飓风都没有造成大的影响，因为国家采取动员体制，很容易形成大家迅速疏散。

【主持人】网友"黄浦江边的徘徊"：危机预案对经济社会安全稳定发展的意义是什么？经济社会稳定的意义非常重大，请您指导一下。

【丁宁宁】有一个突发公共事件的应急预案，是为了保证我们经济发展的连续性，防止突发的自然灾害或者社会事件导致整个经济发展中断。主要意义在这里，同时在遇到这种情况的时候，减少我们人员财产的损失。

【主持人】网友"池塘边的小草"：请问丁部长，中国人的危机意识如何？如何提高国人的危机意识？这位网友所提的问题可能更针对中国人的特点。

【丁宁宁】我们国民的危机意识是世界各民族危机意识中最强的。表现在两方面，中国历史传统中家庭的意识非常强，所以家庭本身作为社会保障单位，本身对家庭成员遇到不测事件都是有准备的，只要各个家庭有能力。第二，中国文化五千年，遇到很多次水灾，中国人的储蓄意识非常强，中国人的储蓄水平是国际上最高的。比较高的储蓄率反映出国人很强的危机意识。在中国见到很多的老百姓，由于收入差距拉开，确实有很多行乞的。但一位以色列的朋友跟我说，以色列和中国人很少在国外行乞，因为他们未雨绸缪，即使很穷也要面子。

【主持人】网友"上海之夜"：当前我国社会领域存在哪些主要问题？引发突发事件的诱因是一个前提。

【丁宁宁】今年国务院拿出为"十一五"准备的社会保障材料，其中有我国曾提出就业是当前面临最大的社会问题。就业是人的一种基本生活手段，如果没有就业就没有收入。就业是使人不脱离社会的重要媒介，如果没有就业，就很可能游离于社会之外。

实际上西方国家从1760年到1960年，从瓦特发明蒸汽机到贝尔提出后工业社会的来临就没解决就业问题。西方人口开始只有1.4亿，我们国家新中国成立后6亿，改革开放10亿，巨大的人口又不可能移民国外。西方两次世界大战消灭了很多人口，我们不希望这样的事在中国发生，所以就业问题更严重。所谓工业化、现代化，本质就是资本、技术替代劳动力，物质领域中资本不断替代劳动力。

【主持人】这个问题对巨大的劳动力市场又形成一种新的矛盾。

【丁宁宁】由于现在产业结构调整非常的迅速，造成总量过剩与结构性矛盾并存，是我们当前面临的最大挑战。如果这些人的就业问题长期解决不了，就是最大的社会隐患。

【主持人】还有其他的吗？

【丁宁宁】就西方国家看，社会稳定不是靠消除就业问题解决的，而是靠建立社会保障和实行国家福利政策解决的。我们要给失业家庭以基本的生活保障，使他们的子女能够有继续受教育的权利，使失业的家庭也同样对未来充满希望，而不是消灭失业。西方经济学教科书写的是失业率低于4%就是充分就业。

【主持人】网友“报国忧无门”：1. 你能给我们描述一下我国应对突发事件的机制吗？2. 你觉得我国在应对突发事件时具有哪些优势与不足？3. 在应对国际恐怖活动的突发事件时，我们有些什么措施？谢谢！

【丁宁宁】第一个问题。我国现在在国务院建立国家总体突发事件应急预案之后，应对突发公共事件的总体框架已经建立。我国动员能力很强，我个人认为，矛盾不出在应对突发公共事件的问题上，而是如何建立预警机制和常态性预防机制。特别是社会根源的、经济根源的突发公共事件，这是更重要的。我国对社会主义市场经济的制度建设可能是防止社会根源的突发公共事件最根本的措施。

【主持人】网友“莲花伊人”：政府在处理危机管理方面处于什么样的地位？网友“大院里长大的孩子”：政府面对突发事件的危机处理能力，很大程度上取决于哪些方面？

【丁宁宁】任何一个国家、任何一个民族，它的政府就代表一种有组织的力量。而在突发事件中，有组织力量比无序的民众更能有效地抑制突发公共事件的蔓延。所以政府在突发公共事件中的作用是非常关键的，应当起到主导的作用。政府面对突发公共事件的处理能力，取决于政府常设机构官员的素质和能力。

【主持人】人的因素非常的重要。

【丁宁宁】对。

【主持人】网友“枉评天下”：丁部长，您好！请您谈谈，预防和应对突发事件，政府应当做什么？社会应当做什么？老百姓又应当做什么？

【丁宁宁】应对突发公共事件主要是政府的责任。在西方社会，在突发公共事件发生以后，有一些自愿的团体，或者非营利机构参与救灾活动，这是值得赞扬的。我国对这种行动也鼓励，在海啸中我们政府鼓励大家为受灾国提供救灾和医疗服务，包括志愿者。因为突发公共事件都是由于突发了自然事件或者社会根源的突发公共事件导致的，在没有发生的时候，我觉得老百姓主要认为还是安居乐业好好工作、享受生活。

【主持人】网友“完美的追求”：如何打造应急预案的“经济基础”？网友“科学与发展”：如何利用经济手段介入应急预案，包括利用商业保险等机构行为？网友“枉评天下”：一般来说，应急预案都有“人防”和“技防”一说，这两方面不难理解，经济手段介入应急预案一说比较新鲜。请您谈谈，“经济手段”介入预案的含义是什么？

【丁宁宁】我觉得经济手段不能直接化。目前提到的经济手段是一种商业保险，商业保险只能对已知自然原因的灾害做出反应，不能对未知的自然灾害或者社会根源的问题做出反应。比如，你无法为非典保险，因为不知道它要来。现在还没有听哪个国家建立海啸保险，因为很多年也不发生一次，不可预见度太高。对未知、社会原因不明的公共事件，还是需要政府做出反应。如果政府没有能力做出反应，这个社会就要改朝换代了。

【主持人】您说得非常尖锐。网友“感动也是一种精神”：在面对突发事件问题上，如何重视各种社会问题之间的联系和政策协调?

【丁宁宁】国家由于正在进行社会主义市场经济的改革,收入差距拉大了。有时人们之间的感情淡了,发生了阶层对立或者利益至上的差别。我觉得在自然灾害面前,自然灾害导致的突发公共事件面前,大家应当有钱出钱,有力出力,尽一个公民的本分。对社会根源的突发公共事件就难说了,这时会有利益冲突。这时更重要的是要调整不同利益群体之间的矛盾,能做工作的恐怕还是政府。各利益集团在面对突发公共事件的时候还是要以大局为重。

我们就是这样做的,由于下岗造成人员分流,养老金措施有问题,导致静坐、游行、示威,各级政府官员和各级党组织还是采取了尽量不让矛盾激化的方式,协调解决。而不是诉之于法院,在社会变革很快的情况下,法律跟不上社会的变化形势。食品安全预案中,规定了主管部门综合协调的职能,但是现有的食品卫生法没有赋予主管部门综合协调的能力。从这点来看,我们恐怕需要修改《食品卫生法》,并制定《食品安全法》。

【主持人】网友"缘圆":从云娜到麦莎,我国在应对台风的危害方面有哪些经验和教训启示?

【丁宁宁】台风是有规律的、可以预报的,我国已可以采取预防措施,通过预防减轻台风灾害,台风已经不是一种引起大规模突发公共事件的根源了。在中国目前应对台风的体制下,第一,气象部门能够比较准确地预测;第二,北京市政府的预案是采取避风,尽管会产生一定的经济代价,但起码可以大量减少人员和财产损失,这点我们已经做到了。

【主持人】网友"望穿还是枉乐":北京密云"虹桥踩踏事故"留给我们什么样的反思?

【丁宁宁】这属于社会根源的问题,这与伊斯兰教在麦加的踩踏事件和印度教在神庙的大型活动的践踏事件是类似的。中国存在佛教的问题,但是喜庆活动、节庆活动中,发生悲惨的踩踏事件属于政府组织工作的不利。

【主持人】政府部门应当反思。

【丁宁宁】政府不但要吸取教训,而且应当在今后大型节庆活动中,防止这种事件的发生。

【主持人】网友"二月份的那场雪":北京"大雪堵路"到"下雨不愁"的变化,体现出来哪些方面的转变?

【丁宁宁】北京大雪堵路和大雨塞车都是存在的,大雨是我们的地下水系统不好。北京大雪是由于机动车增加太快,同时出了很多新手,这也是一个特殊的原因,属于经验问题。北京的交通确实存在很多瓶颈,这是交通部门的问题。

很多国外的专家提出,北京的环形路不少,但是放射性状的路太少,不利于疏散交通。这是需要在城市规划体制下解决的问题。另外就是扫雪的问题,过去是作为公共服务提供,改革开放以后,要求各单位自扫门前雪,这也是产生问题的原因。

【主持人】在应对突发公共问题上,我们还应当做哪些方面的工作,教育工作等是否应该把这方面的知识和制度方面的知识纳入到教育体系中?

【丁宁宁】我认为作为普通教育、常识教育是需要的,通过公示的方式让老百姓知道遇到突发事件的时候,应该找哪一个部门。但我不主张把突发公共事件教育写到课本中去,因为我们不能等着上帝向我们发怒。但是作为普及性常识教育我认为是需要的,包括对国外的旅游者遇到交通事故、火灾等问题找谁,是一个国家管理成熟的标志。

【主持人】您提到不能等到上帝向我们发怒,您也提到所谓建立危机处理机制,并不是要重新设立一个什么应急事件委员会之类的政府临时机构,而是要明确突发事件情况下,各个政府机构之间的分工、责任和工作程序，以减少突发事件带来的损失和对经济、社会生活的负面影响。从根本上讲，政府面对突发事件的危机处理能力，很大程度上取决于政府常设机构官员的素质和工作效率。

社会问题的复杂性在于：任何一个突发事件，都有可能把潜在的社会矛盾引发出来，威胁整个社会的安定。各级政府固然需要建立起自己的危机处理机制，但更重要的是加强调查研究，及早发现问题，防患于未然。期待社会更美好，生活每天都风调雨顺，同时，我们也希望有足够的力量来应对一切突发性事件，天天都是好日子，这是大家共同的心愿。

【丁宁宁】我同意你的意见。

【主持人】谢谢丁部长，也谢谢各位网友的参与。

题目一：如果你是新录用的国家公务员，请你用简练的语言概括丁部长的谈话，呈领导参阅。字数控制在500字以内。

题目二：以下是六位网友的评论，其中有一些可能与丁部长的观点不一致，请你指出哪几个不一致，并在各自的下面说明你的理由和原因，每条说明字数在300字以内。（六位网友的评论略）

题目三：当前，如何应对各种突发公共事件是各级政府必须面对的重要课题，请你就如何提高各级政府应对突发公共事件能力写一篇论证文，题目自拟，要求观点鲜明，论述充分，论证有理。字数控制在1000～1200之间。

关于如何提高各级政府应对突发公共事件能力，参考提出对策部分。

答案示范如下：

针对上述突发公共事件问题，各级政府要高度重视，并继续采取措施加以解决。最根本的对策是贯彻落实以人为本的科学发展观，处理好人与自然的关系，处理好人与人的关系，要增强忧患意识和社会责任感，坚持不懈地做好事前预防、事中处置和事后控制等工作，从源头上缓解或解决公共安全问题。为此，建议有关政府部门应采取积极有效的对策进行治理。

1. 各级政府领导高度重视，充分认识到突发公共事件的社会危害性、治理工作的长期性和复杂性，把科学处置突发公共事件作为维护社会稳定的大事，警钟长鸣，常抓不懈。

2. 建立全国性的突发公共事件预警机制系统，加强国家级、省级信息管理中心的软、硬件建设，启动以计算机和现代移动通讯为技术支撑的突发公共事件安全监控网络系统建设，尽可能实施对突发公共事件进行全程动态实时监控，做好事前预防工作。当然，各级政府应当加大政策与财政支持力度和投入，强化管理和技术人才队伍建设等方面的配套工作。

3. 政府应建立突发公共事件的现场临时处置机制，有效协调安全生产监督、医疗、卫生防疫、公安、消防、交通和环保等部门，有效处理突发公共事件中的人员伤亡紧急抢救、医疗救助、灭火、毒气毒物隔离、人群紧急疏散、交通疏导、现场清理、设备修缮、重新维护与投入使用等工作。

4. 政府应建立突发公共事件的长效治理机制，充分做好各项善后工作，即受害家属安置与处理、经济赔偿或补偿、灾后重建等工作。另外，要处理好人与自然的关系、社会转型期不同利益群体间的关系、国家宏观调控与引进市场机制的关系等。对在突发公共事件治理过程中，因失职、渎职而造成人员或财产损失的领导干部，要给予党纪、政纪处分，严加惩处，强化行政问责制，情节严重的，要追究法律责任。

5. 国家应制定突发公共事件的等级标准及其科学分类，通过等级化科学定性定量分析，对突发公共事件的危害进行系统风险评估，为处置预案制定与领导决策打下良好基础。就长期治理而言，应对社会公共灾害事故的防治进行立法，建立健全相应的法律法规体系，从源头和根本上解决突发公共事件问题。

6.加大宣传教育力度，通过报纸、电视和网络等媒体，介绍应对突发性事件的常识，增强广大人民群众的防范意识和应对能力。

【评析】这份对策涉及各类突发公共事件的应对，既有政策、法律、观念的宏观应对策略，又有预警机制、长效治理机制的中观处理措施，还有现场临时处置、宣传教育的微观解决方案，可以说是一份针对性强、系统化、科学化的应对方案佳作。

第六章 申论应试——论述问题

备考要点

要点一:按照"提出问题—分析问题—解决问题"的顺序,认识并掌握常见论证文体的写作。常见论证文可分为四种模式,即典型式论证结构模式、理由式论证结构模式、解决式论证结构模式、复合式论证结构模式。

要点二:理解典型式三步论证结构特点,以1000字为例,引论部分(提出问题部分)文字占全文的10%~20%,本论部分(分析问题部分)文字占全文的40%~50%,结论部分(解决问题部分)文字占全文的40%,较正式的学术论文或调查报告通常采用这种结构模式。

要点三:理由式论证结构模式、解决式论证结构模式、复合式论证结构模式均是由典型的三步结构即"提出问题—分析问题—解决问题"模式演变而来的,其变化主要是在"分析问题—解决问题"的顺序安排和文字分量上。

疑难分析

复合式论证结构模式是典型式(三步)论证结构模式的变化形式。一些篇幅较长的、涉及面较广的政论文章或行政公文通常采用这种模式,多数有中心论点和分论点。其本论部分(解决问题部分或分析问题部分根据文章表达需要灵活安排)文字占全文的60%~80%。

申论第三部分一般要求综合论述。我们主张主要应用三步论述法,侧重于对事件、矛盾或问题的原因分析,或是对对策合理性、可行性进一步细化。第一步,提出问题(紧扣题目要求及给定材料,引出论题或论点);第二步,分析问题(原因分析或阐释对策依据),这部分是论述的核心之一,可灵活应用多种论证方法;第三步,解决问题(阐述措施和对策,显示解决问题的必要性和决心)。三步论述法可以根据考题要求,应用各种论证模式,完成申论论述任务。

一、论述问题概述

申论的论述属于论证性文章写作,但又不同于一般的议论文,而是要密切联系实际。论证要立足于材料所反映的主要问题,在此基础上分析问题、解决问题,因而对考生的能力有更高要求,主要考查论证表述的能力。这要求考生在对所给材料精读和理解的基础上,概括出主题,再用充分的论据对自己主张的观点、主题进行论证。因此,前面所讲的阅读理解、总结概括、方案策划等环节都是为此部分所做的铺垫。论述要准确,条理要清晰,语言要精练。论点与论据之间要有紧密的联系,二者要相辅相成。整个思维过程充分展现考生的逻辑思维能力,也就是必须要遵循事物的内在联系和逻辑规律,做到重点突出、详略得当,整体体现出连贯性和逻辑层次性。考生在提笔作答之前,应当先根据自己对材料的理解,确定好论述的类型。申论考试每一道题目和另外的题目的联系往往十分紧密,而且其关系也呈现一种阶梯状。确定立意后,对所论述的问题进行结构布局,最后进行全面论述。申论论述一般要求就给定材料所反映的主要问题,自拟题目进行论述,如2011年中央、国家机关公务员考试(省级以上)申论试卷第四题要求"请参考给定资料,以'弘扬黄河精神'为主题,自选角度,自拟题目,写一篇文章。";如2010年中央、国家机关公务员考试省级以上(含副省级)综合管理类申论试卷第四题要求“参考给定资料,围绕‘海洋的保护与开发’,自选角度,自拟题目,写一篇文章”;又如2009年中央、国家机关公务员考试第四题:“胡锦涛同志到河南、安徽考察,引发我们许多思考。请联系‘给定材料’,整理自己的思考,自拟题目,写一篇文章。”

另一种题目就是按照给定的题目进行论证,如2010年中央、国家机关公务员考试(市、地以下综合管理类和行政执法类)第四题:“结合给定资料中的具体事例,以‘海洋的健康’为题目,自选角度,写一篇文章”;又如2008年中央、国家机关公务员考试第四题:“请以从‘怒江水电开发’为题,写一篇文章”,第六题“请以‘人与自然’为题,写一篇文章”。2005年、2007年均是给定题目写论证文章。

目前的申论测试中,论述类题目作答的篇幅一般限定在1000~1500字,是考生思维能力、知识结构、文字表达能力等方面的综合展现。该类型的写作主要有评述型、论辩型和引申型三种。评述型是指对材料中反映的事物、事件在述的基础上进行分析、评论,在写作过程中要注意以评为主、以述为辅。述要有针对性,评也要有针对性,评述要紧密结合。论辩型就是针对不同意见进行论辩,从而确立自己的观点。在写作过程中要针对对方的意见,发现其矛盾,论证要有一定的前瞻性、预见性。引申型是从某一事物或事件生发开去,引起对相关事物的论证并得出结论,由此及彼、言此意彼。在写作中引申要恰当,有针对性、现实性。

(一)申论的论述要求

论证应当做到:紧扣材料,拟好标题,观点鲜明,结构合理,理由充分,措施可行。

就材料展开论述时,考生应从材料引入论证,立足国家公务员的专业视角,慎思明辨,发挥思辨能力。要善于对社会热点问题进行分析和联想;要言信行果,立足于现实,设计的方案要有可行性;要体现敬业乐群,论证的每一套方案都是为社会和人民服务的;要体现服务社会的思想,这是公务员服务意识的最自然流露。

1. 紧扣主题,精选素材

文章的材料,就是用来表现中心思想的客观事实,在论证文中就是论据。一篇文章如果没有明确的中心思想,材料就会失去统帅;如果只有中心思想而没有具体的材料,中心思想就会变成空洞的外壳。一篇文章只有做到中心思想鲜明、深刻,材料充实、感人,才会有较强的说服力和感染力。我们平时所积累的事实材料、理论材料繁杂,性质、类别各不相同。所谓选材,就是要从平时积累的庞杂的材料中选取那些能更好地表现中心思想的材料。在中心主题的指导下,选取的材料论据必须翔实、典型、有针对性、说服力强。以45分为准,论据部分占8分,这是对考生知识储备以及运用已有知识、经验解决实际问题的能力的考查。

2. 拟好标题,先声夺人

申论论述要求考生自己拟标题进行论证。在论述类题型的评分标准中,以45分为满分标准,标题通常占3分左右,这是标题的显性作用,即好的标题就可以确定拿到这个分数。在隐性层面,题目是文章给阅卷者的第一直观认识,好的题目可以使文章“先声夺人”,引起阅卷者的兴趣。而好的题目通常要求贴切、具体、鲜明、精炼、生动,这样才能对整个文章起到提示论题、体现论点、表明态度并激发读者兴趣的作用。

3. 立意准确、新颖、前瞻

立意就要确定文章的主题和中心思想。主题在文章思想体系中起主导作用,在一般论证文中叫作中心论题或总论题。主题是文章思想内容的高度概括,是作者的立场、观点、对事物的认识和态度的集中体现,是文章的灵魂。在申论中,确立一个好的文章主题是关键环节。成功的立意要求具有针对性、准确性、新颖性和前瞻性。针对性就是说要紧紧围绕所给材料反映的主要问题、中心问题进行立意,起到针砭时弊、解决亟待解决问题的作用。针对关键问题,我们要进行具体分析,对具体问题要有一个正确的基本认识和观点,而且要将这一观点鲜明地表现出来,这就是观点的准确性、具体性要求。同时,一个好的立意还要在针对性、准确性的基础上做到深刻、新颖,有一定的洞察力。论证部分的写作应该在深入思考、运筹帷幄的基础上进行,先列一个扼要的提纲,做到胸有成竹,行文流畅,并注意论点鲜明、重点突出、线索清晰、详略得当。

4. 结构合理,论证有序

这是对文章整体结构和论证过程提出的要求。申论文章的结构是由主题和论证组成的。在整体结构上,要求结构完整、布局合理,文章各部分层次清楚、逻辑关系严密。这是对考生整体把握、谋篇布局能力的考查,以45分为准,结构通常占6分。论证文的主体是运用论据对论点、主题进行论证的过程。论证过程是我们说理能力、论证能力、思维能力的集中体现,其中论据的选择以及论证方法的运用是关键。以45分为准,此部分占16分,是占比重最高的部分。

5. 注意限制,答其所问

语言文字是考生与阅卷者之间进行信息传递的唯一媒介,同时,语言表达能力又在很大程度上影响思想的塑造与深化。申论对语言表达的基本要求是:用词准确,语意清楚,语句通畅、简洁,文理贯通,语言平易,合乎规范,用语生动、词汇丰富;能够把概念、观点、论证过程、结论等表述得清晰、准确、连贯、得体、没有语病。以45分为准,此部分占3分。与标题一样,这3分只是显性分值。语言表达能力会影响到文章整体思路和质量。

语言表达的基本要求是准确、简明、有条理、有层次、有说服力。在拟写题目上应多花些心思,“题好一半文”,可先先立题后立纲,也可立纲后立题,视临场情况而定。在写作时还要注意文章的格式、标点、字迹等,全面体现考生的语言文字表达能力。

(二)论证文的特点及要素

申论的论述属于论证文,论证文也称论说文,这类文章以论证为主要表达方式,用论证或者说理的方式直接表达自己的见解和主张。“论证文”这一术语有狭义和广义之分。狭义的论证文,就是单纯作为练习文种存在的论证文。它只存在于教学训练中,表现为论证性文体中的一种特殊形式,在写作实践中并不存在。广义的论证文是人们对以论证为主要特征的一类文章体式的习惯性称谓,即平常所谓的论证文,它是一种约定俗成的集合。它既包括以论证为主要表达方式的文体,即学术论文、政论、杂文等,同时又涵盖作为训练文种存在的论证文。实际上这二者是各自具有特定的内涵和质的规定性的,并不能简单地混为一谈。

一般来说,论证文有以下几个特点:

一是内容的理论性。论证文以论证和说理为主,它的内容具有一定的理论性。有的论证文直接阐明理论,有的论证文则以某种理论为指导来论述一个问题。

二是写法上总体的逻辑性和推理形式的灵活性。论证文是论证和说理的,它的写法就需要有严密的逻辑性。只有把文章写得有条有理,道理讲得头头是道,言之有理,才能说服读者。总之,论证文主要是对客观事物或者存在的问题,用概括的语言,按照一定的理论和逻辑关系,表达自己的见解和主张,使人信服并受到启发和教育。在日常工作中,总结工作经验、分析调查材料、讨论学术问题、提出革新建议,这些往往需要写论证文。因此,我们必须认真学习论证文,努力培养论证文的阅读和写作能力。

三是语言的概括性。论证文需要对具体事物做理论上的分析，它的语言往往是抽象而概括的。理论性越强，语言的概括性也就越强。

论述通过摆事实，讲道理，运用事实材料、逻辑推理来阐发观点，表明赞成什么、反对什么。论证文包含三个要素：论点、论据和论证。论点是作者对所论述的事物或者问题所持的见解和主张，论据是用来证明论点的科学原理和典型事实，论证是运用论据来证明论点的过程和方法。

1. 论点

论点就是文章要阐述和说明的基本观点，是作者要表达的看法和主张。阅读论证文，首要的就是寻找、提取和理解文章的论点。在论证文中要解决的是"证明什么"的问题。在一篇论证文中，论点是文章的价值所在，一篇文章的高下优劣主要取决于它。

(1)提出和确立论点的要求。

①正确。论点的说服力根植于对客观事物的正确反映，而这取决于作者的立场、观点、态度、方法是否正确，如果论点本身不正确，甚至是荒谬的，再怎么论证也不能说服人。论点一定要符合客观实际，作者除了要有正确的世界观以外，还要以辩证法的观点去研究分析问题，防止主观片面性。此外，还要注意论断中的每一个概念都应当是准确无误的。

准确性的具体表现有以下几点：论点准确，包括概念、论断、提法的准确；论据、引语准确；语法、逻辑、用词造句准确；阐明党和国家的方针、政策、法律、法规准确；实事求是、切合实际，不武断浮夸，要一分为二。

②有针对性。论点针对性主要表现在以下几个方面：在舆论导向上具有针对性；针砭时弊，针对社会生活中需要解决的各种弊端陋习，对症下药，加以评说解决；触及当前社会上迫切需要解决的实际矛盾，分析起因，找出解决方法等；抓住人们的思想认识问题，分析说理，解开人们的思想桎梏。

③深刻。论点一定要抓住问题的关键，能科学地揭示出事物的本质。要使论点深刻有力，就必须清除那些泛泛的、装腔作势的论证。同时，深刻也要具有一定的前瞻性。

前瞻性的具体表现有以下几点：对事物的认识具有敏锐性；能够透过现象看到事物的本质，从表面现象能够看到事物发生发展的根源；具有预见性，即对错综复杂的矛盾及其未来的结局分析之后，能够做出具有预见性的科学论断。

④鲜明。作者要明确地表达自己的观点，赞成什么、反对什么，一定要旗帜鲜明，不能模棱两可。对所论述的问题自己先要思考透彻，不能含混不清。论点的语义必须十分清楚确切，不能暧昧不明。

⑤新颖。论点应该尽可能新颖、深刻，能超出他人的见解，而不是老生常谈，不能人云亦云，也不是无关痛痒或泛泛而谈。论点要有创见，给人以启发。要善于发现新的问题，解决新的矛盾。

新颖性的具体表现有以下几点：论题新颖，即评论的问题能够触及新的矛盾，或者能够提出新的见解、主张；在与错误及片面的观点交锋中鲜明地提出精辟的见解，表现出真理的光辉。论说中有新的论据，并能以这些新的论据作为依托，引发论证；选取新的论证角度，者如舆论的非热点、容易被忽视或者被掩盖的矛盾侧面、对解决矛盾能够起到关键作用的环节等。

⑥同一。在论证过程中要保持思维的确定性，防止出现违反同一性的要求或偷换论题或转移论题的现象。这一条是从逻辑上对论点提出的要求。

⑦突出。论证中不能以材料淹没论点。当所论述的问题比较复杂时，其中心论点与派生出

的分论点、小论点的关系只能是总分关系,因为多中心即无中心。这是从文章中心思想的表达上对论点提出的要求。

(2)论点的安排。

①中心论点和分论点:全文有中心论点,一篇文章,可以只有一个中心论点,也可以在中心论点之下,并列或递进几个分论点,但它们都应该服从全文的中心论点。

②论点的位置:文章的论点可以安排在开头,也可以安排在文章的中间或结尾,即可以安排在文章的任何位置。但较多情况是在文章的开头,段落论点也是如此。

2. 论据

论据是论证的基础,是证明论点的材料、依据,解决的是"用什么证明"的问题。论据有事实论据和理论论据两种。事理论据除公理、原理、一般事理原则外,还包括从长期的生活实践中概括出来的,能充分反映事物本质的,被公认为符合事理的典故、谚语、俗语等。如果说论点是议论文的灵魂,论证结构是支撑起这个灵魂的骨架,那么论据就是论证文的血肉。同样一篇议论文只有中心论点和分论点是不能称为文章的,它还必须有典型而鲜活的论据。典型的论据是指能反映事物本质的,有代表性的事实或至理名言。

(1)论据的主要类型:

①事实材料。作为论据的事实材料,可以是具体的事例,概括的事实,统计数字,亲身经历、感受。

②理论材料。作为论据的理论材料,可以是科学上的公理、规律,正确的推论,前人的经典著作、至理名言,民间的谚语和俗语等。

(2)使用论据的要求:

①论据要真实。事实论据必须可靠,事理论据必须准确。要有严肃认真的态度,注意调查核实。未经证实其真实性的论据只能用"预期理由",论据不能靠论点证明,以免形成循环论证。引用经过实践检验的理论材料作为论据时,必须注意所引理论本身的精确含义。

②论据要典型,并与论点统一。论据与论点两者的联系应该紧密一致。事物有必然性与偶然性、一般情况与个别情况的差别。只有从事物的一般情况及其内部的必然联系出发去掌握事实,这样的事实才能胜于雄辩。所以选择论据要注意排除那些偶然的、个别的事例,而选择那些最能反映事物本质和规律的典型材料。引用的事例应该具有广泛的代表性,代表这一类事物的普遍特点和一般性质。

③论据要充分。即使是真实的论据,如果不全面,其说服力也不会强。论据要全面、充分才有说服力。

④论据要新鲜。选用的论据要弃旧用新,要厚今薄古。一般应当选取人无我有、人有我新的论据说理,使阅卷者在阅读时产生新鲜感,效果会更好。另外,有些考生习惯用古代事例阐述事理,整篇文章未能联系实际,不能达到充分说理的目的。最好能引述时尚言论和当前媒体普遍关注的事例辅助说理,加强说理的针对性、时代感,使文章更具说服力。

3. 论证

论证就是用论据来证明论点的过程。议论文的论点是要解决"要证明什么",论据是要解决"用什么来证明",而论证是解决"如何进行论证"的问题。论证的目的在于揭示出论点和论据之间的内在逻辑关系。

(1)立论和驳论。立论指论证目的是为了以充足的论据从正面证明自己的论点正确的论证方式。驳论指论证目的是以有力的论据反驳别人错误的论证、论点或相关的论据的论证方式。立论和驳论是从正反两方面对问题的论述:立论是正面证明作者自己的论点,驳论无非是从反面证明其错误。两者是相辅相成、对立统一的。因为在确立一个正确论点的同时,也就意味着否定、批驳和它相对立的论点。而在批驳错误论点的同时,则必须确立与它相对立的正确的见解或主张。它们可以使用基本相同的逻辑推理方法。

“论”是文章的思想内容,“立”和“驳”是文章的逻辑形式。无论是证明还是反驳,其要求是要合乎逻辑,要正确地使用各种推理形式,合乎相应的推理规则。“不能推出”、轻率概括、以偏概全、机械类比,以及在论证中滥用权威、因人废言、感情用事等都是要注意避免的。

①立论。立论是就某一问题提出自己的看法和主张。表明自己的态度时,要注意以下三点:

第一,立论的看法和主张必须是经过认真的思考或者一定的实践,是自己所独有的正确的认识和见解,或者是确实能解决实际问题的。要使读者感到有新意,增长知识,提高对事物的认识。

第二,必须围绕所论述的问题和中心论点来进行论证。开篇提出怎样的问题,结篇要归结到这一问题上。在论证过程中,不能离题万里,任意发挥,或者任意变换论题。如果有几个分论点,每个分论点都要与中心论点有关联,要从属于中心论点。所有论证都要围绕中心论点进行,这样读者才能清楚地了解分论点和中心论点。议论文的逻辑性很强,论证必须紧扣中心,首尾一致。

第三,“立”往往要在“破”的基础上进行。在立论的过程中,往往需要对一些错误的见解和主张加以否定和反驳,以增加论证的效果。

②驳论。驳论是就某一事物或者问题发表论证,揭露和反驳别人错误的或反动的言论。

驳论有三种类型:短评式驳论,篇幅短小,一般只抓住对方错误言论的片言只语进行反驳,但它体现着驳论文章的基本特点;评论式驳论,是短评式驳论在反驳这一部分(即短评的本论部分)的扩充,即对对方言论进行多方面的反驳;局部式驳论,即指有些文章从整篇看不是驳论,但在论证中包含着一部分驳论。驳论需要注意以下三点:

第一,反驳别人的错误言论,一定要对存在的错误作具体分析,特别要注意不能就事论事,而应该揭示错误的性质,分析它的思想根源和危害性,从而击中它的要害,使读者认清这种错误言论。因此在驳论文章中,应当坚持始终以理服人,最忌在缺乏分析说理的基础上武断地给对方的意见下结论,自己的看法当然应该坚持,但也不能强词夺理,语气上要留有余地,乐于倾听对方意见。

第二,一篇驳论文所驳的错误论点一般只能有一个,也称反面的中心论点。在论证过程中,必须始终围绕着这个错误论点来进行反驳,不能任意转移或分散。驳论也要做到紧扣中心,前后一贯,首尾一致,使读者一目了然。

第三,“破”中有“立”,反驳别人的错误言论,明确地提出或表达自己正确的见解和主张,更好地达到反驳的目的。由于论证文是由论点、论据、论证三部分有机构成的,因此驳倒了论据或论证,也就否定了论点,与直接反驳论点具有同样效果。一篇驳论文可以几种反驳方式结合起来使用,以加强反驳的力量和说服力,而且驳论与立论经常是相辅相成的,往往是以驳为主,驳中有立。驳论的根本目的是要证实对方论点的虚假性,但在具体反驳时,可以针对对方论证的特点,灵活采取不同的角度和方式,如反驳论点、反驳论据、反驳论证等。

(2)演绎法论证和归纳法论证。

①演绎法。演绎论证是一种由一般到个别的论证方法。它由一般原理出发推导出关于个别情况的结论,其前提和结论之间的联系是必需的。演绎法有三段论、假言推理、选言推理等多种形式,但最重要的是三段论。三段论由大前提、小前提和结论三部分组成。

②归纳法。归纳式论证是一种由个别到一般的论证方法。它通过许多个别的事例或分论点,然后归纳出它们所共有的特性,从而得出一个一般性的结论。归纳式也是一种从材料到观点,先分论后结论的论证方式,归纳法可以先举事例再归纳结论,也可以先提出结论再举例加以证明。前者即所谓归纳法,后者即所谓例证法。例证法就是一种用个别的、典型的具体事例证明论点的论证方法。

二、论证文的结构分类

(1)按照表达重点和逻辑完整性将论证文结构分为论证型结构和论述型结构。

论证型结构按照论证思维的前后顺序,即提出问题—分析问题—解决问题的顺序,比例均匀地安排文章结构,突出其逻辑的严密、充分、完整性;论述型结构,突出解决问题或分析问题的表述文字部分,以道理分析或解决措施为主,不追求顺序性和逻辑完整性。这两种结构又可细分为典型式论证结构、理由式论证结构、解决式论证结构和复合式论证结构。

(2)按照整体结构的逻辑方法将议论文结构分为演绎式结构和归纳式结构。

演绎式结构是一种以从观点到材料、先结论后分析为结构方式的议论文体,即先以鲜明的观点开宗明义,然后以相应的材料为论据证明论点。这种结构方式与人们日常的说理习惯相适应,对于强调评论的主旨、突出评论的中心思想有所帮助;归纳式结构指在开门见山、挑明论题后,围绕论题,逐层运用材料证明论点,最后归纳出总论点的论证结构。以这种方式写作(或制作)的评论,比较符合人们认识事物的规律(即思维活动的逻辑顺序)。

(3)按报刊议论文结构分类。报刊议论文,就是作者结合现实生活所反映的主要矛盾,自拟标题进行论述。从报刊评论文章来看,其论述结构大致可以分为以下几类:引申型结构、评述型结构、析理型结构、论辩型结构。

三、常见议论文整体结构模式

常见议论文体,按照"提出问题—分析问题—解决问题"的论证顺序和重点分为四种模式:典型式(三段论式)论证结构模式、理由式论证结构模式、解决式论证结构模式、复合式论证结构模式。后三种结构模式均由典型的三段论结构模式即"提出问题—分析问题—解决问题"模式演变而来,其变化主要是在"分析问题—解决问题"的顺序安排和文字分量上。

(一)典型式(三段论式)结构模式

议论文一般都由引论、本论、结论三部分构成,在顺序上形成了提出问题、分析问题、解决问题的三大段论述结构。其三部分特点是:以 1000 字为例,引论部分(提出问题部分)文字占全文的 10% ~20%;本论部分(分析问题部分)文字占全文的 40% ~50%;结论部分(解决问题部分)文字占全文的 40%。典型式(三段论式)论证结构模式的本论、结论部分的文字数量比例较为接近,结构较为均衡。

如 2007 年中央、国家机关公务员录用考试申论试卷的参考答案:

从"怒江水电开发"说开去

近年来,各界人士在怒江水电开发问题上产生了巨大的争论。一方认为怒江水电开发将破坏环境和生态,弊大于利,坚决反对开发;另一方认为怒江水电开发有利于发展当地经济,消除贫困,利大于弊,坚决支持开发。

实际上,关于怒江水电开发的争论不仅是要不要进行怒江水电站的建设的争论,更重要的是人们关于如何处理环境保护和经济开发关系的争论。揭开争论的面纱,就能看到经济发展与资源环境之间的矛盾。我们必须清醒地认识到,全面贯彻落实科学发展观,建设生态文明,大力发展循环经济,实现经济与资源、环境的协调持续发展刻不容缓。

目前,坚持经济发展与资源、环境的协调发展具有极其长远的现实意义。首先,我国处于社会主义初级阶段的特殊国情决定了"发展是第一要务"。近年来,尽管我国经济增长速度和总量保持较快增长。但是,城乡差距、区域差距和经济社会发展差距的存在,以及广大人民群众对满足日益增长的物质文化的迫切需要决定了我们不能偏离以经济建设为中心的轨道。其次,我国正处于工业高速发展的阶段,能源和资源总需求量迅速增大,资源限制的矛盾、经济发展与环境日渐恶化的矛盾日益凸显。近年出现的电力、石油、煤炭紧张状况和严重的环境污染情况已经向我们发出了预警:我们必须重视对资源环境的有效保护和利用,实现开发与保护并重的目的。上述两方面的重要意义决定了发展经济不能以牺牲环境和透支资源为代价,但是也不能以保护资源环境为借口阻碍经济发展,要真正实现二者的协调发展。

要实现经济建设和资源环境的可持续发展必须认真落实科学发展观,大力发展循环经济,统筹兼顾地处理生产、生活和生态的关系。第一,要牢固树立生态文明的观念,加大对群众的宣传教育,控制污染物排放,改善生态环境。第二,大力发展循环经济,促进生产发展。发展循环经济是落实科学发展观,实现经济增长与资源、环境协调发展的重要举措。第三,树立以人为本的理念,建立健全相关的法律法规,切实维护广大人民群众的利益,保证经济增长与资源、环境协调发展的成果由人民共享,最终实现生活富裕。

"既要金山银山,也要绿水青山。""怒江水电开发"的争论使我们认识到,在我国现代化建设的伟大进程中,只有坚持生产发展、生活富裕、生态良好的文明发展道路,走物质文明与生态文明相协调的发展之路,才能真正实现全面建设小康社会的目标,最终实现和谐发展、科学发展和经济社会永续发展,为构建社会主义和谐社会提供坚实的基础。

此文章分析问题全面深入,也详细列出了实际可行的办法和措施。分析问题部分与解决问题部分两部分文字数量接近,略有差别,论证结构属于完整的典型式(三段论式)结构模式。但因申论第二部分多为方案策划,因此,在申论考试中运用这种论证结构要注意避免重复。

(二)理由式论证结构模式

理由式论证结构模式是典型式论证结构模式的变化形式之一。一般评论或述评文章的结构通常采用这种模式。因为评论文章的关键在于敏锐地、一针见血地揭示问题的性质,分析事理、原理、公理的必然性,证明问题必须得到解决的理由和必要性,但只指出解决的宏观策略和方向,只表明要解决问题的态度,只提出正确的认识和方法。其各部分文字分量特点是:引论部分(提出问题部分)文字占全文的10% ~20%;本论部分(分析问题部分)文字占全文的60% ~80%;结论部分(解决问题部分)文字占全文的10% ~20%。

如2005年中央、国家机关公务员录用考试申论试卷参考答案:

评"解决我国农村、农民问题"的两种思路

我国作为仍处于社会主义初级阶段的发展中国家,由于自然地理条件和历史原因,缓解和消除贫困仍然是一项长期的历史任务。它既关系到社会的稳定,也在很大程度上影响到建设小康社会目标的实现,为此,中央颁布了相关文件,提出了21世纪前10年中国农村扶贫开发的目标任务、指导思想和方针政策。归结起来有两种不同的思路:经济扶持和政治保障。经济扶持是解决农村、农民问题最直接,而且短期内最容易见效的方法。国家在这方面投入了巨大的力量,表现为增加财政扶贫资金和扶贫贷款,改善贫困地区的基本生活条件,为贫困地区的发展提供坚实的后盾。扶贫开发的中心任务是增加贫困人口的经济收入,根本途径是加快农业和农村经济结构的战略性调整,继续把种养业作为扶贫的重点,在稳定提高贫困地区粮食综合实力的基础上,依托资源优势,大力发展区域特色经济,组织引导贫困地区调整农业结构。通过这些途径,一些地区取得了显著的成效,但经济扶持的弊端也是显而易见的:一是不能解决非贫困地区的贫困农民的贫困问题;二是不能从根本上解决贫困,且过度的扶持会使贫困农民一味依赖国家,滋长"等、靠、要"的思想,增加国家的财政负担。

政治保障相对于经济扶持来说其效果比较间接、长远。农民权益的保障与其经济状况的改善有密切关系。中国农民在市场竞争中处于弱势地位,农民的自主权要得到保障和发挥,需要制度和法律保障,离不开乡镇体制的重构和乡镇自主权的发挥。而乡镇体制改革的成败取决于国家宏观制度的设计和创新。从宏观上讲,就是要改变城乡二元结构,普遍实行免费义务教育,统筹城乡发展。政府已经采取很多有效措施,改善农民的地位,保障农民的合法权益。这既有利于社会的稳定,也有利于调动农民的积极性,促进经济发展,使农民脱贫致富。但我们也应看到我国对农民政治保障的深度、广度不够,对阻止农民行使合法权益的行为的惩治力度不够,对农民维护合法权益的宣传教育力度不够,农民自身的综合素质有待提高,这些都是亟待解决的问题。

从以上分析可以看出,解决农村、农民问题的两种思路都是可取的,但二者必须兼顾,不能偏重其中任何一方而忽视另一方。必须注意统筹兼顾,协调发展;既看到成效,也要看到存在的问题。要以"三个代表"重要思想为指引,响应"构建和谐社会"的精神,实行"两手抓",抓经济建设,抓体制创新,搞好扶贫工作,使农民尽快脱贫致富。

答卷论证部分结构如下:

分析问题部分一:"经济扶持是解决农村、农民问题最直接,而且短期内最容易见效的方法……但经济扶持的弊端也是显而易见的……"

分析问题部分二:"政治保障相对于经济扶持来说其效果比较间接、长远……但我们也应看到我国对农民政治保障的深度、广度不够……"

本文清楚地分析了解决农民问题两种思路的优劣,辩证地证明农民问题必须得到综合解决的理由和必要性。文章只指出了解决的宏观策略和方向,而没有进一步论证具体措施。文章的分析问题部分文字顺序在前,数量多,而解决问题部分文字在后,数量少。论证结构属于理由式论证结构模式。

(三)解决式论证结构模式

解决式论证结构模式是典型式论证结构模式的变化形式之二。一般行政公文的结构采用这种模式。因为行政公文重要的是解决实际问题,所以把提出正确和切实可行的措施和方法,往往安排在前,把揭示问题的性质,分析事理的必然性和重要性作为文章的次要方面安排在后。其各部分文字分量特点是:引论部分(提出问题部分)文字占全文的10% ~20%;本论部分(解决问题部分+分析问题部分)文字占全文的60% ~80%;结论部分在这种模式中仅仅是一个号召或表达希望的结尾,文字占全文的10% ~20%。

例一,2011年国家公务员招考申论的答卷:

弘扬黄河精神维持黄河健康生命

“君不见，黄河之水天上来，奔流到海不复回！”源自念青唐古拉山的黄河，从远古以来孕育了中原文明，是中华民族与中华文化的摇篮，一代天骄毛泽东终其一生对黄河怀有敬畏，他曾说：“藐视什么也不能藐视黄河——这是我们民族的根哪！”千百年来代代先辈在治理黄河洪灾与泥沙的奋斗中，层层累积形成了黄河精神，这是我们最可贵的精神财富，在世世代代维持黄河健康生命的历史长程中，必将不断放射出耀眼的光辉。

黄河曾经以她丰饶的乳汁哺育了中华文明，给两岸以灌溉，也给诗人以灵感，唐诗汉赋、歌曲绘画，无数动人的辞章都与黄河有关，黄河的平均水量为580亿立方米，占中国总水量的2%，是长江的十七分之一，却养育了全国12%的人口，灌溉15%的耕地，黄河对中华民族的贡献不可磨灭，但由于黄河两岸生态变化和经济建设的影响等因素，黄河污染日益严重，黄河活力日益枯竭。近一年来，黄河逐渐成为中华民族的忧患之河。

为全面治理黄河，使母亲河再现生机与活力，2004年1月12日，黄河水利委员会李国英主任提出了以“维持黄河健康生命”为终极目标的“1493”治黄理论框架体系，即：一个终极目标、四个主要标志、九条治理途径、“三条黄河”建设，在推进“维持黄河健康生命”的黄河治理新工程中，我们尤其要注重弘扬黄河精神，确保黄河治理工程的高起点、高标准、高水平。

黄河精神永远都是我们最宝贵的精神财富，随着岁月的流逝，不仅丝毫未磨损它的深刻内涵和神奇魅力，而且愈加凸显它鲜明的时代价值。在建设“三条黄河”，实现“堤防不决口，河道不断流，污染不超标，河床不抬高”治河目标的今天，要践行“维持黄河健康生命”新理念，就要大力发扬“团结、务实、开拓、拼搏、奉献”的黄河精神，不断开创各项治黄工作新局面。

新中国治黄60年的辉煌业绩证明：伟大的理想信念必将产生强大的动力，坚定的信念必然激发不懈的追求和坚强的毅力，确立了治黄新理念就有了坚定的奋斗目标，强大的精神支柱和用之不竭的力量源泉，要贯彻落实科学发展观，践行治水新思路，实现以黄河水资源的可持续利用保障流域及相关地区经济社会可持续发展，同样需要“团结、务实、开拓、拼搏、奉献”的黄河精神作支柱。

“维持黄河健康生命”，要把强大的精神动力同先进的理念结合起来，探索出一条符合科学发展观与新世纪黄河实际的治黄道路。按照“1493”治黄体系，维持黄河健康生命，是黄河治理开发与管理的终极目标；“堤防不决口、河道不断流、污染不超标、河床不抬高”是“维持黄河健康生命”的四个主要标志；减少入黄泥沙的措施建设，流域及相关地区水资源利用的有效管理，增加黄河水资源量的外流域调水方案研究，黄河水沙调控体系建设，制定黄河下游河道科学合理的治理方略，使下游河道主槽不萎缩的水量及其过程塑造，满足降低污径比、使污染不超标的水量补充要求，治理黄河河口以尽量减少其对下游河道的反馈影响，黄河三角洲地区生态系统的良性维持，是九条治理途径；原型黄河、模型黄河、数字黄河“三条黄河”治河体系是三个有效手段。

维持黄河健康生命任重而道远。在科学发展观的指导下，我们弘扬黄河精神，不断开拓创新，探索治黄新路，积极建立有利于维持黄河健康生命的体制机制，持之以恒、不懈奋斗，一定能够实现“维持黄河健康生命”的宏伟目标，一定能够为中华民族与华夏文明的永续发展筑就最牢固的根基！

例二，2007年国家公务员招考申论的答卷：

命脉

土地是农民的生存之本,是农民的命脉,也是国家的命脉,人们的衣、食、住、行都与土地有着密切的关系。近年来,随着我国经济的发展和城市化进程加快,大量农民集体用地被国家征用,城郊耕地被占用面积过大,造成耕地荒废。有些农民没有得到合理的利益补偿,农民上访时有发生,甚至发生对抗事件。有资料显示,2004年来发生的130起农村群体性突发事件,其中87起因土地问题引发,造成数百农民受伤,3人死亡。与此同时,大量的农村土地没有得到可持续利用,出现了地荒的假象。这充分说明了土地问题的普遍性和严重性。该问题能否妥善解决直接影响到农民生活、农村发展、农业稳定和社会和谐目标的实现。

当前,农民对土地固有的使用权在发生着各种各样的变化,在这个变化过程中,农村土地征用过程中存在的问题尤其突出。如土地使用权转让价格过低,补偿机制不完善,少数地区还存在着"短视"的行政行为,只看重"开发",而不注重"保护"。同时还存在着违法违规征地的现象,权力寻租现象触目惊心。农村土地征用过程中存在的问题直接影响了农民的实际利益。因此,我们必须要在科学发展观的指导下,切实规范土地的征用流转,有效地开发和保护土地资源。具体措施有:

第一,完善征地法规,合理确定征地补偿安置费数额。

有关农村土地征用的法律法规亟待完善。目前,土地征用的补偿安置标准普遍偏低,安置措施不到位,有的地方出台土地征用办法时,更多地考虑政府或开发商的利益,低价征用,高价出售,牺牲农民利益。因此,我们要切实维护被征地农民的合法权益,进一步完善征地程序,着重解决征地规模过大、补偿安置不到位、同农民协商不够等突出问题。建立补偿标准听证制度,保证被征地农民的参与权,保证农民、用地单位和征地部门充分协商,严格按法律规定落实补偿安置措施。严厉查处拖欠、挪用、截留土地补偿费等违法行为。

第二,做好被征地农民的就业培训和社会保障工作。

将做好被征地农民就业培训和社会保障工作作为征地制度改革的重要内容,明确范围,突出重点。各地应根据实际情况,妥善解决被征地农民的就业培训和社会保障问题。坚持市场导向的就业机制,统筹城乡就业,多渠道开发就业岗位,改善就业环境,鼓励引导各类企业、事业单位、社区吸纳被征地农民就业,支持被征地农民自谋职业和自主创业。落实被征地农民就业安置责任。政府要积极开发公益性岗位,安置就业困难的被征地农民就业,督促指导用地单位优先安置被征地农民就业。落实被征地农民就业培训和社会保障资金,严格资金管理。

第三,从我国国情出发,实行最严格的耕地保护制度。

做好基本农田重点保护工作,同时还要做好土地占补平衡工作,充分挖掘土地资源潜力,以促进土地资源可持续利用,保障国家粮食安全。

第四,领导干部要树立正确的政绩观。

一些地方为图一时的经济增长和资金积累,不惜出台各种违规的优惠政策,低价拍卖土地和其他资源,杀鸡取蛋,竭泽而渔,严重损害人民的根本利益;一些领导干部为在自己的任期内干出一番业绩,不顾民力,乱铺摊子,乱上项目,以至造成"一代人的'政绩',几代人的包袱"。要树立正确的世界观和权力观,必须加强学习,加强教育。除了领导干部自己首先要加强自我学习和教育外,党委、政府要经常开展集体学习和教育活动。科学地衡量和评价干部的政绩,严把用人关。

总之,今后我们要不断吸取教训,总结经验,采取多种措施切实保护好土地这一关系国计民生的命脉，推动我国经济社会发展转入科学发展轨道、走上社会和谐之路，推进全面建设小康社会。

例三，2006 年国家公务员招考申论答卷：

切实加强政府应对突发公共事件的能力

伴随我国经济社会的高速运转，社会经济生活中的各种不确定性因素在不断增加，突发性公共危机随时可能发生，如非典、禽流感、北京虹桥踩踏事故、兴宁矿难等等。这些突发性公共危机的存在构成了当今社会的不和谐因素，也表明了突发性公共危机的不可避免性。应对突发性危机的话题受到社会的广泛关注，并由此引出一个不容忽视的话题：我国政府应当如何提高应对突发公共事件的能力。

应对突发事件成为考验政府行为能力的一个重要指标，因此政府应采取切实可行且有效的措施来回应突发的公共危机事件，概括起来，大致可以尝试在以下几个方面作出努力：

（一）建立有效的应对公共危机机制。针对公共危机的发生制定相应的预警、处理、恢复等应对机制，有效地预防、回应、化解和消除各种危机。一个完整的危机治理过程包括预警、准备、回应与救治、善后处理四个阶段，因此应对突发性公共危机应以事前预防为主，事件发生时要控制事态，事件发生后把损失控制在最小的范围之内。

（二）建立应对公共危机的基金储备制度。合理的财政应急储备系统应当包括决策指挥系统、应急执行系统、信息处理与发布系统和分析预测系统。这套制度的建立，一方面可以确保突发事件发生时的资金来源，另一方面可以明确支出的程序，做到有的放矢。解决资金问题，除了政府承担主体责任，扩大财政在公共事务方面的投入外，还应扩大社会保险的覆盖面。

（三）建立应对公共危机的社会动员机制。社会动员机制要充分利用社会自我调节力量，主要是有重大社会影响的社会团体、工会、社区组织、群众组织、村民自治组织、企业、事业单位等。因此，政府在公共危机管理中要着力培育公民的公共意识，提高公民素质，致力于培育非政府组织的社会意识，提高社会自治水平，促使社会各界发挥有效的作用，从而更好地调动社会力量，共同渡过危机。

（四）健全应对公共危机的法律法规体系。虽然我国已经制定和颁布了一些应对危机状态的法律和法规，但无论从整体上还是从细节上来看，法律法规体系都还不够完善。最核心的问题在于，我国还没有一部完整的紧急状态管理法。此外，现有处理紧急状态的相关法规之间的衔接与配套，以及全国性法规与地方危机管理法规衔接有待进一步完善。因此，国家应当建立健全前瞻性强、操作性强的应对公共危机的法律法规体系。

例四，2011 年国家公务员招考申论答卷：

愿君莫做摇摆人　愿君惜取同源血

——在城乡公共服务一体化进程中解决外来人员无根化危机

城市与农村、城市人与农村人的身份认同危机和文化断裂，是当代中国社会的一个突出问题，那位来自农村、身在城市的知识分子，疑惑于自己在城市融不进、在农村回不去，成了徘徊于城乡之间的“摇摆人”，这种“无根化”危机的意识在我国社会中普遍存在，我们要建设一个和谐社会，不要断裂社会。因此，十七大报告提出要解决好发展理念和发展机制，“形成城乡经济社会发展一体化新格局”。我们期待在加快推进城乡公共服务一体化的进程中，能够解决城市外来人员的精神困惑与无根危机，让每一个社会成员获得平等地位，珍惜同源的血液，再也没有一个“摇摆人”。

城乡“摇摆人”是伴随我国城市化进程、在人口流动中出现的一个特殊现象,像农民工,像毕业后在城市工作的青年,由于户籍壁垒、经济实力、地域文化的隔膜等因素,陷于农村回不去、城市融不入的尴尬境地,许多城乡“摇摆人”怀揣梦想来到繁华都市打拼,与早期外来农民工群体相比,有着更为鲜明的时代烙印:他们接受新生事物的能力更强,他们的价值观念和行为方式,更加趋向于现代文明和城市文化,当然他们也更加渴望融入这座城市,但是受困于自身因素及现实的制度门槛、政策限制等,他们当中的大部分人只能游走于城市的边缘,被喻为“无根”之人。回不去的是故乡,城市也吝于敞开怀抱。作为一支庞大的、不可忽视的新生力量,如何表达他们的诉求和情感,如何实现他们的权利和梦想,又如何在工业化、城市化的建设大潮中找到他们的未来,成为当下的一个重要命题。

解决无根化危机,消除“摇摆人”现象,首先在于加强制度建设,加快推进城乡公共服务一体化的进程,打破户籍壁垒和地域限制,使公共服务普遍惠及城市生活与工作的每个群体、每一名个人,要将外来人员普遍纳入城市社会保障体系,给予教育、就业、医疗、住房、养老等全方位的普遍保障,要让外来人员享受同等的市民待遇,才能促使他们落地生根,特别是农民工的子女教育问题,《国家中长期教育改革和发展规划纲要》明确要求解决好农民工子女上学问题,落实以全日制公办学校为主、以输入地为主保障农民工子女平等接受义务教育的政策,全面取消借读费。研究农民工随迁子女义务教育后参加升学考试办法,推动逐步实现农民工子女入学与城镇居民享有同等待遇。“同等待遇”就意味着平等,意味着公共服务在不同群体之间的均等化,意味着公共服务在城乡之间的一体化和紧密衔接,这理应成为未来社会建设的主要着力。

解决无根化危机,另一个重要方面是给予外来人员以精神上的呵护,一些“摇摆人”之所以感到难以融入城市,关键在于城市文化的大门没有向他们打开,在加大文化公共服务建议力度的过程中,要突出对外来人员的重视,积极创造条件、提供平台,打造融本地居民与外来人员于一体的文化共建、共享体系,让外来人员参与共建,分享城市精神文明的成果,在城市找到属于自己的精神家园。

不管是纯粹的城市居民还是农村居民,我们具有同源的血液——源自一个民族,共踏一方热土,让我们珍惜、呵护不同群体本出同源的血液,化解每一个社会成员的无根危机,在实现每一个社会成员地位平等的同时,促进整个社会的和谐。

上述几篇文章论证结构就以分析问题部分文字数量虽少,顺序在先;文章的解决问题部分文字顺序在后,数量多,二者结合构成了典型的以首句为中心的段落结构。解决措施为主先行,后面紧跟相应的理由和具体小措施,整体有序排列,论证效果较好。论证结构属于解决式论证结构模式。

(四)复合式论证结构模式

复合式论证结构模式是典型式论证结构模式的变化形式之三。一些篇幅较长的、涉及面较广的政论文章或行政公文结构属于此种模式,多数有中心论点和分论点。这种模式既灵活又涵盖广泛,有的分论点主要解决实际问题,提出正确和切实可行的措施和方法,而揭示问题的性质,分析事理的必然性和重要性是文章的次要方面;有的分论点又主要揭示问题的性质,分析事理的必然性,证明问题必须得到解决的理由,表明解决问题的态度,提出正确的认识和方法。其文字分量特点是:引论部分(提出问题部分)文字占全文的10%～20%;本论部分(解决问题部分或分析问题部分根据文章表达需要灵活安排)文字占全文的60%～80%;结论部分一般是中心论点的升华,文字占全文的10%～20%。

例一,2008 年中央、国家机关公务员录用考试申论试题答卷:

人与自然

怒江是我国西南部重要的河流,不但水资源丰富,而且对生态环境具有无比重要的价值,曾以“三江并流”的自然景观被联合国教科文组织列入“世界遗产名录”。但是由于自然条件的限制,该地区经济落后,社会发展非常缓慢,脱贫致富的依托点很少。这里的一些少数民族甚至至今还保留着刀耕火种等原始的生活方式。

为了加快当地经济的发展步伐,改变落后的面貌,云南省怒江州提出了“两库十三级”的开发规划,希望通过在几江、澜沧江等大河上建立水电站的方式,大力开发当地丰富的水资源。可是,开发规划刚刚出台,立刻引起了广泛的争议。一些专家和环保人士围绕着是否予以开发的问题提出了各自的意见。专家从经济发展的角度出发支持开发,而环保人士却从开发所带来的负面效应出发,反对开发,甚至有将怒江作为一条生态江予以保留,不予开发的建议。

纵观两方的观点,其争论的焦点就是如何处理开发与保护的关系问题。怒江已经不是一条完全意义上的原生态河流,在当今的情况之下,完全不开发是不现实的。关键在于如何在开发的同时保护好当地的生态环境,实现可持续发展。说到底,这实质上是如何处理人与自然之间关系的问题。我们一定要吸取中外资源开发的经验和教训,实现人与自然的和谐发展。为此,我们要做到以下几点:

(1)实现人与自然和谐发展,必须做好开发前的论证工作。长期以来,很多地区都只看重经济发展数字,而忽视了自然环境的保护,当环境问题严重到明显影响经济发展的时候才想到去治理,结果花费了大量的人力、财力,效果依旧不理想。这种先污染再治理的方法是十分错误的,一定要坚持规划先行的原则。任何资源开发都需要在开发前进行详细而充分的论证,不能开发的一定要禁止,能够开发的也需要对开发的每一个局部进行论证,力争达到最优效果。

(2)实现人与自然和谐发展,必须实行开发与保护并重。新中国成立以来尤其是改革开放以来,我国的经济发展速度很快。但是在取得经济建设成就的同时,我国的生态环境也遭到了巨大的破坏。目前我国的河流污染、沙漠化、森林乱砍滥伐等现象十分严重,这些问题都使我国的生态环境极为脆弱。由此造成的灾害等降低了开发和综合利用的效益,并严重威胁着我国的生产安全和人民的生命财产安全。可见,开发与保护是相辅相成、对立统一的,资源的开发和建设与环境保护是密不可分的,必须在开发的过程中树立开发与保护并重的指导思想。只有处理好了二者关系,才能保证开发与生态保护双赢,实现可持续的发展。

(3)实现人与自然和谐发展,一定要以人为本,使开发的利益惠及人民,提高当地人民的生活水平。人是第一位的,一定要保证开发所得的利益惠及当地人民,否则,开发所得的经济利益再多也不能改善人民的生活,这就背离了开发的初衷。尤其是一些边疆地区、少数民族聚居地区,保证开发的利益惠及老百姓,具有维护民族团结、保障边疆安全的重要意义。

经济的发展需要开发各种资源,资源的开发需要和环境保护相结合。抛弃任何一方面做出的决策都是片面和错误的。只有认识人与自然的和谐发展是构建和谐社会的基础,我们才能构建环境友好型社会,才能拥有一个生活富足、环境优美的秀丽家园。

此文章就以理由和解决措施复合排序,论证效果较好。文章的分析问题部分文字分量大,顺序在前,解决问题部分文字顺序在一段中紧随其后,数量多少视表达需要而定,论证结构属于复合式论证结构模式。

第七章　论述问题的步骤与方法

备考要点

要点一:熟练掌握申论开头“开,逆,引,喻,释,比,问,记”的至少一种方法。

要点二:分清论述材料的主次轻重。按照说服力的强弱和逻辑关系,本论的结构整体方式一般有两种,即并列式和递进式。

要点三:熟练区分标题类型。(1)提示范围类标题(关键词引出型);(2)体现论点类标题(表明论点型);(3)表明态度类标题;(4)设问反问类标题;(5)激发兴趣类标题。

疑难分析

有意识地进行标题变化训练写作,可变换标题的句式,可活用成语、谚语、俗语,可巧用修辞,诸如比拟、借代、双关、对照,可引用名人名言。

一、申论标题的拟制

标题是一篇文章的旗帜,是统领申论文章材料的核心,是文章传递信息最重要的部分。由于它位居文章结构之首,所以文章题目的优劣也会直接影响文章的质量。申论论述拟题的基本要求是:在准确的基础上力求醒目舒畅。具体而言,可鲜明形象,可精炼别致,可简洁整齐,不一而足。总之,以能激发阅卷者阅读兴趣或使人耳目一新者为最佳。

(一)拟制申论标题的要求

一篇文章的标题,尤其是论证性文章的标题,与文章的主题密切相关,与文章的内容更是密切相关。申论从文体上来说属于议论文的范畴,因此,申论标题的拟定也要符合一般议论文的要求和标准。具体地说,申论标题要贴切、具体、鲜明、精炼、生动。

1. 贴切

一是指题目的含义与文章的内容要协调一致,也就是说,题目对论题范围的概括、对中心论点的提炼、对态度倾向的表述与评论的内容和思想要一致;二是标题遣词造句要准确恰当;三是题意确切,不会产生歧义。如《人民日报》时评标题《用法治正气打掉“霸王条款”的“霸气”》阐明依法制霸的决心,标题高屋建瓴,符合消费者维权实际。

2. 具体

具体是指申论的标题不要太大,太大会大而无当,容易流于空泛;同时也不能太小,太小则不能涵盖文章内容。应尽量具体,切忌空洞无物。虽然申论考查的是一些社会性的重大问题或重大事件,但标题并不是越大越好。某报针对植树节发表评论《以科学求质量,以质量求发展》,很难把它与植树造林直接挂钩。而《健康报》发表社论《“栽植”健康》,集中论证植树造林与人类健康的关系,与前者相比,后一题目不仅具体生动,并注意将标题具体化,使评论的针对性在标题中体现出来。

3. 鲜明

鲜明是指作者在文中赞扬什么、反对什么,一定要态度鲜明,不能含糊其辞、模棱两可。所以，申论标题一定要有观点、有立场、有态度，褒贬鲜明。

4. 精炼

精炼是指申论的标题文字不能太多，一定要简明扼要，同时又能涵盖文章内容，起到以一当十的作用。要做到精炼，一是要结构简单，尽量用单行题；二是要文字简约、要言不烦。如《人民日报》时评文章《扩大内需，好钢用在刃上》，《半月谈》曾发表题为《诚信如金》的评论。这些评论的标题以简短的句式、简洁的文字点明了论题的范围，表明了中心论点，又不失生动活泼。当然，标题也不是一味求短、越短越好，应在表明文意的基础上力求用最简约的文字和最简洁的表达方式。

5. 生动形象

生动形象是指申论设计的标题要力求做到先声夺人，抓住阅卷者，让人过目不忘，赋予文章以新意和活力。标题犹如给人的第一印象，所以一定要给阅卷者以良好的感觉。使标题生动的方法有：

(1)变换标题句式

通过把陈述句变为假设句、疑问句或感叹句等，使标题具有浓郁的感情色彩。如《平价医院，平价何其难》《平价医院：离理想有多远》通过改变标题的句式、语气，使标题显得别具一格，让读者产生新鲜感和奇特感，更具吸引力和感染力。

(2)活用惯用语

即把成语、谚语、俗语等直接或加以变换引入标题，既可以使标题言简意赅，还可以使标题别有新意。借助于受众对这些用语的惯常理解，认识评论所要分析的事物和问题。如《关注药家鑫案件的"破窗效应"》《假药生产为何一路"绿灯"》，等等。通过引号部分特别标注，让评论文章的主题更加直观。

(3)巧用修辞手法

常用的有比喻、拟人、借代、双关、对照、连珠等，都可以用于申论文章标题的拟定。如文章《百善孝为先，常回家看看；千秋民作本，多俯首听听》借用对联为题，巧妙表达为人为官的基本准则。

(二)常见的申论标题类型

1. 提示类标题

所谓提示类标题，是指标题中有一部分以提示标题范围为主要任务，在标题中明确表述文章所要分析的事物或所要论证的问题。这类题目没有陈述观点，也没有发出令人深思的疑问，而是通过一些关键词来吸引读者的注意力。如《思其始而成其终》《公开征求意见面临两大考验》《大旱再次提醒我们》《扶贫开发的一项战略性举措》。其中，"两大考验""提醒我们"，就是题目的关键词，也是文章所要论述的出发点。

2. 体现论点类标题(表明论点型)

文章题目就是中心论点和态度，或部分包含文章的论点。这样的题目通常由一个完整的具有明显倾向性的陈述句构成。肯定性陈述和否定性陈述，都能达到一目了然的效果。如《从"中国制造"到"中国智造"》《现代城市必须强化应急管理》《以制度保障推进节能减排》《完善食品安全防范机制》《自主知识产权才是品牌核心》，等等。这类标题能够直接体现文章的中心论点。这样的标题以鲜明的观点、独到的见解吸引读者，启迪读者进行思考。

3. 表明态度类标题

这类标题直接表明作者对事件或问题的态度、意愿和价值取向。这类标题不是以见解的新颖取胜，而是以态度的鲜明见长。特别是对一些是非界限、政策界限不够分明的现象，用这类标题可以起到明辨是非、扶正去邪的作用。

(1)谈论感想型。这类题目通常是对某一问题所引发的思考或对其展开评价，单就题目，不能看出作者的观点。如《从大学生贷款谈诚信问题》《浅谈文化缺失现象》《中国文化现状沉思录》《论生态政治与政治生态化》，等等。

(2)寓意警示型。如《综合治理社会诚信问题刻不容缓》《警惕乡村“文化荒”》《环境保护警钟长鸣》，等等。此类题目通常的一个主题是论述该问题的现状、严重性、重要性等，呼吁社会、政府、人民对该问题重视。

4. 设问反问类标题

针对某问题及某方面，我们通常可以通过提出疑问来引发人们的思考，达到扣人心弦的效果。如《出国公务考查如何不变味》《网络表达如何拒绝“暴力”》《医疗乱收费缘何屡禁不止》。

5. 激发兴趣类标题

这类标题是借助新鲜的事例、新颖的手法、新巧的角度、鲜活的语言引发读者阅读评论的兴趣。相对于上述的标题，这类标题更简洁、更概括、更抽象，制作上更要精心。如《春天就在不远处》。

以上五种类型是按内容或作用对标题进行的分类。另外，从其结构上，标题还包括正标题、副标题和小标题。申论论述写作必须具有正标题，副标题和小标题一般只用于内容比较复杂的文章中，对正标题起补充作用，或对各部分起中心概括作用，清晰展现文章的逻辑结构。

二、申论引论部分的写法

申论引论部分即论述的开头，也就是“提出问题”，在申论写作中，就是通过多种方式引出给定材料的相关论题，达到提出观点的目的。

论证文的开头要讲究“短、快、靓”。短，即要简洁，最好三两句成段，即进入本论。开头短，可避免冗长之赘，而且短句成段，在空间上突出其内容的重要性。快，即入题要快，最好三言两语就点明文章的基本观点或论证的话题。因为评分标准中有“中心明确”的细则。开篇确定中心，有利于阅卷者按等计分，也有利于作者展开论述，不致出现主旨不清、中途转换论题等作文大忌。靓，即要精彩，这也是传统文论中所说的“凤头”。精彩的开头，最突出的效果是吸引阅卷者，给阅卷者留下好的印象。文章开头要精彩，多用比喻、类比、排比等修辞引出论点，还可引述名言，讲述寓言故事导入话题。

申论的开头应独具特色。申论的开头方法有多种，包括开门见山、提出论题，开宗明义、亮出论点，摆出由头、生发联想，凸现矛盾、展开交锋等。总之，评论的开头应简明扼要、落笔切题、新鲜活泼，以引人入胜。写好申论开头的基础是要学会剖析材料，提高辩证思维能力，拓展联想思维，等等，即练好基本功。

开头常犯的错误有二：一是绕大弯子，或者大讲形势，空发论证；或者自找麻烦，引出众多复杂的事件。二是过于突然，对所论证的问题缺乏必要的交代说明，令读者毫无思想准备，摸不着头脑。

（一）申论引论（开头）的要求

1. 明晰

好的开头，直指人心，让阅卷者直接了解你的论点或论题。白居易说："首句标其目"，主张开宗明义。李涂在《文章精义》里说："文字起句发意最好。"总之，要让阅卷者知道你在谈哪方面的问题，开篇知其旨意。

2. 简洁

简洁是明朗的保证。考生在写给定材料作文时，既要从原材料说起，又不能复述原材料，方法有两个：一个是对原材料"一言以蔽之"；另一个是选取原材料中一句有代表性的话，让阅卷者知道原材料大致是什么意思，不要过多地引述原材料。

3. 美妙

只有美妙，才能达到吸引注意力的目的。文章开头的美，主要指技巧美、运用妙。如"设悬念""用典故""引名言""摆问题"等等。"好的开头是成功的一半"，重视开头写好开头十分必要。

（二）申论引论（开头）的写作方法与技巧

1. 开

就是开门见山。开门直截了当、单刀直入地摆出观点。引论直接提出自己的观点，态度鲜明，很符合申论写作的一般要求。

如评论《农民工社会保障问题忧思与求解》的引论：

近年来，农民工社会保障问题引起了社会各界的广泛关注。但是有关这一问题的理论认识不很统一，制度设计不尽合理，实践操作不甚规范，极大地制约了农民工社会保障工作的整体推进。

这种开头的好处是既简洁平实，便于掌握，又开宗明义，一语破的。

2. 逆

先论他端，陡然一转，亮出正论。

如评论《乐见"责任之辩"公开透明》的引论：

杭州地铁塌陷事故发生后，当地地铁工地已有近半数恢复施工，安全措施大大强化，甚至考虑到了对工人进行心理疏导……焦点不再是对事故现场的关注，或者国家安监总局副局长的愤怒直斥，而是在事故责任的承担上，施工者和业主各执一词针锋相对：一方认定施工企业安全生产责任不落实、未及时治理隐患、用工不规范、安全培训不力；另一方则强调问题出在"拍脑袋""图便宜""赶工期""领导意见替代科学决策"上。

3. 引

先引名人名言、名句等，引出论点打头，也叫敲门破题。这种引论与本论是一种导引与解答的关系。文章一开头通过引子来敲门，以解释提出论题，无疑是引领阅卷者迅速集中注意的一种方法。

如《节能减排不容做假账》的引论：

"到目前为止，全国仍有7个省的小火电机组一台未关，个别省甚至还把以前已经关停的小机组拿来充数。"国家发展和改革委员会能源局局长赵小平在近日于贵阳召开的南方地区电力工业上大压小工作会议上透露的这一消息令人担忧。

这种开头方法的好处是加强论述的权威性，先声夺人。

4. 喻

用比喻开头。如《“无害虫子”的杀伤力从何而来》：

一条小小的虫子，短短几天，竟累及整个中国的柑橘产业。连日来，虫橘事件的影响，依然在瑟瑟秋风中延续；“救救橘农”的呼声与行动，也正在政府与民间紧急施行。

这种开头方法的好处是借助形象帮助说理，生动活泼，增强吸引力。

5. 释

阐释题目含义破题，引出正论。

如《传统医学，世界瞩目中国经验》的引论：

11月9日，世界卫生组织首次主办的全球传统医学大会在北京落下帷幕。选择在北京举办，按该组织负责人的说法，本身就意味着对中国发展传统医学的经验高度赞赏和认可。

6. 比

申论开头就是问题对比或比较式开头。这种对比是正误、新旧、大小等相对概念之间的对比。我们要倡导一种新的事物发展模式或解决方式，通常可以先指出以往模式的问题，在问题陈述中引出文章的总论点。如倡导大力发展网络绿色游戏的文章，就可以以传统游戏的问题作为文章开头，以便从对比中引出新的理念或观点。

如《“小官”贪腐也不可小视》评论的引论：

近年来，人们对反腐败的关注大多集中在一些职务高、级别高的“大官”身上。与“大官”相比，“小官”往往因其“小”而在腐败中具有多种“比较优势”。“小官”之“小”，主要言其职务、级别、地位、身份不高。

7. 问

通过自问自答，问题引出观点或引入论证。这种开篇方式很常见，即通常以设问的形式来引出答案，答案即文章的主题。

例一，《温暖的年后，该怎样关注灾区》的引论：

再过三天就是元宵节，按照中国传统习俗，过了元宵节，这个春节就算是过去了。工厂开工，学校开学，乡民们开始准备行囊外出打工，城市和乡村渐次从春节的热闹中走出来。一切恢复如常，在繁忙的工作中，在奔波劳碌中，开始牛年的生活……这一年，我们的生活将会怎样？

例二，《如何过好“紧日子”》的引论：

经济困难时期，一方面是财政收入减少，另一方面，基础设施需要建设，企业需要扶持，社会事业需要投入，要花钱的地方变得更多，迫切需要政府勒紧裤腰带，过过“紧日子”，把节省下来的资金投入经济建设，用于改善民生。这是政府能为改变经济困难局面所做的直接贡献……“紧日子”怎么过？不少地方政府推出了新举措。如，广东、浙江等省最近相继推出今年公务购车和用车经费、会议经费、公务接待费用、党政机关出国经费预算等“零增长”目标。这样的做法，恰恰传递出了政府部门过“紧日子”的态度。

8. 引

摆出问题或者论据先行。概括记述事实引出开头部分，即先概述给定材料的主要内容或反映的主要问题，然后亮出观点。这是我们在申论写作中通常采用的一种开篇方式。可以对申论给定材料概括引申，恰当结合历史、现实、给定具体材料，交代论述的观点。如果反驳某种论点、某个论据或论证中的问题，可在引论中揭示矛盾，把问题挑明。

例一,《中国产品安全:"危"中寻"机"》的引论:

近来,国际舆论高度关注我国出口产品质量安全问题,从宠物食品到牙膏,再到汽车轮胎、大白兔奶糖……事实证明,所谓的质量安全问题大多源于某些人士戴着"偏光眼镜"的夸大甚至虚构。那么究竟该如何看待国际社会对中国产品质量安全的质疑甚至攻击呢?我们又该怎样严把质量安全关,全面提高产品质量和食品安全水平呢?

例二,《大旱再次提醒我们》的引论:

历史罕见的大旱正在考验着我们。当前,北方夏粮主产区农田叫渴,麦苗告急。河南近七成麦田受旱,安徽近八成麦田受旱,山东、山西、陕西、甘肃等省麦田受旱面积均超过一半……旱情就是命令。中央领导做出重要指示,各地各部门启动应急响应,全社会迅速动员起来。黄淮、江淮、华北地区,田间地头,干部群众齐抗旱,各路专家齐会诊,机声隆隆,汩汩清泉滋润着大地。在旱区,人们再次看到,面对大事、急事、难事,我们优越的政治体制、有力的组织动员和高效的协调力度。

《大旱再次提醒我们》这种开头方法的好处是生动活泼,吸引阅卷者。

申论应试,必须争分夺秒。在正确审题立意的前提下,下笔要快,时间容不得在动笔之前反反复复思量怎样开头,所以,学会一些好的开头方法,以备应试时迅速择优而用,是十分必要的。

三、申论本论的写法

本论的主要任务是分析问题,要运用多种方法进行论证,充分阐明理由,通过透彻分析以证明论点的正确。

(一)申论本论部分的基本结构方式

本论的结构不同于申论整体论说的结构,许多人往往将二者混为一谈。本论部分结构顺序实际是按照考生对论述材料的论证价值判断决定的,考生应按照说服力的强弱和逻辑关系,分清论述材料的主次轻重。在本论部分,应将主要的、分量重的多写一些;将次要的、分量轻的少写一些。

本论的结构整体方式一般有两种:

1. 并列式

本论部分举出几个并列的论据直接论证中心论点,或者举出几个并列的从属于中心论点的分论点以论证中心论点,这就是并列式结构。一般来说,对较为复杂的事物或问题,采用这一结构。

2. 递进式

进行逐层分析,使论证由此及彼、由表及里、由浅入深的结构方式,把每一层分析都建立在上一层分析的基础上,既是上一层意思的补充,又是上一层意思的深化。通过逐层分析,使读者对事物或问题的实质有更为深入的认识。

古人说:"文无定法。"申论的本论结构方式也不止以上两种。考生应根据申论内容的需要,以便于分析论证、利于增强说服效果为基本出发点,灵活安排申论本论部分的结构方式及手法。

(二)本论部分的论证方法

论证在本论部分充分展开,主要有归纳法、演绎法和比较法。论证的两种基本表达方式就是归纳法和演绎法。从一些具体事件的描述出发而进行的论证,用的是归纳法;从理论观点、原理出发而进行的论证,用的是演绎法。

1. 归纳法

本论部分总体上是通过摆事实来证明论点。如常用的举例论证，其规律是“事在先，理在后”。在本论总体归纳论证过程当中，具体的分论点或局部论证又可以运用正反论证、比喻论证、类比论证、归谬论证、反证法等多种方法。也可以说，归纳法是先讲各种个案事实，后从局部、个案事实归纳出道理或事理，再反过来以道理证明论点。

2. 演绎法

本论部分总体上是通过讲道理（公理—原理—事理）来证明论点。如哲学分析中，首先是引用哲学原理，再结合具体社会生活实际进行分析。其规律是“理在先，事在后”。在演绎论证过程当中，局部论证或具体的分论点也能运用正反论证、比喻论证、类比论证、归谬论证、反证法等多种方法。因此，演绎法是先说道理，后将道理结合材料反映的问题和事实进行分析，推导出所论证的具体事实或个别现象的性质与特征，所以说，这是以一般性原理（道理）作指导，去认识个别事物的论证方法。

上述这两种方法各有其优、缺点。用归纳法论证的文章相对来说比较生动，可读性较强，但是对复杂的现象归纳、概括时不免会有所遗漏。如一般来说我们所看到的乌鸦是黑的，就下一个判断说“天下乌鸦一般黑”，如果发现有的乌鸦不是黑的，怎么办？事实上四川省有白色的乌鸦。这个实例说明，归纳法不甚严密。社会现象比自然现象要复杂得多，从某些社会现象推出普遍性的结论，其可靠性、可信度恐怕要打一个问号，何况推论的过程本身还受到推论的主体的主观性影响。尤其有些人用于推论的社会现象依据的不是来自认真的调查而是来自某些报章杂志的报道，甚至小道消息来的；即使所依据的社会现象是可靠的，也不可能将同类的现象加以全面地掌握（就是说，具体的事件看起来很多，但可能是片面的，甚至有些人收集片面的阴暗面并加以夸大而得出错误的结论），所以，归纳法不仅难于严密，还很可能差之毫厘，谬以千里。

用演绎法写的文章相对而言比较枯燥，但写得好也可以生动，如毛主席的著作就令人爱读。但总的来说没有归纳法的文章具体生动。演绎法的文章的优点是论证性强，较严密。其主要的问题是所依据的理论观点、原理是否正确，对现象的分析、判断、推论的过程是否遵守辩证逻辑的规则。如果在这方面没有问题，演绎法的文章也可能是值得阅读的好文章。由于演绎法是从理论观点、原理出发而被认为是“抄书”“教条主义”，这恐怕是对演绎法缺乏正确认识的缘故。区别归纳和演绎二者的关键，是看本论总体的结论是从个别到一般，还是从一般到个别。

3. 比较法

基本的论证方法，除归纳法、演绎法外还有比较法。比较论证是一种由个别到个别的论证方法。通常将它分为两类：一类是类比法，另一类是对比法。类比法是将性质、特点在某些方面相同或相近的不同事物加以比较，从而引出结论的方法。对比法是通过性质、特点在某些方面相反或对立的不同事物之间的比较来证明论点的方法。有时，为了使中心论点更令人信服，具有雄辩性，申论写作可以证明和反驳并用，从正反两个方面论证中心论点，也可以论述这一侧面又论述相对、相反的另一侧面，通过对比来论证中心论点，这样就形成了本论的正反对比结构。

申论本论部分常见的论述模式是：首句为小论点或承上启下的过渡词句；中间围绕小论点，运用恰当的事实、理论论据，或针对现实生活中的某些现象，分析说理；最后结合论述内容写一两句小结的话语。其中首句和末句的写作最重要，它能直接勾勒文章的脉络，显示全文的论述思路。另外，文章的整体论证结构常用正反对比式。许多道理只要从正反两面说了，就基本上可做到论证严密。在考场中熟练地运用这种模式，可迅速地展开写作，减少失误，节省时间，可使考生取得较好的成绩。

特别要强调的是在本论的论述中，上述多种方法有单独使用的，也有交叉并用的。而正反论证、比喻论证、类比论证、归谬论证、反证法等多种具体论证方法既可以用在提出问题部分、也可以用在分析问题部分、更可以用来论述解决问题的内容。在学习和写作时应当明确，以避免不必要的困惑。

四、申论结论部分的写法

申论的第三部分是结论部分，重点在于解决问题，要在分析问题的基础上及时有效地解决问题。由于申论考试的结构安排，在第二部分一般是提出解决的措施和方法。所以，申论的结论部分就没有必要再次重复材料，而是写深化主题的总结、强调、号召等内容的结尾。申论的结尾也有多种方式，如提炼归纳、关照呼应、启迪思考、引发联想等。总之，申论结尾应要言不烦，简洁凝练，给人留下回味与思考的余地。

(一)申论结论的写作方法

引论提出论点，经过本论部分的分析、论证之后，问题得到解决，论点得到确认。因此，申论的结论宜写得简短有力；有时甚至不必有单独的结论部分就自然地结尾。总的说来，文章的结论应该围绕中心论点。以下两种写法是较为常用的：

1. 总结内容，升华主题，强调、深化论点

在结尾处用简短的文字对全文进行概括，前后照应，并在此基础上加以发挥和强调，使文章一脉相承，结构紧凑，起到深化主题的效果。如，文章《户籍制度改革会走多远》的结尾：

一直以来，我们许多经济发达的大城市被看成“改革开放前沿”，所谓改革开放，不仅是对外开放，还有对内开放。对外寻找发展通道，对内谋求合作机遇，而户籍制度改革便是对内开放的一种。如何调整户籍制度下的利益格局，破除户籍制度背后的地方保护壁垒，冲破传统的“户籍制度文化”，是2009年改革开放前沿城市的使命。

再如文章《信心托起市场》的结尾：

信心更是一种力量。中华民族素有不怕艰难，不怕困苦的精神。越是困难、越是艰险，越能凝聚起无坚不摧的力量。从1998年抗洪救灾，到2003年抗击非典，从今年初抗击雨雪冰冻灾害，到“5·12”汶川抗震救灾，都是靠信心、信念把人民团结起来，形成万众一心，众志成城的伟大力量。今天，我们有党中央的坚强领导，有坚实的综合国力，有改革开放30年的成功实践，有1997年战胜亚洲金融风暴的成功经验，只要坚定信念，将之汇集成一心一意谋发展、聚精会神搞建设的强大力量，信心就一定能托起市场，危机也一定能转化为机遇。

2. 提出建议，展望愿景，发出号召

在结尾处对文章所述问题提出建议、措施，并展望愿景，号召行动，以增强文章的启发性和感召力量。

写作议论文的主要目的在于说服读者接受文中的中心论点，再进一步，就是希望读者按自己的主张行动。因此在结论部分中，可以直接发号召，写些鼓舞信心的语句。如文章《“三农”发展的又一次历史性机遇》的结尾：

30年前，改革巨轮从农村开始破冰；30年后，改革开放又由广阔天地向纵深推进。我们有足够的信心前行，更有足够的理由期待！

《质量安全是企业首要责任》一文的结尾：

我们期待，问题企业能以一诺千金的诚意、从头再来的勇气、卧薪尝胆的坚韧、洗心革面的

变化,为广大消费者生产出优质安全的奶制品,重新赢得消费者的信心和信赖,使我国奶业早日走出阴霾,重见蓝天。

3. 引用名言,强化主题

在结尾处引用名人名言、诗句等,可以加强文章的说服力和感染鼓动的力量。如,《携起手来共纾时艰》一文的结尾:"常言道:众人拾柴火焰高。只要大家携起手来,定能共纾时艰。套用一句流行歌词:'走过去,前面是个天!'"

一些政治思想评论文章也是这样结尾。如《人民日报》特约评论员所写的《善于建设一个新世界》,其结论就是强调"我们一定能够完成重新学习的伟大任务",最后这样写道:"历史终将证明我们能够学会我们原来不懂的东西。我们不但善于破坏一个旧世界,我们还将建设一个新世界。"作者引毛泽东的著名论断作结,起到了鼓舞人心的作用。

(二)申论结论的写作要求

1. 简洁。鲁迅的《论雷峰塔的倒掉》,结尾只有两个字:"活该!"短短两字,可谓简洁之至,力透纸背。其实,文章的结尾有时比开头还重要。由于阅卷者看完结尾后即开始打分,因此,它的好坏还直接影响到阅卷者的评分心理。

2. 有力。结尾应当照应全文而有余响,或如洪钟大吕,振聋发聩;或丝竹轻抚,余音袅袅。好的结尾当如豹尾,响亮有力,令人警醒,催人奋进。李渔曾说:"篇际之终当以媚语摄魂,使之执卷流连,若难遽别。"结尾如有此种效果,整篇文章将增色不少。议论文结尾的写作,要收束全文,突出中心论点;要体现全文结构的紧凑、完整,不能草率收兵,也不能画蛇添足;语言要干脆有力、清音留响,富有启发性和鼓舞性。

有些考生很想在结尾的地方造势,或虚张声势,或采标语号,或大话空话连篇。热情与号召力光靠空喊是无法达到,要切合内容,实实在在地结尾。考生应当明确全文中心,加深认识,增强感受,使之有余味。或总结全文,强调中心,水到渠成,自然收尾;或提出希望,发出号召,指明方向,以哲理结尾。总之,申论结论部分的结尾要利索干净,启人深思。这也是一切议论文写作的原则。

第八章　申论语言的锤炼

备考要点

要点一：把握申论的整体特点，尤其要明确考试导向的现实针对性和申论材料与问题的对应性。

要点二：理解申论考试的实质，要理性地认识到申论考试，是具有模拟公务员日常工作性质的能力测试。

要点三：把握语言的“分寸感”，针对不同的对象场合，根据不同的写作目的，选择不同的词语，恰如其分地表达自己的观点，使问题提得“适度”。

疑难分析

用心推敲，力求言简意赅，这是语言使用上的一种至高境界。考生只有对所要评论的问题及其实质有准确深刻的理解和把握，才能用最少的语言最透彻地讲明道理，用最简洁的语言表达极丰富的内容。

一、概述

申论考试在性质上属于能力测试，基本上都是主观性试题，也就是说，考生在限定的范围内有很大的发挥空间，考生发挥得好不好就是其能力的体现。而要发挥得好，较高的语言表达能力是必需的。从申论考试的测评要素来看，对阅读理解能力、综合分析能力、提出和解决问题能力的考查都要通过文字表达来体现；从申论的题目来看，总结概括、方案策划、论证表达，也无一不是通过语言文字得以表达传递。因此，语言表达能力是申论考试中一个非常重要的测评要素，在各个题目中都会占有一定的分值。

一般来讲，概括类题型以 20 分为满分标准，语言、文面共占 2 分左右，阅卷者酌情扣分；提出对策型题目以 35 分为满分标准，语言、文面也是共占 2 分左右；论证表述题以 45 分为满分标准，语言单独占 3 分。这些硬性数字是单就语言文字给定的分数，另外语言表达得好不好，还直接影响概括、总结到位不到位，方案、措施恰当不恰当，论证、表述有力不有力，从而影响整体分数。因此，考生在复习备考时必须重视对语言表达能力的训练，了解申论语言表达能力评分要求。

（一）申论语言表达的主要特点

1. 内容的理论性。申论语言表达以论证和说明为主，它的内容具有一定的理论性。有的申论语言表达直接论述问题，有的申论语言表达则以某种理论为指导来论述一个问题。

2. 语言的概括性。申论语言表达需要对具体事物做理论上的分析，它的语言往往是抽象而概括的。理论性越强，语言的概括性也就越强。

3. 结构的逻辑性。申论语言表达是以论证和说明为主的，它的结构就需要有严密的逻辑性。只有把文章写得有条有理，讲得头头是道，言之有理，才能获得优良成绩。

总之，申论语言表达主要是对给定材料中的客观事物或者存在的问题用概括的语言，按照一定的理论和逻辑关系，表达自己的见解和主张，使人信服，并得到启迪。

（二）申论语言表达应注意的问题

1. 准确。申论的语言表达，必须是准确的。因为论证是讲道理的，要讲清道理，就必须有明确的概念、准确的判断和严密的推理。而反映这些概念、判断和推理的词、句、句群以及段落，自然也必须是准确的。考生必须根据内容表达的需要，在众多同义词、近义词中，选用最确切的词准确地表现事物的特征及自己的思想感情。申论文章多属于论证性的，这必然要求概念要明确，判断要准确，论证过程要严密。

首先，准确表现为把握语言的"分寸感"，针对不同的对象、场合，根据不同的写作目的，选择不同的词语，恰如其分地表达自己的观点，使问题提得"适度"。必须要确保文章中所表达的信息不能有歧义，包括各种定义、概念、判断中的观点必须明确、统一。要把握申论语言的语境要求，考生在面对不同材料时，应根据不同的写作目的、写作情景和写作身份，选择不同的语言，使语言表达得体。特别是对状语、定语等修饰成分，要注意分寸，认真考虑每一个词，以确保论述和说明的准确性。其次，准确表现为正确地说明事物的范围和程度，既不夸大，又不缩小，更不能搞绝对化。再次，准确表现为在各种定义、判断和推理中准确地使用各种概念、词汇和语句。最后，申论文章论证严密，常常需要多层次的修饰与限制，对具体事物的范围和程度作具体分析，以避免片面化、绝对化、论证不周密等毛病的出现。

2. 鲜明。语言鲜明主要表现在两个方面：一是论点的表述要鲜明，决不含含糊糊、模棱两可，而要旗帜鲜明。二是主张什么，驳斥什么，赞成什么，反对什么，褒贬判断截然分明。鲜明的感情色彩贯穿在行文当中，使阅卷者从字里行间不难体会到考生的倾向性。通过使用多种修辞手法，使词语带上鲜明的感情色彩，将自己的观点鲜明地展现在阅卷者面前，增加文章的感染力和说服力。

3. 简洁。简洁首先要求语言表达具有高度概括性，言简意赅。这是申论语言的最大特色。申论文章的说理性决定它不需要细致、具体的描述，而需要用高度概括的语言进行推理。不但论证推理的语言要概括，陈述论据的语言也要概括。概括是指描述事物特征、反映普遍本质，要做到文约而旨丰，辞简而理周，这就需要在深刻认识事物的基础上，删繁就简，精炼语句，既简洁又精炼，就是必要的话一句不少，不必要的话一字不多，言简意赅，干净利落。当然，文章语言也不是越简越好，其最低限度是表清事理，在此基础上，尽量避免废话，力避重复，切忌堆砌，杜绝啰唆，善用简明扼要的语言，表达深刻的道理。

在申论语言表达中，即使是叙述事实、援引事例的部分，也基本采用概括叙述的方法，特别是在叙述后，必须对材料进行归纳、总结，概括出抽象的道理来。这样，文章才能避免就事论事，使认识深入到事物的内部与本质。一般地说，语言的概括性越强，它所说明的道理的普遍意义也就越大。申论语言表达要把抽象的道理讲清楚，就应该以理服人。如果写得过于具体细致，陷入具体的细枝末节之中，反而会喧宾夺主，不利于说理。

4. 生动。申论的语言表达也要生动，但它并不是像文学作品那样为了艺术地表现现实生活，而是为了使论述更具有说服力和感染力。申论语言表达运用各种修辞手法，目的是为了调动多种语言手段来增强论证的效果。

这是对申论语言的较高要求。表达清楚、准确的文章并不难写，但是要写出体现一定文采的文章却不容易。如果能在申论写作当中，善于灵活变换句式，巧用比喻、拟人等修辞手法，选择生动的词语，使抽象的道理具体化、枯燥的说教生动化，就说明你的文章高人一筹、写作水平高人一筹。这就是对申论文章语言生动性的要求。

申论语言的生动性可以通过以下方式来体现：

(1)句式灵活。申论语言表达的生动还表现为句式的灵活多变，如“无实事求是之意，有哗众取宠之心。华而不实，脆而不坚，自以为是，老子天下第一”。因为不同的句式适用于表达不同的思想感情，同一感情用不同的句式来表达效果也不一样。长句论证周密，给人气势和严密感；短句利落犀利，给人力量感。散句灵活多变，适合推理；整句精炼有力，适合说理。正常语序的句子结构平稳，适合分析；倒装句结构特殊，适合强调。主动、被动句指向不同，能突出不同的陈述对象；肯定、否定句强弱不同，能表达不同语气。连用同一句式可形成鲜明的节奏和语言的形式美。但句式如无变化，则会显得单调、死板，语言没有活力。所以，如能根据论证的不同内容，选取恰当句式，增加句式的变化，则可形成语言的整齐美、节奏美，做到论证深刻而又生动活泼。

(2)巧用修辞。申论表达中常用的修辞有比喻、对比、排比、反问、双关、讽刺、反语等。其中，排比、反问、对比、反复等修辞手法的运用，可以增强文章的气势；双关、讽刺、反语、影射等手法的穿插，可以体现幽默的风格，使论证有声有色，而写作中常用比喻的修辞手法则可以形象地体现深刻的道理，把道理说得浅显明白。

(3)巧选用词。主要是动词的选用。一个句子的主干是谓语，谓语主要是由动词来充任的。因此，动词选择得好，用得贴切生动，往往对一句话起到画龙点睛的作用。同时，在文章中巧妙穿插运用形容词、成语俗语等，能够增加申论文章的文学色彩，体现生动性。

5. 符合逻辑。在思维过程中，我们从一个或几个判断推出一个新的判断，叫做“推理”。推理就是从“理”中推出，要合乎道理，合乎事物与事物之间的内在联系，合乎事物的发展规律，也就是合乎逻辑。申论的语言表达，在论证或者说理的过程中，很多情况下会用到推理。推理一般用复句或一系列的单句来表达，这就要求句子与句子之间必须合乎逻辑。最基本的推理方式是归纳演绎推理。

申论语言表达以论证为主要表达方式，用论证或者说理的方式直接表达自己的见解和主张。以论证为主，结合说明和描述，运用得当就会使它们相得益彰。

申论是国家公务员考核的文本形式，之所以用它来作为公务员资格考核的方式，是因为党和政府的文件大多数是带有论证性的，还有报纸、杂志的社论、短评、国际评论、杂文分析、调查报告等均属此列。阅读这些文件，需要考生具有很强的分析和理解能力，能够成功地驾驭公文的拟写是公务员应具备的基本素质。参加公务员测试，没有扎实的语言表达能力，是不可能在申论写作中充分表现自己的才能的。因此我们说，申论语言表达是申论测试中最重要的能力之一，我们必须予以充分重视。

二、申论语言表达应避免的错误

很多考生在申论写作中分析问题、概括问题的能力很强，立意新颖、观点也很深刻，但是由于语言水平不高，文章思维混乱、论证不严，甚至错漏百出，往往成绩并不理想。申论语言表达能力的培养与提高，功夫在平时。这就要求我们的考生在应试的准备阶段应该多做练习，同时在练习的过程中不断修正和提升。在申论的语言表达方面，从历年申论测评标准分析，获取申论高分突破应在行文中注意避免以下几个方面的语言失误：

(一)语不合体

语不合体，就是不合申论文体。申论的概括说明的部分以说明为主，而且概括的是问题，不是事实材料，而有的考生却以叙述语言为主，把事实材料略述一遍。在申论的第二部分提出建议解决问题时，有的考生没有按照题目所设定的虚拟身份展开联想，而是说一些外行话或说一些不符合身份的话语。在第三部分，有的考生不是写成评论，而是抛却材料，写成了随笔或散文，是典型的文不合体。

（二）言不及义

言不及义，就是说一些考生虽然说了很多话，但是没有说到内在本质之上，没有说到核心要害之处。由于其语言驾驭的能力比较低，不能切中要害往往导致考试失败。

（三）病错词句

有的考生基本功不扎实，措辞不当，词不达意，造句能力尤差。比如，"计划"与"规划"不分，虽然一字之差，但完全是两个意思。再如，"本材料即是一例因水电开发为诱导，致双方冲突，无法解决的典型事例。环境保护应得到充分重视和有效解决"短短一句话，其中"诱导"一词，错得莫名其妙；"本材料即是……案例"，让人不得其解，自然是病句。"城市规划、管理问题应得到充分重视和有效解决"，这句话也缺少主语。类似这样的问题还很多，这里就不一一列举了。

（四）语言啰唆

本来可以用简洁的语言把话说明白，但是有些考生却翻来覆去地说，甚至直接抄袭给定材料也不细看。

（五）缺乏过渡

过渡是将文章各个部分的条理沟联通畅的句子，运用不当会令人感觉前言不搭后语。如：

先从发展经济的目的说起吧，发展经济，发展生产力，归根结底，目的是为了提高人民的生活水平，而人民的生活环境如果是恶劣的，人民的心情不是愉快的，人民的生活质量、生活水平的提高又从何谈起呢？这样的教训世界上曾有过许多。20世纪60年代的日本，畸形儿的比例很高，原因就是不注意保护环境，水中含有过量的重金属元素，现在日本好多中老年人还在谈"汞"色变。我国现在正处于经济飞速发展的时期，也是经济转型的时期，完善法律法规，保障经济与环境协调十分重要。

这段文字有三层意思：一是说明发展经济的目的是为了提高人民的生活水平。二是20世纪60年代日本不注意环境保护，发生了汞污染。三是我国此时期完善法律法规，保障经济与环境协调发展十分重要。

问题是这三段意思之间缺乏必要的交代与过渡。比如，我国当前的时代背景与日本60年代是否有相似之处？我们对日本所走的弯路是否要予以高度重视？因为没有作必要的交代与说明，所以使得句子意思之间不够连贯。

（六）标点不当

标点使用不当的问题比比皆是。请看下面的一段：

每个人孜孜以求的东西，一定就是对他意义重大的东西，让他尽九牛二虎之力始终求而不得，或者将他已经获得的东西一举剥压，都是对他最沉重的打击和最致命的惩罚。靠名声吃饭的人，社会一般不便像警察监视在押嫌疑犯那样对他们施以严密的监控。而更多地寄希望于他们洁身自好、严于自律，所谓位我上者辽阔星空，道德律令在我心中。所以，一旦他们放松了道德自律，做出了有损自身名誉、辜负社会信任的事情，就理应受到比常人更严苛的惩处，以此增加他们道德违规的成本，促使他们像珍惜自己的生命那样珍惜自己的职业声望。

"……那样对他们施以严密的监控。"这个句号应该为逗号，才能与"而更多地寄希望于……"相联系得上；"……位我上者辽阔星空，道德律令在我心中……"这句话是引用康德的话，应该加上引号。

（七）其他问题

除了上述问题之外，还有语言不够平易近人，不够生动形象等语言运用方面的问题，在此不再赘述。

三、申论写作的文风

申论是一种比较特殊的论证文，其特殊的要求具体表现在申论的文风方面。所谓文风，是指一种时代面貌、社会风气和作者的思想作风在具体文章中的反映。文风问题是一个比较复杂的问题，涉及许多方面，这里仅就申论写作文风中的一些问题加以说明。

（一）通俗易懂，平实朴素

申论写作一般要求解决的问题都是非常具体的问题，所以，语言上一定要通俗易懂，平实朴素。要做到这一点，就要求考生必须写得深入浅出。所谓深入浅出，就是要把深刻的思想内容用平易通俗的语言表达出来。申论的写作部分主要是讲道理的，道理要讲得正确、讲得深刻，使考生的逻辑思维能力和语言表达能力得到充分的展现；同时，道理还要讲得通俗浅近，平易近人，给人以亲切感。

（二）动之以情，晓之以理

一篇文章要真正发挥它的作用，首先要让人爱读，让人容易接受。所以申论写作不仅要在道理上说服阅卷者，还要在情感上打动阅卷者，既晓之以理，又动之以情。考生对他所论述的事物，或褒或贬，或爱或憎的态度，要旗帜鲜明。所谓通情达理，理和情是相互紧密联系的，情为理服务，理借情动人，但其情与理要具有真知灼见，是切实感人的。因此，申论写作应该是有感而发。考生只有对所评论的内容有深刻的理解和感受，才能有真知灼见和真情实感，唯有如此，才能使感情发自内心并自然而然地在文章中表现出来。因此，申论文章既要对事物有科学的分析，同时又要有考生的真实感受。

（三）言简意赅，长短适宜

言简意赅是文章写作中的一种境界，更是语言使用上的一种至高境界。语言精粹是思想认识深刻独到、对事理的把握精确、思考问题的思路清晰的表现。考生只有对所要评论的问题及其实质有深刻的理解和准确的把握，才能用最少的语言最透彻地讲明道理，用最简洁的语言表达极丰富的内容。要做到言简意赅，道理要讲得真切动人，就必须有实事求是的态度。尊重事实，说实话，讲真理，对问题不夸大，不缩小。当然，考生需要加强语言修养，提高驾驭语言的能力，写作中做到言简而意丰，修改中则善于删繁去秽，做到篇无冗言，句无冗字。

申论写作是有一定字数限制的，必须尽量做到以精炼简洁为上。考生务必在规定字数范围内做文章，篇幅要长短适宜。

训 练 篇

2015年甘肃省公务员录用考试《申论》试卷

满分:100分　　时限:150分钟

题　号	1	2	3	4	总　分	核分人
得　分						

一、给定材料

材料1

2013年3月,国家主席习近平出访,主席和夫人送什么礼物给外宾成为许多老百姓关注的话题。

在克里姆林宫,俄总统普京与习近平主席互赠国礼。随着红布拉开,习近平主席所赠国礼——国家级非物质文化遗产沈绣精品《普京总统肖像》出现在眼前,这件国礼由江苏省南通市沈寿艺术馆承担制造。"太传奇了,太美,太不可思议了!"俄总统普京端详着面前的这幅作品,赞不绝口。他甚至解开西装,拿出自己的领带,笑着说:"肖像中正是我的这条领带。"

在坦桑尼亚,"第一夫人"彭丽媛赠送的礼物是来自中国的品牌"阮仕珍珠"礼品盒和护肤品牌"百雀羚"。除此之外,还有中国四大名绣之一的蜀绣。

访问期间,习近平夫妇大方得体的着装赢得一片赞叹,并引发外界对服饰品牌的猜测。据报道,彭丽媛的服装,不是国外名牌,而是国内品牌,广州市质监局官方微博"广州质检"证实。彭丽媛走出机舱时所穿的大衣及所拿手提包,均是广州市例外服饰有限公司为其定制,是实打实的国货。习近平所穿服装也是国内品牌,由大连"大连大杨创世股份有限公司"生产。信息传出后,国内股市整个服装股表现活跃,"大杨创世"大幅高升并立即封死涨停。

材料2

斯瓦希里语版36集《媳妇的美好时代》,是国家广电总局"中国优秀电视剧走进东非"项目的开局之作。在坦桑尼亚开播后,不停地有观众通过电话、短信等方式,表现对这部电视剧的喜爱。很多观众看了《媳妇的美好时代》这部电视剧后,首先反映是:原来现在中国人的生活状态是这样的,他们很羡慕中国人的生活。虽然中坦两国在文化上存在差异,但婆媳之间、家庭之间的关系和矛盾有很多的共通性,因此《媳妇的美好时代》引起了观众们的强烈共鸣。婚姻与家庭这个共同主题,使坦桑尼亚观众跨越了文化差异,随剧情起伏而欢笑和感动,通过感受一家普通人的喜怒哀乐,体验到了对美好生活的追求。这种追求,在不同的文化之间都是相通的。据报道,现在很多周边的非洲国家都想要购买这部电视剧的版权,在他们的国家播放。

2012年5月,我国第一部高端美食电视纪录片《舌尖上的中国》亮相中央电视台,立即引起广泛而强烈的关注,被认为是"一次成功的文化传播事件"。这部拍摄精美,制作精良,具有非凡专业品位和文化品位的美食纪录片,不但让我们第一次领略到博大精深的中华美食文化,更让我们经历了一次难忘的仪式洗礼。片中凸显的对普通人的人生价值和生活信仰的礼赞,以及对中华民族独特精神气质及生存智慧的讴歌,让人感受到美食背后强大的人文力量和对共同体价值的强烈认同。而它的成功正是以美食为切入视角,以仪式为载体,以人的世俗生活为表现对象,从而使我们的日常生活有了美的升华、有了诗意的浸染,它既深深地感动了我们,也打动了世界。

有网友称,《舌尖上的中国》是“以欧美拍摄手法为骨骼,中国美食为皮肉,中国文化为精髓”的综合产物。在戛纳电视节上该片受到世界各国媒体的关注,不少主流媒体表达了购买意向。外国网友在看了影片片段后表示:“中国也并不那么难以理解。”《舌尖上的中国》之所以能够从“舌尖”走上“心头”,正是因其“真”,用文化的感染力带来一片真情,这正是当下中国纪录片走向国际所必备的要素。正如该片导演陈晓卿称:“饮食文化是中国可以通行世界的软实力。”

材料 3

2013 年夏天,“汉字”成了最热门的词汇之一,由中央电视台和国家语委联合主办的大型电视文化节目“中国汉字听写大会”引发了关注热潮。

海口市第一中学 5 名同学组成的海南省代表队,一路披荆斩棘进入了复赛,这次比赛,14 岁的一位同学在接受记者采访时坦言,参加比赛前,她对自己的实力还是很有信心的,但在“高手如云”的比赛场上,却感受到很大的压力:“经历了比赛的磨炼,我比以前更喜欢阅读和积累汉字知识了,汉字之美使我学习更有动力了”。“汉字是上古时期各大文字体系中唯一传承至今的表意文字,包含着丰富的文化内涵和审美意蕴,是中华文明最为绚烂的瑰宝之一,在人人习惯使用电脑的‘键盘时代’,汉字文明的传承尤为重要,这次比赛的宣传‘书写的文明传播,民族的未雨绸缪’这句话让我印象深刻……”老师说。

2013 年 12 月 7 日至 8 日,第八届孔子学院大会在北京国家会议中心举行,来自 110 多个国家的 400 多所孔子学院所在大学的校长,孔子学院院长,以及中方承办高校代表等 2200 余人出席大会,围绕“回顾过去,展望未来”的主题,交流办学经验,共商孔子学院发展大计。

孔子学院开办以来,为很多外国学生打开了一扇意想不到的人生之门,中国驻南非大使馆教育组宋某表示,许多南非青少年希望学好汉语和中国做生意,并借此改变自己的生活和命运。

2014 年 9 月 24 日,纪念孔子诞辰 2656 周年国际学术研讨会暨国际儒学联合会第五届会员大会在北京人民大会堂举行,习近平主席出席开幕式并发表了重要讲话。习主席在讲话中指出,中国优秀传统文化的丰富哲学思想,人文精神,教育思想,道德理念等,可以为人们认识和改造世界提供有益启迪,可以为治国理政提供有益启示,也可以为道德建设提供有益启发,希望中国和各国学者相互交流,相互切磋,让中国优秀传统文化同世界各国优秀文化一道造福人类。秘鲁前总统加西亚,坦桑尼亚前总统姆卡帕分别在开幕式上致辞,表示孔子和儒学不仅是中国的,也是世界的,孔子和儒学不仅对中国历史发展产生了巨大作用和重要影响,而且对世界历史发展和人类文明进步也产生了积极作用和影响,儒家思想和儒家文化不仅在历史上产生过积极作用,对于解决当今世界共同面临的许多问题和难题,仍能提供智慧、启示、借鉴。

材料 4

“功夫”和“熊猫”,“产地”都在中国。然而,《功夫熊猫》却是“美国制造”,熊猫阿宝用他的美式语言和幽默,让我们捧腹的同时,也深深地刺痛着我们:为什么博大精深的中国文化,海量的中国传统故事,底蕴深邃的中国元素要经过外国“造梦工场”的加工才能形成如此这般的影响力?《功夫熊猫》在全球累计票房已近 13 亿美元,其导演也随之成为票房最高的女导演,影片在法国放映期间正值法国中小学校放假,不少观影人都是学生,还有许多家长带着孩子来看电影,孩子们很兴奋,迫不及待地想一睹为快,很多看过《功夫熊猫》的法国观众表示十分喜欢这部电影,影片中活泼的熊猫与之前印象中行动迟缓的熊猫大不相同。形象新颖让人眼前一亮,《功夫熊猫》虽然是美国影片,讲述的却是中国故事,里面有许多中国元素。一位名叫大卫的法国男孩在看过《功夫熊猫》后说，非常喜欢中国功夫，以后一定要去中国看看。

2014年2月2日，国产二维手绘动画电影《我是狼》首映，当日排片量仅为1.57%，而上剧率也只有14.57%，远远低于同期上映的《爸爸去哪儿》(40.61%)、《西游记之大闹天宫》(34.8%)。次日，片方宣布“自2月4日起撤片下线，具体上映时间另行通知”。《我是狼》的这种境遇，在动画人身上屡有发生：近一些的有青春树的《魁拔》，润马动画的《超蛙战士》，彼岸天的《大鱼海棠》，追光动画关于门神的新作，早些的有2005年孙立军导演的《小兵张嘎》。

对此，中国国家画院院长龙先生认为：“美国是利用了我们的内容和题材，来传播他们的价值观，但他们对我们的东西做出了进一步的理解。美国有很强的动漫意识，以及思想深度，也就是所谓的动漫精神。我国动漫片比较滞后，这不是技术上的短板，更非设备上的差距，而是理念上、精神上的。我们的创作往往被植入公式化、观念化的东西。这很不利于我们作品的思想内容的拓展和延伸。”

在2014年召开的“中国电视剧排行榜颁奖礼暨电视剧制播年会”上，有关权威人士透露，“从2013年电视剧整个情况来看，75%的电视剧平均收视率低于0.5%的及格线。”除大量电视剧收视状况不容乐观之外。制作公司普遍规模小，生产能力有限也是目前中国电视剧行业的普遍特征。数据显示，70%～80%的制作公司每年只有一部电视剧能够通过审批发行，生产5部以上的制作公司屈指可数。而电视剧市场竞争激烈，保鲜度异常重要，一旦被雪藏，被延迟就难有出头之日。从数据看，电视剧被搁置的年头越长，被播出的概率越小。“保鲜期通常是制作完成后2年左右。2013年电视剧首播新剧55%是当年制作剧，33%是2012年制作剧，7%是2011年制作剧，9%是3年前制作的失鲜剧。”

全国政协委员许先生认为：“他山之石，可以攻玉。《来自星星的你》《大长今》等韩剧在我国掀起的热潮，值得我们好好研究和分析。韩剧火，因为他们的韩剧团队有先进的制作观念，有敏锐的市场观念，善于将剧情与韩国文化特色融为一体，他们输出的是文化产品，更是伦理道德，这是韩剧的高明之处。”其实，中国观众追看韩剧，不仅仅是因为其中的励志精神或纯洁爱情，更重要的是其中蕴含的自强自立自尊自爱的人文精神，仁义礼智信的儒家观念。这与我国的传统文化恰恰是一脉传承的。

材料5

在电影人的语境中，“中国梦”的实现就是要把故事通过电影语言更好地讲给世界听。让世界充分认识中国文化和中国形象。

在中国走向海外的问题上，我们应该可以做得更好。自中国加入世界贸易组织以来，好莱坞电影每年从中国电影市场掠走全国电影票房的45%，这不仅仅是电影票房的流失问题，而是美国大片在席卷中国电影市场的同时，也在中国银幕上强势复制着美国形象，向中国观众推介了美国精神。2013年，由北师大B教授主持的“影视对未成年人的影响”的调查报告引起社会广泛关注。在对北京8个城区25所中小学，8至18岁青少年的问卷调查中，孩子中的美国形象认同度高达73%。青少年对中国电影中的国家形象认同度给我们敲响了警钟，中国的文化安全已受到威胁。

中国电影缺什么？除了很多人都强调的技术因素，商业模式，创新能力外，N艺术学院的X教授认为：中国电影人普遍缺少塑造国家形象的意识。

西方有一句谚语“电影是装在铁盒子里的大使”，美国一直注重在电影当中塑造他的国家形象。早期的美国片塑造的美国形象是个世界警察的形象——全世界哪里有不平，哪里有问题，美国马上就以维持世界和平的名义，前往干涉。小布什以后，美国电影中的世界警察形象演变成了世界领袖的形象，每当彗星撞地球、山洪暴发、龙卷风肆掠等大灾难来临之际，拯救世界的永远是美国人，而且里面的主角常常就是美国总统，随着美国大片在世界各地的热播，美国的国家形象和意识形态也在不断输出。

近年来，中国的荧幕上出现了大量的古装剧，由于能获得良好的收视率，跟风作品不断，有愈演愈烈之势。在这些宫廷剧中，最重要的戏码往往是后宫女人的争斗，权势的争夺。随着全球化趋势的加强，这些影片不断输出到世界各地，成为文化交流的工具。X教授认为，外国人对于中国的认识，很多时候是通过影视这个窗口，影视作品是国家形象的一张名片。在当今中国影视剧中，剧情和国家形象不统一的现象十分严重。一些胡编乱造的宫廷剧完全脱离了文化传统的内涵与历史实际，其着重描写的不是文化，而是人与人之间的钩心斗角，尔虞我诈。这样的作品传播到国外，必然会引起国外社会对中国文化的误读，有悖中国良好的国家形象的构建。

材料6

在上海京剧院，有这样一台特殊的剧目，它用最传统最纯粹的京剧形式演绎了莎翁笔下《哈姆雷特》的故事。这就是新编京剧《王子复仇记》，京剧《王子复仇记》诞生已有十个年头，它已多次赴海外演出。

京剧《王子复仇记》刚开始在国内上演时曾颇受争议："生存还是灭亡，这是个问题"，"半老徐娘还需要什么贞操"等经典台词。被认为与京剧不搭，然而，让剧组没想到的是，它一走出国门，这种"夹生感"却变成了吸引国外观众的最大亮点。

丹麦、荷兰、德国、西班牙、法国、英国、墨西哥、智利、厄瓜多尔、哥伦比亚……10年来，京剧《王子复仇记》走过了10个国家。虽然每次班底都有调整。但"王子"的扮演者只有一个：青年老生演员傅希如。傅希如特别难忘在丹麦克隆堡的演出，那是唱京剧、念中文的哈姆雷特第一次站上外国舞台。在城堡外的露天广场，剧组原计划有一次走台，一次彩排和四场演出。但是，从走台开始便吸引了许多当地居民观看，四场演出票迅速售罄，最终彩排场也被要求进行售罄演出。傅希如说："观众买的是入场券，没有座位号。8点钟的演出，许多人五六点钟就坐在那里等候。当地的气候多雨。演出时，雨常常下十分钟停十分钟，但始终没有观众离席。"最终，在前来参演艺术节的世界各地的"哈姆雷特"里，京剧《王子复仇记》获得了32家媒体给予的五星级最高评价。

"10年前，我们预料到了京剧《王子复仇记》在国内市场的反响，却怎么也没想到这台成本仅9万元的京剧，在后来的10年里扮演起中国传统文化使者的角色，将京剧艺术推广到了世界许多角落。"上海京剧院院长单某介绍，"它的成功，让我们看到了文化交流的最好状态：在人类理解共通的基础上，不失去对民族艺术形式的自信，这为中国向世界展示自己提供了借鉴。"

材料7

湖北云梦县的秦先生是一位皮影艺人，在法国探亲期间他给当地的华侨表演了皮影戏，没想到法国人非常喜欢，《武松打虎》《大闹天目山》《猪八戒背媳妇》《鹤与龟》他们都能看得懂。每场演出谢幕后，现场观众久久不肯离开，他们问中国皮影戏的现状如何？中国有没有皮影戏学校？收不收法国徒弟？当地媒体还专门发表了一篇《中国皮影艺人和他们的影迷们》的报道。谈到这事，秦先生有点激动："万万想不到，老祖宗传下来的东西外国人这么喜欢，我惊讶之余，又感动又自豪。"

李浴日先生被誉为民国时期"孙子研究第一人"。其旅居美国的五个子女，继承其遗志，成立了李浴日基金会，建立了李浴日著作网络版，出版《李浴日全集》，翻译李浴日兵学著作英文版，在美国传播中国兵家文化。像李家儿女这样热衷传播孙子文化，帮助美国研究《孙子兵法》的美籍华人和华侨，在美国有许许多多。美国孙子研究学者披露，洛克菲勒财团成功的一个重要原因是，运用其智囊团所提供的《孙子兵法》智慧谋略。财团中研究《孙子兵法》的智囊团人物，几乎全是华裔、华人。这些身处国外的炎黄子孙为中华文明在世界的传播做出了重要贡献。

材料 8

2013 年 12 月 30 日，中共中央政治局就提高国家文化软实力研究进行第十二次集体学习。中共中央总书记习近平在主持学习时强调，提高国家文化软实力，关系“两个一百年”的奋斗目标和中华民族伟大复兴中国梦的实现。提高国家文化软实力，要努力提高国际话语权。要加强国际传播能力建设，精心构建对外话语体系，发挥好新兴媒体作用。要增强对外话语的创造力、感召力、公信力，讲好中国故事，传播好中国声音，阐释好中国特色。

2014 年 10 月 15 日，习近平总书记在北京主持召开了文艺工作座谈会。习近平在讲话中指出，在他心目中，文艺可不是风花雪月事儿，而是实现中国梦的重要力量。历史上，中华民族之所以有地位有影响，不是穷兵黩武，不是对外扩张，而是中华文化具有强大感召力。近代以来，中国遭受了空前的民族危机，但无论如何艰难险阻，中国人都扛过来了。正是一代代中华儿女创造的中华文化为我们的民族提供了精神支撑。现在我们离中国梦越来越近了，但艰难险阻也更多了，要实现民族复兴的目标，就必须继续发挥文化的支撑作用。

材料 9

党的十八大进一步将增强文化软实力明确为“全面建设小康社会”的目标。文化软实力是综合国力和国际竞争力的重要组成部分。随着经济的发展，我国要想在国际社会上发挥更大的作用，发挥文化和意识形态的吸引力而使其他国家愿意追随，获得更多的国际话语权和主导力，就必须增强我国的文化软实力。也就是说，不仅要成为经济强国，更要成为文化强国。

但与我国的“硬实力”——经济、国防、科技——相比，无论从规模还是影响力上，我国的文化软实力都有较大的落差。这种落差突出反映在文化产业领域。我国文化产业在国内生产总值中所占的比例不足 4%，西方发达国家已经平均达到 10% 以上，美国则达到 25%。美国的文化产业在世界文化市场中占 43%，欧盟占 34%，而整个亚太地区只占 19%，我国所占世界文化产业市场的份额低于 3%。

另一方面，虽然中国拥有雄厚的文化资源，但在全球文化软实力格局中还处于弱势地位。中国在文化产品的进出口贸易中一直就存在着巨大的“逆差”，总体达 10:1。对欧美国家甚至超过 100:1。文化部的有关报告则显示，在国际文化市场的份额中，日本和韩国占有 13%，而中国及亚洲其他国家仅有 6%。

二、作答要求

（一）概括给定资料中向国外传播中华文化的主要途径，并举例说明。（25 分）

要求：准确全面、条理清楚。篇幅不超过 250 字。

（二）“给定资料 4”和“给定资料 6”中，分别讲述了美国电影《功夫熊猫》风行世界和中国京剧《王子复仇记》在国外受欢迎的情形。请对这两种不同的文化传播方式进行评价。（15 分）

要求：分析透彻、观点明确。篇幅不超过 300 字。

（三）如果你是某省文化管理部门的一名工作人员，请结合“给定资料 4 ~ 5”的美国经验，就

应如何更好地对外传播中国文化，提出改进建议。(20分)

要求：紧扣材料、针对性强、条理清楚、措施得当。篇幅不超过200字。

(四)请结合给定材料，以“文化输出与文化软实力”为主题，自拟题目，写一篇议论文(40分)

要求：(1)观点鲜明、事实充分；(2)联系实际，不拘泥于“给定材料”；(3)思路清晰，语言流畅；(4)字数在1000~1200字之间。

2014 年甘肃省公务员录用考试《申论》试卷

满分:100 分　　　　时限:150 分钟

题　号	1	2	3	4	总　分	核分人
得　分						

一、给定材料

1. 垃圾可分为生产性垃圾和生活性垃圾,生产性垃圾是各生产主体在生产活动中所产生的垃圾。生活性垃圾是老百姓在日常生活中所产生的垃圾。数据显示,我国县级以上城市有3200 多个,城市人口约 6.9 亿,城市生活垃圾每年约 3 亿吨。生产垃圾的数量也很惊人,其中,占绝对份额的是建筑垃圾。我国垃圾处理手段主要是焚烧和填埋,目前,约 2/3 的城市处于垃圾包围当中,1/4 的城市已无垃圾填埋场可选。

党的十八大报告首次提出"推进绿色发展、循环发展、低碳发展"和"建设美丽中国",指出,必须把生态文明建设放在突出位置,融入经济建设、政治建设、文化建设、社会建设各方面和全过程,实现中华民族永续发展。由此看来,解决"垃圾难题"意义重大。

2. 2013 年 9 月,随着一声爆破巨响,昆明市老工人文化宫倒塌成一片废墟。这座建成于1985 年、高 70 米的昆明市第一栋带电梯的建筑,其寿命没能熬过 30 年。其实它只不过是"短命建筑"名单上新添的一个。耗资 8 亿元的沈阳绿岛体育中心,耗资 3000 多万元的海口"千年塔",南昌著名地标五湖大酒店,沈阳五里河体育场,杭州西湖边上最高楼——浙江大学湖滨校区 3 号楼……这些驰名一时的地标性建筑,在爆炸声中轰然倒塌时寿命都不长。"短命建筑"一方面是使用时间短,严重浪费;另一方面是产生了大量的建筑垃圾,对环境造成压力。住房和城乡建设部一位官员三年前曾表示,中国每年新增建筑面积 20 亿平方米,是世界上建筑最大的国家,但建筑平均寿命却只能维持 25 至 30 年,而在英、法、美,建筑统计平均使用寿命分别为132 年、85 年和 80 年。

北京某环保建材公司的厂房位于半地下,从外面看很不起眼,也听不到轰隆隆的机器声,可推开大门,浩大的声浪顿时席卷而来,靠近大门,一台机器正呼噜噜地往嘴里填大块的混凝土,一番轰隆隆的"咀嚼"后,吐出较小的混凝土渣块,通过传送带,送到另一个设备进行磁选……经过粗分选、粗筛、破碎、磁选、水洗等一道道工序后,建筑垃圾变成了再生粗、细骨料、粉尘等。总经理吴先生介绍说,再生粗骨料可用于生产再生混凝土或再生混凝土制品。利用再生粗、细骨料,还可以加工成再生普遍砖和再生古建砖。该企业一年能消纳 100 万吨建筑垃圾,这样的企业在北京没有几个,全国其他地方也没有多少。

正在拆迁的××村位于 Z 市北郊,该村占地 1800 多亩,有 20 个村民组 1600 户左右,拆迁现场,灰尘飞扬,建筑垃圾一眼望不到头,村民李先生对记者说:"这些垃圾被个人承包了,一方20 块钱,谁拉谁受益。按照规划,最近的垃圾填埋厂距此 50 公里,来回近百公里,拉一趟连油钱都顾不住。一到晚上 9 点以后,最少有五六十辆垃圾车排成队往附近的河滩里运,不信你们晚上过来看看。"在知情人的带领下,记者进行了实地探访。刚下大堤,西侧一鱼塘的北半部已被建筑垃圾填埋了一半,上面是刚覆盖的一层黄土,在南段西部,水中露出的全是建筑垃圾。在河边的深井路边,不时会看到有整车倾倒的建筑垃圾。在附近停靠的船舶旁,也填满着成堆的建筑垃圾,被水冲后裸露在外面。记者梳理相关报道发现,各地随意倾倒建筑垃圾的现象具有一定的普遍性。

3.2013 年春节长假期间,北京、天津、山西等地的游客纷纷来到历史文化名城 W 县欣赏该县拜灯山、打树花等非物质文化遗产活动。

北京的史先生与家人是大年初三来到 W 县的,刚一进城区,街道上满眼的垃圾便让他感觉十分不舒服。下午在县城里转了一圈,他看到,县城东西向的一条主干道胜利东路路两边到处是垃圾堆。位于路北的汽车七队家属院门口垃圾遍地,到处是污水。一居民称,这里的垃圾已经半个月无人清理,“每年 60 多块钱的卫生费,都白交了”。

在 W 县汽车站,路两边同样是一个又一个大垃圾堆及黑乎乎的大雪堆。在州镇街、前进西路等街道,情况则更为严重,路两边的垃圾已经蔓延到了马路中央,将本来十分宽阔的街道挤得十分狭窄,有的垃圾堆索性就位于马路中间,成了一道隔离带。住在前进西路的居民说,这条路上的垃圾长时间无人问津,越往西越严重,最西段的垃圾已经两三年没有清理过了。

他还发现,除了为数不多的街道,众多街道都没有垃圾桶。当问到有没有进行垃圾分类、废物回收、统一处理这些问题时,一名退休老干部说:“没有! 分类不分类都一样,别人哪里倒你也哪里倒。”

记者梳理近年来媒体的报道发现,W 县的这种情况在许多地方都曾经出现过。

4.“番禺事件”曾受媒体广泛关注,其缘由是:广州市计划在番禺区大石镇建设一个日处理垃圾 2000 吨的垃圾焚烧厂,而距离垃圾焚烧厂选址两公里外,就是享誉广东地产界的番禺华南板块,分布在这里的楼盘,因为环境优美、品质高端而吸引了超过 30 万广州人来此定居。华南板块的居民担心,垃圾焚烧会释放二恶英等致癌物质,因而强烈反对政府规划。经过漫长的沟通与协商,政府与居民双方最终达成共识:垃圾焚烧厂暂停,但居民垃圾要减量。

2013 年 7 月下旬,北京海淀、昌平的一些小区出现垃圾连续几天堆放在小区里的情况。小区物业称,该小区垃圾指定消纳点是北京昌平的阿苏卫垃圾填埋场,进入填埋场的垃圾清运车被附近村民扣下,导致垃圾没法正常清运。该垃圾填埋场邻近六环,附近邻着二德庄、阿苏卫、百善和牛房圈四个村子,最近的不过两三公里。附近有村民说,垃圾场平时飘出恶臭,家里都不能开窗户。记者看到垃圾填埋场东门外的路上,还停着大约十辆垃圾车,里面的垃圾发出腐臭味。

2013 年 10 月,上海市青浦区的一座生活垃圾处理厂引起了媒体关注,这座垃圾处理厂位于青浦与江苏昆山交界的一条河东岸,投产以后其恶臭殃及昆山市两个镇的数十万居民。对此,某著名时评发表文章称,上海青浦区建垃圾场对垃圾进行无害化处理,符合发展与环保相协调的理念,应该受到群众赞扬,也应该得到相关部门肯定。可是,上海青浦区将垃圾处理厂建在昆山的人口密集区,让相邻群众受困,让好事变了味。在两地交界处建垃圾场虽然符合当地环保部门的相关规定,可是否考虑过对外地群众的影响? 难道当地群众的利益高于外地群众? 时评最后说,望两地政府携起手来,协商解决问题,让昆山百姓早一天过上好日子、甜日子和幸福的日子。

5.记者在某批发市场看到,500 克极品西湖龙井、铁观音、碧螺春,用精美的檀木包装,配上高档的紫砂茶具,售价高达 13000 元到 14000 元;当地的一些茶叶中,500 克五星毛尖王,外包装为一只密码箱,内装 50 克 ×10 的小金属罐,售价为 650 元/箱。茶叶商张先生告诉记者,那些售价上千上万的茶叶,其包装和附带品的价格可占到茶叶总价格的 70% 左右。普通的中等茶叶,500克茶叶价格约为60元,加上20元的金属包装,30元的普通陶瓷茶杯,就可以卖到110元。

在某化妆品专柜处,记者发现有整盒成套销售的化妆品,礼品盒面一般都有16开纸的大小,其中化妆品只占1/3左右的空间,其余的部分都填充塑料泡沫和丝绸。在询问价格后发现按礼盒购买的化妆品要比单买贵出100元,包装占整个价格的12.5%左右。在衬衫专柜处,经过复杂包装的衬衫摆放非常整齐,店老板说:“包装的好才能卖得好”。

6. 全国人大环境与资源保护委员会调查表明,目前我国包装品废弃物约占城市家庭生活垃圾的10%以上,其体积要构成家庭生活垃圾的30%以上,但大量的包装物最后都成了垃圾,有的甚至对环境构成长久压力(如被丢弃的塑料袋等),环保专家毛先生叹道,美丽的代价,实在是太昂贵了!得不偿失。

但也有人认为,包装既是一种经济现象,有需求就有生产,况且,包装也可以拉动经济发展。同时也是一种文化现象,中国是个人情社会,不少人都“想‘面子’”多于“想‘污染’”,东西包装得好才拿得出手,一个好东西包装得不好,还不如东西差点包装得好一些。

7. F市城区现行的生活垃圾收费制度,是2003年5月1日开始实施的。生活垃圾处理费征收工作由城市管理执法局负责组织协调,各区政府配合,市环境卫生管理处负责具体实施。

征收对象为辖区的所有市民和单位。征收标准为:常住人口6元/(户·月);集体宿舍、单身公寓和外来人员5元/(人·月)(家庭独立租住视同常住人口收取);对上门收集生活垃圾的,另外缴纳有偿服务费2元/(户·月)。已缴纳物业管理服务费的,只缴纳3元/(户·月)。机关、事业单位及社会团体按在职职工人数(含固定工,临时工)2元/(人·月)(不含内部生活垃圾的清扫、运输费);门前卫生责任区有偿服务费缴纳1元/(m^2·月),每月不足20元的按20元缴纳,超过1000元的按1000元缴纳。已缴纳物业管理费的,只收取前项垃圾处理费,等等。

制度规定,凡弄虚作假或拒不缴费的单位和个人,由环境卫生行政主管部门责令其改正并处以罚款。当事人对行政处罚决定不服的,可依法申请行政复议或提起行政诉讼。逾期不申请行政复议或提起行政诉讼、又不履行行政处罚决定的,由作出行政处罚决定的行政机关依法申请人民法院强制执行。

有资料显示,F市生活垃圾日产生量2001年为1400吨,2007年为1900吨。2006年,F市家庭垃圾费支出占家庭可支配收入的比例为0.17%。2007年,F市共征收垃圾处理费3085万元,但收缴率仅为79.1%。

8. T市2000年7月开始实施垃圾费“随袋征收”政策,即垃圾处理费采用销售专用垃圾袋方式征收,专用垃圾袋售价内含垃圾费,凡以专用垃圾袋盛装的垃圾,清洁队才予以清理,但资源回收物可以免费交给清洁队回收。

该制度由市环保局组织实施。市环保局负责垃圾袋专用权及其规格、样式、容积公告;组织委托厂家生产;委托超市或商店销售专用垃圾袋;监测和惩处非法丢弃垃圾、非法生产和销售专用垃圾袋等行为。征收对象为辖区内产生生活垃圾的所有市民和单位。

政策规定:“环保局应依据本市垃圾焚化炉正常营运时一般废弃物清除处理总成本及现有焚化炉处理总容量,计算随袋单位容积清理费收费标准,报请市政府核定公告后,制定专用垃圾袋售价”。经过复杂的程序以后,计算出每包专用垃圾袋的售价如下表:

型号	容积 L	尺寸(宽×长)/(mm×mm)	厚度/mm	包装/(个/包)	售价/(元/包)
特小型	5	310×500	0.044	20	45
小型	14	430×615	0.048	20	126
中小型	25	550×750	0.050	20	225
中型	33	630×720	0.050	20	297
特大型	76	840×900	0.058	10	342
超特大型	120	940×1000	0.100	10	540

政策强调,专用垃圾袋为清理费收费专用,未经环保局同意不得擅自制作、销售,并不得使用袋上图样及文字。伪造、变造或擅自销售(包括擅自提价销售)专用垃圾袋者,都要处以罚款。逾期不缴纳罚款者或涉及刑事责任者,依法移送司法机关处理。

有资料显示,T市生活垃圾日产生量1999年为3000吨,2005年为1400吨。资源回收率由1999年的2.4%提高到2005年的34.5%。T市家庭垃圾费支出占家庭可支配收入的比例1999年为0.15%,2004年为0.05%。2001年非法丢弃垃圾率仅为0.4%。

9.央视曾经播放过X镇生活垃圾分类、处理的例子,以下是某期节目的文字节录。

解说:每天早上7点一过,X镇西马各庄村的徐大妈和另一位保洁员便开始挨家挨户收集垃圾。垃圾清运车是前些年村里开始做垃圾分类时上级出资购买的。

李某(村民):那会儿我们都给发好几个桶,厨余垃圾一个桶,灰土垃圾一个桶,白色垃圾一个桶。桶是政府给发的。天天都是到时候搁在门口。专门有人收,打声招呼就收走了,不合格就说你。

解说:所谓白色垃圾,指废弃的纸张、塑料制品等可回收物,它们经过处理后,可以制成别的有用品。每个月的1号是西马各庄村村委会统一回收白色垃圾的日子,早上8点,村民就陆续把大包小包装满白色垃圾的编织袋送到村委会大院。库管员宋某说,以往,村民们每交3斤白色垃圾就可以换一袋1斤重的洗衣粉,现在洗衣粉改成了大包装,要30斤才能换一袋。2007年,村里共收集白色垃圾2082斤,2008年增长了200多斤,而到了2009年,全村收集的白色垃圾总量达到4314斤,去年,这一数字更是达到5500斤。

……

解说:早上,X镇实行垃圾分类的各村收集来的厨余垃圾,被送到X镇密闭式压装清洁站。在这里,厨余垃圾被留下用于堆肥。李副镇长介绍说:“就是过去农村那种堆肥方式,一层厨余垃圾,一层灰土覆盖,覆盖以后通过长时间的发酵,最后粉碎,这个周期应该有几个月的时间,然后就联系需要的农民。农民使用这些肥料完全是免费的。”

解说:厨余垃圾可以用来堆肥,灰土垃圾以及冬季产生的大量燃煤炉渣可以用作农村填坑造地的原料。抽样调查显示,农村生活垃圾中,灰土垃圾占到了六成,厨余垃圾约占三成左右。也就是说,X镇的大部分垃圾都被消解在本镇。

……

解说:冯教授是X镇垃圾分类试点的牵头人。

冯教授:我们的垃圾到底分多少类,这要根据农民可以接受的程度,以及能够资源化利用的技术;第二个就是要教给农民怎么分,也就是方法。

解说:不少村民用“习惯了”来回答我们提出的“怎么不觉得垃圾分类麻烦”之类的问题,但如何养成习惯却正是我们好奇的地方。

李某(村民):要想转变老百姓这种习惯,其实最开始也挺难的,确实很难。当时冯老师给我们出了很多的主意。

冯教授:2007 年春节前,我们用一星期的时间,赶制出一批挂历发给客户。一是联系感情;二是挂历里面有垃圾分类的知识、做法、意义,而且还是用再生纸制作的,直接给农民一个概念,你看废纸就能做出这个来。另外,每天中午和晚上各 20 分钟广播,持续了半年。同时,还有村民骨干分片到户手把手指导分类。

……

冯教授:必须上门去收,面对面交垃圾。上门收等于是监督着你呢,你自己瞧着分好没分好,没分好你自己接着分,合格了发个价值三毛钱的合格卡。

解说:村民们将换来的“合格卡”积攒到一定数量后,就可以到村委会领取奖品。这些年,村里提供的奖品品种不断变化,有油盐酱醋,有卫生纸等。

冯教授:我们算一笔账,一户油盐酱醋卫生纸到底需要多少钱,这是一个参照物。第二个就是说,按照我们过去的村收集、镇运输、区处理的模式,X 镇所产生的垃圾,如果运到这个填埋场去埋去,中间得花多少运费,我们把这些运输费、垃圾场的填埋费省下来,提前奖励给农民,这样,既节省了汽、柴油的使用,又节省了垃圾填埋用地,还不产生路上的二次污染,给农民兜里面装点钱,提高农民的生活质量,农民也高兴。

作答要求

一、请结合“给定资料 7 ~ 8”,分析比较 F 市、T 市生活垃圾收费制度的不同之处。(20 分)

要求:准确深入,逻辑清晰。不超过 400 字。

二、请梳理概括“给定资料 2 ~ 5”中显示出的“垃圾难题”。(20 分)

要求:内容全面,分条归纳,有概括性。不超过 250 字。

三、假如你是 X 镇负责垃圾分类、处理工作的一名工作人员。请结合“给定资料 9”,起草一个关于垃圾分类、处理的经验介绍提纲。(20 分)

要求:观点明确,层次清楚,不要求格式,不超过 250 字。

四、请深入理解“给定资料 6”中的两种不同观点。并结合给定资料,联系实际,自拟题目,写一篇文章。(40 分)

要求:

中心明确、认识深刻;

内容充实、逻辑清晰;

思维严谨、言语准确流畅;

字数 1000 ~ 1200 字。

2013 年甘肃省公务员录用考试《申论》试卷

满分：100 分　　　　　　时限：150 分钟

题　号	1	2	3	4	总　分	核分人
得　分						

一、给定材料

材料 1

中共十八大报告提出，到 2020 年，实现国内生产总值和城乡居民人均收入比 2010 年翻一番。这是我党首次明确提出居民收入倍增目标，表明中央正致力于开启民富时代。十八大报告中提到的“两个同步”值得关注：居民收入增长和经济发展同步、劳动报酬增长和劳动生产率提高同步。不仅如此，报告中还进一步就目标的质量和效率提出要求。明确指出，调整国民收入分配格局，着力解决收入分配差距较大问题，使发展成果更多更公平惠及全体人民，朝着共同富裕方向稳步前进。

发展的目的是什么？就是要实现共同富裕。实现居民人均收入翻番，意味着到 2020 年将有 7 亿中国人步入中等收入阶层，人均年收入最高可达 2.3 万美元，这是一个鼓舞人心的计划。它体现了中央践行科学发展观、以人为本、让人民群众更好地分享发展改革成果的治国理念。在时间、收入水平上的具体量化，让人们看到，一种更加幸福美好的生活指日可待。

材料 2

收入倍增是全民涨工资吗？有专家分析认为涨工资路上有“四座大山”：民企、垄断企业、物价、困难地区。“按照规划惯例，这个‘翻一番’目标自然是扣除价格因素，这是货真价实的倍增计划。”规划专家、清华大学胡教授说：“这个‘翻一番’，就是以 2010 年为价格基期，按不变价格来计算。”

此外，报告中提出城乡居民人均收入，是指所有人——即全体人民人均收入“翻一番”的总体概念，并不意味每个人都在目前水平上翻一番，这要视具体情况而定。收入倍增当然是就平均水平而言的，低收入群体受惠可能更大，收入增长可能不止一倍。

材料 3

刘树成委员在全国政协十二届一次会议第二次全体会议上发言时说，中共十八大首次将居民收入指标纳入全面建成小康社会目标，意义重大。居民收入翻番的目标可以实现，但有一定难度。为实现居民人均收入翻番的目标，他建议：一、提高居民收入的最根本环节是，把生产搞上去。二、提高居民收入的最重大举措是，抓好国民收入分配大格局的改革和调整。三、提高居民收入的最基本途径是，提高劳动报酬收入。四、重视科研人员脑力劳动报酬的提高。五、防止物价上涨蚕食居民收入的提高，实现没有水分的、实实在在的居民人均收入翻番。

材料 4

下面是一些采访实录。

语音采访：

农民工王某说，他今年 48 岁了，家里一共就两亩多地，上有老下有小，之前生活压力还是比较大的。不过现在孩子都工作了，以前是他一个人挣钱，现在是全家人都在挣钱，相信以后日子会越过越好,只要大家一起努力,奔小康就不远了。眼下最大的愿望就是能进厂有份稳定的工作,再也不用风吹雨打站在街头等活了。

个体老板徐某说,自己做酒行生意已经很多年了,做生意不仅比质量,还要比诚信,也正是基于这一点,生意一直不错,也结交了不少老顾客。希望以后生意越来越好,能再开一个分店,虽然会忙点,但收入会更多。

现场采访一:

11 月 27 日上午,暖暖的阳光洒满 XX 村,一排排二层小楼整整齐齐。虽已入冬,但水泥小道旁的绿化树依然郁郁葱葱。

一开始一亩多,然后扩展到三亩多,现在已经达到 10 多亩了,其中仅承包的土地就有近 10 亩。现在大棚里夏季种木耳,秋冬种蘑菇,常年都有产出,除去成本外,一年能收入 10 多万元。

"有了好政策,还要靠勤劳致富,才能过上好日子。"对于十八大提出的"收入倍增计划",夫妻用一句话说出了自己的理解。

现场采访二:

11 月 28 日上午,在工厂车间,李师傅正在生产线上忙碌着。按件计工,一件 8 元钱提成。加上基本工资,销售旺季的时候,他一个人每月可以挣到近 4000 元。

"家里的地本来就少,靠地一年收成不了几个钱,维持生活都不够。"他算了一笔账,家里以前的两亩地一年收成加做零工,一年一家人纯收入一万元左右,儿子上学、日常开支等一年下来所剩无几。而如今,土地被征收时政府补贴了一些钱,家里还获得两套还原房,夫妻俩在工厂工作,一年七八万元。除去开支也能省下三四万。

在这家工厂,四百多名工人中 90% 都是刚刚变成市民的拆迁区农民,不少人已经住进小区,开始了"蓝领"生活,说起眼下的生活,一张张憨厚的脸上写满了幸福。

"企业发展好了,我们的工资自然就更多。"说起未来,李师傅朴实的话语中饱含着期待。

材料 5

虽说我国 GDP 一直保持较快增速,近年来我国资源能源消耗增速低于 GDP 增速,资源能源供需矛盾有所缓解,但是,数据显示,我国 GDP 能耗是世界平均水平的 2.2 倍,能耗偏高,环境污染严重,生态环境脆弱,发展仍处于粗放水平。

一个国家劳动力的报酬与这个国家企业的国际竞争力是正相关的,如果我国企业未来还是处于底端,那仍然是走低劳动成本的老路,居民收入就不可能上去。只有依靠转型升级,企业的产品附加值提高,才可能使得我国劳动力报酬更高,居民收入才能增加。反过来,增加居民收入也会形成倒逼机制,那些走老路子的企业只能被淘汰。也只有收入增长了,才能拉动内需。

材料 6

2002 年至 2011 年,我国城镇居民人均可支配收入年均实际增速为 9.2%,增速远高于未来"翻番"所需要的 7% 的速度。很多人的印象是,收入确实增长了,但是经济压力却没有大的减轻。

另外,"老百姓也期盼着国家加快解决学有所教、劳有所得、病有所医、老有所养、住有所居的问题,"这位负责人表示,"解决这些问题,是进一步践行以人为本理念、落实科学发展观的要求。事实上,收入分配改革不仅仅意味着工资的提高,还意味着住房、教育、医疗、养老等社会保障领域缺口的弥补,收入分配改革既是做'加法',提高居民的基本收入,也是做'减法',减轻居民在住房、教育、医疗、养老等领域的负担。"

材料 7

社科院的相关研究显示，我国劳动者报酬占 GDP 比重偏低且呈现逐年下降趋势，劳动者报酬占 GDP 的比重已由 2004 年的 50.7% 下降到 2010 年的 45%。更让人忧心的是，据全国总工会相关负责人向媒体透露："我国劳动报酬占比连续 22 年下降"。这种不断创新低的下降趋势，已经直接影响到居民消费水平的增长、社会总产品的价值实现和经济的正常循环，甚至威胁到我国经济发展的可持续性。

《社会管理蓝皮书》中显示，反映收入差距的中国基尼系数仍然达到 0.438 的水平，城乡居民收入比达到 3.3 倍。城乡之间、地区之间、行业之间乃至不同人群之间，仍然横亘着一道道"鸿沟"。

找到导致劳动收入关系失衡的原因并不难，难在如何对症下药找到提高劳动报酬占比的有效途径。另外，劳动报酬比重的大小并不是根本解决收入分配差距拉大的关键，提高劳动报酬比重，还需合理地分配劳动报酬这块"蛋糕"，否则收入分配的差距不但没有缩小，还会进一步拉大。

材料 8

人力资源社会保障部劳动工资研究所发布的《2011 中国薪酬报告》显示，2011 年，中国的居民收入增长仍然远远低于财政收入和企业收入增长，居民收入占国民收入的相对比重不升反降，而据中国社会科学院居民收入分配研究课题组的统计研究，中国的基尼系数在 2002 年达到了 0.454，在 5 年之后的 2007 年达到了 0.48。国际权威机构的研究则表明，在 2011 年，中国的基尼系数已经突破 0.55。

从形成当今收入分配格局的原因入手实施改革，媒体报道中所谓收入分配改革的"提低、扩中、控高"三大战略才有意义。才能巩固改革的成果。否则，这些硬性拉平收入的措施，只会造成一时的"结果公平"，而为原有分配格局的反弹积蓄更大的能量。实际上，在十分有限的关于收入分配改革总体方案形成过程的报道中，人们可以清楚地看到，这个方案的难产之处，正是在如何创造更加公平的机会方面，比如，如何处理垄断存在所必然造成的利益分配悬殊。

材料 9

收入分配的重要性，各方已有共识，社会对收入分配改革也有许多期盼。关键问题是，在国家发展战略上，如何确定收入分配的目标。这对不久后将要出台的收入分配改革方案有着"顶层设计"的意义。"十年翻一番"，意味着每年城乡居民收入的实际增长速度需要达到 7.2%，这个速度的实现难不难？既不难，也不易。

而从国际经验看，日本在 20 世纪 60 年代初，面临着与我们当前同样的转变经济发展方式的挑战。日本适时地推出了国民收入倍增计划并得到有效执行，其后十年，日本国民收入年平均实际增长率达 11.5%，形成了近亿人的中等收入群体，使日本有效地转变成为一个消费社会。

在过去很长时期里，城镇居民收入增速要高于农村收入，尽管 2010 年、2011 年农村居民收入增速连续两年快于城镇，城乡居民收入差距有所缩小，但未来任务还很艰巨，而不同行业之间也存在着收入差别，一些垄断行业收入过高的现象也较为突出，社会对此呼声也较大。要实现中国版收入倍增的目标，需要在收入分配改革上有重大突破。应当说，只要明确了方向，下定了决心，有了顶层设计，突破口很多。收入分配的各个环节，都可以成为改革的突破口。

材料 10

国家统计局局长马建堂表示,2020 年实现收入翻番有物质基础。从 1979 年到 2011 年,城乡居民收入年平均增长 7.4%,超过了十年驶入翻番所需要的 7.2% ~7.3% 的速度。2010 年的居民人均可支配收入是 2000 年的 2.73 倍。尤其是近两年城乡居民收入的较快增长已经为实现十年收入倍增计划开了一个好头。

“十二五”规划纲要中首次将居民可支配收入的预期增长目标设置为高于 GDP 增长目标的 7%。国家已经采取各项政策措施提高居民收入,如着力提高居民工资收入水平、通过健全基本公共服体系提高居民的潜在消费能力、加大社会保障投入、提高居民财产性收入等。马建堂指出,不仅要重视收入总量的增长,也要更加关注公平,把收入分配差距尽可能控制在一个合理适当的水平上。

国家信息中心预测部张茉楠认为,中国需要不遗余力地转变经济发展方式,通过动力结构、需求结构、产业结构、要素结构、对外经济结构等增长格局的调整和结构转换,从而跨越难以逾越的“中等收入陷阱”,为提高居民收入创造必要条件。

材料 11

改革开放三十多年来,中国发展迅猛,国内生产总值已于 2011 年超越日本,成为世界第二大经济体。但同时不可否认的是,不同阶层、群体的利益也在不断分化:基尼系数居高不下,城镇居民之间、城乡居民之间、东部和西部地区之间的收入差距都在扩大。这显然不利于国家经济的健康有序发展,也有违共同富裕的初衷和社会公平正义。

在做好做大社会财富这个“蛋糕”的前提下,除了深化收入分配制度的改革,从源头上解决好初次分配问题外,还应该坚持效率优先、兼顾公平的原则。强化国家对收入分配的宏观调控功能。

那么,收入分配的“利民”之路如何走?显然,就是要通过制度确保政府和企业都应该为老百姓“让利”,即政府减税、资方让利、劳动者所得提高。而对于企业,特别是垄断国企而言,必须切实做到让利于民,履行更多的社会责任,需要政府针对中小企业也采取相应的减负措施,而与此同时,则需不断健全和完善社会保障制度。

作答要求

一、请根据给定资料说明居民收入倍增的基础和困难各有哪些?(25 分)

要求:内容全面,层次清楚,不超过 500 字。

二、根据给定资料,你认为要切实提高居民收入需要从哪几个方面进行“顶层设计”?(25 分)

要求:内容全面,既有宏观思维,又实际可行;有条理;不超过 500 字。

三、以“收入倍增”为主题。联系实际,自选角度,题目自拟,写一篇 1000 字以上的议论文。(50 分)

要求:参考给定材料,论点鲜明,论证充分,见解深刻,结构完整,条理清楚,语言顺畅,书写工整。

2012 年甘肃省公务员录用考试《申论》试卷

满分:100 分　　　　时限:150 分钟

题　号	1	2	3	4	总　分	核分人
得　分						

一、给定材料

1. 我国《城市规划基本术语标准》对城市规划的解释是:“对一定时期内城市的经济和社会发展、土地利用、空间布局以及各项建设的总体部署、具体安排和实施管理。”这是狭义的城市规划概念。2005 年,原建设部颁布《关于加强城市总体规划修编和审批工作的通知》,指出城市规划是促进城市科学协调发展的重要依据,是保障城市公共安全与公众利益的重要公共政策,是指导城市科学发展的法规性文件。广义的城市规划已经超越了对城市进行物质性规划的层面,是涉及了城市空间、物质形态、文化传统、社会结构和产业经济、公众权益等多方面的综合性和总体性规划。

2. 梧桐树对于南京人意义深远。1928 年,为迎接孙中山灵柩奉安大典,国民政府在市区中山南路等地沿途栽种了 2 万棵悬铃木,南京人俗称其为“法国梧桐”,其后梧桐树栽种范围逐步扩大到市区其他地段,由此形成了南京市独有的梧桐文化。2011 年 3 月,市区太平北路曾经枝叶繁茂的梧桐树树枝突然一下子被统统砍掉,只剩下准备被移走的梧桐树干光秃秃地矗立在道路两边。一个月前,它们还如几公里外中山路两侧的同族那样高傲而挺拔,但如今已不见经年风华。因为在它们的根系下方,正在掘进着通向江北的地铁 3 号线。这些梧桐树因为“妨碍”规划建设中的地铁工程,需要将它们移走或砍掉。城市规划者没有想到,这个决定遭到了南京市文化界、经济界和市民团体的强烈反对,并由此引发了一场市民自发参与的“护树运动”。最终,主管部门停止了移树、砍树行为,并承诺优化地铁线路规划建设方案。这一幕与 5 年前的场景如出一辙。2006 年 4 月,南京市为建设地铁 2 号线,将 190 棵民国时期的梧桐树移植到当地的苗圃内,结果遭到市民强烈反对。在相关部门承诺保证被移植的树木存活率能达到 80% 后,打消了市民的部分疑虑。但其后经中科院植物研究所有关专家调查后发现,移栽后 80% 的梧桐树已经死亡。

3. 2011 年编制的《南京市城市总体规划(2007—2020)》将南京城市性质定位为“著名古都,江苏省省会,国家重要的区域中心城市”;城市职能定位为“国家历史文化名城、国家综合交通枢纽、国家重要创新基地、区域现代服务中心、‘长三角’先进制造业基地、滨江生态宜居城市”。新中国成立后南京一直是传统重工业产地。2010 年数据显示,电子、石化、钢铁和汽车四大产业累计完成工业总产值 5363.26 亿元,占全市工业的比重达 63.1%,其中贡献最大的是石化、钢铁和电子产业。20 世纪 90 年代,南京市有电子第 14 研究所和东南大学等一批科研院校,一度电子产业高度发达。目前电子产业在产值总量上仍然巨大,但作为南京最优势产业,现在已经被深圳等城市赶超。南京市几大高新技术产业开发区在江苏省内国家级开发区排名中,基本上都低于无锡和苏州,新兴产业发展相对较为缓慢。服务业成为南京市产业规划重点发展的内容,其中房地产等投资的作用尤为明显,南京市依赖城建等大规模投资拉动经济发展的特点比较突出。对此,河海大学区域经济研究中心主任刘教授认为:“南京的第三产业投资比例很高，房地产行业属于服务业，商业地产发达，当地的房价和老百姓收入比重严重不匹配。”

4.20世纪80年代，南京市选择重点规划发展长江以北的浦口地区，希望能够建成类似大武汉那样的跨江鼎立之市。到了20世纪90年代，南京人又寄望于把浦口建成“南京的浦东新区”。为了发展浦口，市政府将南京当时唯一的国家级高新区放到了浦口，著名的南京大学和东南大学等一批高校纷纷在浦口建立校区，南京市政府曾用“从秦淮河到扬子江”来形容这个跨越式发展规划，但这个蓝图远未如愿。浦口的规划已经变更多次，把江北发展成为南京的汉口或浦东却始终只是一个美好的愿景。有专家分析认为制约因素之一在于交通，在于过江通道。“跳跃式发展，过江通道不通，怎么发展？”以过江通道为例，南京市新建的大桥基本都是服务于过路车辆，且收费高昂。由于几乎不为市内车辆服务，阻碍了过江战略的顺利实施。上海浦东开发之初，政府下定狠心，杨浦大桥等路桥不收费，由政府买单，由此促进了浦东的快速发展。但南京一直没有这样做。

江北浦口开发迟滞之下，南京市提出新的发展蓝图，先后决定大力开发河西地区和城南。河西地区指秦淮河以西，由于河西离南京城区非常近，近年来，在南京主办全运会的拉动下，该地区发展颇为迅捷，主要是房地产业和现代服务业。如今，河西地区住宅均价达到了每平方米2万元以上。2000年后，南京市政府决定在城南江宁区建设国家级经济技术开发区。作为配合，大专院校再次在江宁建立校区，一同获得规划部署的还有地铁等城市轨道网络。随着南京高铁站落户城南地区，以京沪高铁南京南站为中心，市政府规划整合总面积180平方公里的南部新城，目前建设已经启动。最新的政策显示，江北浦口地区将重新回到城市规划建设的中心舞台，移建地铁3号线正是为了解决南北两个新城之间的联系。国家发改委区域规划专家咨询组的专家认为：“一般规划确定了，就要按照规划做事，但很多地区的规划落实起来挺难。”据统计，从1981年到2011年，30年间南京市先后换了10任市长，很多任市长任期都不长，平均3年一任，几乎每任市长都有自己的城市规划和重点发展思路。

5.南京市的老城南地区凝聚着六朝、南唐以至明、清、民国各代深厚、丰富的历史文化，是古都南京历史的一个缩影。著名古建筑专家黄老表示：“老南京以民居、园林为代表的粉墙青瓦、淡妆素裹的民间建筑，表现出交融激荡、和而不同的建筑风格特色。”然而，随着城市现代化建设进程加快，以老城南为代表的南京古老街区开始面临严峻的考验。

截至2003年，90%的南京老城区已被改造；2006年，老城南的颜料坊、钓鱼台、船板巷、门东、安品街等5处历史街区纳入改造计划，涉及40多条历史街巷、10多处文物保护单位、近千座古居院落；2009年，南京再次启动大规模危旧房改造，老城南几片历史街区全部被列入“危改计划”，包括仅存的南捕厅、门东、门西和仓巷4处历史文化街区。截至2009年，剩余南京古城传统风貌片区仅占原老城总面积的2%；在安品街，以清代杨桂年故居为代表的多处文物保护单位被拆除后用于房地产开发；在南捕厅，以民国建筑王炳钧公馆为代表的老街区被拆除后用于建设“总部会所”及“独栋公寓”；在秦淮河西段，以清代北货果业公所为代表的五华里古河房被成片推平后用于建造仿古建筑群……

2006年，16位著名文物保护专家和学者上书国务院，恳请立即停拆南京老城南，尤其反对市政府的“推平式”拆迁规划，要求保住南京的“根”。2009年4月底，29名专家学者两次联合上书呼吁保护老城南。老城南的原居民们心情也格外复杂。有急于搬走改善居住条件的，也有舍不得搬的。住在千章巷66岁的杨国顺，就称自己是典型的“穷家难舍”，打父辈开始就生活在这里，“住出感情来了”。针对保护老城南的呼声，有人主张，老城南的历史文化可以通过照片、影像保留,可以到图书馆、博物馆去寻找、去体验,这样城市用地增加了,文化风貌也能得到永久的留存。

在2011年6月发布的《全国主体功能区规划》中,南京属于开发强度应当小于20%的"优化开发区域"。按照南京4638平方公里的区域面积计算,在2020年以前,城镇建设用地的总规模应当为927.6平方公里,而目前南京市城镇建设用地规模已经接近这个数值,可供开发使用的土地屈指可数。

6.2011年8月28日,厦门市有关部门宣布,厦门环东海域的目标是建设"中国最美丽生态海湾",打造"海西未来迈阿密"。其中,规划建设的"迈阿密式酒店群"含13个酒店地块,有家庭式的休闲度假酒店,也有商务人士的高端酒店和度假俱乐部式酒店,更有临海别墅,几乎全为五星级。"下了游艇直达酒店。届时,游客将在厚度为50厘米、质地优良的漳州白沙的人工沙滩上徜徉。"人工沙滩是厦门市这几年开发旅游房产业的一大法宝。但沙子是天然形成的,人造沙滩不仅减弱了原先湿地具有的净化水质能力,沙子更是屡屡流失。而补沙就得采沙,又是对其他地方环境的一种破坏。投资3亿人民币、2007年9月才投入使用的号称福建最大的人造沙滩观音山人造海滩,被2009年的台风"莲花"打回了原形——大量的海泥被送到这块人工建造的黄金沙滩上,整个沙滩变成了泥滩。

近年来,厦门一直通过围填海扩大城区面积,自然岸线保留不多,到处是人工岸线。曲折的岸线没有了,已变成平直;海湾没有了,变成了陆地。厦门原来是海岛城市,到现在却变成了海湾城市。"滩涂对厦门很重要。原先污染排到海里,都是滩涂降解。滩涂消失后,对水质净化影响很大。"厦门市环境保护科研所陈工程师说,厦门的城市污水处理率高达90%多,但水质却一直没有改善,与填海带来的影响不无关系。20世纪90年代以前,厦门受台风影响并不大,但随着围填海进程,许多原本可以作为台风来临时缓冲区域的滩涂等潮间带,已经完全被水泥路和一幢幢酒店、海景房所替代,一旦有大台风或海啸降临,不能不令人担忧。

7.文昌路横贯扬州城,路边不时闪现一株古树、一口古井、一座古塔,"镇守"市中心的则是明朝文昌阁,而让这些古董给车流让路的念头,一次次被否决。坐在铺着光绪年间青砖的小院里,扬州"双东"街区老街坊吴德祥很开心,因为今年用上了抽水马桶。"按规划修了化粪池,资金由政府出三成,我掏七成,再也不用倒马桶了!"扬州市12个历史文化街区规划保护的每幢民居逐一修缮。目前,已有上千户古城民居完成了修缮,政府为之投入近10亿元。"园林多是宅"曾是老扬州精致生活的历史镜像。木香园主人徐鹏志说:"这几年,老城冒出了30多座私家园林。园主以中老年居多,他们多为工薪族,花十几万元,在自家院子修小园林,虽仅几十平方米,也是享受精致扬州,传承精致扬州。"他认为,设施便利,环境精致,老城照样能吸引年轻人,"园主中就有30多岁的。"

古城保护专家、同济大学阮教授说,扬州古城历史格局基本完整存留,这在全国110座历史文化名城中极少见。2000年,扬州确立了建设"古代文化与现代文明交相辉映的名城"的目标,在实践中探索、积累了很多古城建设的经验,比如整治历史街区,只"补牙"(修缮危房)、"拔牙"(剔除有损古城风貌的建筑)、"镶牙"(完善古城功能设施),不"换牙"(推倒重来)等等。

英国伦敦是一座历史文化名城,一直保护着千年的古老的城市格局,保护着"使市民精神愉悦的因素"。伦敦市中心街道狭窄、由折、交通拥堵,但政府并不采取拆除老建筑拓宽马路的做法,而代之以收取车辆高昂的进城费,严格控制车辆进入伦敦中心地带;现代化的日本东京在修复战争创伤的进程中,始终不忘记保护和修复古迹;意大利罗马允许大片的遗址古迹占据宝贵的旧城空间,罗马旧城随处可见建筑遗迹片断,亲切的古老的街巷、广场,见证着历史的厚重和曾经的辉煌;法国巴黎完整地保护了旧城风格。法国最早的《城市保护法》颁布于1913年,该法特别注重公共建筑、重要遗迹的保护。1943年后,《城市保护法》开始注重"文物"的"历史环境",划定了民居保护区并制定了相应法规。在民居保护区内,老屋老街享有名胜古迹的待遇,维修老屋必须获得政府批准,而房主会得到政府的补贴。

8. 根据英国《经济学家》杂志调查,中国上班族每天在上班路上平均需要花费42分钟,"领先"世界各国。有关专家认为,因为交通拥堵和管理问题,中国15个大中城市每天损失财富近10亿元。若考虑燃油浪费、运输资源浪费、城市环境治理成本的增加等因素,交通拥堵给城市经济和社会发展带来的损失更为巨大。城市交通拥堵的一个重要原因就是城市功能区划不合理,一是大多数城市属于单核心式,政治、商业、文化等功能过分集中,导致交通结构失衡,交通流分布不均;二是城市各个功能区未能有效整合,形成少数的纯功能区,各区之间又缺乏便利的交通通道,产生许多本可以避免的出行距离与时间消耗;三是大批新型、大型、高层建筑往往在一个功能区集中出现,形成土地的过度开发和过量的交通需求。许多城市为方便人们出行,大量修建城市环线,但这样的结果往往增加了人们出行的距离,加剧了对交通工具的依赖,也加剧了城市中心的交通压力。

9. 马路越修越宽,人行道越来越窄,很多火车站和大型商场不让出租车和其他车辆停泊,可是又不建停车场。地铁站和公共汽车站之间相距遥远,机场、火车站和汽车站常常是东西南北互相分散,缺少连接,难以转达——这是我国城市交通的常态。许多城市还建有大型广场,这些广场往往不以市民的休闲和活动为目的,把市民当作观众,展示广场或广场的雕塑、广场边的政府大楼等。广场以大为美,以空旷为美,以人造草坪为美,以花样翻新、繁复的几何图案为美,而较少考虑人的需要和安全。体型巨大的建筑、空旷的开敞空间,超出了人的步行接受区间,加上无树荫供人遮阳,无座椅供人休闲,热衷于抛光大理石和花岗石铺地,雨雪之后,市民举步维艰,更成为不敢光顾之地。

10. 西方著名的人文主义学者刘易斯·芒福德在其巨著《城市发展史》中,主张人类城市发展应以生活文化导向为目标,而不是在技术促进下无止境地发展和扩张。他特别提到了我国宋代张择端的写实画作《清明上河图》,"各种各样的景观,各种各样的职业,各种各样的文化活动,各种各样人物的特有属性——所有这些组成无穷的组合、排列和变化。不是完善的蜂窝而是健康的、充满生气的城市。"

台湾文化学者蒋勋这样评价《清明上河图》所描绘的城市面貌:"张择端画城墙那段非常精彩,有一个被贬官了的人要出城,他出城时回头看到有一个没腿的乞丐向他要钱,两个人对视了一眼。这个画面太精彩了,官家的人与乞丐对视,城市中富人与穷人在对视,一个城市的多元在对视的一瞬间展现了。"

二、作答要求

(一)认真阅读、梳理给定资料,分析指出扬州、南京两个城市的做法对搞好城市规划提供了哪些重要启示。(20分)

要求:准确、全面、简洁,不超过300字。

(二)结合给定资料内容,反驳"给定资料5"画线部分文字所表达的观点。(30分)

要求:

1. 观点明确,论据充实,具有说服力;

2. 层次清楚，表达简洁；

3. 不超过 400 字。

（三）“给定资料 10”提到了我国古代画作《清明上河图》，提到了其中所展现的“健康的、充满生气的”宋代城市面貌。请你结合对全部给定资料的理解与思考，以“从《清明上河图》所想到的”为副标题，自拟主标题，自选角度，写一篇文章。（50 分）

要求：

1. 观点鲜明，分析深入；

2. 条理清晰，表达简洁流畅；

3. 总字数 1000～1200 字。

2011 年甘肃省公务员录用考试《申论》试卷

满分:100 分　　　　时限:150 分钟

题　号	1	2	3	4	总　分	核分人
得　分						

一、给定材料

材料 1

2011 年 2 月,科技部和科学技术奖励工作办公室发布通告,经调查核实,2005 年国家科学技术进步奖二等奖获奖项目"涡旋压缩机设计制造关键技术研究及系列产品开发"的推荐材料中存在代表著作严重抄袭和经济效益数据不实的问题。经国家科学技术奖励委员会审核同意,并经国务院批准,决定撤销"涡旋压缩机设计制造关键技术研究及系列产品开发"项目所获 2005 年国家科学技术进步奖二等奖,收回奖励证书,追回奖金。科技部和国家科学技术奖励工作办公室日前发布通告,撤销西安交通大学原教授李某等 2005 年获国家科学技术进步奖二等奖的决定,收回奖励证书,追回奖金。这是中国首例因学术造假被撤销的国家科学技术进步奖获奖项目。

2006 年以来,包括清华大学、同济大学、上海交通大学在内的一些高校接连身陷"造假门"事件,国内顶尖高等学府的学术风气遭遇信任危机。清华大学医学院院长助理刘某,因在个人履历、学术成果材料中把他人论文作为自己的成绩,涉嫌学术造假,被撤销教授职务。上海同济大学生命科学院院长杨某,因申报评奖材料中将他人论文列入自己成果清单,被免去同济大学生命科学院院长职务,6 月,又被免除教授资格,终止聘用合同。

上海交通大学微电子学院院长陈某,因"汉芯"系列芯片造假,骗取国家上亿元经费,被撤销学院院长职务,教授聘用合同也被解除。据调查,陈某负责的汉芯团队所研制的成果,其实结构简单,并不能单独实现指纹识别和 MP3 播放等复杂演示功能。

韩国胚胎干细胞研究带头人黄禹锡发表在美国《科学》杂志上的论文被调查有涉嫌造假。首尔大学决定撤销他的首尔大学教授职务。韩国政府决定,取消黄禹锡"最高科学家"称号。检察部门以诈骗、侵吞研究经费、非法买卖卵子等罪名向黄禹锡提出指控。韩国最高人民法院判处黄禹锡有期徒刑一年六个月,缓期两年执行。

王某于 20 世纪 90 年代就获得了杰出青年基金,被公认为是最能不顾其他杂事只管埋头做科研的人,因为要做意义非常重大的课题,到青年基金三年期结束的时候,这位年轻的数学家没有发表一篇论文,他用这三年的全部精力做了一项非常杰出的研究,但当杰出青年基金三年期验收的时候,因为没有论文,很难通过。最后,迫于验收的压力,他把本可以发表的长达 100 多页的关于他三年里所做的那项杰出研究的论文生生拆成了五篇来发表,就为了能凑够论文数量以通过验收。

有权威机构公布了一项调查,在接受调查的 180 位博士学位获得者中,60% 的人承认他们曾经花钱在学术刊物上发表论文,相当比例的人承认曾抄袭过其他学者的成果。

材料 2

某报记者小 S,就最近几年我国学术浮躁问题,采访一位教育界评论家刘某。刘某说:"近几年来,我国学术浮躁事件曝光日益频繁。民众对学术浮躁的质疑、举报和批评日益激烈。”刘某认为目前学术浮躁呈现多样化,并举例说:“请人代抄帮忙是中国大专院校中的流行造假手段。大专院校的领导、老师们平时工作繁忙,自然要请人代劳。请大学生代劳,成为各学科教师使用廉价劳动力的潜规则。大学生帮助主管老师撰写学术论文的事件时有发生。拼凑编辑造假也成为当今常用的造假手段。一篇用拼凑编辑手段造假完成的文章或者著作表面看上去非常完整,也非常有条理,有数据案例,还有历史上名人名家的经典思想观点佐证,文笔文法基本上也没有大的错误。可是仔细阅读研究就可以清楚地发现:作者根本没有自己创新的思想观点,所有看上去比较重要的思想观点不是引用历史名人的,就是抄袭民间大众的。”

刘某告诉记者小S,几年前一位回国的朋友揭露,曾经在中国畅销的欧美名家撰写的经营管理著作,绝大部分是中国内地的编辑出版机构杜撰造假的。就连欧美名家的姓名、个人履历、所在机构名称等都是假的。

今年的全国政治协商会议上,记者听到委员们最多的发言就是:目前,科技界浮躁虚假之风大肆盛行,学术腐败、泡沫论文、虚假奖项等现象泛滥,许多科技工作者不能够脚踏实地地开展工作,浮躁虚假之风已经严重地侵蚀了整个科技界,更成为阻碍科技创新、建设创新型国家的最大绊脚石。

专家学者认为,近年来出现的学位论文抄袭事件,共同的原因是在平时培养中,老师对学生的指导很少,在审阅学生的论文时,导师放宽要求,有的老师甚至根本就没认真审阅。现行制度下的中期答辩、论文评审等,都很难真正避免论文质量不高、学术不端问题。不改革制度就想避免学术不端,是不可能完成的任务。防治学生论文抄袭,导师负有义不容辞的责任。导师不仅要在知识传授和方法训练上指导学生,承担“传道、授业、解惑”的责任;同时,也应加强对学生的道德引导,帮助学生提高诚信素质、学术品德。

某省人大代表医学院研究生处处长赵某分析,现在职称评定体制存在问题。很多行业评聘都要论文,这就给造假“行业”存在提供了土壤。政府应严厉打击学术造假背后的“造假产业”。

某省人大代表也是大学校长的胡某也表示,对学术造假,法律上很难界定,国内也曾有几例因学术造假告到法院的,但论文毕竟不是专利,怎么算造假不好说,也没对他人造成直接的危害,最终都不了了之。

业内人士指出,目前我国每年发表的科研论文越来越多,而且越来越长。学术著作也越来越多,越来越厚,但是原创性的科研成果却越来越少。

材料3

前不久,湖南岳阳市人民政府宣布,经过当地有关部门两个多月的奋战,成功破获一起涉及福建、湖南、浙江三省的瘦肉精生产、销售案件。采访发现,与以往类似事件不同的是,这次竟从饲料中检测出以前从未出现过的苯乙醇胺A。警方从浙江大学教授邹某处查获含苯乙醇胺A的饲料1500公斤,并对其实施刑事拘留。

如果说此前的瘦肉精等食品安全事件,抓抓利欲熏心的销售商家源头,问责一下管理不严的监管部门,还算一种对食品安全的把控。可此次冒头的新型瘦肉精事件背后,竟赫然站着个浙大教授的身影,这又让对科学怀着无比景仰之情的公众情何以堪?原来,这些严重损伤公共利益与公众生命安全的食品安全事件背后,竟还有所谓专家学者与之共谋的魅影。这些“天才的发明”让人叩问,究竟是什么让学界人士堕落如斯?

浙大教授究竟在这起瘦肉精事件中扮演着怎样的角色?仔细分析,不难想象。就在几年前，就曾有报道揭示，绵延多年的“瘦肉精中毒”事件本可在源头上避免。在西方早已发现瘦肉精的危害，并禁止使用时，国内一些学者却因为课题经费、职称、地位、技术转让费等利益诱惑，集体屏蔽瘦肉精负面信息，最终造成后期一系列瘦肉精中毒事件。

长期以来，科研人员与利益靠得太近，又缺少相关规范制约。当学者将科研建立在贪婪的基础上，则公众安全必然被科技反噬；当科研成果缺乏监管，则“科学无禁区”就必然演变成“科学道德无禁区”。科研精神最核心的理念理应是公共精神与社会责任。倘若科学研究无视公共道德，藐视法律与科学伦理，则不仅会对社会造成可怕的伤害，更会让科学者个体陷入道德与法律的挞伐漩涡。有鉴于此，浙大教授涉案瘦肉精事件，理应成为公众乃至学界反思科研道德与伦科学理的契机——不仅需建立详细的规范与细则规范科研，更要让食品监管深入科研领域，让科研走在合乎道德伦理与法律的路途上。

材料 4

有学者指出，最近十几年，中国的大学教育取得了不小的进展，但普遍存在着急功近利的倾向。高校扩招本来是为了通过普及高等教育来提高民族的竞争力，但片面追求规模和数量增长、急于求成的扩招是一种高等教育的“虚胖”，各高校的软硬件配套设施根本无法满足突然拥进校园的膨胀数倍的莘莘学子的需要。扩招使师资大量缺乏，高校不得不以降低招聘“门槛”来充实老师队伍。一些大学教授把赚钱当作正业，而把教学和科研当作副业。另外，学校把学术成果作为评价教师职业能力的绝对标准，教师如果在 2～3 年内没有发表文章或者申请到课题，便要被解聘或者降级。这导致许多教师不是潜心研究，而是抄袭他人论文予以发表；有的则在别人的研究成果中挂个名；有的则出钱请别人写文章在国内外报刊发表；有的靠胡拼乱凑，学术垃圾成批从这些人手中生产出来。

某报曾经对当今大学生的学习情况开展了一次专门的调查，在采访中记者发现，求职仿佛已经成为大学生的首要任务，而学业似乎沦为副业。目前很多高校的专业课出勤率很低，而学生们对此早已就习以为常。一位大四学生说：“我们可不是玩儿，好多人都是参加实习或是找工作去了，老师也都是支持的。说实话，现在学费这么贵，上大学还不是为了找工作？这些专业课可以不上，找工作才最重要。”在谈到毕业论文时，另一位大四学生告诉记者，自己正忙着面试、实习，刚“东拼西凑”了一篇开题报告，“论文到下学期再说吧，写论文不仅对找工作没有帮助，还要花费不少精力，我看不少学长一周就能搞定论文，这已经算认真的了”。大学生小王告诉记者，对做学问、搞研究他一点没有需求感。“考试嘛，60 分万岁”，平时自己拿谈恋爱来消磨时光。

材料 5

“为什么我们的学校总是培养不出杰出人才?”这就是著名的“钱学森之问”。“钱学森之问”是关于中国教育事业发展的一道艰深命题，需要整个教育界乃至社会各界共同破解。

从 1977 年国家恢复高考至今，中国教育取得了历史性的进步，为改革开放、国家建设培养了大批建设者。但放眼当下中国教育界，的确如钱老所发的感慨：“回过头来看，这么多年培养的学生，还没有哪一个的学术成就能跟民国时期培养的大师相比！”

由“钱学森之问”，以及建设世界一流大学的目标与当前高校教育质量日趋下降的矛盾，还有当前存在的学术造假等教育界乱象，我们不难看出：无法培养出创造性、发明型杰出人才已成为一大社会难题，制约着中国的发展。吉林大学、山东大学等学校校长为给学术更大自由而主动退出学术委员会，教授治校、高校去行政化已在社会上引起了广泛讨论。

中国科技大学前校长、现任南方科技大学首任校长的教育家朱清时，在2009年接受凤凰网访谈时说：未来十年应该是中国教育改革的十年，去除行政化、让教授治校、恢复学术至上是中国大学的必由之路。2010年6月张清杰任武汉理工大学校长，他在就职演讲中表示要营造学校“学术至上”的浓厚氛围。2010年颁布的《国家中长期教育改革和发展规划纲要（2010—2020年）》提出：“探索教授治学的有效途径，充分发挥教授在教学、学术研究和学校管理中的作用。”这也说明了从国家到学者对学术自由、教授治校的思索。

材料6

2004年中国科学院完成《我国科学道德与学风问题基本分析和建议》，对中国科学界许多违背科学道德规范、败坏学风的学术不端行为、道德失范及学风浮躁现象进行全面评估。2007年1月16日，中国科协七届三次常委会审议通过《科技工作者科学道德规范（试行）》，第三章列述了各种“造假、抄袭、剽窃和其他违背科学与共同体惯例”的“学术不端行为”。2010年10月31日，第十二届中国科协年会科学道德论坛在福州举行，中外专家学者就科技团体在科学道德规范建设中的引导作用、学术不端行为的源头治理、提升学术机构科学道德和诚信的办法等展开了讨论和交流。

材料7

2011年5月28日，温家宝同志在中国科协第八次全国代表大会上强调，解放思想、实事求是、崇尚理性、勇于探索、追求真理，这是科学技术与生俱来的禀性，也是科学精神的实质。科技不仅是知识和技能，更是一种文化、一种精神。一个具有科学精神的民族，才是真正有生机、有希望的民族。要努力提高全民族的科学素质。要大力加强科学普及工作，传播科学思想，弘扬科学精神。他希望广大科技工作者抓住机遇，顽强拼搏，为我国科技发展和现代化建设做出更大贡献。

材料8

2011年1月26日，由我国热心科普事业的两院院士和科学专家学者共同评出的2010年全国十大科普事件在京揭晓，“张悟本事件”上榜。张悟本本为纺织厂下岗职工，由于有人“包装”“炒作”，其出版的《把吃出来的病吃回去》销售火爆，而被称为“养生食疗专家”。2010年2月湖南卫视《百科全说》为他做了专题节目后，其知名度更是迅速蹿升。2010年5月有媒体报道其学历有造假嫌疑，他大讲特讲“绿豆煮水喝能治近视、糖尿病、高血压，还能治肿瘤”，“长条茄子可以吸油、降血脂，还能治肿瘤”，此种食疗理念也遭到质疑。5月26日，张悟本煞有介事地在北京召开新闻发布会回应媒体质疑。但不久，经媒体和相关单位调查证实，张悟本所称出生于中医世家，父亲张宝杨是党和国家领导人的保健医生，他曾就读于北京医科大学临床医学系、北京师范大学中医药专业，担任中华中医药学会健康分会理事、中国中医科学院中医药科技合作中心研究员，并是卫生部首批营养专家，等等，均系子虚乌有。

就是这样一位伪专家，用他的伪科学，把“悟本堂”变成了一些人心目中的神仙台，找他看病的人趋之若鹜。据《成都商报》报道，有人因按张悟本的方子喝绿豆汤导致胃病、痛经。还有网友发帖称，他花2000元找张悟本看病，开的方子是绿豆汤和冬瓜汁，用了不但没有起到好的效果，倒添了不少毛病。

张悟本的神医骗局被拆穿，其“行医”场所悟本堂也很快被拆除，一个靠着绿豆汤、白萝卜、长茄子“理论”忽悠民众的假专家，终于无法再混迹江湖了。包括张悟本在内，一些所谓“神医”“养生明星”的发迹，固然与其本人骗术高超、媒体包装炒作推波助澜以及政府部门监管不力有关。但是,他们之所以能受到群众如此的追捧,从另一侧面也反映了群众对普及养生保健知识的需求。随着生活水平的提高,人们对健康养生方面的信息越来越关注。我们周围有许多货真价实的医学专家,他们在理论素养、临床经验方面都有上乘水准,也出了不少论著。但是,他们往往忙于教学、诊疗、写论文、做研究,活动范围仅限于学术圈,没有将学术知识转化为群众需要的、通俗易懂的养生常识,或者说这种转化的力度还不够。所以,假神医才占有了市场。

浙江的姚某曾经是张悟本的粉丝,作为一个平民,他曾被张悟本的理论深深吸引,他曾试着生吃冬瓜汁,晚上不吃荤,还动员别人也跟着做,"我现在为自己的无知愚昧感到惭愧"。不过,他又继续发问:"张悟本出事了,每个人都恨不得踏上一脚,但他走红时,那些高贵的脚在哪里呢?"如果专家和有关部门能更早、更及时地戳穿张悟本"假神医真骗子"的嘴脸,那么受蒙骗的公众应该会少得多,中国科普研究所专家 H 表示:"科学界若不能及时有效地发出自己的声音,理性引导公众,一方面很容易造成谣言四布,恐慌蔓延的恶性后果,另一方面也会造成科学家公信力的丧失。"

材料 9

2010 年 11 月 25 日,中国科协召开新闻发布会,对第八次中国公民科学素养调查结果进行公布。调查结果显示,2010 年,我国具备基本科学素养的公民比例为 3.27%,相当于日本(1991 年为 3%)、加拿大(1989 年为 4%)和欧盟(1992 年为 5%)等主要发达国家和地区在 20 世纪 80 年代末的水平。

公民的科学素养水平从三个方面进行测度:公民了解必要的科学知识,掌握基本的科学方法,崇尚科学精神的程度。一个被调查者只有同时通过以上三个方面的测度,才被认定为具备基本的科学素养。

在三个测量维度中,"公民了解必要的科学知识"与国外的差距较大。以国际通用的科学知识测试题的平均正确率来看,2008 年美国的水平为 64%,2010 年中国的水平仅为 41%。在"掌握基本的科学方法"上,我国公民的科学素养提升缓慢,而对于"崇尚科学精神的程度"这个维度,国际上没有统一的题目和标准可供对比。

随着人们对自身健康的日渐关注,近年来"养生热"持续升温,已成为巨大产业。中国青年报社会调查中心联合北京益派市场咨询公司进行的一项调查显示(2704 人参与),82.9% 的人明确表示自己需要养生。调查中,40.8% 的人表示自己的养生知识主要来源于"专家",来源于网络、电视等大众媒体的人更是超过半数。

一直以来国家都很重视科学,科学几乎成了最终的价值判断标准。如果说某事科学,就意味着一路顺风,绝对正确而且靠谱,反之,就是垃圾。但奇怪的是,直到今天,一些民众不仅没有具备起码的日常科学理性,甚至连常识都没有,科学常识早就被丢在十万八千里之外。不信科学,信邪说,越邪越信,一些缺乏科学修养和理性判断的媒体工作者热衷于用"神秘现象""一夜成名"等传奇性、娱乐性的"新闻"吸引公众眼球。从无中生有的"水变油",到夸大其词的"基因皇后";从肆意炒作的"纳米",到遍地开花的"国内首创""国际一流",这类与科学精神相悖的不正常现象,都曾被新闻媒体,包括在全国具有相当权威性和影响力的媒体"充分肯定",大唱赞歌。正如萨根在《魔鬼出没的世界》中所指出:"落后的科学普及所放弃的发展空间,很快就会被伪科学所占领。"

二、作答要求

(一)假定给定资料 1 ~ 6 是你在调查研究中获取的信息,请你依据这些资料归纳出一份情

况汇报提纲，以供领导参阅。（20分）

要求：分条归纳，内容全面，表述准确，逻辑清晰；不超过400字。

（二）根据给定资料7～9，请你分析张悟本事件折射出哪些现实问题？（20分）

要求：问题全面明确，分析恰当透彻，表述简洁明了；不超过250字。

（三）给定资料中反映了"大学学术浮躁"问题。请你就如何治理这些问题，提出对策建议。（20分）

要求：问题全面明确，对策具体可行；不超过350字。

（四）结合给定资料，以"弘扬科学精神，提升科学素养"为题，写一篇文章。（40分）

要求：思想深刻，观点明确，结构完整，语言流畅；不少于1000字。

2010年甘肃省公务员录用考试《申论》试卷

满分:100分　　　　时限:150分钟

题　号	1	2	3	4	总　分	核分人
得　分						

一、给定材料

1.笔者是个有30多年烟龄的老烟民了,一直想戒烟,但一直未能戒成。今年9月初见河南卫视、山西卫视等多家电视台播放戒烟广告节目。其中采用德国品质专利的勃兴登清毒烟弹广告声称能清除体内多年累积的尼古丁,自购买之日起勃兰登清毒烟在中国保修1年,维修10年,免费赠送充电电池、电子烟杆,每盒烟弹仅售99元人民币,手续费39元。3个疗程,无效退货。

广告描述得如此令人心动,笔者信以为真,急忙打了广告下方的联系电话:400-8210-010,电话有人接听,声称业务很忙,一会联系。没过10分钟来电显示021-33328004,电话确认笔者地址、电话后,工作人员称即可发货,货到付款。事过一个星期,笔者果然接到快递公司电话通知,急忙去取货。为了防止特快行业"先签字,后验货"的"行规",收到货后笔者让邮递员打开邮政包装盒,以为里边的商品盒就是自己所需的商品,便向代收货款的工作人员付了款,但索要发票时工作人员称要向经销商去要。笔者回到家里打开商品盒,按照商品说明组装清毒烟然后吸起来,吸不到2分钟就没烟了,换上新买的烟弹依然没有烟。按经销商电话急忙打过去,已无人接听。电视广告上留下的电话,已连续两天无人接听。从网上查找生产商、经销商与东方投资也没网址,只有几个跟我经历一样的网民直呼上当受骗。

《快递服务行业标准》规定,快递服务人员将快件交给收件人时,应有义务告知收件人当面验收快件;验收无异议后,验收人应确认签收。而《消费者权益保护法》也规定:"消费者享有知悉其购买、使用的商品或者接受服务的真实情况的权利。"虚假广告商利用媒体夸大产品性能与商品包装,欺骗消费者的知情权和公平交易权,再利用国内特快专递代收货款的漏洞,采用货到付款迷惑消费者,形成了广告经销商、媒体宣传商、快递公司的共同利益链,对消费者的"软肋"进行侵犯,而有谁对消费者进行维权保护呢?

在此提醒广大消费者,在购买电视广告商品时应慎重,以防上当。在领取自己的快递物品时,要先验货,后签字,避免不必要的损失。

2.虚假广告如今已经成为人人喊"打"的过街老鼠,为此,有关部门接连下达了各种规定,体现了一个"严"字。但是,荧屏上的虚假广告还是屡见不鲜。

每当夜深人静之时,那些"瘦身""丰胸"的广告就在各家卫视摆起了地摊,拼命地吆喝,其广告词一听就知道是言过其实的夸张,令人难以置信。类似"你想多大,就能够多大"的丰胸广告比比皆是,有些广告在情节的设置和对话上更是不堪入耳。这样的电视广告能够出现在各家卫视的荧屏上,关键还是经济利益的驱使。

在上海电视节"白玉兰论坛"上,国家广电总局传媒机构管理司、网络视听节目管理司副司长任谦表示,国家广电总局将"严打"电视虚假广告,并整顿电视购物节目。任谦在论坛上还透露,国家广电总局将继续加大监管力度,出台一系列政策条例,对违犯法律法规、违反宣传纪律、播放虚假广告的播出机构进行严打，违者将遭到停牌、停播等严厉处罚。此外，也将对广告进一步规范，对电视购物节目进行指导、管理和整顿，通过行业自律、签订自律公约来抵制不良、低俗的内容。“总之，希望通过综合手段，让媒体提升自己的公信力、美誉度、影响力，更好、更快、更健康地发展。”

这是主管部门对严打电视虚假广告表达的一种态度，也是顺应民心的举措。如同明星代言虚假广告要承担连带赔偿责任一样，对播出虚假广告的电视媒体有了具体处罚规定，这就从源头上阻止了虚假广告的传播通道。政策和法规的出台，虽然提供了“量刑”的依据，但是，对于虚假广告也要有一个识别的过程和责任的区分，这是一个较为复杂的法律问题。比如对明星代言虚假广告连带责任的处罚问题，至今还存在着如何界定的争议以及由此所引起的不同看法。

荧屏播出广告，最起码的一点应该是言语与事实相符。其实，对有些荧屏虚假广告的识别并不难，关键还是在于媒体责任意识的弱化。没有规矩，不成方圆；有了规定，要严格执行。对荧屏上那些“丰胸”和“瘦身”等言过其实的广告，观众很有意见，应该狠下决心进行治理，严打电视虚假广告应先从深夜开始，电视媒体首先要清理自己的荧屏。

3. 自从“电视购物”登陆荧屏，由其引发的消费纠纷就层出不穷。日前国家广播电影电视总局在上海电视节闭幕之际透出讯息：有关电视购物的两个标准——《电视购物节目标准》及《电视购物行业标准》有望今明两年出台，而节目中出现的嘉宾、主持人都将成为重点整顿的对象。

此前早有相关部门证实：部分电视购物广告中的“专家”“学者”等权威人士为演员扮演；而“演员”在片中所列头衔多数“子虚乌有”。对此，公众提出：光靠消费者自身很难发现这些问题，希望有关部门为“专家”“学者”推介产品立规矩，在广告审核时就竖起门槛，避免“李鬼”上镜。此番广电总局在“双标”规定中就将明确指出：对涉及电视购物的播出频道、电视购物公司、生产厂家、节目、网站、投诉与反馈、呼叫中心等 8 个方面会设定一定的门槛，而对节目中出现的嘉宾、主持人等也都将进行备案，严禁演员扮演专家、学者，严禁嘉宾“打一枪换一个地方”。

4. 电视购物和网络购物等新型购物方式以其便利的形式，吸引了不少消费者的目光，但是这种购物方式却存在不少风险。日前，乳山市工商局消保科提醒消费者谨防电视购物和“网购”中屡见的“夸大宣传”“货不对板”“承诺赠品不兑现”三大陷阱。

近期，市民赵先生在电视上看到一款手表的广告宣传：“镀 18K 黄金，镶嵌 1.26 克拉真钻，原价 11800 元，现价 1000 元，限量 20 只，欲购从速。”赵先生拨打订购电话购买了这款手表。收到货后，赵先生发现，“金钻手表”根本没有钻石，更不是镀金表，可因手表的经销商不在本市，赵先生想索赔只能去经销商所在地。考虑到诸多不便，赵先生只得放弃了维权念头。

类似情况在消费者刘女士、宋先生和孙先生身上也都发生过。刘女士通过电视购物订购了一件电器，收到的商品竟然是“三无”化妆品。宋先生花 799 元在网上买了一部数码相机，货到后发现店家所说的手机卡等赠品都没有兑现。孙先生以 540 元钱邮购了一部手机，货到后发现竟然是一部没法开机的假手机。

乳山市工商局消保科工作人员介绍说，随着网络和信息技术的快速发展，消费者对电视和网上购物商品的申诉明显上升，申诉商品种类繁多，其中手机约占 60%，数码相机、手表、保健品、化妆品、饰品、服装等约占 40%。自 2010 年 1 月份以来，乳山市工商局受理各类咨询和申诉 9 件，投诉内容主要包括夸大宣传、货不对板和承诺赠品不兑现三大类。而由于异地购物，消费者难以举证。此外,通过电视或网络购物的消费者大多没有购物凭证,且卖家一般规定付款后才能开箱验货,而一旦打开包装箱后,卖家便可能以消费者“已打开包装箱,不能认定是否为原产品”为由拒不承认商品存在的问题。另外,按照属地管辖的原则,消费者购物产生的纠纷应由生产商或销售方所在地相关部门受理,一旦发生纠纷,解决很不方便。

乳山市工商局 12315 申诉举报指挥中心特别提醒广大消费者:不要轻信夸大宣传;不要轻易邮寄货款;不要轻易签字盖章;保留相关证据,包括邮单、包装箱等。

5. 最近,上海市消保委 12315 禁用词语热线和市工商局联合公布了国庆长假七天的投诉举报情况。结果显示,消费者对电视购物的投诉量居首位,12315 热线七天共接到涉及电视购物的投诉达 52 件,比 2009 年同期增长 160%,很显然,电视购物已经陷入了极大的“信任危机”,如果有关部门、机构和运营单位不及时采取措施,电视购物很可能陷入“过街老鼠人人喊打”的境地。

橡果国际股价大幅下滑的直接原因是企业的诚信问题,而根本原因则是电视购物模式的先天性诟病。因为消费者对电视购物的投诉并非花落橡果国际一家,其他的电视直销购物公司也普遍存在这样的问题。电视购物已经完全变成了一颗毒瘤。这类购物广告充分抓住消费者贪便宜求实惠的心理,以低价格推销假冒伪劣商品,害得不少消费者“叫苦不迭”,每当看到吹得天花乱坠的电视购物广告就心生厌恶。

从电视购物诞生到今天,问题层出不穷,从未间断过。由于假冒伪劣和坑蒙拐骗屡见不鲜,早在 2006 年 8 月的时候,国家广电总局、国家工商总局就颁发了对药品、医疗器械、丰胸、减肥、增高产品等五类商品不得在电视购物节目上播放的法规条令(禁播令),给电视购物敲响了警钟,然而事实并未如有关部门期待的那样发展。2007 年,随着“藏秘排油”“胡师父无烟锅”等虚假宣传电视直销产品相继被曝光,电视购物再次走到了风口浪尖。加上本次上海市消保委和工商局公布的投诉,电视购物如此之多的弊端让我们疑惑:难道它真的已经成了扶不起的阿斗?

6. 电视购物早期的高速发展得力于其模式的新颖、运营成本的低廉以及给客户带来的方便快捷,不过这也成为电视购物招摇撞骗的不二法门。据一位曾在电视购物行业工作过 10 余年的业内人士透露,50 万的注册资金、七八名客服人员、一款产品、10 万的现金流就能组成一个电视直销公司,其实这种公司和皮包公司别无二致,如此低成本运作让很多电视直销公司敢于铤而走险,为了自己的利益采用欺骗手段坑害消费者。

与此同时,越来越多消费者上当受骗的情况被举报出来,从中我们不难发现,电视购物至少存在以下问题:过分或片面夸大产品功效,诱导消费者;违规发布广告;采用虚假的现场演示或是运用数码技术合成效果对照图片,诱导消费者购买其产品;肆意贬低同类商品;内容低级庸俗、售后无保障等。

不过电视购物的问题并非无解,关键在于有关部门、机构和运营单位要切实采取有效措施严打假冒伪劣,保护消费者利益。这在国内其实已经有了很成熟的范本可供借鉴使用,这就是网络购物。针对近期“电视购物”被消费者投诉的情况,中国商业联合会媒体购物专业委员会透露,规范电视购物行业的《中国电视购物行业标准》正在抓紧起草,其中就大量借鉴了网购行业的先进经验,如淘宝网推出的 7 天无理由退换货。

7. 网络购物和电视购物在模式上有一定的异曲同工之妙,他们都能让消费者非常方便获得自己需要的商品。但相比电视购物,网络购物采取了多种举措保证消费者的利益,所谓诚信为本,这是网络购物能获得持续快速发展的主要原因。

就拿国内第一大网购平台淘宝网来说，在淘宝网成立之初，就采用了信用评价体系、第三方支付工具支付宝来提高网络购物的信用度。2007年8月，淘宝网全面推广“消费者保障计划”，第一阶段一经推出就获得了不错的效果，网购环境获得持续不断的净化；2008年3月份，淘宝网又推出三项禁用词语新规则，作为消费者保障计划的第二阶段，通过“假一罚三”“7天无理由退换货”和充值卡“闪电发货”三大举措不断提升消费者的购物体验和信任度；2008年9月，淘宝网继续推出消费者保障计划第三期，其中包括数码与家电类目30天维修、古董珠宝类目保真、食品类目认证审核、奢侈品鉴赏以及屏蔽搜索引擎五大举措。

淘宝网分步实施的消费者保障计划在确保消费者获得高质量使用体验的同时，也为他们的利益加上了多重保险，为网络购物的持续、快速、健康发展提供了良好的外部环境。

回过头来看电视购物行业。其实，淘宝的消费者保障计划可谓提供了一个不错的范本，除为相关标准提供了参考依据之外，目前约有40多家电视购物企业也纷纷效仿其经验，致力于打击假冒伪劣，保障消费者利益，提升其信任度，不过能否起到真正的效果还有待观察。在低成本高回报的情况下，始终有人会铤而走险，加上电视购物很难形成网络购物那样统一的平台，管理方案的执行力度始终是鞭长莫及。在此前提下，笔者觉得电视购物其实应该退出历史舞台，其职能完全可以由网络购物来替代。因此，强烈建议有关部门直接加大对电视购物的查处和打击力度，而不能停留在简单的规范和完善上。

8. 打开网页、轻点鼠标、等待配送，网络购物以省时、便捷、高效等特点深得消费者青睐。“拨打屏幕上的电话轻松订购”，电视购物的流程则更为便捷。然而，在网络购物、电视购物过程中，消费者并没有直接面对商家的机会，交易大多是由快递公司作为中介来实现，加之商品无法“眼见为实”，消费者的合法权益极易受到侵害。

据中消协网站资料显示，侵权方难以寻找、侵权证据难以掌握、侵权责任难以认定是目前受理网上投诉面临的三大困难。

中闻律师事务所的王珂律师认为，网络的虚拟性导致商品信息仅由卖方单方面提供，买方无法在购买前检验。消费者可以选择货到付款，先验货、再结清款项，以保证主动权。但是，在退换货方面，由于作为侵权方大多没有实际经营地址，这加大了消费者求偿的难度。

对此，天津消费者协会受理投诉的工作人员建议消费者通过以下渠道保护自身权益：首先，选择口碑好的购物渠道，并通过网友留言了解卖家信誉。其次，选择“货到付款”或“支付宝”等第三方支付系统，避免与卖家进行直接的钱款交易。第三，妥善保存订货单据以及聊天记录、电话录音等交易记录，并索要发票单据，以备投诉。此外，选择“货到付款”时，要做到先验货、后付款，若出现问题可拒绝付款。

9. 如今网上消费已经深入百姓生活，大至家电、汽车，小到食品、文具等，轻点鼠标，在网络商城里就可一览无余。然而近年来，网络消费投诉案件数量也与日俱增。

浙江传媒学院制作系大三学生小王喜欢在网上买衣服，不久前她在网上看中了一件价值580元的外套，当即给店家汇了钱去，收到货后发现颜色和大小都不合适，可当小王提出退货时店家表示只能换货，同时换货产生的邮资还需要小王自付。

小王介绍，网上店家通常喜欢把货物的图片用软件做得十分漂亮，针对不同顾客的需求还会附上不同样式的说明，可是实际货物的分类却并没有说明上描述得那样明确。

在媒体工作的罗小姐在网上购买了一部价值3000元的诺基亚手机，这款手机在网上标价比市场价便宜了近千元，货到后，罗小姐发现手机有明显的使用痕迹，根本不是网上介绍的全新手机，同时也没有发票和全国联保的单据。经追问，店主表明正因为是二手的所以才比市场价便宜，如果手机出了问题也只能到相隔几百公里外的另一个城市去修理。

据了解，杭州市消费者协会和工商行政管理局每个月都会接到不少类似的举报。然而由于缺乏有效的监管机制和措施，网购、电视购物的维权存在许多困难，再加上很多卖家都是个体户，没有到工商部门注册登记，而网上商店特有的虚拟性，也使得工商局无法出面上门解决问题。

网购如同一把双刃剑，当消费者体验网购带来的便捷、实惠的同时，不得不面对维权困难的现实。记者了解到，如今有关网购的抱怨声日益高涨。

杭州市工商行政管理局12315举报申诉指挥中心工作人员胡永海介绍，网络购物中的纠纷通常分为几种，如使用特效处理制造夸张的效果；货到付款，剥夺消费者的验货权；经营者没有明确的名称、地址；购物缺少凭证等。

除此之外，网络、电视购物相关的法律法规尚存在盲点的情况，对于消费者维权也十分不利。据浙江国圣律师事务所的程学林律师介绍，网购或者电视购物发生纠纷都属于民事纠纷，但由于我国在网络购物方面的法律体制还不完善，网购维权实际操作起来是非常困难的。

首先，由于网上商家是虚拟的，不需要像现实中的商家一样进行工商登记，所以法院很难受理诉讼主体不明的案件。

另外，购物证据不足。消费者手中除了汇款单或者与买家的交易记录外就没有其他购物凭证，而汇款单又无法具体标明商品的功能、型号等内容。许多网上交易还是跨省市的异地交易，这也给监管部门受理与查处造成困难，消费者的损失很可能追不回来。

此外，诉讼成本也过高。网上购物的金额通常不大，有的甚至只有几元、几十元。为了这样一起纠纷花大量的财力和精力，许多消费者也感到得不偿失。

10.“把一根牙签夸成参天大树，把一只猴子夸成齐天大圣，把一间小屋夸成豪华别墅”。这是2010年春晚相声《超级大卖场》对一些电视购物虚假广告宣传的讽刺和揭露。

电视购物是舶来品，自20世纪90年代中期进入我国，至今已有十余年。在国外，电视购物是消费者购买产品的主流渠道之一。在国内，消费者对这种居家购物方式的接受程度也在逐渐提高。

电视购物采用“产品展示＋导购人员解说＋模特现场示范”的方式，刺激消费者的购物欲望。消费者选择电视购物，往往是看中其购物快捷方便、价格低廉并受其极具煽动性的广告的诱惑。但由于市场监管机制不健全、法律法规缺失等原因，目前我国电视购物行业的发展呈无序状态，暴利和虚假广告宣传的问题较为普遍。尤其是对药品、医疗器械、丰胸、减肥、增高等产品方面的虚假宣传，误导了众多消费者，并给不少消费者造成了健康及财产的损失，以致国家广电总局严令电视购物节目禁播这五类商品的广告。电视购物行业陷入严重的信誉危机。

此外，由于电视购物的交易双方存在地域距离、厂商诚信缺失、经营者与媒体互相推卸责任等原因，当消费者合法权益受到侵害时，容易面临退换货难、投诉举证难、调解处理难等问题。

与电视购物方便快捷的特点有异曲同工之处的网络购物，随着互联网的普及在我国迅速兴起并得到众多消费者的青睐。但客户信息泄露、假冒伪劣产品多、宣传与实际不符、利用“钓鱼”网站实施诈骗等损害消费者利益的事件比之电视购物有过之而无不及，使该行业同样陷入诚信危机。

规范电视购物和网络购物市场经营秩序，让广大消费者有个安全、放心的消费环境，是各级政府义不容辞的责任。

11. 消费者们怎样判断一个团购网站是否有诚信度呢？调查显示，媒体对该网站的正负面报道（37.8%）、该网站以往推出的团购质量（30.5%）和网友对该团购网站的评价（23.8%）成为消费者判断一个团购网站是否有诚信度的重要因素，这三个因素归根结底还是归结到“口碑”上——只有平常服务做得好了，人们或者媒体口口相传，口碑自然就起来了。最近，多个团购网站纷纷推出巨额广告战略，想通过广告的轰炸炸出自己的口碑，这可能会收获甚微——调查数据显示，只有7.8%的受访者会根据看外界是否有该网站的广告而判定这个网站的诚信度。

由于法律方面相对团购网站发展的滞后，有关部门对其管理存在很大的漏洞，团购用户普遍存在维权难的问题。52.8%的消费者遇到团购纠纷时想维权不知道找哪个部门，此外竟然还有6.9%消费者会自认倒霉。只有三分之一左右（36.1%）的消费者会选择与团购网站沟通协商，而对本来应该是管理主体的工商部门的选择出乎意料地排在最后，只有4.1%。作为上帝的消费者在遭遇纠纷时的反应让我们不禁感叹消费者维权意识之低。

工商部门多次提醒消费者应该加强维权意识。假如遇到纠纷，消费者可以选择与团购网协商、投诉至工商部门或在购团网上的投诉区进行投诉。作为中国领先的团购导航网站，购团网一直致力于义务帮助消费者解决团购中的投诉问题，自从设置投诉区以来，共收到消费者在团购网站上解决不了的疑难投诉1243条，其中的921条在购团网的协调下消费者与团购网站达成了解决，解决率达到74%。购团网既为维护消费者的利益做出了努力，也为团购能够持续为消费者喜爱做出了贡献。

12. “有利可图才有诈骗，诈骗的成本高、收益小时，针对电视购物的诈骗才会减少。”北京市盛峰律师事务所主任律师于国富表示，“广播电视管理行政主管机关应该有能力做到强化监管，并建议消费者协会可以考虑借鉴音著协的做法，代表消费者起诉侵权方。”

面对电视购物出现的诚信危机，中消协副秘书长武高汉也表示担忧。他呼吁，应对电视购物节目和相关企业引入事先的资质审查，从源头控制广告和商品质量。另外，还应该引导规范电视购物产业的发展，如加强立法、推动相关部门的监管以及提高消费者的维权意识等。

首先，国家应该针对电视购物等行业加快立法，严厉惩罚诈骗行为，堵住相关法律漏洞，增加犯罪成本。

其次，电视购物业应该有意识地自我规范，要由有责任心的企业出面引导行业的发展方向，引入以支付宝为代表的第三方担保交易模式，把握住虚拟购物中支付这个关键点。

再次，消费者要提高自我保护意识。要有一些必要的警惕心和必要的消费习惯，不要轻易相信商家所打出的承诺。坚决要求使用支付宝等第三方担保交易模式，如遇问题可与卖家所属地的消协联系或与网站的消保联盟联系，以维护自己的合法权益。

“由于缺乏核心的推动力量与行业自我约束，电视购物将在较长的一段时间里无法形成良好的生态体系。”中消协副秘书长武高汉警告说，“如果行业整体不诚信的局面再得不到扭转，将变成另一个‘传销’！”

13. 信息时代的到来，使大众和社会对媒体的依存度越来越高，作为受众信息的主要来源，媒体承担着重要的传播义务。然而，许多媒体却存在着不同程度的信任危机，媒体公信力成为一个被推上日程的新问题。

在大多数国家，媒体的收入主要来自于广告，尤其在目前国内传媒盈利模式较为单一的情况下,广告几乎是媒介收入的主要来源。正是基于这种利害关系,广告商仿佛抓住了媒体的软肋,在传播活动中对媒介进行着或明或暗的干扰。例如各种涉性药品、医疗、保健品广告以及相关电视购物广告,内容低俗,画面不雅,然而媒体为了追求经济利益,往往对这些不良的商业传播采取听之任之的默许态度。媒体的纵容不仅会欺骗和误导消费者的购买行为,损害消费者的直接利益,而且会污染社会风气,败坏媒体自身的信誉。

面对欺骗,公众对媒体的忠诚度大打折扣。受众对媒体不买账,媒体传播对象减少,依托于媒体的广告覆盖人群就会受到影响,因此便极易形成广告商、受众、媒体三者之间的恶性运营模式,并最终导致媒体公信力的丧失。

面对媒体公信力的缺少,新闻机构必须尽快找到行之有效的解决办法以重塑在受众心中的正面形象,主要应该从以下几个方面努力:一是要提高媒介工作者的自身素养。真实是新闻的第一要义。这就要求新闻工作者必须提高自身的职业素养。首先是业务素养的提高,一个新闻从业人员应具有较强的新闻敏感和敬业精神。其次,作为一名媒介工作者,必须具备一定的道德修养,以维护人民的利益为己任。二是要加强新闻媒介的内部管理。重塑媒体公信力,不仅要依靠道德和记者的自律,同时也要加强新闻机构的内部管理,制定严格的管理办法。三是要处理好新闻与政治的关系。随着时代的进步,媒介地位也得到迅速提升,媒体不再是政治的宣传工具,而是政府与人民之间的桥梁。媒介的传播活动也不再是单向不可逆的,人民的呼声同样可以通过媒体传达给政府,新闻媒介恰可以利用这种双向沟通的正面作用而构建一种依托于政府的公信力,从而真正走向群众,贴近群众。

二、作答要求

(一)请用不超过 150 字的篇幅,概括出网络购物与电视购物的特点。(20 分)

要求:概括准确,条理清楚,语言流畅。

(二)用不超过 350 字的篇幅,提出给定资料所反映问题的解决方案。(30 分)

要求:有条理地说明,要体现针对性和可操作性。

(三)针对材料中所反映的问题,以加强新闻媒体的公信力为题,写一篇 1200 字左右的文章。(50 分)

要求:中心明确,内容充实,论述深刻,有说服力。

2009 年甘肃省公务员录用考试《申论》试卷

满分:100 分　　　　　　　　时限:150 分钟

题　号	1	2	3	4	总　分	核分人
得　分						

一、给定材料

1. 我国农村劳动力数量众多。改革开放 30 年来,通过发展乡镇企业和农民进城务工已经转移了 2 亿多农村富余劳动力。在我国工业化、城镇化加快发展的阶段,大量民工在城乡之间流动就业的现象在我国将长期存在。调查显示,我国农村目前还有大量富余劳动力,这一群体大部分还将以农民工形式转移出来。农民工分布在我国国民经济各个行业,在加工制造业、建筑业、采掘业及环卫、家政、餐饮等服务行业中已占从业人员半数以上。

2. 据甘肃省政府外出劳务办公室介绍,2005 年,全省共输转富余的劳动力 409.83 万人次,同比增长 26.39%,有组织输转 139.19 万人次,外出务工人员创劳务收入 100.82 亿元,同比增长 56.55%。

3. 进城就业的农民工没有城市户口,尽管在城市就业和生活,但其社会身份仍旧是农民,在农村还保留着承包土地。他们虽然已经主要从事非农业劳动,但大多还要在农忙季节返乡从事农业生产。他们属于亦工亦农者阶层。他们的工作完全由劳务市场需求调节,与所供职的企业或雇主之间没有长期的固定契约关系,两者之间的雇佣关系往往随着一项工程或业务的完成而终结。这种关系一旦终结,就需要重新寻找工作。他们的职业具有临时性、季节性、流动性等特点。他们是一个介于产业工人与传统农民之间的双向交叉的社会群体,经常在城市和乡村之间流动、颠簸。他们中的绝大多数尚处在一种双向流动过程中,能在城里找到工作就往城市流动,找不到工作就往家乡流动。他们常年在全国各大中城市漫游,苦苦寻求着各种就业机会。由于户口在农村,因此他们的许多权利和义务都与户籍所在的农村发生联系。农村是他们的输出地,往往又是他们的归宿地。找不到工作或者患了疾病,便重新回到农村从事农业生产劳动。尽管不在农村谋生,但他们的根还在农村,他们的家庭、心理寄托与感情牵挂都系于农村,自我感觉上也还是一个农民。农业虽不再是他们的主要职业,但还要兼而从之,以此作为自己和家庭成员的最后生活保障。尽管他们已身在城市,从事着非农业劳动,但还带着农业、农村、农民的脐带。

4. 一项调查结果显示,98.7% 的雇主没有为农民工办理养老金、住房公积金和医疗保险金,93.4% 的雇主没有为他们办理工伤保险。更有甚者,多数农民工不敢提出签订劳务合同的要求。他们往往在缺乏劳动保护和安全保障的恶劣环境下工作,不惜以牺牲健康为代价。有报道称,在广州接触职业危害的 40 多万工人中,70% 以上是农民工。恶劣的工作环境,使他们成为“最容易受伤”的群体。

相当多的农民工被任意延长劳动时间,却得不到相应报酬。他们的劳动报酬原本就非常低廉,还常常受到企业主的克扣和恶意拖欠。新华社记者曾在北京、浙江、安徽随机抽样访问了 80 名农民工,其中竟有 72.5% 的农民工的工资不同程度地遭到拖欠。

进城就业的农民工原本就是来自农村的贫困阶层。他们来到城市打工谋生,一般居住在城乡接合部,在建筑工地打工者则大多就地住在工棚内,也有不少住在自己用各种建筑废料搭建的棚屋内。其居住条件的共同特点是:居住拥挤、采光和通风条件较差、潮湿,往往成为城市中的卫生死角。为了尽可能地节约在城市中的开支,农民工的饮食一般比较简单,他们是农贸市场低档蔬菜和街头路边饮食摊档的主要顾客。出行的主要交通工具是自行车,他们是旧自行车的主要销售对象。他们想尽办法节衣缩食、省吃俭用,为的是在过年的时候能够多带几个钱回家。

农民工是城市中失业最为频繁的群体。他们中有不少人经常处于失业状态。一份调查结果显示,2008 年 10 月以来,农民工遇到过失业问题的比例高达 45.4%,有 45.5% 的人遇到了 3 个月或更长时间的失业。失业对他们来说,意味着连那点微薄收入也没有了。

5. 尽管进城就业的农民工程度不同地接受了现代城市文明特别是工业文明的熏陶,参与了社会化大生产的实践,但这毕竟还只是初步的,尚未能锤炼出他们严密的组织性、纪律性。在多数农民工就业的个体私营企业,甚至连职工代表大会这样的职工参与企业管理、行使民主监督权利、维护合法权益的组织形式都没有。在这些企业里,基本没有农民工的主人翁地位可言。他们在企业里完全处于一种无权的地位,所以对企业的经营状况和效益的关切度也根本不可能有国有企业职工那么高。除了出力干活挣得工资以外,他们根本不去关心所在企业的前途命运。因此,置身于这种环境和氛围之中的农民工也不可能萌生主人翁意识。当然,也有一部分农民工从业于国有企业。即便是这部分农民工,也没有多少主人翁地位可言,因为农民工同所在国有企业的关系也是一种雇佣关系,加之他们在企业里的身份被统称为临时工,因而不可能被当作企业发展的依靠力量,不仅不被吸收来加入企业工会、参加职代会、参与企业民主管理,而且也根本享受不到本企业中的城市职工所享受的各种福利待遇,甚至连工资级别也完全与城市职工分属两个体系。同时,农民工自己在心理感受上,也从来没有把自己看成是"单位人",没有心思去管企业的事。

6. 按照有关法律规定,选民实际上已经迁居外地但是没有转出户口的,在取得原选区选民资格的证明后,可以在现居住地的选区参加选举。在实际操作过程中,作为非当地户籍的外来暂住人员,远离户籍所在地的农民工一般宁肯放弃自己的选举权和被选举权,也不愿去办理这些烦琐的选民资格手续。因为要办理这些手续,他们一要中止好不容易才谋到的工作,冒失去这份工作的危险;二要付出较高的办理成本,其中包括误工工资和往返的差旅费用。因此,在办理选民资格手续和放弃参加选举二者之间,他们通常会选择后者而不是前者。当然,做出这种选择,并非是因为农民工们缺乏参政的热情,而是制度安排没有考虑非当地户籍的外来暂住人员取得选民资格证明要付出多大的成本,是这种有缺陷的制度安排,把他们排斥在了城市政治生活之外。在现阶段,我国社会还缺乏让农民工阶层表达自己利益诉求的渠道,缺乏使政府能够倾听到农民工呼声的机制。

7. 清华大学社会学专家的调查结果表明,在城市社会分层体系全部 100 种职业的排位中,农民工居于第 94 位,而且排在最后 10 个位次的职业都与农民工不无关系。

全国人大代表郑功成接受记者采访时这样表示,根据调查显示,过去 10 年间,在广东经济持续增长的情况下,广东农民工工资才增加了 60 多元钱,扣除物价上涨因素,实际上工资是下降的,还不如 10 年前。

8. 长期以来,不少城市在就业方面普遍实行总量控制、先城后乡的政策,设置种种职业、工种限制。近年来,有些城市的政府为解决城市职工再就业问题,制订了各种就业准入制度,限制外来人员进入某些行业。有些城市政府甚至下发红头文件,要求一些部门和行业清退农民工,为本地下岗失业人员腾位子,搞所谓的“腾笼换鸟”。在对农民工实行就业限制政策的同时,还强制性收取各种管理费,以提高就业成本为手段,进一步强化就业壁垒。除此之外,对农民工劳动权的歧视,还表现在对他们的劳动休息权、工资报酬权和劳动保护权等方面的侵害上。用工单位和雇主大多不与农民工签订劳动合同,工作时间、劳动强度、报酬和工伤处理办法全由用工单位和雇主说了算。用工单位和雇主随意延长工作时间、增加劳动强度,却很少给务工者支付超时超额劳动报酬。尤为突出的是,拖欠农民工工资的情况十分严重。一些用工单位特别是建筑企业,不是按月给农民工工资,而是一年一结,有的甚至连这也做不到。如果农民工中途变更工作,就基本上拿不到工资。

由于种种制度性和非制度性的原因,进城就业农民工的子女往往享受不到与城里孩子同等的受教育权。一项调查结果显示,全国流动人口中处于义务教育年龄段的孩子,有9.3%处于失辍学状态。

又一个新学期开始了,新的希望再次呈现在孩子们眼前。然而,对于那些仍没给自己的孩子找到学校的农民工来说,孩子的上学问题已经成为他们最头疼的事情。

2月19日上午,记者在海南省海口市南海大道遇到了正为孩子上学问题奔波的四川籍农民工卢某。记者随他一起走访了坡巷村附近的3所民办小学。老卢告诉记者,有段时间他的两个儿子都在海口读书。后来,他把大儿子送回了老家,而10岁的小儿子则留在海口一所民办学校读小学四年级。因为小儿子的学校学费有些贵,条件又不是很好,他就想给孩子换个学校,但直到现在还没有找到合适的。

记者随老卢来到了南海大道的一个横岔路口。在这里,两所民办学校分别打出了长长的招生条幅。在一条幽深的小巷里,记者小心地避过堆放在路边的垃圾,好不容易才看到了一块写着“明X学校”的牌匾。记者看到,教学楼前用砖块拼成一段小路,操场上堆放着一堆一堆的沙石,篮球架下到处是厚厚的沙土……老卢黝黑的脸上有些失望。他说,他们夫妻都没什么文化,就想让孩子在环境稍好一点的学校上学,而这所学校显然太让他失望了。下午,老卢打听到位于坡巷村的海口市兰亭学校正在招生,就带着孩子赶了过去。一进校门,老卢径直向贴有学生报名收费表的黑板走去。不一会儿,他就失望地从人群中钻了出来。原来,该校学前班走读生收费为380元;1~5年级收费为400元;6年级420元;初中1~2年级600元;初中3年级650元。下午4点,他带着孩子来到南海大道博巷路的金龙利文学校。这一次,他依然无奈地直摇头。招生简章上写道:小学走读学费每学期600元,教材费80元;初中部每学期学费800元,教材费20元。另外保险费40元/年,体检费20元/年,春季校服费50元/套。无奈的老卢蹲在学校门口点起了一支烟——当地最便宜的软盒宝岛牌。他告诉记者,他的大儿子以前一直在海南的民办学校上学。由于质量参差不齐,大儿子转了4次学才找到一所环境相对较好的学校。大儿子小学毕业前,他们发现,由于没有海口市户口,儿子根本就不能报考教学质量较好的初中。他一咬牙,花了1.6万元将大儿子送进了家乡一所比较好的中学。

“现在,小儿子也念小四了,又遇到了当初一样的问题:民办学校环境不好,学费又贵。我做梦都想让儿子能上一所师资和环境比较好、收费便宜的公办学校,可现在连个过得去的民办学校都找不到……”

据了解,近年来海南在教育方面的投入日益增长,但是由于教育方面存在一些历史遗留问题,海南的教学资源依然无法满足需求,很多公办学校班级人数已经严重超标,无法再吸收更多的农民工子女。

海南省跨省用工管理所所长吴以仁告诉记者，每年进入海南省的外来务工人员大约有 30 万人，农民工子女上学问题日益突出。2004 年，海南省教育厅曾进行过一次调查，发现在 8000 多名农民工子女中，仅有 2000 多人进入公办学校就读，就读率仅占 25% 左右。

9. 当进城就业的农民工离开农村来到城市以后，由于与家人、亲戚、朋友减少了面对面的亲情互动，又无法融入城市社会，他们在情感方面失却了宣泄的机会与场所，故而在社会流动与漂泊中产生种种心理不适，长期处于情感需求与情感实现的矛盾冲突之中。由于受到文化程度和经济条件的限制，他们很少能光顾城里的书店、图书馆等文化设施。长期和过度的精神压抑，不仅会使一些农民工患上精神类功能性疾病，有时甚至使一些农民工会形成某种直接导致过激行为的变态心理。近年来，一些城市发生的恶性案件，许多都与农民工有关。

10. 有关调查表明，目前我国公民具备基本科学素养的比例为 1.98%，美国这一比例为 17%，我们与美国等发达国家相比的差距是明显的。即使在生活水平相对较高的江苏省，公民具备基本科学素养的比例也仅为 2.03%，全省人均科普费用仅为一角钱。

四川省的一项调查表明，近九成成都市民不了解网络。江苏省的一项抽样调查结果显示，有 1/5 的人相信求签可预测人生或者寿命，1/4 的人相信相面，还有相当数量的人相信周公解梦、星座预测。

中国科普研究所副所长雷绮虹介绍，根据中国科协 2003 年的一项调查结果显示，我国生产工人、运输设备操作及有关人员、商业及服务人员的整体科学素养水平在社会各职业中均属较低人群。这种状况直接影响到城镇劳动人口的就业、转岗、创业能力，也影响到企业的竞争力、创新能力的提高。由于企业员工科学素质偏低，导致我国产业技术水平不高，高技术产业所占比例很少，劳动生产率仅为发达国家的 25%。

11. 有一年的春晚，冯巩、朱军、牛莉合说了个相声《跟着媳妇当保姆》。其中，扮演城里人的朱军有几句台词耐人寻味。大意是："没有你们农村人，我们城里人连年都过不好。谁给我们送牛奶，谁给我们来送报，谁在午夜运垃圾，谁在黎明扫街道。"

"2008 年在电视前看到奥运会时，我可以对别人说，这里有我的一份力呢。为了这个，过年不回家也值了。一辈子能赶上几回呢！既然赶上了，就做点什么。"在北京东直门地铁建筑工地，来自四川的 42 岁农民工侯位银骄傲地说。

大年初一下午三点多，位于北京东直门的"轨道交通首都国际机场线 01 标段"工地现场，为了保证工程如期完工，180 多名农民工放弃了回家过年的机会，在工地上一如既往地忙碌着。

12. 据国内权威媒体 2009 年 2 月 2 日报道，在春节来临之际，我国部分省份已经开始采取行动，赋予农民工产业工人待遇。留在上海、江苏、广东等城市里过春节的数十万农民工，收到了当地工会组织发放的慰问金和年货。这是根据中华全国总工会今年 1 月初宣布的增拨 500 万元"农民工专项温暖资金"做出的具体行动。而拨付专项资金给农民工，这在"送温暖"工程开展 10 多年的历史生还是首次。

13. 党中央、国务院高度重视保障农民工权益和改善农民工就业环境问题，近年来制定了一系列政策措施，各地区各部门做了大量工作，取得了明显成效。新春伊始，《国务院关于解决农民工问题的若干意见》正式发布了。《意见》充分肯定了农民工在我国经济社会发展中的地位和作用，深刻阐述了解决好农民工问题的重要性、紧迫性和长期性，明确提出了做好农民工工作的指导思想、基本原则和政策措施。落实好这个文件，解决好农民工外出务工遇到的困难和问题，必将会极大地保护和调动广大农民工的积极性，推动城乡共同繁荣，促进社会和谐稳定。《意见》全文分10个部分、40条，约9000字。涉及了农民工工资、就业、技能培训、劳动保护、社会保障、公共管理和服务、户籍管理制度改革、土地承包权益等各个方面的政策措施。《意见》提出做好农民工工作的基本原则是公平对待、一视同仁；强化服务，完善管理；统筹规划、合理引导；因地制宜、分类指导；立足当前、着眼长远。

曾有报道说，公安部正在抓紧研究进一步深化户籍制度改革的意见，拟取消农业、非农业户口的界限，探索建立城乡统一的户口登记管理制度。目前，全国已有10个省份着手进行户籍改革试点，这对农民工来说，又是一个春的消息。它意味着旧的户籍制度最终将被彻底打破，阻碍城乡劳动力市场统一的壁垒也终将被彻底清除，农民转为产业工人会更加便利和自由。关于这一点，正如上海市社科院专家陆晓文所说："进城的亿万农民工基本上已成为补充传统产业工人大军的重要力量，给予他们正式的产业工人身份和待遇关系全局，是不可逆阻的历史趋势。"

二、作答要求

（一）请概括给定资料所反映的主要问题。（20分）

要求：概述准确，语言简练，条理清楚，表达流畅，字数在150～200字范围内。

（二）请提出解决给定资料所反映问题的方案。（30分）

要求：有条理地说明，要体现针对性和可操作性。字数在250～300字之间。

（三）就给定资料所反映的主要问题，自拟标题进行论述。（50分）

要求：观点鲜明，逻辑严密，表达流畅，字数在1200～1300字之间。

2007年甘肃省公务员录用考试《申论》试卷

满分:100分　　　　时限:150分钟

题　号	1	2	3	4	总　分	核分人
得　分						

一、给定材料

1.认证之疯:物流师认证多达7个

当物流师这个称呼还没有被大多数人熟悉的时候,它已经荣膺为2007年五大热门职业资格认证考试之一,也被众多职业人热捧。然而当进一步了解这一职业的时候,一个困惑出现了——据不完全统计,物流师考试让人眼花缭乱,多达7个:中国物流与采购协会认证的物流师考试、中国商业技师协会认证的物流管理员考试、劳动部国家职业资格物流师认证、ITC采购与供应链管理国际认证、英国皇家物流职业资质认证以及美国运输与物流学会的“美国注册物流师CTL认证考试”、中国交通运输协会和全国高等教育自学考试指导委员会合作开发的、面向社会推出的一种资格认证——中国物流职业经理资格证书……

“这么多的物流师资格认证,别说考了,就是看了都眼晕!”在京城某高校物流管理专业毕业的王亮如此感慨,他直言这么多的认证真是让自己无所适从。

这么多的物流职业认证到底有什么区别?中国商业技师协会一位工作人员解释,他们协会的认证侧重于物流管理:“到底一个公司需不需要建立自己的仓库,这不是拍脑袋就能决定的,你需要一系列的理论来说服你的老板,这就是我们认证的内容。”某协会的工作人员的口气中还不乏对某些物流认证的不认同:“有的说白了,不过就是仓库保管员!”不过,对于4月30日的大限,一些协会接受采访时都口气坚定:“我们的认证肯定不会被合并或是什么的。”但也有某些协会的工作人员劝记者说:“为了稳妥一点,还是等4月30日以后再来向我们咨询如何考试吧。”而类似物流师认证这样的情况还发生在计算机应用技能的认证领域。据不完全统计,在该领域,就有教育部、劳动部、人事部、信息产业部及相关协会、商业机构等相关组织的数十种认证考试。

2.培训之疯:只要交钱就给证

“营销师职业资格鉴定招生(包拿证)”,“国家职业资格心理咨询师(包拿证)”……这样的职业认证考试培训广告无论是在网络上还是在一些高校的展板上都屡见不鲜,到底这“包拿证”三个字意味着什么?

记者以应考者的身份联系了一家培训机构。对方一名自称吴老师的工作人员带着炫耀的口吻说:“我们的过关率高,你想考哪方面的资格证?我们这有物流师、人力资源师、营养师等很多个种类。”

“我想考人力资源师,请问一定能拿到证书吗?”听到询问之后,对方马上打起了包票:“通过率100%,这个你有什么可以发愁的?来了就有证书拿,包你能够找到好工作,外企都没问题的。”对方的话一连串说出来。

“听说一些学员可以交了钱不用来培训就可以拿到证书,我也可以这吧?”听到这样的问话之后,对方略微犹豫了一下,随后回答说:“如果实在没有时间,一切都可以商量。”

然而一家名叫“培训通”的职业资格培训机构提醒说，一些不用培训就可以拿证的机构都是骗人的，在那儿获得的证书短期内在网上认证似乎没有问题，但是长期来看就会露出马脚。

3. 考试之疯：证书都是万能的

“如今不是后悔两个字就能说清楚的。”在职场打拼了有几年的李辉一脸无奈和沮丧。在考“证”成为一种风尚的时候，李辉也开始为自己勾画出一幅美妙的职业前景图——去考职业经理人证书，去职场大战一番。就这样，李辉义无反顾地投入到考证大军中去了。

“当一名职业经理人一直是我的梦想，我一定要实现！”李辉信心满满。擅长考试的李辉终于抓住了这个机会，他历经多次“磨难”之后终于顺利拿到了职业经理人的资格证书。然而当他用这个证书向公司领导提出升职要求时，却被拒绝了。一怒之下，李辉一脸自信地离开了公司，因为他觉得凭着自己的学历和技能证书一定能找到管理岗位的工作。然而，面对他的却是一次次铩羽而归。

“证书并不是万能的。”如今，李辉如此感慨。有关业内人士坦言，职业经理人职业资格证书虽然正式纳入国家职业资格考试体系，受到全国用人单位和政府机构的认可，但有关其实用程度的争议一直存在。一些企业认为管理的经验是在长年累月的“商战”中培养出来的，而不可能通过一定时间的面授、考证而获得。

智联招聘高级职业顾问郝健表示，职业资格证书只是求职者的一个敲门砖而已，一切都还得落实在实践中。一些企业不看重经理人职业资格证书也是有道理的，因为要把企业搞好，需要经验，需要对市场敏锐的嗅觉，需要对机遇的把握能力。一个优秀企业家的素质是综合的，不是一般的培训就能培养出来的。因此，不能仅仅通过证书就断定一个人可以成为合格的经理人。

4. 就业压力大，培训能赚钱

正在某高校上大四的萧然如今是考证一族，除了常规的英语、计算机之外，萧然还准备考人力资源管理师以及理财师。她说，如今学历证书加上职业资格证书，几乎成为大学生找工作的必备条件。“多拿一个证就多一条出路，现在就业形势这么严峻，没有点证书怎么好意思出去找工作？”萧然有点无奈。有专家表示，就业的压力的确导致职业资格认证越来越火。而另外一个原因就是利益。俗话说得好，无利不起早，什么事情都逃不掉一个“利”字。三级心理咨询师培训费3800元、中级营养师培训费2980元、人力资源师培训费1980元……这是记者在一个培训网站看到的一系列数字，这或许就能说明职业培训认证何以如此红火。而按专家估算，当前我国每年考评各类证书的经济总额超过3000亿元。例如外语考试，全国在校大学生1600万，加上社会人员，估计报考人数不低于3000万，以每人购买学习资料等各项费用1000元计，整个费用不低于300亿元。全国计算机考评培训人数2004年高达3000万人，各项费用也有几亿元。而在北京某职业资格培训机构的负责人看来：“现在一些协会办职业资格培训、认证，就是为了赚钱。”中国人事科学研究院人才能力建设与评价研究室副主任佟亚丽表示，职业资格认证本身没有问题，它可以保证符合条件的人员较好地从事某些专业的工作，目前的主要问题是在职业资格认证具体实施的过程中出现了一些管理上的混乱。她同时指出，目前在管理职业资格方面，法规建设滞后，缺乏总体规划，各方面对职业资格设置管理的认识不一致，对职业资格的设置实施和管理监督都缺少有效的法律和制度约束，是造成这种混乱现象的原因之一。佟亚丽提醒职场人说：一、广大职业人在4月30日之前，一定要留意人事和劳动保障相关部门发布的信息，也可以到官方网站上查阅信息。二、一些培训机构为了扩大生源，提高可信度，宣传自己是举办职业资格考试的单位和机构，所以宣称参加他们的培训，考试过关没有问题。佟亚丽提醒，举办职业资格考试的单位和机构，其实并不参与组织与考试相关的培训。三、一些职业培训机构宣称交钱就能拿证，这种培训机构都是不可信的。参加培训必须要看培训机构有没有办学许可证和其职能范围。

5."电子政务与网络信息安全培训，2980 元/人；高级会计业务认证培训，3200 元/人"……今后，各种名目繁多、收费昂贵、令基层单位苦不堪言的所谓"党政机关干部培训班"，在四川很可能会"偷鸡不成蚀把米"。

四川省纪委、省委组织部和省监察厅、财政厅、人事厅、物价局近日联合出台《四川省党政机关及其所属单位违规培训办班行为的责任追究办法（试行）》，明确规定，今后党政机关及所属单位没有法律法规依据、以颁发证书为前置条件、强迫有关人员和单位参加培训学习的，将受法律追究。12 种行为被界定为违规，违者将分别给予责令停办、责成清退违规收取费用和行政处罚等处理。同时，单位领导、主管人员和其他直接责任人员，将受到书面检查、通报批评、组织处理和纪律处分，涉嫌犯罪的移送司法机关。办法还特别指出，各主管部门及监管部门在监管过程中失职渎职的，也将依法依纪追究有关领导和直接责任人责任。这也是四川省针对党政机关"乱办班"问题出台的第三份规范性文件。记者从四川省纪委了解到，从 2005 年开始，行政机关及其所属单位乱办班、乱收费、乱发证的"新三乱"问题就被列入纠风专项治理。眉山市东坡区纪委的一份调查报告显示，2005 年当地各乡镇参加分管工作的副职培训、新分配高校毕业生培训、党政网培训、乡镇党校副校长培训等各种上级培训达 20 多项，最高收费标准为 3000 元/人，各乡镇共缴纳各类培训费 90 多万元，个别上级部门办班培训甚至发文件规定参训人数。同年开展的全省行政机关"新三乱"治理整顿中，共纠正、取消违规培训办班 228 期，涉及金额近 300 万元。"但是如果没有一个制度性的规范，还是不能治本，过后又会反弹。"据四川省纪委纠风工作室介绍，党政机关及其所属单位违规办培训班，其根源在于有些部门受利益驱动，依法行政意识不强，以培训办班之名行乱收费之实；特别是主管部门对培训计划、培训立项、收费标准、审批程序等缺乏规范和监管，使乱办班无据可依、无据可查。对此，四川省纪委、组织部、物价局相继出台了三份规范性文件。2006 年 8 月，省委组织部和人事厅制定《关于严禁借干部教育培训之名乱办班乱收费的通知》，规定了"哪些班能办，哪些班不能办"；10 月，省物价局和财政厅出台《四川省短期培训办班收费管理暂行办法》，从培训计划、立项依据、收费许可、收费标准入手，加强规范管理。

6. 去年 12 月 21 日，某报披露西安两培训学校组织学生"偷考"事件，经西安市、区两级教育局调查认定是一起违规考试，日前西安红缨路的小田英语培训学校、杨健文化培训学校被通报批评，并责令撤销杨健文化培训学校该处校区。

去年 12 月 21 日晚，该报接到学生家长投诉称，西安红缨路小田英语培训学校、西安杨健文化培训学校组织考试。当晚西安市教育局快速查处，停止学校考试，连夜展开调查，并责令上述学校提供学生花名册、办学许可证、收费许可证等证件，同时写出事件过程和深刻检查。

记者从西安市教育局获悉，经过多日调查核实，基本认定上述学校违规组织学生考试，纯属顶风违纪，乱办班，乱考试，对此，西安市教育局做出严肃处理，责令小田英语培训学校、杨健文化培训学校退还学生所有收费；全局教育系统通报批评，并撤销杨健文化培训学校在红缨路的校区。

同时，针对目前还有乱办班、乱考试的行为，西安市教育局发布通知，要求各区县近期对所属中小学（含民办）和民办文化教育培训学校进行一次全面排查，并将排查结果于1月31日前报市教育局。

连日来，家长、学生反映很多学校高考报名乱收费的呼声一直很高，引起了西安市教育局的重视，教育局已责成西安市考试管理中心迅速组成工作组，对高考报名乱收费的行为进行查处，同时公布了举报电话：029－87809685。考生、家长除向考试管理中心投诉之外，还可向物价部门举报电话12358予以投诉。家长请注意保留证据，以便执法部门查处。

7. 针对一些民办职业培训机构广告宣传夸大失真、培训质量参差不齐的现象，江西劳动和社会保障厅近日表示，今年将下大力依法治理民办职业培训机构乱打广告、乱办班、乱收费等违规行为，规范培训市场。目前，江西省民办职业培训机构达730家。但是劳动保障部门此前调查发现，一些职业培训机构办学行为不规范，广告宣传夸大失真，乱收费现象严重，社会反映强烈。江西省劳动和社会保障厅介绍说，目前全省技术工人仅占城镇就业人员的34.5%左右，与发达地区和发达国家的50%以上的比例有较大差距。而且技工缺口很大，尤其是技师、高级技师仅占技能人才总量的3.2%，低于全国平均水平。为缓解用工的结构性矛盾，江西省劳动和社会保障厅确定全省民办职业培训机构年内培训20万人的目标。劳动保障部门表示，今年将加强民办职业培训机构审批管理，规范审批程序，对无证开展培训、超越范围培训和乱收费行为坚决进行查处。虚假广告扰乱了民办职业培训机构办学秩序。劳动保障部门表示，今年将加强培训机构招生简章和广告监管，依法完善广告备案制度，严禁培训机构发布虚假和不实广告。

8. 今年福州市纠风工作将重点向行政机关及其所属单位的“乱办班、乱收费、乱发证”的问题“开刀”。近日出台的《福州市2005年纠风工作实施意见》还就深入治理教育乱收费、进一步纠正医药购销和医疗服务中心的不正之风作了具体规定。

据悉，今年福州市纠风工作将搞好“两项集中整治”工作。一是治理整顿行政机关及其所属单位的“乱办班、乱收费、乱发证”作风。各级行政机关所属或管理的事业单位、中介机构、社团组织等超职能、超范围、超计划收费培训办班的，坚决予以取消或纠正。另一项集中整治的重点是治理整顿企业违法排污、危害群众健康的问题。

二、作答要求

（一）概括材料中存在的主要问题。（150字）（满分20分）

（二）针对材料中存在问题给出解决措施。（200字）（满分30分）

（三）结合材料，写一篇1200字左右的作文，题目自拟。（满分50分）

2006年甘肃省公务员录用考试《申论》试卷（供省级以上综合管理类职位考生使用）

满分：100分　　　　时限：150分钟

题　号	1	2	3	4	总　分	核分人
得　分						

一、给定材料

1. 2005年9月5日，刘奶奶去某银行缴上月水电费时被告知，银行从9月份开始，代收水电费一律不收取现金，用户可以办银行卡缴费。刘奶奶已80高龄，从未使用过银行卡，再则，刘奶奶认为银行卡缴费不如现金缴费方便。但银行称，用银行卡代收水电费是规定，已贴出公告，不办卡者银行今后就不再为他代收水电费了。

2. 最近，北京的宋女士收到河南某出版社从铁路托运来的两包书。两包书都用一面贴有化学纤维的防水特制牛皮纸里外包了三层，并用专用的化纤绳以井字捆得结结实实。当宋女士准备把这两包书转寄到外地时，却在邮局碰了钉子。邮局的工作人员告诉她，按照"规定"，邮件超过10公斤就要装箱，否则不能邮寄。无奈，宋女士只好花了18元买了两只邮局专卖的专用纸箱，将书装箱寄出。宋女士想不通，同样的包裹，为什么铁路可以托运而邮局就不能邮寄呢？

中国消费者协会有关人士介绍，国家邮政部门对包裹包装要求的第二款明确规定：书籍、簿册等物品，可以用纸或布包装，捆扎前上下加夹厚纸板或木板，以保护内件，避免损坏。包裹重量的限定为28公斤。宋女士去邮寄物品的这家邮局的"规定"与国家规定不符，属于典型的不平等的格式合同条款，限制了宋女士对邮件包装材料的选择权。

随着市场经济的发展，人们可以选择的产品和服务品种越来越多，但随之而来的各种"条款""规定"也多起来。这其中有大量侵犯消费者合法权益的不平等格式条款和显失公平的行业惯例，严重侵害消费者利益，也就是所谓的"霸王条款"。特别是一些公用企业和具有独占地位的经营者，沿袭计划经济体制下的规定，或仅从行业自身利益出发制定格式合同，对消费者权利多方限制。其中以电信、铁路、电力等行业最为突出。

比如，市场上销售的一些电话充值卡上标明，卡内金额过期作废，或到期后余额将被封存，必须再次购买新卡才能使用封存的余额。如此循环往复，就好像一个"圈套"，强迫消费者要么继续消费，要么蒙受损失。像邮政、电信等至今仍然带有浓厚垄断色彩的经营者，由于他们出售的商品或提供的服务是"独此一家，别无分店"，消费者没有充分的选择余地，要消费，便只有硬着头皮接受他们单方面拟订的不平等条款。

3. 据中消协统计，消费者对格式合同及其不平等条款的投诉主要集中在四类：一是电信、供电供水、供气供暖、公共运输等垄断行业；二是保险等具有一定独占地位的经营者；三是对商品房、家装、家具等标的额较高的消费品；四是对旅游、中介等服务行业。上述四个领域的"霸王条款"，主要表现是：合同制定方设置为自己免责的条款，明确指出发生任何后果概不负责；在格式合同条款中限制或排除对方的正当权利，只约定消费者的义务，不约定消费者的权利；拟定合同时有意为自己设置不合理的权利，而减轻自己的义务；在消费者选择争议的解决途径时限制消费者的选择权等。

这些格式合同有着共同的特点,一是格式合同的提供者往往利用其优势地位,在格式合同中列入一些不平等条款,消费者由于自身的弱势地位,对格式合同只能被动接受。二是经营者利用单方面制定的通知、声明和店堂告示等,逃避法定义务、减轻自己的责任,甚至将不平等条款强加给消费者。比如,“商品售出概不退换”“打折商品概不‘三包’”“本店对此次有奖销售活动拥有最终解释权”等等。

4. 长期以来,消费者对饭店不允许用餐者自带饮料等格式条款颇有微词。中国消费者协会3月12日表示,饭店的一些格式条款有违行业惯例,是损害消费者合法权益的违法行为。

随着中国市场经济制度的逐步成型,绝大部分商品和服务的市场正由卖方向买方市场转化,但中国的消费者在很多情况下仍被厂家或商家的不合理的规定糊弄和胁迫。

5. 中国消费者协会公布了首批“合同霸王条款”,涉及商品房、物业、装修、金融保险、旅游、住宿、餐饮、邮政、公共运输等各个方面。说起“霸王条款”,消费者们并不陌生,比如某月手机因欠费停机,但停机不停费,月租费照收不误;买商品房,面积大小开发商说了算;商店、超市张贴的“贵重物品自理,丢失概不负责”“本店商品售出概不退换”,等等,都属于此类。《消费者权益保护法》明文规定,经营者不得以格式合同、通知、声明、店堂告示等方式做出对消费者不公平、不合理的规定,也不得以此种方式减轻、免除其损害消费者合法权益应当承担的民事责任。

6.(新华网北京2006年3月4日电)中国消费者协会日前启动“2005年度十大不平等格式条款”评选活动,20个候选“霸王条款”都与群众利益息息相关,引起出席两会的代表委员们的关注。

所谓“霸王条款”,就是一些经营者单方面制定的逃避法定义务、减免自身责任的不平等格式合同、通知、声明和店堂告示或者行业惯例等,限制消费者权利,严重侵害群众利益。“霸王条款”之所以遭到广大消费者的痛恨,是因为个别商家利用信息不对称、供求关系不平衡,将不平等的消费条款强加给消费者。很多时候,由于消费者是以个人形式面对集体形式的商家,存在心理弱势,往往不得不自认倒霉,花了冤枉钱还得受窝囊气。

近年来,消费者通过打官司等方式反击“霸王条款”的新闻屡屡见诸报端。参加两会的代表、委员也多次“声讨”,但“霸王条款”至今仍在一些行业和领域盛行,甚至愈演愈烈。究其原因,除了一些商家无视法律和社会正义之外,新华社记者在对一些“霸王条款”的调查中发现,有的部门多次表示要加强对“霸王条款”的治理,但迟迟不见行动;也有个别部门采取漠视态度,得过且过;还有一些领域的“霸王条款”找不到责任部门,或部门之间相互推诿。可以说,政府职能部门监管不力是“霸王条款”长期横行的根本原因。

“霸王条款”与我国日趋成熟的消费市场格格不入。事实上,“霸王条款”不仅损害消费者权益,也不利于商家自身的长远发展。如果商家不是更多地考虑提高产品和服务质量,而是把脑筋放在如何限制消费者上,这样的企业肯定走不了太远。

要让“霸王条款”在市场上消失,光靠消费者自身或是消费者协会的力量远远不够。政府相关部门应当切实负起职责,以群众利益为出发点,依据法律规范商家拟定的各种消费条款,对经批评教育仍不纠正的商家施以经济、行政处罚,铲除“霸王条款”生存的土壤,让消费者花钱花得扬眉吐气。

7.(上海证券报2006年03月15日)今天是“3·15国际消费者权益日”。今年“3·15”消费者最关心哪些问题？中国社会调查所对北京、上海等城市1500位公众的调查显示:45.3%的被访者最关注“霸王条款”和不平等合约。在众多的“霸王条款”中，理财领域的“霸王条款”也很引人注目。

某著名网络近期在网上展开的一项金融维权调查中，八成多的网友表示在2005年的投资理财过程中有被侵权的经历。而在相关的领域选择中，除了股市之外的其他各个领域中，最受网友深恶痛绝的“霸王条款”分别是在保险、房产、银行和汽车领域中。

在保险领域，寿险代理人夸大宣传以及寿险条款释意不清无疑是人们最为关注的，由于目前大部分的保险条款晦涩难懂，加上都是格式条款，投保者无疑处于绝对的弱势地位；房产领域的“霸王条款”在房地产市场处于高峰的时候，并没有引起投资者的关注，但随着楼市进入盘整后逐渐显现出来，除了新楼盘之外，二手房以及商铺的问题同样很严重；银行的“霸王条款”虽然从数额上看并不大，但是由于涉及面广，从银行单方面更改条款开始收费，到在银行中被银行营销人员误导，购买了并不适合自己的理财产品，逐渐开始受到了人们的关注；至于汽车领域的问题，则是一些经销商将卖车与车险捆绑起来，导致消费者在遇险时索赔无门。同时，购车合同内玄机重重，也使得消费者免不了吃哑巴亏。

最近，深圳6名投保人将一家著名的保险公司告上了法庭，无疑使人一下子看清了重疾险的“真面目”，原来“保险伞”竟然是一个大“陷阱”：事实上，赔付的条件是你不仅要得条款规定的病，还要按规定的方法诊断与治疗，甚至还要按规定的症状去生病，而获得赔付实际上意味着被保险人基本上已进入高危或死亡状态。

至于信用卡的“陷阱”也是由消费者发现并在媒体上披露的。其实，无论信用卡是否处于激活（即开通）状态都要收取年费。不少消费者在办理信用卡时都认为，如果没有开通就不会收费，银行的工作人员也不会提醒你，但这在有关的条款中已经说明了。到了收费的时候，你就不得不交了。这种“霸王条款”对于那些申请了信用卡副卡的用户来说无疑是很值得关注的，因为一旦申请了，无论开通与否都要收费。而且，目前一些信用卡是根据自然年计收年费的，而非按实际的“年”收取的。

从有关房产纠纷来看，五大新动向值得关注：一是退房；二是因变更小区平面布局引发的纠纷多；三是房屋装修质量问题明显增多；四是售后包租纠纷增多；五是因贷款办不出引发的纠纷增多。值得注意的是，其原因基本上都是由于买房者在签署合同的时候对于格式条款基本上没有修改并附加有关的协议。

近几年来，中消协受理的汽车消费投诉量占当年投诉总量的比例逐年大幅增加。由于没有统一、规范的格式合同，目前的购车合同绝大多数是由经销商单方面制定的，保护的只是经销商自己的权益。签了购车合同，交了定金，可交车日期一推再推，退车又不退定金，消费者往往会维权无门。加上一些经销商将汽车的购买与车险捆绑，消费者稍不留神或许就会栽摔得“头破血流”。特别是不少经销商会以“保得多就赔得多”为诱饵误导车主超额投保，从中赚取更多的代理费。实际上，保险公司赔多少完全根据汽车出险的实际情况而定，并不会因为你保得多就赔得多。

8. 经济学家、北大中国经济研究中心常务副主任海闻教授认为，所谓“霸王条款”之所以能够长期存在于消费领域，原因有二：首先是生产者和经营者处于垄断地位，消费者别无选择；其次是信息不对称，消费者不知道自己可以选择什么。

海闻认为，要解决这一问题，关键是打破垄断，要打破垄断，就必须引进市场竞争，只要有了充分的市场竞争，消费者就可以对其产品和服务进行自由选择，在这种情况下，谁再制定霸王条款，谁就会失去消费者。对于那些不能够引进市场竞争、自然垄断的行业，政府就必须站在消费者立场上对其进行管制才能使消费者的利益得到有效的保护。

海闻：消费者目前遇到的最大问题是生产者或者经营者都是有组织的，而消费者虽然人数众多，但是因为很少有人愿意去抗争，很难形成有组织的力量去对抗生产者或者经营者，因此消费者始终是弱者，所以政府必须对生产者和经营者的显失公平的行为进行制约。对于消费者用法律武器来维护自己的权益，海闻指出，消费者完全可以这样做，但是只有给侵权者以比较重的惩罚或者使其支付数额比较巨大的赔偿，才能对垄断企业形成威慑，否则不但对侵权者不起作用，也不利于鼓励和提高消费者维权的积极性。

二、作答要求

1. 请用不超过200字的篇幅，概括出给定资料所反映的主要问题。

要求：概括全面，层次分明，条理清楚，表述简洁。(20分)

2. 请就如何解决给定材料所反映的主要问题提出建议措施。

要求：体现针对性和可操作性，思路清晰、条理清楚，不超过300字。(30分)

3. 根据给定资料，自选角度，自拟标题，写一篇1200字左右的文章。

要求：中心明确、内容充实、条理清楚、联系实际，行文流畅。(50分)

2005年甘肃省公务员录用考试《申论》试卷

满分:100分　　　　时限:150分钟

题　号	1	2	3	4	总　分	核分人
得　分						

一、给定材料

1.2004年11月11日,航班号为3U8670的四川航空公司的空客A320客机,于8时15分从昆明机场起飞,当飞机升到100余米高处时,一个黑影从空中掉了下来。昆明机场的地勤人员立即赶往机场跑道,发现是一名男孩从飞机上坠下,当时就已死亡。事后得知,死亡男孩名叫束清,是和他的伙伴梁攀龙在昆明偷偷溜上飞机起落架舱里玩耍的,不料,束清在飞机起飞时,当场摔死在昆明机场,而梁攀龙则“飞”到了重庆。据悉,梁攀龙14岁,而束清年仅13岁。

2.据新华社兰州5月25日电视记者从东航甘肃分公司了解到,东航一架飞机25日上午在敦煌机场起飞时,从起落架舱坠落的男孩身份得到初步确认。25日上午,东航甘肃分公司一架飞机从敦煌机场起飞时,一名约10岁左右的男孩从飞机起落架舱内坠地后死亡。据悉,执行MU2417敦煌至兰州航班任务的A320飞机7时50分从敦煌机场起飞,9时14分在兰州中川机场安全落地,经过检查之后,继续飞往北京,执行后续任务。据记者从敦煌市医院了解到,从起落架舱坠落的男孩身份得到初步确认,系敦煌当地人。民航西北管理局已派人于25日晚从西安赶赴敦煌,调查出事原因及相关责任。东航甘肃分公司有关负责人介绍说,正常情况下,飞机起飞前仅对起落架进行检查,只有在发生故障或维修时才对起落架舱进行检查。根据正常起飞,飞机一般在离地面15米左右打开起落架舱,收起起落架,推测出事男孩是在此高度落地。

3.“昆明扒机少年事件”昨日竟在甘肃敦煌机场重演。东航一架客机昨日上午在敦煌机场起飞时,一男孩突然从起落架舱里坠落死亡。

25日7时50分,东航甘肃分公司一架A320飞机执行MU2417敦煌到兰州的飞行任务,从敦煌机场起飞时,一名10岁左右的男孩从飞机起落架舱内坠落死亡。飞机状况良好,已于9时14分在兰州安全落地。

去年11月11日,14岁的束清和梁攀龙一起违法进入昆明机场控制区,并攀爬到了四川航空公司所属的一架飞机的起落架上,结果,束清坠机身亡,梁攀龙有惊无险。但至今梁的听力严重受到影响。敦煌坠机男孩据悉仅为10岁左右,仅从事件本身来看,一样地跑入停机坪,一样地偷爬进起落架舱里,不幸的是,10岁男孩与束清一样,从舱里滑落身亡。孩子是否听到过昆明扒机少年的事,而有意模仿这一行为?目前尚无法回答这一疑问。记者采访时有人认为,前车之鉴,机场的管理,孩子的看护以及平时的教育,都是人们应该关注的问题。

4.这名男孩在机场这种戒备森严的场所安然进出,堂而皇之地爬上起落架、进入起落架舱。这名男孩是怎么进入机场的呢?据东航甘肃分公司的工作人员介绍,每个机场的入口处都有安检人员和工作人员看守,没机票根本不可能进入机场。而一般飞机在起飞之前,都应该由安全人员对飞机进行一次安全检测,只有检测通过了,飞机才能起飞,此事件暴露了敦煌机场安全保卫工作存在漏洞。

5. 5月25日,东航甘肃分公司一架A320飞机从敦煌机场起飞时,一名10岁左右的男孩从起落架舱内坠地死亡(5月26日新京报)。这一悲剧让人不由自主想起去年发生在重庆江北机场的惊悚一幕:川航昆明至重庆航班抵达机场后,工作人员打开飞机起落架外舱时赫然发现,浑身颤抖的湖南少年梁某在舱中蜷缩成一团,而与他一同攀爬飞机的另一少年,则在飞机从昆明机场起飞时被甩出,当场摔死。短短数月,悲剧便以近乎雷同的方式上演,这样的场景这样的灾难性后果是否足以令人震惊和深思?诚然,孩子的好奇和无知是导致事故的诱因,可不能不让人置疑和诘问的是,在被称为公共设施中安保措施最严密谨慎之一的机场,好奇和无知为何屡屡如入无人之境,本应是壁垒森严、万无一失的安全底线又为何形同虚设,并且频频被如此荒诞而让人痛心的方式突破?为什么这些孩子进入机场安保防线如入无人之境呢?

放眼国际航运界,诸如此类的机场安保事故也极为罕见。从某种角度看,虽然它的情节有点"小儿科",但它刺破和揭示的安保隐患却是触目惊心的,设想,假若攀爬、藏匿于起落架的不是无知的孩子,而是居心叵测的危险分子,人们面对的将是一个怎样的揪心结果?连续出现类似事故的两处机场都属于中小型民用机场,与国内一些大型、重点机场相比,它们在安保投入、硬件配备、管理协调能力、安保人员素质等诸多方面都有一定差距,在这种种现实局限下,如果不能辅之以高度责任感的安全意识和完备、严格的程序式安保链,则很令人担忧。众所周知,客机在执行飞行任务前,都需进行全面、严格的机械性能维护、保养和检测,在这方面,国家民航管理部门有着统一的制度性规定,可是,涉及诸如起落架外舱等机体外部件时,是否也有着相应的严格安检规定?若缺乏硬性约束,则安检人员很可能在麻痹思想作用下淡化甚至是简化必要程序,其潜藏的隐患让人担忧。

6. 民航西北管理局27日根据调查公布了5月25日发生在中国西北部敦煌机场的坠机者死亡事件的处理结果:认定此次事件是一起严重的空防不安全事件,暴露了敦煌机场管理混乱和责任不落实的严重问题。民航西北管理局做出相关处理决定:从即日起暂停敦煌机场的过夜飞机任务;要求敦煌机场加强对飞行区的管理,严格执行飞机警卫交接程序;要求机组在飞行前对飞机进行全面检查,特别是对起落架舱的检查,严防异物进入;责成甘肃省机场集团对敦煌机场"5·25"事件进行严肃查处,并将处理结果及时上报。

民航西北管理局还要求甘肃省机场集团认真落实民航总局关于飞行区秩序专项整治方案,完善安全管理措施,确保飞行安全。

二、作答要求

(一)概括材料中存在的主要问题。(150字)(满分20分)

(二)针对材料中的问题给出解决措施。(200字)(满分30分)

(三)结合材料,写一篇1200字的作文,题目自拟。(满分50分)

2015 年中央、国家机关录用公务员考试《申论》试卷（地市级）

满分:100 分　　　　　　时限:150 分钟

题　号	1	2	3	4	总　分	核分人
得　分						

一、给定材料

1. 1867 年,约瑟夫在加利福尼亚一个牧场工作,常常一边放羊一边看书。在他埋头读书时,牲口经常撞倒放牧的铁缝栅栏,跑到附近田里偷吃庄稼。牧场主对此事十分恼怒,威胁要将他辞掉。约瑟夫经过观察发现,羊很少跨越长满尖刺的蔷薇围墙。于是,一个偷懒的想法浮上心头:何不用细铁丝做成带刺的网呢?他把细铁丝剪成小段缠在铁丝栅栏上,并将铁丝末端剪成尖刺。这下,想要偷吃庄稼的羊只好"望网兴叹",约瑟夫再也不必担心会被辞退了……

约瑟夫恐怕做梦也没有想到,他的小发明竟然造就了这样宏大的景观,也没想到他最初用来限制羊的带刺铁丝网,不久就被用来限制人了:带刺铁丝网除了在监狱、集中营、战俘营中用来圈住人外,还在战场上得到了广泛应用。有人把这种铁丝网列为"改变世界面貌的七项专利之一",因为这项技术的创新,带来了制度的创新。有经济学家说,铁丝网催生了美国西部的早期产权制度(铁丝网帮助牧场确定了边界,并因此推动了经济和社会的发展),这才是铁丝网最大的贡献。

铁丝网的发明也由此启示人们,新技术的创意和发明,与人们的生活方式以及制度的改变,都有直接的关联性。

近百年来,人类的科技只能用突飞猛进这样的词汇来形容,如果让一个 1900 年的发明家来看今天的世界,他会认得汽车、电话、飞机,也能想象出宇宙飞船、深海潜艇,但他绝对会对计算机、互联网、基因工程、核能一无所知。现在,知识爆炸给人类带来前所未有的自信和乐观,有位作家这样写道:"我真诚地相信,我们生活在人类历史上最伟大的知识时代,没有任何事物我们不了解……只要是人能想到的事,总有人能做到。"20 世纪是科学技术空前辉煌的世纪,人类创造了历史上最为巨大的科学成就和物质财富。这些成就深刻地改变了人类生产和生活的方式及质量,同时也深刻地改变了人类的思维、观念和对世界的认识,改变并继续改变着世界,也使人类思考的方向有所变化。由此带来的,是对人类不断创新的深刻认识。而技术的更新具有一种加速度的特质,尤其是新世纪以来电子产品例如电脑、手机等的更迭,更是呈现出几何级数的速度,更新换代往往在两三年内就得以完成。以致有人认为:新技术是一种创造性的毁灭力量。

习近平在 2014 年 6 月 9 日召开的中国科学院第十七次院士大会、中国工程院第十二次院士大会上强调,我国科技发展的方向就是创新、创新、再创新。实施创新驱动发展战略,最根本的是要增强自主创新能力,最紧迫的是要破除体制机制障碍,最大限度解放和激发科技作为第一生产力所蕴藏的巨大潜能。要坚定不移走中国特色自主创新道路,坚持自主创新、重点跨越、支撑发展、引领未来的方针,加快创新型国家建设步伐。习近平强调,今天,我们比历史上任何时期都更接近中华民族伟大复兴的目标,比历史上任何时期都更有信心、有能力实现这个目标,而要实现这个目标，我们就必须坚定不移贯彻科教兴国战略和创新驱动发展战略，坚定不移走科技强国之路。科技是国家强盛之基，创新是民族进步之魂。中华民族是富有创新精神的民族。党的十八大做出了实施创新驱动发展战略的重大部署，强调科技创新是提高社会生产力和综合国力的战略支撑，必须摆在国家发展全局的核心位置。这是党中央综合分析国内外大势、立足我国发展全局做出的重大战略抉择。面对科技创新发展新趋势，我们必须迎头赶上、奋起直追、力争超越。历史的机遇往往稍纵即逝，我们正面对着推进科技创新的历史机遇，机不可失，时不再来，必须紧紧抓住。

2.（标题）______________________________

9月28日上午，在××博览中心，第七届大学生I－CAN物联网创新创业大赛中国总决赛颁奖仪式举行。本次比赛共有来自全国63所学校的267支队伍参加了角逐，野战“活点”沙盘、意世界、笔记本防护装置、蜜蜂之家等作品获得了特等奖，另外，全息3D成像、仿生鲶鱼、防丢宝、煤气智能报警系统、安全小车系统、太阳光雨水发电等颇为接“地气”的作品获得一、二、三等奖。据主办方介绍，今年参加大赛的作品涉及面更广，专业领域包括了家居、医疗等多方面，并且评委在评分中更加注重作品的市场潜力和应用价值。

（小标题一）______________________________

上午9点，颁奖仪式如期举行，依次颁发了60个三等奖、40个二等奖、15个一等奖与5个特等奖。一个个充满活力的年轻获奖队员鱼贯上台领奖，对于他们来说，更多的是一种团队参赛的快乐和创意成真的成就感。某工程大学的一位参赛选手告诉记者：这次参赛他们从创意设计到做成成品总共花费了8个月的时间，前前后后少不了同学们通宵达旦的钻研，“在团队合作中，大家都听队长的，对自己分工的活认真仔细，遇到难题一起研究。现在获得了三等奖，非常有成就感。”

而在会场上，也有不少企业代表对这些创新技术非常感兴趣。一位企业家表示，年轻人有梦想，敢想敢干，看好他们作品的市场前景，鼓励他们创业，如果有机会会与大学生团队开展合作。

（小标题二）______________________________

“太阳光雨水发电器，非常适合多雨的南方。”“交通事故警报APP，发生事故后，软件会自动发信息给你的家人。”看到这些品种繁多的获奖作品，真让人有种只有你想不到，没有你做不到的感觉。记者在采访中发现，今年的获奖作品中出现了不少新颖、有特色、生活味道十足的作品，不仅有防丢钥匙的智能锁，还有各种趣味盎然的新发明。北京某大学的发明团队发明了一款“M－Fish智能鱼缸”，这款鱼缸可以与手机联通，使用者可以通过手机发送信号，控制鱼缸的充氧量，精确把握鱼食喂养。

某大学分校的参赛团队研发的“舒心电风扇”，是利用物联网技术制造的感应风扇，如果人体皮肤靠近，风扇就会自动关停，这样可以预防小孩子不小心将手伸进电风扇之中受伤，或者距离太近造成感冒。太原某大学团队设计的煤气智能报警系统，通过计算火焰，煤气流量等，能够及时发现煤气有没有泄露，从而报警。

（小标题三）______________________________

获奖作品中，那些与人身安全相联系的几款作品尤为引人注目。获得一等奖、由湖北某师范学院团队研发的安全校车系统，就是从新闻中校车闷死儿童的事件有感而发、创造出一款防止在校车中遗落儿童的软件。据获奖团队介绍，他们4个伙伴用四五个月的时间，从多套方案中挑选了2套，这款作品应用了物联网技术，根据探头、座椅压力等信号综合计算，判断车内是否有人遗落，并且批量生产的成本适合市场推广。

具有市场潜力并且经过市场验证的作品更是脱颖而出，获得特等奖的一款"蜜蜂之家"作品是某科技大学团队研发的。他们曾经将自己的作品带到田间地头，"我们去湖北的蜂农农场待了3个月，就是想实地检测一下这款产品到底有没有用。"团队队长小程说，他们通过实地检验，发现作品真的可以解决蜂农养蜂中的温度控制问题。该作品的实用性得到了评委的一致好评，成功摘金。

3. 长三角地区生猪的重要产区P市，其养猪业正处在转型升级的关键期。记者走进P市，探寻信息化时代这种后养殖模式究竟改变了什么。

"村里以前有34000到35000头猪，每天都有猪仔出生、肉猪出栏、病猪死去，具体多少就不清楚了"，P市某村村委会李主任说。

该村有2000多户村民，位置比较偏僻。养殖是村里的传统产业，也是不少农户的收入来源之一。以前村民随意倾倒猪粪，随意处理病死猪，村里环境越来越差。要恢复环境，拆除违建猪舍，起码要知道村里有多少头猪。这个简单的问题，却难倒了很多村委会主任。

据P市畜禽养殖污染治理办公室工作人员林先生解释，以前，如果上面要求统计生猪养殖的某一项数据，他们就要将任务派到各镇、街道，镇、街道再把任务派到村、社区，由村、社区的工作人员到每个养殖户家中询问状况，汇总统计之后，逐级上报。一般来说，完成一项统计最快也要一个月。

除了费时费力，准确度也是个问题。等到各村农户一家家跑下来，数据交上去，实际情况总会和报上去的不太一样，因为生猪数量是动态的。要对生猪养殖户进行管理，还涉及到诸多相关的问题：猪舍面积多少，沼气池、沼液池、三格式化粪池建设情况如何，是否按照生猪数量收取养殖污染处置费……必须利用现代化信息技术，对生猪养殖进行精细化管理。

下午2时，该村村委会工作人员小徐来到二组村民老曹家。猪舍里，一窝刚生下来没几天的小猪仔见到生人来了，吓得挤成一团。

"一、二、三……"小徐一只只数了起来。前两天，老曹家的母猪生了12头仔猪，而一周前来统计的时候，这窝猪仔还没出生。

跑了十几家农户的猪舍后，小徐回到村委会，登录进入电脑上的"P市生猪信息化管理系统"，找到老曹家的档案。档案里，农户基本信息、联系方式、治污设施、猪舍面积、养殖规模、存栏头数、出栏、出生、仔猪、母猪、肉猪情况等清清楚楚。

小徐动动鼠标和键盘，将仔猪数量从"0"改成了"12"。接着根据刚刚走访了解到的情况，逐户进行修改。随着老曹家仔猪数量的变化，全村、全镇、全市仔猪数量也随之发生了变化。"现在实时更新，效率高，更准确，而且每家农户都建立了一个档案，方便管理。病死多少，出栏多少，存栏多少等一清二楚。"林先生对新系统赞不绝口。

截至目前，系统里有"一户一档"养殖基本信息2.45万户，其中，现有存栏生猪养殖户0.94万户，退养户1.51万户。而整个系统里包括养殖出生管理、动物防疫管理、动物检疫管理、流通监管、溯源管理五个模块，涵盖50类数据情况的记录统计，还能实时导出线形图和柱状图，变动情况也很明晰。

为了配合这套系统，P市在人员配置方面建立了市、镇、村三级网络，96个行政村里，村村都有1名专职管理人员，负责基础信息的收集、更新。从上到下，构建一张信息网。

除了一些类似于“人口统计指标”的基本情况，生猪养殖业要减量提质，生猪养殖污染和养殖安全问题必须要解决。这套系统在这方面也大有作为。

生猪养殖污染曾经让老百姓苦不堪言。根据“谁污染谁治理”的原则和“村规民约”的要求，村民们按照自家养殖的生猪数量，向村里缴纳费用来治污。养几头猪、交多少钱。虽然已经有“村规民约”的约束，但由于以前生猪数量不明晰，因此在执行上存在一些问题。

现在，通过将缴费信息录入系统，对照养殖户的生猪存栏数等基本情况，一旦出现数字对不上的情况就能及时发现，杜绝村民随意处置病死猪和畜禽废弃物的可能性，确保了制度的全面推行和长效管理。

小徐向我们展示了一张生猪养殖污染处置费缴纳证明，在系统里，记者看到，和纸质证明相对应的，该农户的收费金额、存栏头数、收费标准、收费凭证编码等很清楚。继续点开，还能看到该农户在这段时间的所有养殖行为详情，比如母猪产下猪仔情况，出栏前检疫证明情况等，都可以随时查看。

最近一个月，系统内记录了1053户养殖户的生猪养殖污染处置费缴费登记信息、57户养殖户能繁母猪的收费登记信息，同时由于数据实时更新，系统基本实现了从仔猪出生免疫、出售检疫、屠宰检疫的全程实时动态管理，为相关部门提供翔实可靠的决策依据。

此外，该系统已与农业部动物追溯系统联网，能更大程度地保证猪肉来源的可靠，一旦出现问题，也能更准确、迅速地追溯到源头。

4. 如果说50后、60后是“广播一代”，70后是“电视一代”，那么80后、90后则是“网络新一代”。有人说，与他们的“前辈”相比，“网络新一代”其实是更有希望的一代。

过去很多做父母的可能都有这样的经历，小孩子稚气地向你提问：“我是怎么来的?”而今天，向家长提出这种问题的小孩子已经越来越少了，因为“网络新一代”更愿意在网上寻找答案。实际上，自主的社会观察是“网络新一代”的普遍特点。网络给青少年提供了自由探索的渠道，也培养了他们自由探索的思维方式，因此，他们更愿意对社会现象和公共事件形成自主的观察。

无疑这是一种社会进步的表现，但同时也给青少年的教育引导工作带来了巨大挑战。“网络新一代”生活在一个传统与现代交替、民族文化与外来文化激荡的时代，这种社会现实为当代青少年提供了多元价值观的选择。同时，社会上存在的一些弊端尚未得到有效治理并暴露在网上，这种情况下，在青少年中建构起来的主流价值体系、道德观念将受到冲击。

“网络新一代”可以毫无顾虑地在网上批评任何人、任何事，毫不掩饰地阐述自己的观点。他们在网络上善于用最直白的语言来表达自己的思想，而且在思想表达上形式活泼，善于使用讽刺和调侃。他们用自编或改造的歌曲、视频以及网络签名等方式来表达自己的观点和态度。他们创作的许多段子在诙谐幽默中闪耀着智慧的光芒，表达出对人对事的鲜明态度，让人拍案叫绝。

同时，正因为网络表达的自由随意，“网络新一代”在网络表达中偏激言论较多，甚至使用网络暴力语言。有些人发帖时使用的过激言论和污言秽语，其恶俗程度让人震惊。

在有“印度硅谷”之称的班加罗尔，有一家世界知名的软件企业——印孚瑟斯信息技术有限公司，该公司现有员工12万多人，平均年龄只有26岁。我国的互联网行业也是如此，腾讯是世界排名第三的互联网企业，其1万多名员工，平均年龄也不过26.8岁。许多互联网企业的创办者和管理层都是20多岁的年轻人。可以说，互联网是真正由“网络新一代”所掌握的产业。

在农业社会和工业社会,成人具有明显的体力优势和社会经验优势。而在信息社会中,对信息和新技术的掌握已经成为比体力、经验更为重要的资源和力量,成人的经验和体力优势在青少年的信息和技术优势面前,其比较优势弱化甚至丧失了。相对于父辈,青少年在互联网应用方面的水平普遍更高。

在近些年的一系列公共事件中,"网络新一代"都显示了自己的力量。在青少年经常使用的一些网站论坛上被顶起来的帖子,很快就会被几十万、几百万人看到,并迅速向整个互联网传播开来。随身携带的手机或其他手持电子设备可以使青少年随时随地上网,任何时候都可以发出声音、表明态度,并汇聚成强大的公共意见。

进入新世纪以来,我们已经看到"网络新一代"多次利用互联网进行的成功动员。现在,网上活跃着数不清的规模不一的青年自组的 QQ 群、论坛、网络游戏等。"网络新一代"形成的新动员方式对我们的挑战是巨大的,但也提供了难得的机遇。

5. 塑料的发明曾经给人的生活带来了相当大的便利,但也带来了一系列的环境问题。塑料在垃圾中占相当一部分比例,而且大大增加了垃圾处理的难度和费用。由于废塑料几百年都难以降解,若丢弃在自然环境中,会给蚊子、苍蝇和细菌提供生存繁育的温床;若埋在地下,则容易污染地下水,妨碍植物根系生长,破坏土壤品质;若焚烧处理,将产生多种有毒气体。"白色污染"已成为危害环境的一大公害。

汽车的尾气、空调和电冰箱中的氟利昂都在破坏大气层。埃博拉病毒的爆发和流行也使全世界更加关注生物安全问题,并将其作为国家安全的组成部分。全球数以万计的原子弹更是高悬在人类头上的达摩克利斯之剑。

20 世纪的信息技术将人类活动的效率提升到了一个新的高度,但是另一方面,就像著名学者刘易斯·芒福德指出的那样,为了获得更多、更丰富的物质,人们牺牲了时间和当前的快乐,只是将幸福简单地与拥有汽车、浴缸和其他机械产品的数量画上等号,芒福德将之称为"无目的的物质至上主义"。在计算速度越来越快、人工智能程度越来越高的潮流之下,人类的个性开始被故意忽略和遮蔽,陷入的是追求更高、更快、更强的单向度技术目标的误区。有评论家因此指出:"当发展着的物质科技生产力忽略、脱离开民众精神力的时候,就会丧失它应受人控制并为人服务的真正本质,而变成与人对立的异化力量。"

观察家认为,未来科技最关键的发展方向是走人性化之路。闪烁着"人性"之光的产品将越来越多地出现,高科技产品也将被进一步赋予灵动的生命,在科技和人性之间嫁接桥梁。人性化的科技反映的是人类以下的思考:科技产品如何为人服务?它给人们的生活带来了怎样一种新的积极的变化?科技如何人性化?在盲目的物质化导向这一危途中,人性化之路将赋予高科技产品以新的价值观,那就是用大写的人性的光芒去逼视高科技这一之前高贵神秘、自视甚高的怪兽,使其形秽,让普通人也能看到这中间的无知和愚蠢。

人性化的科技因此是在科技和人文、个性化与大众化、商业目标和社会使命之间去追求平衡,这种平衡不仅是一种美,也是一种智慧和态度。

6. 日前,世界知名未来学家,《连线》杂志创始主编,被看作是"网络文化"的发言人和观察者的凯文·凯利接受了采访,其间,凯利围绕着自己的《科技想要什么》等在技术思想领域的重要著作,回答了"新技术"与"人性"的关系等一系列问题,现摘要整理如下。

A. 在《科技想要什么》中我想表达的是,我对技术本质的疑虑以及人与技术的矛盾关系。世界上每天都有新的技术诞生,但我们还没有理论和框架,让我们来理解科技面对的是什么。

我们一直在发展科技,但我们是否要考虑:我们会不会有一天被科技征服?科技是宇宙的一部分吗?它是好的那部分吗?我们是该限制它还是要发展它?

B.正如哲学家海德格尔对于技术的批判理论所描述的那样:这种貌似宿命的技术现实,本质上是人所无法控制的,但获得拯救的机会也恰在于此,“救赎即植根发育于技术的本质之中。”技术元素向共生性发展,这种发展也推动我们去追逐一个古老的梦想:在最大限度发挥个人自主性的同时,使集体的能力最大化。

C.技术是进化的延伸,就像进化是宇宙的延伸那样,我们会认为技术对生命是种挑战,但事实上科技也是一种生命。技术也有像进化一样的历程,毕竟技术对宇宙、对生命都有积极的好处。技术具有生命的普遍特征,理解了技术的理论也就能理解进化论。

D.技术元素的确准备操纵物质,包括人类,重组各种内部结构,但是技术将为其注入感知能力和情感,注入更多“非工具性”的东西。我认为我们应该培养科技的感情。目前科技还不具备感情,但我认为今后我们会赋予科技感情。“科技的生命化”,已成为现实世界无法根除的特征。科技将具备人性。

E.科技是一种“新文化”,或者说,“科技是第三种文化”,这意味着科学家们可以直接和大众进行对话,而不是通过人文知识分子。传统知识分子所占领的媒体一直控制着舆论方向,他们说:“人文是精彩的,科学是呆板的。”今天,倡导“科技是第三种文化”的思想家们却更倾向于绕过中间人,致力于用关注知识的读者们能够理解的形式,向公众传达他们最深邃的思想。

F.在过去二十年,互联网给人类的生活和知识带来方便。而现在,是另一个起点。而今天是人类历史上最好的时代,之前的所有成果都是今天的基础,我想激励年轻人现在就是创造新事物最好的时代,不仅是互联网,对所有领域来说,现在都是创造新事物的最好时代,创造新事物,离不开技术创新。我在《科技想要什么》一书中,特别强调一句话:科技想要的,就是人类想要的。

二、作答要求

1.结合给定资料1,谈谈你对文中画线句子“新技术是一种创造性的毁灭力量”的理解。(10分)

要求:(1)准确、全面;(2)不超过150字。

2.阅读给定资料2,在横线处填入这则资料的标题和三个部分的小标题。(10分)

要求:(1)准确、精炼;(2)标题和三个小标题须分条写,小标题要标注序号;(3)每条不超过20字。

3.P市某村的生猪养殖进入了信息化时代。假如你是该村驻村干部,要向其他市、县养殖村的管理人员介绍经验,请根据给定资料3写一篇在经验交流会上的讲话稿。(20分)

要求:(1)全面准确、符合实际;(2)语言得体、有感染力;(3)不超过500字。

4.为了清除社会上对“网络新一代”的疑虑,某报特邀市科协工作人员为该报“时评”栏目撰文。假如你是这位工作人员,请根据给定资料4为该报写一篇题为“正确看待‘网络新一代’”的短文。(20分)

要求:(1)观点明确,简洁有力;(2)紧扣材料,层次分明;(3)语言流畅,有逻辑性;(4)不超过500字。

5.给定资料6中画线句子写着:“人文是精彩的,科学是呆板的。”请结合你对这句话的思考,联系历史和现实,自拟题目,写一篇文章。(40分)

要求:(1)自选角度,立意明确;(2)参考结合给定资料,但不拘泥于给定资料;(3)思路清晰,语言流畅;(4)总字数1000~1200。

2014年中央、国家机关录用公务员考试《申论》试卷
(地市级)

满分:100分　　　　时限:150分钟

题　号	1	2	3	4	总　分	核分人
得　分						

一、给定材料

1.27岁的小邹认真地考虑了几次之后,还是决定不去参加周日约定好的教友福音会。他确实需要倾诉,但肯定不是向神父。到目前为止,至少他并不认为自己已经到了需要求助于某种宗教的地步。

身高1.74米,体重150斤,在北方城市的机关大院内,这几乎是一个标准身材。当小邹回顾自己进入"体制"的四年,注视着自己不论从体型还是心理都逐渐被"体制化",甚至连血压、血脂也与周围的同事趋同时,面对着在外人看来"很顺"的处境,他有了一种莫名的躁动。

对于这份职业,小邹的理解来自于四年间循环往复的工作节奏,作为一个普通工作人员,他只不过是需要在每个时间段内完成"规定动作",虽不能消极怠工,但也不需要超额完成任务,四年来的工作天天如是,没有什么波澜。

最近一段时间,感觉有些困惑的小邹,周末经常到一家心理诊所就青年社会心理问题进行咨询。

事实上,小邹并不认为自己心理有问题,他只是想印证一下自己的某些想法是否合乎常理。结果很意外,当需要向心理医生介绍自己的情况时,小邹这位当年大学校园里的校报写手竟然发现自己无从谈起,他心里"或许是事情太多,没办法很完整地表述清楚"。

"说真的,目前这个工作节奏是50岁以上人的节奏,对我来说,这个节奏感觉上有点压抑。"小邹思考着,一字一顿地说,"有时我在想,我会不会真的习惯于这种节奏,换句话说,是不是已经被这种节奏所禁锢,永远失去某些竞争力了呢?"

有一段时间,小邹曾经尝试着改变自己的节奏,对于自己分内应为的工作一丝不苟,提高工作效率,而对于非分内的工作,熟悉事务流程的他也尽量帮着跑,他希望这样能够时刻让自己处于一种高效率的工作状态中,"不会有被社会主流节奏抛弃的感觉"。

然而,小邹很快放弃了这种做法。因为他这样的工作态度,让周围的同事极不适应,经常有人认为他是多管闲事;领导也找他谈话,希望他能够"稳重一些"。到了发薪日,小邹的薪水也仍然是那个很少变化的数字。

面对心理医生的时候,小邹把自己这种情况总结为和体制节奏有些不搭调,他梦想能有所改变。

小邹对于自己的收入也是不满的。以小邹的收入,如果仅仅是正常生活并不存在任何问题,当然,这一切都必须建立在不买房的情况下。

但,小邹必须买房,而且已经买了房。他说:"这既是对女友的承诺也是对自己的要求,更是在心理上认同自己的一个标尺。"

购买了期房的小邹到今年年底就能拿到自己那个两居室的钥匙了,和大多数同事一样,小邹也把房子买在了房价较低的郊区,而这意味着小邹不但要考虑买一辆汽车代步,还要考虑如何忍受上下班时段恼人的交通和攀升的油价。

小邹对于买车抱持着一种幻想,但他心里非常清楚,以他目前的收入和储蓄,能偿还每个月1800的购房贷款已经很不容易,买车基本上是一个短期不可能完成的任务。

已经还了两年贷款的小邹随口就能够报出自己资金的大致去向:2800多元的月收入再还完1800多元的贷款之后,1000元的生活费用几乎让他每月都捉襟见肘。“如果赶上亲戚朋友结婚、生小孩需要随礼,我可能还要向父母借钱。”

其实,对于现实不安且不满的小邹并不是没有想过跳槽,然而,他的顾虑几乎同他的渴望一样多。

非常稳定的“吃皇粮”生活对于小邹的诱惑仍然非常大,至少能够还贷款,至少可以有一定的社会地位,而一旦投身于滚滚洪流的社会,这一切都可能不复拥有。这几乎是小邹不能够承受的。“我不能拿自己和女朋友的将来当儿戏,我需要稳定。”

然而,小邹的女朋友却并不这样看,她经常问小邹,每月就这点死工资,自己觉得值吗?这时的小邹经常是撇撇嘴,不再言语。

其实,看着自己女友研究生毕业后七八千元的月收入,小邹感到欣慰的同时也面临极大压力,“那是一种无形的压力,有时候确实心里很别扭”。

小邹非常清楚自己的位置,他认为以自己的能力,在没有特别机遇的情况下,最好能够在35岁之前就获得职务晋升,如果达不到,今后就不太可能再进一步,但总的来说工资也在涨,只要不犯错误,至少是安全的。

是否应该用永久的安全换取仅仅是可能的发展机会?这是小邹头痛的一件事,毕竟,鱼和熊掌不可兼得,对于接近而立之年的小邹来说,马上就要面临结婚、生子等一系列问题,而一旦跳槽,这一切就肯定要推迟,这是他并不愿意看到的。

跳不跳槽这个问题,已经困扰了小邹一年多,时至今日,他仍然没有下定决心。“像我这样的人多了去了,既然大多数都选择了继续,肯定是有一定道理的,虽然我的心在躁动,但我真的不知道该如何抉择。”

2. 近年来频发的地震不仅使震区经济发展受挫,人民生命财产受损,而且还严重影响了灾区民众的精神健康。相关调查发现,灾区许多人有与焦虑有关的不良情绪和身体、行为反应。在被调查者中,有恐惧感者接近总数的60%,有分离焦虑感者接近65%;超过60%的人为自己及家人的未来担忧。不仅如此,大约25%的被调查者还感到无法面对未来,近70%的人希望获得社会各界的心理援助。

帮助遭受自然灾害的人民从巨大的内心伤痛中走出来,以积极良好而坚强的心态面对灾后的生活,需要行之有效的心理援助。但是心理专家数量是有限的,如何以有限的心理专家力量帮助更多的人迅速调整心态呢?

由一个健康公益网站组织的心理援助专家团,结合心理救援的实际经验,提议开展一项温馨的灾区心理安抚活动,即通过代表“心理援助在进行”含义的火红绸带在灾区的广泛传递,将心理关怀迅速传播到灾区的每一个角落。专家团把这一活动命名为“火红绸带心理援助行动”。

飞扬的火红绸带,能够给人以温暖、安全、激情、希望的感受。心理学家经常以火红色对经受灾难重创需要安抚的对象进行心理激励暗示。

当人们回到废墟看望自己坍塌的家园时，一条废墟上飘扬的火红绸带能给他们悲伤的心灵带来充满希望的激情；当人们在各大医院公告栏前寻找自己失散或失踪的亲人时，公告栏上飞扬的火红绸带能给焦急的人们带来温馨的慰藉和安抚；当救援人员从废墟中抬出生还者时，为其系上一条火红的绸带，能从心理意义上给他们一份坚定而积极的暗示；从事心理援助的专家和志愿者手臂上轻系的火红绸带，能够给每一位接受心理安抚的百姓安全和乐观的喻示；幸免受创的人们主动系上意味着心理援助的火红绸带，能够向不幸的同胞传达自己衷心的祝福。

火红的"心理援助"绸带飘扬在坍塌的废墟上，轻系在实施心理救援的专家手臂上和受灾地区老百姓的手腕上，悬挂在每一辆过往车辆的车镜上，可以向整个灾区的人民传递爱的温暖。心理援助到哪里，代表"心理援助在进行"的火红绸带就系到哪里，可以让灾区人民在跳动的国旗红中感受到党和国家的温暖关怀无处不在，从火红的绸带上感受到未来生活的召唤和重建家园的信心。

当火红的绸带遍布灾区，成为心理援助的某种象征符号时，心理援助会达到更好的效果。美好的心理安抚无处不在，人们的恐惧和焦虑就会渐渐衰减。

3. F 市自 2012 年 2 月份实施心理健康促进项目以来，着力构建相关机制，努力创新模式，持续推进心理健康工作。以下是 F 市心理健康促进项目大事记。

2 月 20 日，成立由分管副市长为组长的项目领导小组，下设办公室和联络员，制定试点工作方案和重点项目实施方案。

2—3 月，项目领导小组确立相关会议机制，及时策划、部署各项心理健康干预活动，及时协调解决有关问题。启动项目以来，共部署了 3 次大型会议的筹备工作。

5 月初召开了试点工作协调、启动会议，会议通过了项目实施草案，布置了工作进度的三个阶段，强化配合与落实。

5 月底召开了项目成员单位联络员会议，部署了重点项目的实施方案，启动了心理卫生协会成立的筹备工作，提出了国际心理咨询师三年培养计划，同时建立了项目工作进展情况每月一报制。

7 月，组建成立心理卫生协会，有团体会员 39 家，市卫生局投入 20 万元建立了市心理健康辅导中心，全市初高中均成立了学生个体心理辅导室，四所高中配备了 8 名专职心理辅导教师。投入 40 万元改建了 F 中学的心理咨询中心，中心面积约为 280 平方米，内设接待室、个别辅导室、团体辅导室、音乐放松室、情绪宣泄室、心理沙龙室、心理沙盘室。

8 月，在某服饰有限公司以现场会的形式，组织几个社区的负责人参加了会议，部署了社区心理咨询站点建设工作的进度安排和心理干预服务模式，全市建立市心理卫生协会—部门—社区的三级网络系统，保证心理干预网络全覆盖，各级网络间相互协作，资源整合，紧密配合。

9 月，市总工会的职工心理咨询室、妇联的女性职工心情舒缓中心和残联的心理咨询所，开始为企业职工、广大妇女和残疾人服务。该市 12 个文明社区都成立了心理咨询室，11 个社区完成了心理干预室的筹建工作。

10 月，市妇联开通了首条"女性心情舒缓热线"，市残联开设心理疏导室，专职开展残疾人及其家属心理健康服务。全市初高中除设立个体心理辅导室外，还加强了学生心理课程建设，初中二年级每班每两周开设一节心理健康活动课，高中一年级每班每月至少开设一节心理辅导活动课。

10月10日为第21个世界精神卫生日,市心理卫生协会在X社区开展"市抑郁症筛查日"大型活动,活动以"艺术·心灵·生活"为主题,宣传活动呈现出内容丰富、形式多样、群众参与性高的特点。进一步扩大了心理健康教育覆盖面和知识普及面。

10月中旬,聘请7位精神科专家,为全市心理健康促进工作提供技术支持,定期到F市心理健康辅导中心坐诊和开展教学、学术活动。

10月下旬,卫生局招聘了1名心理专业的大学生,充实市卫生系统医学心理专业人才队伍。制定并实施了国家心理咨询师三年培训发展计划,争取到2014年,培养200名国家级心理咨询师。

12月,开展心理社团、心理活动周、校园心理剧会演等一系列创新性活动。Y社区组织了22名"知心姐姐",和社区干部一道接受了心理健康知识系列培训。

12月21日,F市日报推出了"F市先行试水社会心理健康促进机制建设"的卫生专版,刊登了市心理咨询师培训及市心理卫生协会成立等信息,公布了各心理健康辅导中心咨询时间和热线咨询电话。

2013年1月,市心理卫生协会结合"健康生活方式日"大型广场活动,共展出宣传版面28块,发放宣传资料3种10000份。

4.某网站发表了题为《谈谈转型期青年社会心理问题》的署名文章:

随着市场化进程的日益深入,经济收入成为社会地位的重要指标之一,而青年阶段则迎来生命周期中"需要与拥有之间的倒错规律",即在由不同阶段所构成的人生发展过程中,在最急需各种资源的青年阶段,个人能拥有的东西还非常有限;而到了对各种资源需求较少的"成功阶段",个人则又拥有了很多东西。因此,青年阶段正处在一个百需待补的特殊时期,金钱"焦虑"成为一种很现实的心态。

在传媒发达、信息爆炸的今天,青年接受信息的速度和数量在一定程度上都超过了中老年人,但是,这种"现在感"的过于强大,则造成了青年对于国家历史、甚至是近现代史上一些重要事件和人物的知识量很少;在我们当今的各类教育中,缺少一些有效的历史知识传播方法,则是导致青年难以形成相关历史意识的重要原因之一。因此,有效地加强和丰富具有历史感的各类教育,以及进一步创新爱国主义、英雄主义教育,在当今这个时代,不仅是必不可少的,而且是非常迫切的。

近年来,诚信问题成为社会关注的焦点和学术研讨的热点,青年中的"失信"现象也时有"曝光",如个人贷款中的违约现象等。尽管我们逐渐增加了更多的法律法规来调整社会行为,但是,作为现代社会中有效交往最重要的心理机制,诚信仍然在人们生活中扮演不可替代的角色。较高的诚信度,不仅是人们减少交往代价、提高活动效率的基础,而且也成为向更高级文明进步的重要表现。

经济社会的快速发展,给社会成员造成了各种压力,从而较轻易引发心理问题。当今青年由于出生和成长在较优越的生活环境当中,所以,心理承受力便显得相对较弱,而这一点则又会成为导致心理疾患的重要原因。有关调查表明,目前全国约有3000万青少年存在不同的心理问题,其中,中小学生中的心理障碍者占21% ~32%;大学生中的心理障碍者占16% ~25%,而且还呈现上升趋势。心理问题不仅会影响人格发展,严重时还会导致自杀等极端行为的出现。因此,增强青年的心理承受力,减少心理问题的发生,无疑成为需要各个方面给予关注的重要课题。

作为人生历程中的一个关键时期,青年期的一个重要任务就是个体要进行自我心理调整,形成稳定的人格系统。在著名心理学家埃里克森眼中,这种心理任务的完成在传统社会里通常能够比较顺利,因为传统社会表现出较高的同质性、稳定性,而在现代社会则不可能顺利,因为现代社会表现出较高的异质性、变迁性。因此,现代社会中青年想要迅速而明确地确立自我并非易事。

在社会转型日益加剧的情况下,有些青年人的价值观念和社会心态中出现了某些困惑现象,其原因主要有两个,一是社会转型期的规范缺失。由于旧的标准或规范有些已经失效,新的标准或规范一时还不完备,而使一些青年心无所依。二是标准多元化导致的多重困境。由于社会的日益开放所带来的多样化,往往造成一种相对化情境。于是,便会产生某种不确定性,从而导致青年出现困惑感。所以,尽快减少和消除青年的这种困惑感,增加确定性,是当今社会的文化建设和价值体系建设所面临的主要任务。

5.10 月 10 日的世界精神卫生日,旨在提高公众对精神卫生问题的认识,促进对精神疾病进行更公开的讨论,鼓励人们在预防和治疗精神疾病方面进行投资。

世界卫生组织公布的最新数据显示,全球约有 4.5 亿精神健康障碍患者,其中四分之三生活在发展中国家。而大多数国家中,只有不到 2% 的卫生保健资金用于精神卫生,且每年有三分之一的精神分裂者、半数以上的抑郁症患者和四分之三的滥用酒精导致精神障碍者无法获得简单、可负担起的治疗或护理。因此,精神健康障碍已成为严重且耗资巨大的全球性卫生问题,影响着不同年龄、不同文化、不同社会经济地位的人群。

精神卫生专家 W 告诉记者,他曾做过一个调查,结果显示我国成年人中有心理问题的占 29% 。不过,他认为更严重的问题,是目前很多人对待心理问题的态度。

“主观认识上存在误区是主要原因。受我国传统思想的影响,很多人遇到心理问题不敢去就诊,怕被人看不起。”W 说,“不去诊治是一方面原因,另一方面原因在于社会上帮助不够,我国心理医生整体水平不高。”

“应该建立心理疏导机制。国家应该建立免费的心理急救热线,这种心理急救非常重要,同时应该让心理健康讲座进社区。”W 说,“关键是建立健全快速有效的应对机制,把心理疾病当成生理疾病来对待,同时严格心理咨询机构的准入标准。”

“建立一个全方位的、立体型的、由家庭学校医院包括幼儿园和社会团体齐抓共管的心理调适体制和机制,使其发挥积极作用,从法律上规定由各级政府和民间组织给予支持,把精神人格有缺陷的人群纳入到依法治疗治理的轨道上来。”法学院教授 H 说,“作为构建和谐社会的战略部署,从法律上保障社会心理调适系统的建立非常重要。”

2013 年 5 月 1 日,我国新颁布的《精神卫生法》正式实施。H 指出,这一法律对精神障碍的预防、诊断、治疗和康复,精神卫生工作的方针原则、管理机制和保障措施以及维护精神障碍患者合法权益等,都做了详细规定。

6.提高心理健康水平,不仅要完善相关立法和建立专门疏导机制,还要不断提高教育水平,从价值观方面解决问题。

“尊重他人也尊重自己的生命,是生命进程中的伴随物,也是心理健康的一个条件。”“夫君子之行,静以修身,俭以养德。非淡泊无以明志,非宁静无以致远。”“想不付出任何代价而得到幸福,那是神话。”“你想成为幸福的人吗？但愿你首先学会吃得起苦。”

这些关于心理健康、人生观和幸福观的名人格言,被有效地运用在教学实践中。不少教师都能通过树立榜样，在教学中自觉渗透心理健康教育。苏轼仕途坎坷而壮心不已，蒲松龄面对落第却发奋创作，曹雪芹处境艰难仍不辍笔耕，安徒生屡遭失业而自强不息，奥斯特洛夫斯基身残志坚却潜心著作……这些都构成对学生进行挫折教育、引导学生正确对待挫折的生动教材。司马迁忍辱十八载撰写《史记》，司马光苦熬十九春秋编纂《资治通鉴》，曹雪芹十年寒窗写就《红楼梦》……前人感人的经历和给后人留下的精神财富，更是对学生进行意志品质教育和培养学生优良品格的绝佳素材。

B是一家心理诊所的心理医师。在她成长过程中，作家张承志的小说《北方的河》就曾经对她如何认知和面对生活中的缺陷起过不可磨灭的作用。"小说中的男女主人公在湟水的河床发现一个没有了下半截的彩陶罐子。他俩在河沟里的陶片堆里一块块翻找，试着把陶片对上罐子的断口。彩陶罐渐渐地复原了，但是最后还缺腹部的一块始终没有找到。"B沉浸在对小说情境的回忆中，"我记得女主人公一再感叹：'多美啊，可惜碎了。世上的事情多么拂人心意啊，生活也常常是这样残缺。'从此这部小说就教会我一个道理：生活原本可能正是美好与残缺的统一。"

B对记者说："我特别高兴加拿大女作家门罗获得了2013年的诺贝尔文学奖，当年我就欣赏他的一句名言：'幸福始终充满着缺陷。'我也总是想把这种幸福观传达给我的每一个病人。"

B称自己也同样是在经历过心理躁动、人生观迷茫之后，才慢慢形成了对人生和幸福的理解，"治疗病人的过程对我来说，其实也是一个自我诊治的过程。每个人的生命中都会在某个时段面临心理的问题和价值观的困惑。"

在采访临近结束时，B告诉记者："我们现在一提起价值观，似乎总被人嗤笑，但是心理问题的最终解决，其实与正确的社会价值观和人生观都有密切的关联性，也往往决定于对生活的理解以及对幸福的体认。"

二、作答要求

（一）"给定资料3"是F市实施心理健康促进项目的工作大事记，请据此对F市所做工作进行分类总结。（15分）

要求：分类合理，内容全面。不超过200字。

（二）"给定资料4"反映了转型期青年人在心理方面存在的问题，请指出这些问题具体表现在哪些方面。（10分）

要求：全面、准确。不超过150字。

（三）某单位为了解工作人员的生活、工作情况和心理、思想状态，打算以"给定资料1"中小邹的情况为案例，设计一份调查问卷。假如由你具体负责这项工作，请设计出该问卷内容所应列出的主要问题。（20分）

要求：

1. 写出明确具体的设问；

2. 设问应当分类并对每类中的每个设问标注序号；

3. 内容全面，用语得体；

4. 不超过500字。

（四）"给定资料2"中心理援助专家团提议开展"火红绸带心理援助行动"。假定在某次救灾工作中，救灾指挥部决定采纳这个提议，请你结合"给定资料2"，以专家团的名义给参与救灾的各界人士写一份倡议书。（15分）

要求：

1. 内容具体，指向明确；

2. 语言生动，有感染力；

3. 不超过 400 字。

（五）加拿大女作家门罗曾经说过："幸福始终充满着缺陷。"请结合你对给定资料的思考和对这句话的领悟，自拟题目，写一篇文章。（40 分）

要求：

1. 自选角度，立意明确；

2. 联系实际，不拘泥于"给定资料"；

3. 思路清晰，语言流畅；

4. 总字数 1000 ~ 1200 字。

2013年中央、国家机关公务员录用考试申论试卷（地市级）

满分:100分　　时限:150分钟

题　号	1	2	3	4	总　分	核分人
得　分						

一、给定材料:

1.退休职工满师傅是回民,家住北城。他每周都要去一次改建后的牛街,先是转着古老而年轻的清真寺漫步一遭,然后再到“牛街清真食品超市”采购,那儿的牛羊肉都是按穆斯林规矩宰杀出来的,满师傅赞不绝口,“牛肉炖着吃可以挑‘肋条’‘腰窝’,酱着吃油‘腱子’,切好片的肥牛小包装,红里透白勾人馋虫;涮羊肉讲究三叉、黄瓜条,那儿的货又多又新鲜。牛街给满师傅家节假日三代人聚餐带来了方便和欢愉。

有千年历史的北京市南城牛街地区是北京最大的穆斯林聚居区。目前这里仅回族居民就有一万多人。改建前,街巷狭窄,市政基础设施落后,低矮破旧的危房连接成片,人均住房面积只有5.1平方米。1997年,牛街地区危改工程启动,这是北京市政府在全市最先实施的危改面积最大、拆迁户数最大、少数民族比例最高的危改小区。2004年两期工程胜利完成。

迁入新居的老住户居住条件得到了极大改善。穆斯林们最满意的是新房里有了浴室,每天进寺礼拜前可在家族沐浴,改建后的牛街,具有浓郁的民族风情;住宅无论高矮均采用穆斯林习用的黄色加绿色装饰。始建于公元996年的辽代千年古寺——牛街清真寺——周围环境也焕然一新。寺院周围出现了万米绿地;原来门前8米宽的道路拓宽到40多米,门前那座历史悠久的大影壁,整修后,巧妙的横亘在主路之间的绿化隔离带上,既保持了清真寺建筑布局的完整性,更成为一道独特的景观,全长6701多米的街道两侧分布着商用房,经营民族服饰、工艺品、清真副食,多家回民老字号餐馆和小吃店里的正宗清真菜肴、各种地道的牛街小吃令人怀旧,吸引着京城、外埠乃至海外的穆斯林食客。晚上处处灯火辉煌,流光溢彩,牛街老住户白奶奶常说:“如今在咱牛街走走,跟上长安街差不多。”

牛街街道工委干部告诉记者,牛街不仅是“民生一条街”,也是“民族文化一条街”。通过利用现有条件和历史文物资源,修缮了牛街礼拜寺,扩建了回民幼儿园、回民小学,改造了民族敬老院,设立回民殡葬处,社会保障事务所和社区卫生站等服务场所,社区数字化管理系统日趋完善。牛街还是白猿通臂拳的诞生地,而今在小区里经常能看见白猿通臂拳第六代传人钟教练指导孩子们习武练拳的场景,因其具备“历史性”和“传承性”等申报非物质文化遗产的条件,目前有关部门已将白猿通臂拳列入区级非物质文化遗传推荐项目,这也是让牛街人足以自豪的事儿。

2.某报报道了乡村放映员王其璋的事迹,他从1976年参加工作至今,用一台放映机,一张大银幕,为家乡61个村庄的农民送去欢声笑语,累计行程达25万余公里,放映电影近万场。王其璋高中毕业时面临两个择业选择:当中学老师或者乡村电影放映员。从小爱看电影的他毫不犹豫地选择了后者,那时候,农村几乎没有什么文化活动,乡亲们看场电影就想过年一样,一个村庄放电影，附近村庄的群众也都会早早赶过去占座位，银幕两面的空地上围得满满当当，还有人爬到屋顶和树上。然而到了80年代后期，随着生活水平的提高，电视在农村越来越普及，农村电影放映跌进了低谷，但为了心爱的电影，也为了那些喜欢看电影的乡亲们，王其璋最终还是坚持了下来。

说起来放电影，给老王印象最深的还是帮助村民学习农业科技的事。姜家庄村有100多亩果园。品种老化，坐果率低。村支书找到王其璋，请他去放点苹果管理的影片。接到委托后，老王精挑细选了《苹果树的修建》《果树嫁接》等十几部科教影片为果农们放映。结果果园当年便获得了大丰收。到了秋天，王其璋再到这个村放电影的时候，果农们一下子就把他围了起来，纷纷拿来大个儿的苹果让他吃。他们说："老王，尝尝这苹果甜不甜？这里面可有你的功劳啊！"看到乡亲们发自内心的笑容，王其璋有说不出的高兴。

和尚庄村有养猪的传统，但前几年村民不懂防疫，小猪长到五六十斤常常病死，损失很大。王琦璋就找来20多部生猪养殖方面的影片，连续给村民们放了一星期，还自己掏钱买资料赠送，把兽医站的技术员请来讲课示范，帮助村民掌握养猪技术。现在，这个不到200户的村庄已经发展养殖户120多个，每户年收入4万多元，因为这事，王琦璋在这个村里的威信很高，每次去，村民都拉着老王去参观他们的养殖场，争着请他吃饭。乡亲们都说："老王可不光是电影放映员，他都成我们的科技顾问了！"

3. 某市场文化管理部门召开一个座谈会，与会者交流农村和社区基层文化建设的心得，提出相关意见和建议。以下是与会者的发言摘要：

A(大学生村官)：要提高乡亲们的文化素质，培养积极向上的村风民风，我觉得鼓励他们把花在打牌、闲聊上的时间用在读书上很重要，也很有效。我到村里以后积极地建议和向上争取，创办了权限第一家"农家书屋"。我帮助购买图书，筹集资金天之设施，动员群众参加读书活动，有空还给他们上课，有时还请农业大学老师、农科院技术员来开讲座。现在，农家书屋已经成为我们村的一大亮点，省市县领导多次来视察和调研。如今村民们有空就到书屋来看看书，读读报。打牌的也少了，闲聊的少了，文化生活丰富多了。

B(大学生村官)：我们村本来就有一个文化站，里面也有不少图书，但是利用率不高。钥匙别在村支书腰里，哪个农民提出要看书什么的，村支书就去开门。没有人提，那个门就天天锁着。我去了以后，主动向村支书提出保管钥匙，将文化站重新布置了一下，办了墙报宣传栏，里面摆上茶水，添加了不少新书，制定了文化站管理制度，按时开放，按章管理。现在，我们那个文化站天天村民络绎不绝，有时候里面坐不下，有人就捧着书坐到门外的空地上看。

C(社区工作者)：社区街道文化站的建设有一个重要问题，也是难题。我们那文化站备有不少图书，但没什么人来读，我做过调查，我们街道很多人平时没事，要么凑桌人打麻将、打扑克，要么守在家里看电视，不愿与人交往。不过，我发现早晚在小区里散步、锻炼身体、跳舞的人倒不少。我就动了脑筋，在小区的路边、健身场地旁边，竖起了很多宣传栏，里面内容定期更换。除了宣传国家大事，介绍社区里的好人好事，普及防火防盗、卫生常识，还用来传播一些传统文化，比如《弟子规》《论语》《二十四孝》等，配上漫画和导读文字，人们散步和锻炼的时候顺便就可以看到，慢慢引起了他们读书的兴趣，现在到文化站来读书的人越来越多。

4. 小签原是某大学法律系学生，大二的时候就以高分通过了英语六级考试，本来想出国，但家里舍不得她这个宝贝女儿独自去国外打拼，去年硕士毕业应聘进入一家大型国企做行政助理。

说起自己的成长经历，小签感慨万分："家里为了培养我，当初上幼儿园的时候就花了好多钱，上了我们那儿最有名的双语幼儿园。从那时候开始，父母就再三告诉我学好外语有多么重要。上了小学和中学，除了要完成紧张的功课，我还上过各种各样的英语辅导班，大多是父母替我报名的。高考的时候，我英语成绩差3分满分，是我们市的英语单科状元。可惜我的语文成绩拖了后腿，要不然我可以考上更好的大学。花那么大工夫学外语，现在工作了，英语没怎么用得上，倒是每天处理各种各样的文件，写稿子，对我的汉语写作能力要求很高。我记得很清楚，第一次给我们领导写一篇讲话稿，被领导狠狠骂了一顿，因为里面好几个错别字，还有用词不当的地方。我现在真的认识到，我们中国人，学好自己的母语是首先的，必需的。"

记者问她："你现在是不是特别后悔当初花了那么多精力和时间，还花了很多钱去学习英语？"小签说："后悔谈不上，英语学好了还是有用的。有一次我们单位收到一份外文资料，第二天开会要用，碰巧我们单位专门负责英语翻译的同事生病住院了，领导很着急，我就主动接过来翻译了，领导很满意，还表扬了我。特别是最近我刚刚在网上看到一篇对国内某著名大学陆教授的访谈，对我触动很大。他说我们对于语言，要有一种尊重、敬畏、护卫、热爱。作为中国人，我们一定要先重视学好汉语。"记者问他："如果让你用一句话送给那些正在拼命学外文的孩子们，你会怎么说？"小签想了想，"还是陆教授说得好，学好外国语，做好中国人。"

5. 据统计，目前全世界75%的电视频道是英语节目，85%的国际组织的工作语言是英语，85%的网页是英语网页，80%的电子邮件是用英语传媒，英语已成为全球通用的"国际警通话"。对于英语语言的主要地位，美国某未来学家曾说过："美国目前所具有的第一大优势是语言，英语是在数十个领域内通用的世界性语言，全球各地数以亿计的人口至少能在某种程度上掌握英语，从而使得美国的思想、作风、发明和产品能够畅通无阻的走向世界，未来世界政治的魔方将控制在信息强势者的手中，达到暴力、金钱无法征服的目的。"世界上许多国家，为了各自的民族文化利益纷纷采取文化保护政策，建立防范机制，维护本民族语言安全，以色列为了建国，决定恢复希伯来语作为日常通行语言，过去希伯来语只在宗教仪式中才使用，现在不仅已成为耶路撒冷大街小巷人们交流的工具，而且也逐渐成为美国纽约犹太人追寻文化根源的凭借；马来西亚为了强调其民族的统一性，坚持以马来语为国语；俄罗斯则把保护俄语纳入了国家安全战略。

6. 眼下，在某些中国人的日常生活中，频繁使用外来语，尤其是普通话夹杂着英语单词，被认为是时尚的说话方式；一些国产商品的取名和在媒体宣传时任意洋化的现象十分严重，纯粹的国货也要起一个不知所云的洋名；在学术论文中，照搬命题，袭用概念，大量引用外文，对外文的盲目使用甚至到了迷信程度；而西方大众文化在中国的流行，也导致不少充满淫秽、暴力色彩的语汇被制造出来，严重污染了汉语生态环境。

某学者尖锐批评道：某些部门在招生、聘用、晋级等方面，往往把是否掌握、能否运用英语作为首先考虑的因素，而能否说好汉语、写好汉语文章反而退到了其次，甚至根本不作为衡量因素，他认为，强制性地普及英语教育让学生学习花费的时间和金钱超过了任何一门课程，从幼儿园到大学，英语都是主课，大学语文在很多高校被边缘化，这是一种很令人担忧的倾向。

他说，在我们的生活中，随意简化汉字，任意生造字，滥用省略语等现象屡见不鲜。年轻人对古典文化资源的舍弃和漠视现象随处可见，不读古代经典，不懂文言，再加上大量不合规范的网络语言受到年轻人的追捧，对汉语形成巨大的冲击，消解着传统汉语的尊严和韵味，割裂着文化传承脉络，威胁着国家语言文字的严肃性和规范性，但也有不少人对此不以为然。

7. 报载,法国曾经发生过这样的事:一批著名影星冲进巴黎圣日尔曼大街的几家电影院,抢出《侏罗纪公园》的拷贝在街头焚烧;电影工作者还在埃菲尔铁塔下示威抗议好莱坞的"入侵"。法国某官员国为在一次国际会议中用英语发言,遭到全法国人的诟病,要求其向全国人民道歉并辞职。许多人都还记得法国小说家都德的《最后一课》,普鲁士占领法国,首先要做的事就是迫使法国国民放弃法语学德语。都德将一堂普通的法语课上升为向祖国的告别仪式,失去母语如同失去了祖国。这个悲哀的情节已深刻地烙印在每一个看过这篇小说的读者心里,成为挥之不去的记忆。

作为世界著名的文化大国,法国拥有丰富的文化艺术遗产,文化产品的市场需求非常旺盛。法国文化部主管文化产业发展,是法国政府中支出最多的部门之一,这在西方国家中是不多见的。1993 年,欧洲会议采纳了法国政府"文化例外"的主张。在法国人看来,文化产品有其特殊性,不能与其他商品等同起来,任其自由流通。因此,他们联合欧共体其他国家一道,拒绝华盛顿让欧洲取消对美国影视产品"配额限制"的物理要求,在贸易谈判中采取了毫不妥协的立场。

1994 年,法国政府在座谈会两院通过法令,严格限制法语中使用外来语尤其是英语,法国政府还通过了一项法律,要求在法国互联网上进行广告宣传的文字必须要译成法文。1996 年生效的一项法律要求全法国 1300 多家电台在每天早 6 点 30 分至晚 10 点 30 分之间的音乐节目必须播送 40% 的法语歌曲;各电视台每年播放的法语电影不得少于 40%,违者处以罚款,并以之自主民族文化。

为了增强本土文化的竞争力,扶持本国文化事业的发展,法国提倡在自由竞争的同时,积极吸取其他民族文化的逼人态势,法国颁布了支持电影业的发展计划,在力求维持法语地位的同时,也向英语文化的优势项目如好莱坞电影发起冲击。

从 1992 年起,法国外交站、文化站、法国艺术活动协会及在法国的外国文化中心集中举办介绍外国文化艺术的活动,展示文化的多样化,加强这些国家与法国的文化交流。除了驻各国使馆的文化处外,法国目前已在近百个国家建有一百多个文化中心,每年选择一两个国家作为重点,推介本国文化。

法国的企业和各类专业协会也是宣传法国文化,向世界推介法国文化的重要力量。无论大企业还是中小企业,均可参与赞助,而作为补偿,企业可获得政府减免税收或者向右冠名权等各种不同的回报。

8. 下面是 H 县文化局一名工作人员搜集的 10 则材料:

(1)美国商务部前高级官员大卫罗斯科普曾经说:"如果世界趋向一种共同语言,它应该是英语;如果世界趋向共同的电信、安全和质量标准,他们应该是美国的标准;如果世界政治由电视、广播和音乐联系在一起,节目应该是美国的;如果共同的价值观正在形成,他们应该是符合美国议员的价值观。"

(2)美国《混合语》杂志揭秘:美国中央情报局在 1996 年后加进了对发展中国家学术界的渗透,出巨款让一些人宣传推进全盘的美国化,打压发展中国家那些保护和振兴本民族文化的人。而弗朗西斯托纳桑德斯的《文化冷战与中央情报局》一书则披露:为了渗透美国的霸权思想,中央情报局在文化领域展开了长达半个多世纪的文化输出活动:举办讲座和研讨会,创办学术刊物,开设图书馆,资助学者互访等。

(3)中国文化越来越多地被他人利用,比如《孙子兵法》成为某国谍报人员的必读书,大量中国元素、中华民族文化符号进入国外影视作品,很多中国风景区成为国外拍摄影视作品的外景地等等。甚至国外还有盗用中国文化资源的现象，比如源于中国的端午节，就被某国以“江陵端午祭”的名义，向联合国教科文组织申报并已经被确定为“人类口头和非物质文化遗产代表作。”

(4)改革开放以来，我国的文化立场多在于强调求同存异，鼓励和加强超越意识形态和社会制度的文明对话。第一个海外孔子学院诞生于2004年，中国目前开办几百所孔子学院和语言文化学院，传播汉语和中国文化，影响越来越大。

(5)国外有些别有用心的人，对中国古代四大发明进行否定设置掠夺。比如某国学者以他们发现的聚成刊印于公元706—751年的文献为世界上最早的印刷品，强调他们国家此时雕版印刷的发源地，设置呼吁开国际学术会议，邀请联合国教科文组织参加，要求国际社会予以公认。其实，早在1906年于新疆吐鲁番出土的单页雕版印刷品《妙法莲华经》已经证明中国是印刷术的故乡，1974年在西安西郊出土的单页雕版印刷品《梵文陀罗尼咒》(公元650—670年)再次证明中国是雕版印刷的发源地。

(6)直到今天仍有西方人坚持认为，活字印刷术是德国人古登堡15世纪“创造”的，有人甚至怀疑毕昇的存在，认为沈括的《梦溪笔谈》中所记载的只是一个传说。造纸术方面，出了一些18—19世纪西方传教士认为纸是文艺复兴时期德国人或意大利人发明的，还有造纸术是“埃及发明”的、“印度发明”的等种种说法。

(7)有人戏言，美国用三大片(薯片、芯片、影片)策略就征服了世界。从1996年开始，美国的文化产业成为美国最大的出口产业，占美国GDP的25%左右。有着五千年文明的中华民族面临巨大“文化逆差”的尴尬，文化商品进口数量几倍甚至几十倍于同类出口商品。中国网民数量为世界第一，然而中国的网络基础建设水平和互联网普及率还无法和这个“世界第一”相称，中国网民不断抱怨网速慢、不稳定、服务差、价格贵。同时中文网页数量在世界互联网中仍只能占据很少的比例，中国网民很大程度上仍是外界信息的被动授受者而非互联网信息的主动提供者。

(8)新闻媒介反映出来的政府、机构、企业和公民的行为，与国家形象的关联最直接，新闻媒介的报道是否客观、公开、透明，体现了新闻媒介塑造国家形象的硬功能，相对而言，通过文学艺术作品所反映的国家形象，更具有持久的潜移默化的作用。如中国的功夫文化、茶文化、饮食文化，以及京剧、民俗、民间文化等，都是国家形象的重要塑造手段。

(9)北京奥运会开幕，作为一个文化世博，它的华丽、丰富、恢宏，特别是对中国“和”文化精神以及中国与时俱进的民族精神的解释，对于塑造一个文明灿烂、文化独特、改革开放、求新求变的中国国家形象，产生了无可替代的作用，不仅震撼了世界，而且也使一些对中国国家形象比较负面的评介发生了改变。国际奥委会主席罗格先生在闭幕词中指出，“通过本届奥运会，世界更多地了解了中国，中国更多地了解了世界”，“这是一届真正的无与伦比的奥运会”。

(10)2012年诺贝尔文学奖，颁发给了中国作家莫言，既是中国文学繁荣进步的体现，也是我国综合国力和国际影响力不断提升的体现。

二、作答要求：

(一)如何做好基层文化建设工作，直接关系到中华民族传统文化的继承和弘扬，请你谈谈“给定资料1～3”对做好这方面工作有哪些启示。(20分)

要求：紧扣“给定资料”，条理清楚。不超过300字。

(二)根据“给定资料4～6”请你概括目前汉语生态环境面临的主要问题。(15分)

（三）根据“给定资料7”，指出法国在保护本国文化方面有哪些做法值得借鉴。（10分）

要求：条理清楚，全面准确，不超过300字。

（四）假如你是H县文化局干部，要在有村官和社区工作人员参加的培训班上做一次关于繁荣和发展社会主义文化的讲座，综合“给定资料8”中提供的信息，你认为应该重点讲几方面的内容？（20分）

要求：紧扣“给定资料”，分条作答，观点明确，有针对性，不得摘抄原文。不超过300字。

（五）请以“让……大放异彩”为题，写一篇内容充实的文章。（35分）

要求：1. 用恰当的文字替换“让……大放异彩”中省略号部分，使之构成一个完整具体的文章标题。2. 主题应与“给定资料”相关，但素材不必拘泥于“给定资料”，要结合生活中的具体感受，切忌空谈对策。3. 观点鲜明、结构完整、语言流畅。4. 字数800～1000字。

2012年中央、国家机关公务员录用考试申论试卷（地市级）

满分:100分　　　　时限:150分钟

题　号	1	2	3	4	总　分	核分人
得　分						

一、给定材料

1. 下面是某网站最近发表的谈关于公共文化教育的文字：

当前，在经济高速发展的同时，许多城市出现了一系列问题，城市生命线似乎脆弱得不堪一击。一场不太大的雨雪就能让城市半瘫痪；居民的家也不再是安全的港湾，劣质建材散发着致癌的毒气，劣质缆线成为埋在家里的地雷，泄露的燃气就像身边的火药库，噪音公害仿佛幽灵般游荡的杀手；热岛效应闷得我们大汗淋漓，沙尘暴刮得我们泪眼迷离；逢雨必涝正成为中国大城市的通病；一向被视为“最安全交通工具”的电梯也频出事端，社会上甚至将其作为“凶器”的代名词……我们正处在一个高风险社会中，越来越多的城市灾变几如脱缰之马。

对大自然的愤怒我们应该心存敬畏，但对这些人为的城市灾难，我们不在沉默中爆发，就在沉默中死亡。如果不尽快改变这种状况，灾难不知什么时候就会降临到我们自己头上。

安全感是生活质量的刻度，是人们心理需要中的第一需要，是人格中最基础、最重要的成分。一旦这最重要的东西缺失了，人们还能放心地去哪里？还能放心地乘坐什么出行？还能放心地吃什么？尤其是城市突发性危机事件，凸显了当今社会缺乏综合应急系统的软肋。

在诸多涉及公众生命的问题中，首要问题之一是公共应急资源需要整合。一方面不少部门总在强调自己的救援力量如何的不足，另一方面又分明有庞大而名目繁多的救援队伍，地震救援、城市消防、交通救援、工程抢险、城市危险品救援等等，这些队伍都具有相当高的专业水平，可问题在于这些救援力量往往仅是行业自己的，在条块分割的情况下，力量相当分散，很难形成合力。一些有识之士一直呼唤构建一个城市三灾应急系统，公众则需要培养必要的危机意识，要“伤后知痛”。现在很多事故灾害都直接波及城市中无辜的公众。在不少情况下，传统观念已经无法适随现代城市的灾难与危机。

因此，对相关公共文化教育的呼唤已成为许多人的共识。井喷、火灾、爆炸、踩踏事故、地铁追尾、游船翻沉、文物烧毁等，被媒体通天热炒，显示出一种防灾预警意识的觉醒。但我们与一些发达国家相比，仍有差距，主要表现在文化自律性、生命文化、安全技能观等方面。有学者认为：西方人对遵守安全规章制度往往表现出一种自觉性及自律性，强调保障安全是人的权利；中国人从古至今则更多地强调用典范的影响力来影响行为，此种方式很难完全适宜于现代城市化的生活状态。西方人“生命第一”的文化原则是神圣不可侵犯的；中国人却过多地宣传“国家财产第一原则”，这与“应急避险权”所主张的“生命高于一切”的原则似乎相悖。美国在1985年就组建了社区救灾反应队，美国国家防火协会经常组织北美统一的火灾“大逃亡”训练活动；中国人在相当一个时期内还只停留在对安全警钟的认知环节，暴露出在安全知识、安全技能、安全产品上存在的诸多不足。这一切，都告诫我们必须系统地、更加完善地开展公共文化教育。

2. 如果地铁站台或者行驶中的地铁列车失火了，大量乘客如何有效疏散？如果12级台风登陆上海，那些高层建筑上的玻璃幕墙顶得住吗？……这一个个"如果"，都是上海某大学防灾救灾研究所的一个个科研课题。

上海某报记者报道；最近在全市开展的"我为城市安全献一计"活动，引起了研究所专家们的密切关注。一方面，他们为市民居安思危意识的增强和诸多防灾好点子欣喜；另一方面，专家们很想提醒："防灾不能只考虑技术手段——给城市打造'金刚罩'，更得在'人防'上多下功夫，而恰恰在这方面，我们大有改进和提升的空间。"

"城市公共交通若都能配备全程监控，运行的安全系数就更高了"；"上海越江隧道已经有10多条，针对可能遭遇淹水事故的危险，不妨装上安全阀门，需要时可用来挡水"；"预防高楼玻璃幕墙掉落，应该对建筑做整体风洞试验"……这些意在为城市套上一个水火不侵"金刚罩"的设想，很有道理，提出这些建议的专家中不乏院士。

"但我们不得不面对现实：一座城市不可能为了防范一些小概率的灾害事故，不计代价地增添防灾设施。"该研究所专门研究城市地下建筑安全与灾害应对的H博士，对地铁渗水和隧道渗水实地考察过多次。他对于一些学者提出为越江隧道增设"挡水阀门"的建议，并不完全认同。他说，"据我了解，国内有个别隧道安装过这样的阀门，但可以想象，常年用不上；后来有一次搞演习时决定用一下，却发现阀门由于年久失修，机械失灵，根本没法动。"

H博士想用这个案例说明两个道理：第一，为了小概率事故而砸重金设防，心理安慰作用远远大于实际作用，要不要这么做，应全面考量；第二，如果装备上了，则怎样保养维护，工作人员能不能熟练操作，都是必须重视的"人防"环节，否则，当有朝一日预想中的特大灾害真的发生，"金刚罩"极有可能派不上用场。

"防灾设施，从理论上说总是不足的，因为它们应对的往往是适当程度的、发生概率较高的灾害事故。"研究火灾防范的C研究员力挺M博士的观点。这位研究员对轨道交通实地考察过多次，他关注的焦点是地铁站和车厢里的消防设施。他注意到，站台和车厢里的屏幕会经常播放视频，告诉市民一旦发生火灾险情如何紧急疏散，强调必须做到的一些要领。

当被问道"地铁里有没有专门的消防逃生通道"的问题时，C研究员回答："上海地铁的逃生通道，其实就是我们平时上上下下的那些楼梯，并没有其他特殊通道。"他说："一旦有险情发生，要减少人员伤亡，最关键的是工作人员能否在最短时间内有序地疏散人群，工作人员需要定期演练；我们现在似乎更看重灭火器数量够不够、是不是放在容易找到的地方，但险情出现时现场肯定乱，工作人员能不能及时顺利地拿到灭火器？会不会熟练使用？这些都是必须予以重视的问题。或许有乘客就在灭火器旁边，但又有几个人会用？"

"老实说，怎么用灭火器，我还真不知道。"说这话的，是另一位年轻的研究员Y博士。防灾专家也不会用灭火器？她坦率承认，并随即以此为例指出了城市公众教育的许多薄弱环节。

"无论社区里的大爷大妈，还是写字楼里的白领，防灾知识都是从小册子、展板、讲座或者网络上看来的。且不说所知有限，即使认为不少人一无所知，也并不为过，而且就算有人并非一无所知，也未必有用，因为没有转化为能力。"Y博士说，汶川大地震、上海"11·15"特别重大火灾事故发生后，很多单位都搞过安全演练，可很大程度上是"演戏"。大楼里有消防箱，但如何打开？消防箱里有灭火器，但如何操作？应急避难场所在哪里，怎样利用？这些关键的内容，演练过吗？再说，演练一次肯定不行，就算学到点东西，很快便会淡忘，必须定期训练。日本人应付地震有一套，那是在定期、再三的演练中练出来的。

在这些专家看来,“人防”的漏洞和缺陷,远比“技防”不足更可怕。

专门研究风灾防控的Y博士曾多次去浦东陆家嘴,这一地区有几十栋玻璃幕墙大楼,且不止一次发生过玻璃掉落事故。这些玻璃幕墙建筑能不能抵抗12级以上大风,这正是她的科研课题。她告诉记者,大风常被认为是玻璃幕墙掉落的“元凶”,但实际上,在建筑工人安装玻璃时可能就已经埋下了隐患。

“在安装时,把螺丝拧得过松固然不行,但过紧也会使玻璃幕墙受力失衡,从而出现细小的裂缝。”她说,如果把大楼玻璃幕墙的掉落视作对城市安全的一种威胁,那么减少威胁的关键同样在“人防”。如果在定期清洗幕墙表面的同时,增加一道“体检”关,绝大多数玻璃掉落事故就可以避免。

3.2010年,S市一公寓大楼失火,造成一百多人死伤。这起特别重大的火灾事故,凸显了现代城市运行中的脆弱性。

“脆弱性”是吉尔伯特·怀特在20世纪70年代首次提出的概念,之后被广泛应用于灾害学、生态学、金融学、社会学和经济学等许多方面,大大拓展了“脆弱性”的内涵。

现代城市不仅是政治、经济和文化中心,而且是人口、财富和各项社会活动高度密集的地方,但同时也是各类风险和突发事件最密集的地区,一旦发生突发事件,后果往往是灾难性的,社会影响很恶劣。从这个角度来看,城市运行中的脆弱性,可以理解为城市生活运行中受到外部致灾因素影响的可能性和敏感性,它涉及外部致灾因素影响的程度,涉及相关防范系统对致灾因素的抵抗为以及对这种系统抗逆力的某种衡量。

调查报告显示,S市特别重大火灾较典型地反映了现代城市运行中的脆弱性问题。此次火灾,是大楼维修时由无证的电焊工违章作业所产生的火花,引燃了不能阻燃的“安全网”,然后蔓延到大楼上易燃的装修材料,从而酿成大祸。该大楼维修工程存在层层分包和转包等违法违规问题,加上日常管理缺乏有效的规范化监督,致使维修施工过程中存在管理松懈、秩序混乱及安全措施不到位等情况,结果超出了建筑工程系统脆弱性的承受度,由量变转变成质变。脆弱性演变成严重的危机,最终导致此次惨剧。

这次火灾,尽管S市启用了现代化的警用直升机用于紧急救援,但在如此严重的高楼火灾面前,无法有效发挥高空消防灭火和救援的功能。同时,部分常规的消防云梯及消防设施难以满足高层建筑灭火的需要,影响了救援的速度和效率。

“自救优于互救,互救优于公救”,早已是降低灾害损失的经验之谈。但部分市民依然习惯于等待以政府为主导的公共救援,而这类救援往往因为需要一定时间,不够及时,而影响救援效果。S市火灾的确不同程度地反映出市民自救、应急疏散能力的明显不足,部分居民耽误了宝贵的逃生时间。事后发现,连居住在二楼的有些居民都没有及时撤离,而窒息在家中浴室里,令人痛惜。

S市火灾发生前,政府主管部门对建筑工程监督不到位,民众的力量又没有被动员,致使工程的建设监督事实上处于真空状态,为火灾发生埋下隐患。在火灾发生后,由于市民市场保险意识不强,火灾给市民带来的生命和财产损失,部分由政府买单,而社会主体、市场主体功能没有得到有效发挥,加重了政府的负担。

在现代城市工程建设规划设计中,由于片面追求建设速度或追求经济效益,对工程未来可能存在的意外事故考虑不足,或者相关投入不足,致使工程的安全设施,从规划到设计,都存在严重缺陷或不到位问题。就S市火灾而言,高楼部分消防设施配备缺乏,管理措施不到位;楼与楼间距较小,道路狭窄。这些,导致火灾发生后,因安全通道狭窄,物理空间有限,部分消防救援设备难以到达现场或难以发挥有效作用,严重影响了救援效果。

S市火灾充分说明,如果对于城市运行中可能存在的突发事件预测和准备不足,必将使现代化城市运行中的风险难以及时、快速、准确、有效地得到识别、防范和控制,结果便是重大灾难。

4. T市晚报刊发了一批"市民来信",集中反映了城市市民出行中遇到的问题。

市民甲:8月下旬的一天早上,我送朋友去赵家口长途汽车站,发现这里是一个Y字形路段,行驶的车辆由两条机动车道汇聚到一条机动车道上。引人注目的是,两条分支机动车道中的一条上缓缓行驶着大量公交车,一辆接一辆,车队一直排到Y形车道汇流口。刘公铺桥西这一站点设置在两条机动车道之间,我和朋友便是在这一站下的车。这里下车的乘客很多,从公交站牌看,至少有15条不同路线的公交车要在这一站停靠。这就使得上下车的乘客特别多,疏散时间增加,公交车停靠的时间也就相应增加,而之后需要进站的公交车排队进站的时间也被延长。我看到排队等候进站的公交车一直都保持在5辆以上,使得路面拥挤不堪。我从刘公铺桥西站下来后沿着公交站绕了一圈,发现并没有能够穿过马路的人行横道。乘客如果想要安全地走到5米开外对面的公交站,需要返身走几百米去绕行赵家口天桥。这对于在上班时间急着换乘车辆的人来说太费时间,所以我看到绝大部分下车的乘客都径直走到站点与绿化带之间的空隙处,在大量的机动车流之间惊险地穿过马路。这虽然存在着巨大的安全隐患,但与登上天桥再下来相比显得方便快捷许多。

市民乙:前几天上午,我去石化总公司附近的体检中心体检。事先我从公交网上查询得知,经过我家小区附近的16路公交车可以抵达石化总公司。乘16路车顺利抵达目的地并体检之后,我按惯例走到回程方向的石化总公司站点等车。等了约20分钟,来了一辆16路车,却呼啸而过,并没有靠站。我先是误以为司机甩站,后来无意中看了一下站牌,发现这个站点并不停靠16路公交车。这让我有上当受骗的感觉,心情也被败坏了。一个朋友说,他经常乘公交车出行。沿江路上的清河站的58路、117路也是"有去无回"的。对这类现象,我百思不得其解:公交公司为啥不让乘客有去有回?

市民丙:随着我市城市建设速度的加快,轨道交通网络不断向外延伸,远离中心城区的住宅区越来越多。但是,轨道交通只解决大流量,不能完全解决住宅小区到达轨道交通车站之间的"最后一公里"问题。退回去20年,有没有"最后一公里"的问题?有。那当时是怎么解决的?一是走路,二是骑车。现在为什么没人走路了?过去走是因为经济困难,现在几块钱对绝大多数人来说都不是问题;有人想走,却发现道路坑坑洼洼或晚上黑灯瞎火,感到特别不安全。为什么现在骑自行车的少了?因为骑车的成本也不低。现在规范的小区里,自行车必须停在车库里,每月要交停车费;你想停在公交车站或者轨道交通站点,也必须交停车费,否则很容易失窃,交了钱也不一定保证不丢,此外还"受气"。现在是汽车社会,不少道路上都没有非机动车道,即使设有非机动车道,也常常被乱停的机动车占用。于是,原本可以自行解决的"最后一公里"被"黑车"填了空。在公交站点,有不少小轿车、摩托车、电动车等"黑车"聚集。而"黑车"引起的交通事故常常让人心有余悸。

5. 英国哲学家阿兰·德波顿在四川大地震之后发表文章,介绍并阐发了古代罗马哲学家塞内加关于人类灾难的哲学思考。

公元62年2月5日凌晨,一场强烈的震灾在坎帕尼亚省地底迸发,数千名毫无察觉的居民在几秒钟内丧命。庞培城内大部分建筑在睡梦中的人们头顶上坍塌。救援行动因随后发生的火灾而受阻。幸存者除了身上污黑的衣衫,失去了一切。在整个罗马帝国境内,到处是惊恐、难以置信和愤怒的情绪。这个世界上最强大、技术上最先进的民族,在大自然的脾气面前,怎会如此不堪一击?

这些痛苦与惶惑,引起了塞内加的注意。他撰写了一系列文章来安慰他的刚刚遭逢灾难的读者,然而,他的安慰却多少显得生硬和阴郁:"你们说'我没想到这一切会发生'难道你们以为,当你知道某件事有可能发得多么高明和安全,自然灾难与人为灾难始终是我们生命的一部分。因此,我们必须时刻都要想到未可预料的事情。平静,不过是历次混乱之间的间歇。没有什么是绝对可靠的,即便是我们双脚依凭的大地。"

塞内加认为,由于未曾预料到的事件对我们的伤害最大,由于我们必须预想到所有事情,因此我们任何时候都必须牢记,最糟糕的事情有可能要发生。每个人在驾车启程、走下楼梯,或是与朋友话别时,都应意识到各种致命的可能性。塞内加强调:"不应有始料未及之事。我们的思想应先行一步,去面对所有的问题。我们所要考虑的,不应仅是什么事常会发生,而更应是什么事有可能发生。人是什么?人是一件容器。哪怕是最轻微的振动,最小的颠簸,都会让它破碎。人的躯体软弱而易碎。"

在经历了大地震之后,许多人主张应疏散整个地区的民众,并且不要在震区重建房屋。但塞内加并不认为地球上会有一个地方具有彻底的安全。"谁又能保证,他们所站立的这块或那块土地,就是更好的地基呢?如果我们以为,世界上的某个地方可以幸免于难,保证安全,那我们就错了……大自然还没用这种方式创造过任何永恒不变的东西。"

有中国学者读了阿兰·德波顿的文章之后这样解读塞内加的思想:没有绝对的安全,在某种意义上说。人类的历史正是一个与灾难相伴以及与灾难抗争的历史,而塞内加的思想看似悲观,却有助于我们培养忧患意识,有助于国人在灾难来临之际保持清醒、从容与淡定,并减轻灾难和流血带来的震惊,进而积极地应对灾难。从这个意义上说,塞内加道出的是与中国古代改革家王安石的"天变不足畏"相近的思想。

二、作答要求:

(一)认真阅读"给定资料",简要回答下面两题。(20分)

1.根据"给定资料2",对专家们所说的"技防""人防"加以解释。(10分)

要求:准确、简明。不超过150字。

2.根据"给定资料3",谈谈"现代城市运行中的脆弱性"在S市特别重大火灾中的具体表现。(10分)

要求:准确、全面、简明。不超过150字。

(二)A市F区在全区范围内开展"居民安全文化教育"活动。请根据"给定资料",从"安全文化理念""增强安全意识""日常安全须知"三个方面为社区的宣传栏写一份宣传稿。(20分)

要求:

1.内容具体,针对性强;

2.用语恰当,通俗易懂;

3.不超过500字。

(三)"给定资料4"反映了T市市民出行中存在的许多问题,假定你是市交管局聘请的观察

员，请就这些问题提出解决建议，呈送市政府有关部门参考。(20 分)

要求：

1. 对存在的问题概括准确、扼要；

2. 所提建议具体简明、有针对性、切实可行；

3. 不超过 400 字。

(四)"给定资料 5"画线部分写道："无论我们认为自己已变得多么高明和安全，自然灾难与人为灾难始终是我们生命的一部分。"请结合你对这句话的思考，联系自己的经验或感受，自拟题目，写一篇文章。(40 分)

要求：

1. 自选角度，立意明确，有思想性；

2. 参考"给定资料"，但不拘泥于"给定资料"；

3. 语言流畅；

4. 总字数 800 ~ 1000 字。

2011 年中央、国家机关公务员录用考试《申论》试卷（地市级）

满分：100 分　　　　时限：150 分钟

题　号	1	2	3	4	总　分	核分人
得　分						

一、给定材料

1. 在城里公立小学开学的 9 月 1 日，张老师的打工子弟学校也开学了，在垃圾场边的平房里，18 名学生走进了简陋的教室。同是小学教师出身的李某夫妇创办的“行知打工子弟学校”，则在一片荒芜的菜地里迎来了求学的孩子们。最早的一批打工子弟学校就这样在有志之士的努力下艰难地生存了下来。即使是这样的学校也数量有限，仍有众多外来务工人员的子女不知道哪里有学上。

在某民办大学做管理工作的孙某为了让从农村接出来的孩子有学上，在郊区找了五六家公立小学。但是，校方要收取 1 万元到 10 万元不等的借读费和赞助费，这些高昂的费用让孙某感到发懵。因为公办学校门槛高，在城乡接合部，条件简陋、收费较低的民办农民工子弟学校如雨后春笋般破土而出。然而，这样的学校绝大部分都戴着“非法”的帽子——没有办学许可证，很难逃脱被关停的命运。已有 3 年“办学经验”的秦老师说：“要拿办学许可证，必须有房屋产权证。可由于经费紧张，学校只能租用别人的场地及房屋。别说我们拿不出房屋产权证，就连房东也拿不出，因为房东也是租村里的地。”一度拥有 1500 多名学生规模的私立金星小学就是因为校舍所在地被拆迁，从此销声匿迹了。“没有政府的支持，我们也不敢在硬件设备上加大投资。”办学人代某说：“艰难办学，最希望的是能有合法的地位，学生可以放心读书，老师也可以安心工作。”实际上这类学校的教师队伍很不稳定，往往春节一过，教师走掉一半是常事。许多年轻教师都把私立学校当作跳板，一旦找到合适的工作，立马就跳槽走人。

开学已经好几天了，因为交不起 300 多元的学费，12 岁的陈某迟迟没有报到。和陈某一样，由于家庭生活困难，不少农民工子女不得不放弃求学。树人学校也是一所农民工子弟学校，开学已经一周，还有 100 多名学生没来报到。校长既失落又无奈：“反正每到开学，总得少那么百八十人。有的回老家了，有的转学了。至于有没有人辍学，那就没办法统计了。”

春节过后，8 岁的乡村女孩儿张某在 B 市郊区的一所公办小学里迎来了新学期，但更多“漂泊”在市郊的农民工子女难有这样的待遇。“我也想去公办学校上学，至少那里有好的食堂，但学费实在太高。”一想起夏天早上带的饭菜到中午就有点变味发馊，一位小学四年级学生心里就有点发酸。

“B 市的公办学校，用的都是 B 市地方实验教材。将来考大学，因为没有户口，孩子还得回去考，怎么办？”从山西来 B 市打工的张某愁苦地问。考虑到这个因素，许多家长不得不把孩子送到使用全国统编教材的民办农民工子弟学校。

“我妈妈很少给我零花钱，我也没有什么新文具，总觉得在班里抬不起头。”这是一个“有幸”到公办学校就读的农民工的孩子所遇到的尴尬。记者在采访中发现，有不少乡下来的孩子，在大部分是城市孩子的公办学校里，都有孤独、自卑的感觉。对此，中国社会科学院一研究员表示，要警惕农民工子女心理“边缘化”倾向。他说，农民工子女本身就在经济条件等方面处于弱势地位，好不容易能与城里孩子坐在同一个教室里接受质量较高的教育，却又要承受来自各方面的不理解。生活上的困难没有让他们退缩，可这种心灵的创伤却难以抚平。

2010 年 8 月颁布的《国家中长期教育改革和发展规划纲要(2010—2020 年)》中明确指出：“坚持以输入地政府管理为主、以全日制公办中小学为主，确保进城务工人员随迁子女平等接受义务教育，研究制定进城务工人员随迁子女接受义务教育后在当地参加升学考试的办法。”

“同在蓝天下，共同成长进步”，这是温家宝同志在考察北京玉泉路打工子弟小学时，在学校黑板上写下的题词。广大人民群众都希望并相信在实施《纲要》的过程中，这美好的愿景会变成现实。

2. 新华社、中国青年报记者联合进行了一项问卷调查。这一调查历时 7 天，在北京、上海、广东、浙江、江苏、山东等地，向农民工发放调查问卷 131 份，其中有效问卷 125 份。73 名受访者表示，最大的愿望是自己的孩子能“和城里孩子享有同样的待遇”，43 名受访者最希望能“降低收费标准”，17 人希望能“有供农民工子女就读的专门学校”。调查同时显示，78 位受访农民工表示，通过“朋友介绍”为孩子在城里联系学校；16 人表示“从媒体报刊获悉”有关学校的信息，5 人表示“向城市教育部门咨询”，2 人表示由“家乡教育部门推荐”，1 人表示“学校主动上门”。

调查表明，有 46 名农民工子女，曾经因为父母务工地点的变化而被迫转学。其中转学 1 次的有 10 人，转学 2 次的有 12 人，转学 3 次或 3 次以上的有 24 人。在回答子女在城里求学遇到的最大困难时，54 位受访者表示是“费用太高”，占受访总数的 43.2%；46 人表示是“没有城市户籍”，占受访者的 36.8%。选择“住处附近没有学校”“受城里人的歧视”“毕业后拿不到毕业证”的受访者比例依次为 16.8%、6.4% 和 4.8%。“我本来准备把小孩送到公立学校，但因为不是本地户口，我找的一所学校每学期竟然要 8000 元的赞助费，另外还要交这费交那费，最终还是没有去。”在 N 市打工的罗某告诉记者。

调查同时显示，有 20 名农民工表示孩子在上学时曾“遭受到拒绝”，7 人表示“做了很多努力学校才接受”；有 19 位受访者表示孩子在学校“有过不公平待遇，但不严重”，3 人表示孩子在学校“有过不公平待遇，情况比较严重”。调查还显示，77.6% 的受访农民工表示，孩子“学习成绩一般”或“成绩不好”。88 名受访者表示，“从来没有”或“不一定”有时间辅导孩子学习，占受访总数的 70.4%。“小孩只要听话，知道尊老爱幼就行了。我整天忙，没时间想太多，学校的质量也就不管了。”今年 33 岁的王某来自南方某县，以帮酒店洗台布为生，谈起孩子的教育，他无奈地说。

3. 近年来，在发展边境少数民族地区教育的过程中，地处西南边境的 L 县坚持“调整一些不合理校点布局，逐步推进寄宿制办学”的工作思路，特别是结合国家在 L 县实施的“西部地区农村寄宿制学校建设工程”，对本县的学校布局进行了调整。通过该工程的实施，L 县各乡镇学校布局更加合理，办学条件进一步改善，办学效益得到了明显提高。L 县在将教育资源的合理配置作为中心工作来抓的同时，注意发动社会各界的共同关心和支持，努力把寄宿制学校办成群众满意，家长放心，学生“进得来、留得住、学得好”的学校。

撤并教学点，意味着自己的子女要去更远的地方读书，来回的交通又不方便，难免会让家长心存疑虑。L 县充分利用报纸、广播、电视等宣传媒体，开辟“创建”专栏，还利用挂横额、张贴标语、出板报等形式大力宣传创建寄宿制学校的重要意义，营造良好的舆论氛围，动员社会各方面的力量都来关心、支持创建工作。县教育局、乡镇政府干部牵头,带领教师和村干部分头走访学生家长,认真听取群众意见,并做好摸底工作。通过宣传发动,提高广大群众的思想认识,形成全社会关心、支持、参与创建工作的良好氛围。

L县把创建寄宿制学校作为改变农村教育现状的重点工作来抓,有效利用各方面条件,努力提高办学效益和质量,积极为农村教育的发展创造条件。一是充分利用“义教工程”、边境建设大会战教育建设项目、中小学危房改造工程等项目的资金投入,完善了学校的各项设施。几年来,共投入资金4379万元,建设了教学用房56幢,学生宿舍楼89幢,学生食堂79幢,学生厕所73间。二是推进教育资源配置方式的改革,统筹规划学校布局。针对农村校点多、规模小、难以实现有限资源优化配置的情况,L县从各地的实际出发,按照人口自然分布、统筹规划学校布点的原则,把办学的规模效益作为工作的立足点和重要目标。

L县的学校布局调整工作坚持因地制宜、科学规划、先易后难、逐步实施、规模办学,提高了效益,整合了教育资源。在着力于调整中小学布局、撤并教学点工作进程中,根据当前政府财力和群众承受能力,重点建设一些试点学校,形成了富有特色的实践模式。其一,联村办寄宿制学校。随着人口出生率越来越低,学校生源减少,村村办学校的现象将成为历史,联村办学势在必行。如响水镇棉江、四清、高峰、红阳等村由于靠近设施完善、教学质量好的鸣凤中心小学,L县便利用“义教工程”43万元资金,在鸣凤中心小学建起了学生宿舍楼、教学综合楼和学生饭堂,扩大学校规模,将其建成寄宿制学校。其二,创办民族寄宿制学校。L县武德、金龙、水口等3个乡镇同属边境乡镇,部分村屯由于地处边远山区,交通不便,许多适龄儿童不能按时入学读书。为了解决他们的入学难问题,L县在武德乡中心小学创建了寄宿制学校,招收武德、金龙、水口等3个乡镇部分村小学四、五年级的学生,国家给予一定的生活补助,学生统一到校寄宿就读,实行封闭式管理。目前,该校有在校生752人,寄宿生532人,近十年来共培养了1000多名少数民族学生。其三,创建边境形象学校。L县抓住边境大会战教育项目建设工程实施的机会,积极筹措经费,重点建设一批国门学校,进一步改善了办学条件。现在水口镇罗回中心小学、彬桥中心小学在校生均在500人以上,寄宿生达150多人;水口中学、彬桥中学的寄宿生均超过400人。

4. 越是上学难,有些农民却越把希望寄托在下一代上学受教育上。如F村各家相互攀比“不惜血本供孩子读书”,以至于出现了忍饥挨饿、倾家荡产供孩子读书的“英雄”。教育的成本越来越高,有社会学家计算过,一个大学生4年学费大约相当于一个农村居民20年的纯收入。不用说西部贫困地区,连基本脱贫的东部地区的农民孩子的“大学梦”也越来越远了。实际上,新世纪以来,农村孩子在大学生源中的比例与20世纪80年代相比,几乎下降了一半,这就意味着“通过高考,让农村孩子向上流动”的渠道正在“缩窄”。贫困家庭用于教育的支出占其收入的比例仍相当大,也就是说,农民倾其全力支持了教育的发展,而现在一旦出现了大学生就业危机,贫困农民家庭所受的损失将是巨大的。

在当下中国农村出现了必须引起社会高度关注的现象:H省的一个调查表明,个别地区的农村贫困生的失学率高达30.4%,辍学的学生基本上都是20世纪90年代出生的那一代,他们的父母有的过去还能读到高中毕业,而他们之中有数量可观的人初中还没有读完,由此导致的劳动者文化素质的下降,对未来中国发展的影响,确实令人担忧。有社会学家指出:“在一些地方已经出现了明显的因教致贫、因教返贫现象。G省的抽样调查结果显示,由于教育因素返贫的农户,占返贫总数的50%。”农民寄希望于教育使他们的子女另寻出路的想法靠不住了,于是

"辍学"之风抬头,用一名著名作家的话来说就是,"用辍学来保护人心,保护土地,阻止下一代向充满着蔑视、冷漠以及焦灼不宁的惨淡日子滑落"。但也如这一作家所说,这样的选择既显得"荒唐",又有些无奈,而且也还有许多农民几乎是孤注一掷地仍然将孩子的教育放在生活中的第一位,这样的"知其不可为而为之"的努力确实给人以悲壮感。一位下乡支教的大学生说,这是"困境中的不绝希望"。如果不对农民寄以希望的教育(包括农村教育及城市教育)进行新的反思与改造,如果不从根本上解决教育资源的不合理分配与农民子弟就业难的问题,恐怕很难实现他们可以看到并可以享受的教育,即广大农民寄以希望的教育。

5. 柳延希望小学是李某当村主任的时候筹资修建的,可惜只用了七八年就撤了,留下了空荡荡的校园。20 世纪 90 年代,和中国大多数农村一样,李某所在的枣园镇延店则村,也经历了轰轰烈烈的建校潮。然而时隔几年,新的农村教育布局调整又让很多农村小学陷入"沉睡"状态。这其中,也殃及部分希望小学。

柳延希望小学的几间教室已被村委会用作办公室。当年的筹建者、已不再担任村干部的李某,如今也搬到了学校住。他的任务是看守校产,清除杂草。

如今,村里还有 50 多个孩子在邻村的裴庄希望小学上学。由于路有点远,又不能住校,大人们只好每天骑车接送孩子。"现在除了房子,什么都没了。"在校门外的一堆砖头瓦砾里,李某找到了唯一能见证这所学校历史的一块石碑,那上面盖满了泥土,看不清碑文。他让孙子端一盆水过来浇在石碑上,然后用手慢慢地抹去碑身上的泥土,这才露出了清晰的字样:延店则村希望小学占地 1260 平方米,共建教室 10 间……

和李某不同,同样是校园看护人的向老师不甘心学校就这么闲着,他在已经撤掉的学校里办起了幼儿园。撤校前,向老师是校长。学校原来只有 12 口窑洞。2004 年 3 月,经联系,香港某纺织有限公司董事长赵先生捐赠 20 万元,为学校修建了一栋两层教学楼。然而,当教学楼建好投入使用时,四至六年级的学生却并到了乡中心小学,学生一下子少了一大半。"这一并,低年级家长的心就动摇了,学生哪里多就往哪里送。"向老师说,"2013 年后半年,就没有学生了,学校也就撤了。"于是,几个村民又找到向老师,鼓动他在学校里办一所幼儿园。他雇了一名老师、一名司机,还买了一辆面包车用来接送孩子,办起了幼儿园。可一年多后,向老师又开始发愁了,"娃娃少,成本太高了。"原来,每个孩子一学期收费 1000 元,每天上下学接送不说,中午还管一顿午饭,每个月还要给请来的教师、司机开工资,不赚钱不说,还赔钱了。幼儿园再往下办,也很难了。

6. 2009 年是希望工程实施 20 周年。20 年来,希望工程共募集资金 56.7 亿元,资助 346 万名家庭困难青少年继续学业,资助建设 15940 所希望小学,为支持经济落后地区基础教育事业,促进青少年发展做出了积极贡献。

从 1999 年开始,中国青少年发展基金会经过调查论证后,开始实行希望工程战略重点转移:由过去对贫困失学儿童的普遍救助,转到对优秀受助生的跟踪培养;而希望小学也由起初的硬件建设为主,转向教师培训、现代化教育设施软件建设为主。

根据教育部公布的数据,2007 年全国小学在校生 10564 万人,而 1998 年全国小学在校生是 13953.8 万人,9 年间减少了 3300 多万人。随之而来的是乡村小学数量的锐减,20 余年间,中国的乡村小学从 1985 年的 83 万所,至 2007 年已撤并至 34 万所,这其中还包括部分早期建设的希望小学。

据 2010 年 10 月 25 日报载:截至 2008 年 12 月,G 省长阳县 76 所希望小学中有 53 所被废弃。这样的情况随着“撤点并校”的政策大规模推广，在越来越多的地区出现，很多希望小学被撤销，要求与镇小学或中心小学合并，因个别条件无法合并的，直接被闲置。部分校舍被当地村委会再利用，作为临时教学点等，服务于周边村民。但更多是被困置下来，甚至直接被用作仓库，有的操场被翻垦成了田地，准备种上苞谷，有的学校甚至养起了猪和鸡。

来自Y市共青团市委希望工程办公室的统计数据显示：截至2008年4月25日，Y市某区运行的希望小学有119所，撤并38所，其中最早兴建的京温希望小学，已经变成了红枣产品加工厂。这里原来每个行政村都有一所小学，可如今只剩下3所了。教办主任张某介绍：21世纪初，生源开始锐减，2001年，有一个镇在校学生2400多，可现在不到1100人，这个镇流动人口占到一半左右。随着越来越多的人外出务工，部分学龄儿童只好随家长走，异地就读。记者采访过程中见到了不少“空巢村庄”，年轻人纷纷外出打工，留在村里的，基本上都是四五十岁以上的中老年人。

农村税费改革后也引发了农村学校经费的紧张。2001年，我国农村实行税费改革，取消了原来的教育集资和教育附加，学校的经费由财政支持。而学校过多让有限的经费投入像撒胡椒面一样，有效投入降低，于是进行大撤并。撤并之后，留下了大量校舍，在有些村子，学校校舍依然是最漂亮的建筑。可这些校舍有的被用作村委会办公室、党员或者群众活动室，有的被村集体租赁出去成为厂房或仓库，还有一部分仍处于闲置状态。

7. 乡村文化的衰落，引起了许多学者的担忧和焦虑。这些学者有不少出身于农村，他们有着自己的乡村记忆和对现实乡村的直接观察和体验。因此，他们的忧虑就特别值得注意。故乡的传统生活方式正在消亡与崩溃。这里既有传统的以民间节日、宗教仪式、戏由为中心的地方文化生活的淡出、空洞化，也包括曾经相当活跃的、与集体生产相伴随的农村公共生活形式（如夜校、识字班、电影放映队、青年演出队）的消逝，更有在纯净的大自然中劳作和以家庭、家族、邻里亲密接触、和睦相处为特点的农村日常生活形态解体的征兆和趋向。生态环境的恶化，家庭邻里关系的淡漠和紧张，社会安全感的丧失，使乡村生活已逐渐失去了自己独到的文化精神内涵。赌博、暴力犯罪，这在很大程度上都是乡村社会文化精神缺失的表征。于是，有研究者产生了更深层面的焦虑：“传统乡间伦理价值秩序早已解体，法律根本难以进入村民日常生活，新的合理的价值秩序又远没有建立，剩下的就只能是金钱与利益。”一些农民对自我价值的认知完全趋于利益化，钱成了衡量自我价值的唯一标准，消费文化已经成为农村社会的主宰性的意识形态，它对生活以及人生意义的设定已经主宰了许多农民尤其是农村里的年轻人的头脑，由此带来的问题自然是十分严重的。于是就有了“作为文化——生命内涵的乡村已经终结”这一根本性的忧虑。而乡村作为文化存在的虚化，直接导致了乡村少年成长中本土资源的缺失，如今的乡村少年，他们生活在乡村，却根本无法对乡村文化产生亲和力、归依感，然而，城市文化对他们又是那样遥远，这样，他们生命存在的根基就极易发生动摇，成了在文化精神上无根的存在——乡村文化的危机和乡村教育的危机，就是这样相互纠结着。

这一切，对那些曾经感悟，至今仍依恋乡村文化的知识分子产生了巨大的冲击力。有位知识分子说，“我已经无家可归”，“我在城市是寓公，在家乡成了异客”。这样，无论在乡村少年身上，还是农民工那里，以及这些出身农村的知识分子的群落里，我们都发现了“失根”的危机。乡村文化的衰落，乡村教育的文化缺失，对我们究竟意味着什么？这是我们应当思考和追问的。

二、作答要求

（一）认真阅读给定资料，简要回答下面两题。（20分）

1. 给定资料 1 和给定资料 2 集中反映了进城务工人员随迁子女受教育的诸多问题。请根据这两则资料,对这些问题的具体表现进行概括和归纳。(10 分)

要求:准确、全面、有条理。不超过 200 字。

2. 根据给定资料 4 中的有关内容,谈谈对文中“困境中的不绝希望”这一表述的理解。(10 分)

要求:准确、简明。不超过 150 字。

(二)L 县政府拟进一步宣传寄宿制学校的办学模式,以期更好地提高办学效益和质量。请根据给定资料 3,以县教育局的名义草拟《给各村中小学生家长的一封信》。(20 分)

要求:

1. 内容具体,符合实际;

2. 用语得体,通俗易懂;

3. 不超过 400 字。

(三)假定你是一名派到农村的支教人员,请根据给定资料简要分析希望小学遭废弃的原因,并提出解决希望小学遭废弃问题的具体建议,供上级有关部门参考。(20 分)

要求:

1. 对原因的分析准确、全面,不超过 100 字;

2. 所提建议具体、有针对性、切实可行,不超过 300 字;

3. 条理清楚,表达简明。

(四)给定资料 7 的画线部分写道:“有位知识分子说,‘我已经无家可归’,‘我在城市是寓公,在家乡成了异客’。这样,无论在乡村少年身上,还是农民工那里,以及这些出身农村的知识分子的群落里,我们都发现了‘失根’的危机。”请结合你对这段话的思考,参考给定资料,自拟题目,写一篇文章。(40 分)

要求:

1. 自选角度,立意明确;

2. 联系实际,不拘泥于给定资料;

3. 语言流畅;

4. 总字数 800 ~ 1000 字。

2010年中央、国家机关公务员录用考试《申论》试卷（地市级）

满分:100分　　　　时限:150分钟

题　号	1	2	3	4	总　分	核分人
得　分						

一、给定材料

1.海洋是人类家园的组成部分,为人类社会的发展提供了丰富而宝贵的资源。海洋资源包括旅游、可再生能源、油气、渔业、港口和海水六大类。我国海域内,有海洋生物两万多种,其中,海洋鱼类3000多种。天然气资源量14万亿立方米,滨海砂矿资源储量31亿吨,海洋可再生源理论蕴藏量6.3亿千瓦。海洋石油资源量约240亿吨。

随着工业化,城市化的快速发展和人口数量的增长,全球海洋污染愈益严重。海洋污染的治理难度非常大,特别是像渤海这样的内海。海水封闭性强,自身交换能力差,一旦污染,它的自我更新周期至少需要15年。渤海素有我国“鱼仓”“盐仓”和“海洋公园”的美誉,但近30年来污染加剧,情况堪优。调查显示,1983年渤海鱼类有63种,2004年只有30种,带鱼、鳓鱼、真鲷、银鲳等几乎绝迹。2000年至2007年,渤海发展赤潮灾害87次,累计赤潮面积2.05万平方公里。

2001年,国务院正式批准由国家环保总局、国家海洋局、交通部等有关部门和天津、河北、辽宁、山东四省市联合制定的《渤海碧海行动计划》(以下简称《碧海计划》),旨在促使渤海近岸域海洋环境质量的改善,努力实现海洋生态环境良性循环。《碧海计划》总投资500多亿元,实现项目427个,主要包括城市污水处理、海上污染应急、海岸生态建设、船舶污染治理等内容。实施区域包括天津、河北、辽宁、山东辖区内的13个沿海城市和渤海海域,以每五年为一个阶段实施。近岸海域环境保护拟分阶段推进,分为近期、中期和远期目标。2001年至2005年要实现的近期目标是:渤海海域环境污染得到初步控制,生态破坏的趋势得到初步缓解。

科学调查与监测结果证明,陆源污染对渤海威胁最大,入海河流流域周边的生活污水、工业废水、农药及化肥污染是三大陆源污染源;此外,船舶石油泄漏、海上石油开采和海水养殖中的添加剂也会对海洋造成严重污染。在近期治理阶段,为遏制陆源排污,做了大量工作,但我国四大海区中,渤海沿岸超标排放的入海排污口最多,比例高达90%以上。渤海沿岸有分属在三省一市的13个城市,渔、盐、农、航运、石油、旅游、工业等众多行业在渤海进行经济开发活动,海洋、环保、农业、交通等政府管理的不管治理,管治理的管不了排污。“众多主体分享渤海的环境效益与经济效益,这就使渤海成为典型的‘公地’,直接影响沿海地方政府治理的积极性,造成治理工作效率低下。《渤海计划》只是一个政策性文件,不具有法律强制性效应,执行过程中,难以借助法律手段实现管理体系、监测体系、投资体系、统计体系、评价体系的对接统一,这也直接影响了治理的效果,有关权威部门发布的2004年渤海环境质量公报显示:污染范围比上年扩大。未达到清洁海域水质标准的面积约2.7万平方公里,较上年面积增加约0.6万平方公里,占渤海总面积的35%。其中。轻度污染、中度污染和严重污染海域面积较上年分别增加了

44%、56%和57%，污染程度明显加重。近几年的连续监测结果显示，进入21世纪以后，渤海环境污染仍未得到有效控制，轻度、中度和严重污染海域面积呈上升趋势。”显然《碧海计划》近期目标难以如期实现，但是很多专家也指出，不能否定实施《碧海计划》的积极意义，它毕竟为其后《海渤环境保护总体规划(2008—2020年)》的制定提供了可借鉴的经验教训。

2008年11月，国务院批准了《渤海环境保护总体规划(2008—2020年)》。规划确定了加强重点环节和关键领域保护与防治，建立渤海污染与生态保护系统；面源点源治防联动，建立陆域污染源控制和综合治理系统；全面实施节水治污战略，建立流域水资源和水环境综合管理与整治系统等五大主要建设任务，体现了渤海环境保护任务的综合性、战略性与长期性，并强调在海洋开发过程中，全面推进节水、节能、节地、节材和综合利用，确保引时项目为低耗、低排放、低污染和高效益的企业和产品，促时海洋环境的可持续利用。

2. 1996年联合国第二次人居大会提出了“宜居城市”的概念。在现代化城市建设中，首先要考虑经济、文化、社会环境、自然环境的协调发展，只有这样，才能打造良好的人居环境，进而满足居民物质和精神生活的需求，使城市成为适宜所有居民居住的环境，进而满足居民物质和精神生活的需求，使城市成为适宜所有居民工作、生活和居住的家园。

扼守渤海海口的W市曾被联合国有关机构授予“宜居城市”称号。W市为了进一步建设“宜居城市”，准备扩大城市的“宜居”范围，决定把污染海水的养殖业逐步取消或迁出市区，此项计划已进入实施阶段。如W市城区东侧的海湾，以前有成片的养殖区，雨污水冲刷着垃圾堆，向大海扑下来，沙滩脏得没处下脚，海水散发出扑鼻的恶臭，新码头的修建已经动工，眼下正在用建筑垃圾填海，渔港码头搬迁到这里，引起了当地村民的不满。村民们说，它们会转移污染，会把这里的海水弄脏，村子弄脏，村里的小渔船也将没有生存空间。另外，远遥村的村民们还养着几千亩扇贝，等渔港搬来后，这项生产也难以为继了。W市对海岸环境的整治，是从“景观治理”的角度来搞的，而市区的渔村，没有主打的旅游项目，常年以传统的渔业、海水养殖业为经济支柱。“远遥村的人也是W市人呀，他们什么时候也能过上‘宜居’的日子?”

W市所辖的银滩自然环境优美，在2002年11月被国家旅游局批准为4A级旅游区。银滩开发初期的计划是建一个旅游区，后来外省某大油田在此处投资4亿元买地盖房，准备将4000户油田职工家属搬迁过来。紧跟着，又有几家石油化企业出来开发房地产，盖楼卖给自己的职工，相关石油、石化产业也准备搬迁过来。大喜过望的W市提出口号：“把银滩打造成不出石油的石油城！”据称，如果这些油田所开发的楼盘全部售出，可以安置60万人，现在整个银滩开发区大约只有2万居民。银滩管委会宣传科科长告诉记者：“某大油田投资5亿元，正在银滩以北建一个工业园，已经奠基了。”

W市今后怎样发展，怎样建设“宜居城市”引起社会的极大关注。很多市民认为，这里的城市建设年年上项目，名气越来越大，收入肯定越来越多，前景应该看好。一位出租车司机说，十年前W市还破破烂烂的，现在真像个大城市了，来这儿旅游的人很多了，钱也好赚了。记者问他：“你们就不担心人多了，这里就不再清静了吗?”这位司机说：“挣不到钱，怎么生活，光清静有啥用?”

3. 兵库县是日本重要的工业区和港口区，沿海岸线的许多地区，工厂林立，许多海岸都被砌成了高大笔直的混凝土大坝，而这些工厂所在的陆地，很多都是填海形成的。20世纪中期，日本经济高速发展，人口迅速增加，国土面积狭小的日本开始规划填海造地，从1945年到1975年，日本政府总计填海造地11.8万公顷(相当于两个新加坡的面积)并统一进行工业布局，将炼油、石化化工、钢铁和造船等资源消耗型企业配置于东京湾以南的沿太平洋带状工业地带上，使原料码头与产品码头成为工厂的一部分，减少中转运输费用。日本有关专家指出，港口与工业区紧密结合在一起的布局不仅使能源消耗量大的钢铁、水泥、制铝、发电和汽车业等成本下降，促进了这些行业以及造船、机械和建筑等工业部门的发展，而且使以石油为原料的石油冶炼、石油化学。最明显的问题就是海洋污染，很多靠近陆地的水域里已经没生物活动。整个日本的近海海域经历了20世纪六七十年代的严重工业污染，尽管后来政府立法要求工厂和城市限制排污，情况得到了一些缓解，但要恢复到以前的情况非常困难。由于工厂和城市长期排放污染物，海底大量滋生细菌，导致亦潮频发。其次是滩涂减少了约3.9万公顷，后来每年仍然以约2000公顷的速度消失。过度的填海还导致日本一些港外航道的水流明显减慢，天然湿地减少，海岸线上的生物多样性迅速下降，由于海水自净能力减弱，水质日益恶化。因此，日本政府现在又不得不投入巨资，希望能够恢复生态环境，国家为此设立了专门的“再生补助项目”基金，并且引导地方政府、居民、企业、民间组织等社会各界积极参与改变和修复被破坏的海洋环境。如20世纪80年代，地处神户地区的日本钢铁公司搬走后，兵库县大型钢铁厂变成了一块综合性绿地。在治理工作中，兵库县政府还鼓励大家在自己的家周围和工厂区种植植物，所有费用都由政府提供，并且在树木种植之后政府还提供三分之一的管理经费给一些民间公益组织进行维护和管理。当地官员表示：“我们计划用100年来彻底改变和恢复这一地区的生态环境。”难怪环保专家这样说：“兵库县堪称‘环保错位’的典型。”现在，日本的各种海洋环保研究机构正在不断进行各种试验，希望能够找到恢复海洋生态环境的更好的方法，这些实验包括人造海滩及人造海岸、人造海洋植物生存带等。经过把各种技术组合起来进行实验，各种小鱼小虾、贝壳和海洋微生物已经出现在人造海滩、海岸周围，显示着环境的改善。日本专家介绍说：“我们已经感受到这项工作的难度，这是一项非常漫长的工作，而且所需要的资金和技术投入时非常巨大。”关于恢复海洋环境的工作思路，日本专家表示：“必须充分考虑自然、海洋和人类三者的和谐，恢复生物的多样性的生态环境。”

4. A市早在宋代就享有“东海明珠”的美誉。眼下，这里正在打一场保卫“蓝色国土”的扫黑战役。此“黑”非黑社会势力，而是污染所致的“黑水”。A市海岸带流淌的黑水是漂染、造纸、电镀等企业排放的废水。J市与S市为A市所辖的县级市。早在1997年，濒临海湾的J市准备在郊区西滨兴建“电镀集中控制区”。当时环保专家对选址作了这样的评估：“西滨镇位于J市城市上风向，地面水的下游，沿岸海域环境尽量不受污染。至于会不会危及下游S市，那是其次的问题。”事实上，兴建“电镀集控区”，可能造成一系列的后果。一是集控区电镀、造纸、漂染、制革等企业排放的工业废水具有严重化学毒质，对水产资源有毁灭性的破坏。二是A市所属的几个海湾都是内海腹地浅水湾，海水自净能力差，工业污水将随退潮排出，随涨潮返回，难于排向深海。三是海湾一带是省级蛏苗生产基地，也是红膏鲟、海鳗和虾类的产卵、成苗地，海水污染不仅严重损害上述珍贵水产资源，也给该地区群众生产、生活造成严重危害。四是贝类具有附集重金属的特点，受污染贝类上市后影响人民群众的身体健康。为此，省水产厅发文，明确提出“按环保的条件评估，不宜在J市西滨镇设立电镀集控区。”但是，就在为选址争议期间，西滨镇已经陆续兴建了一些严重污染环境的工厂，使下游S市附近的水头村深受其害。水头村曾是远近闻名的蛏苗生产基地，80%的村民从事发水产养殖，正常的年景，全村的养蛏收入都在四五千万元，所缴税款比一些乡镇的数额多得多。自从村里的溪流注入了来自上游西滨镇的污水，就成了墨汁一般的臭水沟，几千亩滩涂养殖区被污水渗透沉积，已经一片荒芜。据村民介绍，他们村所受的污染已经有好几年了，蛏苗的养殖面积和产量逐年下降，至2004年，全村蛏苗近乎绝收，经济损失三四千万元，村民失去了固定收入，年轻人被迫外出打工。多数人健康状况每况愈下，癌症患者呈逐年上升趋势。省渔业环境监测站对滩涂养殖区蛏苗死亡原因进行监测的结论是：受蛏苗培育区内海水中高浓度铜的影响，其他超标污染物铅、锌、挥发酚、多氯联苯等也起了协同作用，这也是培育内水质、底质环境逐年恶化的结果。

2006年1月，A市人代会通过《关于加强近海水域环境污染治理的决议》，确定将"A市近海水域的污染整治"列为政府必须无条件完成的一项"铁任务"。《决议》内容简明了，几乎一句话就是一个措施和目标：市政府组织开展近海水域环保状况勘察调查，制定年度治理计划；加快环保基础设施建设，控制近海陆源污染物排放；加强环境监管，巩固治理成效；按照"谁污染谁治理"的原则，征收超标排污费；监督企业完善治污设施并保证正常运行，确保达标排放；落实县（市、区）长环保目标责任制和重点乡镇领导干部环保绩效考核制度，督促本地区污染源治理。2月市政府通过了市环保局主持编制的《A市近海水域污染专项整治方案》。3月有关部门完成了全市近海水域的污染源调查。4月市政府出台了对近海海湾进行综合治污的具体规划。5月，市中心区的生活污水有望得到妥善处理。最令人鼓舞的是"西滨镇电镀集中控制区"项目已被市政府彻底否决，污染源头被切断。S市政府出示了"专项整治方案"将全市70家企业列入污染源监控名单。市政府还计划在四五年内投入3.4亿元用于海水治污，并将在今后5年内逐步淘汰全市的畜禽养殖业，尽力减少污染源。该市政府呼吁，对一些重污染企业将要拿出"壮士断腕"的勇气，如此作为，方可保证将整治工作"进行到底"。

5. 天津地处环渤海中心，拥有153公里的海岸线，其中滨海新区是海洋开发的主要地区，在临港工业区的施工工地，记者看到，一根硕大的管道将几公里外港口疏浚了航道的泥沙源源不断地抽吸过来，在这里吹填造陆。工程负责人说："这样做的话既疏浚了航道又进行了吹填造陆。"临海工业区总体规范填海造陆80平方公里，而工业区在建设之中就始终坚持科学选址、科学规划、科学围填，目前一期20平方公里已全面完成建设，成为国家级现代化的循环经济示范区。天津临海工业区主任说："天津的南面污水一直影响到整个滩涂，形成一个浅滩，适合围海，会改造这块的生态环境又达到发展经济的需要。那么在这里围海造地，到底有没有改善当地的生态环境"呢？记者注意到在新建的陆地上，原来被污染的海滩，已经变成了绿洲、草坪、树木随处可见，码头作业区的海水也变得清澈碧绿。

假日的天津港东疆港区，人们纷纷来到海边游泳度假，孩子们在柔软的沙滩上嬉戏游玩，但谁也想不到脚下金黄色的沙滩是人造的，沙子是天津港的建设人员千里迢迢特意用船从广西运过来，这又是为什么呢？天津负责人介绍说："东疆港区在建设之初就充分考虑生态环境的要求，港口布局按三大块布置，既有生产区又有物流加工区，还给天津市民留有十公里的生态岸线。"发展工业与环境保护融为一体，是天津滨海新区在发展海洋经济上的一大亮点，而在规划中将陆地与海洋的开发取长补短，有机结合形成互补，则是滨海新区海洋开发的又一特色。采访中记者了解到，天津市海洋部门为了鼓励围垦企业优先考虑环境保护，制定了一定的鼓励政策，如"对于企业预留生态岸线，给予使用金的相应减免"等等。

二、作答要求

（一）认真阅读给定资料简要回答下面两题。（20分）

1.《渤海碧海行动计划》近期目标难以实现有多方面的原因。请依据"给定资料1"分别进行概括。（10分）

要求:准确、全面。不超过200字。

2.“给定资料3”中环保专家认为“兵库县堪称‘环保错位’的典型。”请结合资料内容,对“环保错位”的实质进行阐释。(10分)

要求:准确、简明。不超过150字。

(二)针对W市在进一步建设“宜居城市”过程中存在的具体问题,参考给定资料,提出解决这些问题的具体建议。(20分)

要求:

1. 准确全面,切实可行;

2. 调理清楚,表达简明。不超过300字。

(三)A市市政府准备大力宣传推进对近海水域的污染整治工作,请你结合给定资料,以市政府工作人员的身份,草拟一份宣传纲要。(20分)

要求:

1. 对有关宣传内容的要点进行提纲挈领地陈述;

2. 体现政府精神,使全世界关心、支持污染政治工作;

3. 通俗易懂。不超过400字。

(四)结合给定资料中的具体事例,以“海洋的健康”为题目,自选角度,写一篇文章。(40分)

要求:

1. 中心明确,事实与观点紧密结合;

2. 言语畅达,调理清楚;

3. 总字数800~1000字。

2013 年 4 月 13 日公务员联考《申论》试卷

满分:100 分　　　　时限:150 分钟

题　号	1	2	3	4	总　分	核分人
得　分						

一、给定材料

1. 2009 年,一群来自深圳的普通工人成为美国《时代》周刊的年度人物。周刊一出版,中国工人的灿烂笑容,瞬间给处于经济低迷的世界带来希望。他们坚毅的目光,质朴的外表,倔强的神态,真实地反映了中国工人的性格,这种性格,为“中国制造”贴上光亮的标签。中国工人一直以勤劳、坚韧的姿态出现在历史各个时期。新中国成立之初,“咱们工人有力量”这昂扬的旋律曾伴随共和国的成长,点亮了一个时代。无论是石油开采,还是钢铁制造,各个行业都闪耀着工人的光彩,“工人老大哥”成为令人艳羡的称呼。工人成了国家和工厂主人,这极大地激发了工人的工作热情和生产积极性。大庆的“铁人”王进喜“宁可少活 20 年,拼命也要拿下大油田”的忘我拼搏精神,老英雄孟泰“为鞍钢谱写的一曲自力更生的凯歌”的创业精神,激励着工人们创造出一个又一个生产奇迹,为共和国的建设做出了不可磨灭的贡献。工人的内心骄傲是那么强烈,归属感油然而生。

随着时代的更替,社会条件发生转变,生产方式进行了变更。在一段历史时期,农民工成为中国独有的劳动用工方式,一定程度上消化了农村剩余劳动力,以低成本支持着工业化发展。改革开放早期,农民工是一批将外出务工作为副业的农村人口,出外出务工而带来的财富转移在一定程度上起到了平衡城乡差距的作用。但这种情况随着农民工群体的代际更替发生了变化,“80 后”“90 后”的新一代农民工客观上已经无法回到农村,他们成了新时代的“新工人”。

2. “她们太没有责任心了,上班的时候还玩手机,聊天,哪像我们呀。”陈青头一扭,提高声调对着李婉芸说,李婉芸笑了笑,不作声。

这是条小小的商业街,有可供歇脚的长凳,时近黄昏,“70 后”陈青和“90 后”李婉芸在此聊着天。街外,由于植被稀少,工业园区被巨大而又沉闷的灰色笼罩,灰色的天,灰色的厂房,身着蓝色和浅灰色工装的女工们来来往往,货车和摩托车四处穿梭。这个工业区的高峰时期,曾工作和居住着 8 万人,但随着企业部分产能的向外转移,现在只有 3 万人左右了。人群的聚散,青春的过往,10 年前就来到这里的湖南人陈青是目睹者,就连她自己,也是几进几出,换厂、结婚、生孩子,在生活中,她以家乡为据点,在工作中,她以这里为据点,两边穿梭,沉默又坚韧。

去年刚刚高中毕业的李婉芸是新一批的落脚者,她说她也认同陈青对她们年轻人的看法,但时代不同了,现在的选择多多啊,年轻人可没有那么好的耐性,绝大部分人的志向并不在那些单调枯燥的生产线上,不愿干了就走呗。像她这样的年轻人,如今已经成为她所在城区外来务工人员的主流。这个庞大而年轻的外来工群体的归依,正在给中国社会的发展提出越来越现实的挑战。

来自湖北荆州,现在在这个工业区一家外资企业打工的一名李姓男员工说:“我们四周是高高的围墙，还有铁丝网，戒备森严，好像监狱一样，连上厕所都限定时间，平均一天要工作12个小时以上。"已经在广州打工7年的小王，今年25岁，也在这家厂里上班，他的话语里藏着许多无奈："你看我们的厂房，条件好着呢。可是，一进车间，所有人就失去了名字。工人密密麻麻地坐着，工作的时候根本没空说上一句话，得死命盯着手里的活，稍微一放松，零件从你眼前滑过，钱就从你眼前溜走了，因为我们都是计件工资。最近我总是想起卓别林的经典电影《摩登时代》，有时我会想，我们是不是和电影中的夏尔洛很像？没有多少人真正关心我们！"但是，这家厂的厂长助理王先生却说："现在的年轻工人，已与他们的父辈不同，并不满足于做工挣钱。他们大多受过初中以上教育，对自由、个人尊重越来越重视，如果无法满足他们的要求，他们马上就会跳槽。企业如果不能有一批长期忠诚的骨干，企业壮大和职工发展都很难谈得上。"

一项调查显示，当下国内仅有1%的人愿意做工人。有人评价道："中国的工人获得了美国《时代》周刊的认同，却没有在中国获得普遍的认同。"在一些人的眼中，中国的工人，现在基本成了流水线操作者的代名词，是不需要多高技术的作业者。劳动力，不仅仅是生产要素，更是一个有着喜怒哀乐，有着梦想和追求，有着家庭生活的活生生的人。他们不仅要安身立命，他们也要有尊严，甚至还要抬头仰望星空。诺贝尔奖获得者、印度著名经济学家阿马蒂亚·森曾说过这样的一句话："在一个走向现代化的国家中，经济发展是必然的事情。相比较于经济的发展，更为重要的事情是让更多的人——尤其是普通人，能够分享到经济发展的成果。"显然，这句话同样契合中国的实际，中国工人，需要时代的认同，需要社会的尊重，还需要有发自内心的骄傲。

3. 盛昌是一家制鞋企业，在很长一段时间内曾是耐克在深圳的主要代工厂，规模最大时达10万人之多。如今它偏居一隅，隐藏在一段年久失修的小路最深处，周围只有几处零散的小作坊。"盛昌曾是横岗地区知名的企业，除了耐克，盛昌也为其他跨国公司代工。"该厂安全生产负责人沈先生介绍，"现在只能接到一些小品牌的零散订单，这在以前根本不会接。现在用工成本很高，熟练工的工资涨得更快。对我们来说，加薪是找死，不加薪是等死。现在耐克将代工企业逐步外迁，我们现在真是有心无力了。"就连盛昌对面卖奶茶的大娘都深切地感受到了这种变化，她说"这两年生意太难做了，一杯奶茶只卖到1块钱，在深圳这样的高消费城市，已经无法再便宜了，可是现在就是这1块钱的奶茶都不好卖了。"这样一家效益曾经很好的代工企业，现在雇员仅剩三四千人，正可谓"盛极而衰"。

全国何止成千上万个盛昌？"中国制造"曾经疯狂席卷全球，阿富汗人骑的自行车，越南人骑的摩托车，巴基斯坦小店里摆放的文具用品，美国人看的电视机和穿的衣服，欧洲人用的家电和玩具，都贴着"中国制造"的标签，中国一度成为"世界工厂"。然而，中国的"世界工厂"名号只是"代工厂"的另一种说法。这些企业靠的仅是低技术含量和劳动密集型产业链。随着劳动力优势的逐渐丧失，一度曾把为世界品牌代工视为骄傲的工厂，现在不得不面临疲于维持状态，甚至走上破产的命运。中国的工业化发展似乎陷入了某种困境，靠廉价劳动力优势支撑起来的国家经济发展，如同竭泽而渔。

A市是长三角经济圈中一个重要的新兴工商城市，以制造业为主体，经济发达。近年，A市的制造业一样面临劳动力成本上升的制约因素，过去以代工制造为主导的发展模式越来越受到挑战。如何实现产业结构转型升级，A市探索在产品发展设计、研发和营销向两头延伸的同时，实施中间分离，在现代制造业中拓展现代服务业，既助推现代制造业进一步发展，也实现了产业整体转型升级。在A市，很多企业剥离主副业，实施二、三产拓展分离。比如从玩具制造企业中，拓展分离出了玩具商贸有限公司，由其专门从事市场推广、品牌塑造和商品销售。剥离后，产品研发、品牌塑造、销售可以走上专业化、社会化和市场化发展的道路,实现做强做大的目标。通过转型升级,企业在发展过程中提升了自主创新的能力,逐渐塑造起自己的品牌,不再依附于代工模式,最终实现外资和民资、现代制造业和现代服务业两翼齐飞的局面。

发展经济就像开汽车一样,在直道上可以快一点,但如果要转 90 度或更大角度的弯,就必须要把速度降下来。不论是因为中国的人口红利正在逐渐消失之中,还是因为本身的发展需要,中国的制造业都亟待转型升级,在转型期,会出现像盛昌一样"盛极而衰"的企业,也会涌现出像 A 市这样的成功经验。

4. 某大学的陈博士认为,劳动力短缺对于未来中国发展来说是个积极的信号。短缺的劳动力市场会使我们开始关注劳动力资源对于中国崛起梦想的重要性。只有当为这种稀缺的劳动力资源支付更高的报酬时,我们才会认识到人力资本投资的重要性,而技术创新也会随之绽放。他说,如今有的人在谈论中国崛起之际,总爱用那些以廉价劳动力堆积出来的 GDP 和羽翼渐丰的国际影响力作为他们的例证,这是一种认识的误区。他介绍道,世界银行资深经济学家杰里夫·萨克斯教授发现了一个非常有趣的"资源诅咒"现象:自然资源丰富的国家并没有获得想象中的高速经济增长,比如,拥有丰富资源的尼日利亚和委内瑞拉正经历着较低增长或者还在痛苦的经济增长中挣扎;而相反的是,韩国、新加坡和瑞士等自然资源相对匮乏的国家,经济却表现出异常的稳定性和持续性。现在来看,拥有丰富石油资源的俄罗斯也已陷入"石油诅咒"的陷阱之中。究其原因,就在于这些顺取逆守的资本家在获得原始资本积累之后,非但没有像新自由主义者所期望的那样,向社会支付再生产所需要的市场价格,反而利用与地方政府以及其他政治力量的强大勾结,向工人支付低于再生产所需的低工资,以更低的价格继续获得大片优良的自然资源。陈博士说:"我并不担心处于发展轨道的中国会像俄罗斯那样陷入'石油诅咒'陷阱,但是非常担忧会陷入'人口诅咒'的陷阱。"目前中国制造业如若不应对得当,极有可能沦为建立在沙子上的王国,难以经受真正的风雨洗礼。

5. 当虚拟经济在发达国家尤其是美国占据主导地位的时候,越来越多的人沉迷于金融市场的海洋里,实体经济不可避免地受到冲击。在"次贷危机"引发的国际金融风暴里,发达国家从高速增长一下子跌入茫茫沼泽地。经此一劫,发达国家认识到:脱离制造业的虚拟经济"虚火",是酿成危机进而造成全球经济长期低迷的主因。卢·兰奇是美国通用电气家电业务的设计主管,他说:"过去我们曾认为我们负责设计然后控制销售就万事大吉,现在我们发现这是个错误,一旦你把生产转移出去,就很可能再也回不来了。而这种变化是一点点显现的,当你第一次把烤面包机和热水器转移到海外生产时,你还知道如何制作这些产品,因为昨天、上个月或者上个季度你还在生产它们;但是当产品更新换代、技术不断进步后,为降低成本而不断更换代工厂的时候,设计产品的人与生产产品的人之间的差距就像太平洋一样宽广。"越来越多的美国公司开始认识到,过去十几年美国经济生活的外包浪潮是个严重的错误。

现在,回归实业几乎成为欧美等发达经济体共同的战略选择。美国从 2009 年到 2012 年,先后推出了《美国制造业振兴法案》"购买美国货""五年出口倍增计划""降低制造业的税收负担"等多项政策措施,推动美国制造业复兴和回归实体经济。到 2012 年 1 月,美国制造业的经济活动连续 30 个月保持增长,总体经济活动连续 32 个月保持增长。制造业出口一直稳步上升,2011 年约占出口总额的 52%。失业率从 2009 年 10 月的 10.2% 降至 7.9%,制造业贡献了超过 40 万个就业岗位。这些数据表明,美国制造业正走在"回归"的路上。另一方面,美国制造业"回归"走的是高端路线,旨在打造先进制造业,基建和科研、教育、可再生能源及节能项目、智能电网、医疗信息化、环境保护等是其投资的重点。

早在1999年,学者冯艾盟就指出制造业是未来经济繁荣的关键,他认为,与先进的服务业相比,制造业所能创造的就业岗位组合要好得多——每个人都能从制造业中获得工作,从蓝领工人到工程师、科学家,乃至顶级高管。先进的制造商可以积累大量秘密的生产诀窍,这些诀窍要通过一代又一代人“从做中学”,拥有这些诀窍能避免其受到来自于拥有廉价劳动力的海外竞争对手的威胁。按单位产能,制造业公司的出口能力比服务业公司强大近10倍。制造业的出口能力之所以表现优异,是因为制造业产品在整个世界范围内的出售几乎不会遇到适应性的问题,而服务业产品如电脑软件,需要付出高昂的代价,才能满足海外市场上不同的文化需求。

在战后经济复兴的过程中,日本政府制定了“产业合理化计划”,把综合机械加工、冶金和化工等制造业作为发展出口的主力产业。早在1958年,日本就制定了职业训练法,重视劳动力素质和职业教育的做法一直延续至今。正是日本的制造业中有一大批以技术为自豪的劳动者,使许多日本产品精致异常,形深入人心,制造业不断得以发展。进入20世纪80年代,日本企业开始进军欧美市场,在当地成立公司,当地采购、当地生产。1985年以后,日元急剧升值,日本产品的价格竞争力相对下降,为降低生产成本,出口企业纷纷将工厂迁往人工费低廉的亚洲各国,随着制造业基地对外转移,引起国内制造业的萎缩,出现了所谓“产业空洞化”现象,日本国内看似继续引领研发,却离工厂越来越远,创造力越来越弱,日本的有识之士惊呼“我们正处于空前的空心化危机中”。

“德国制造”125年的历史就像一个童话,它是德国在“二战”后崛起的密码,世界金融危机中挺立不倒的依靠,欧债危机中仍“一枝独秀”的答案。100多年中,任何一件“德国制造”产品都像一块热气腾腾的蛋糕,受到各国的欢迎。当美、英等西方国家纷纷把制造业向发展中国家外包,自己转向来钱更容易的金融业时,德国仍将主要精力放在制造业产品质量与技术水平的提高上。正是这种制造业立国的发展战略,不仅让德国保持了较高的就业率,促进了德国科技创新能力的不断提高,也使得德国具备了抵御金融危机冲击的坚实产业基础。美国《新闻周刊》曾在题为“众厂之厂”的文章中感叹:德国制造之所以称霸世界,是因为德国人能把普通的金属敲打成震惊世界的科技奇迹。有专家认为,德国的制造业与美英制造业最大的不同,在于德国重视以人为主导的生产,而美英重视资本为主导的生产。在金融危机期间,美英国家的制造业部门大量裁员,而德国政府通过政府扶持和补贴等手段,尽量维持制造业就业稳定。因为资本没有思想,人才有,工程师一旦被解雇就再难重返岗位了,这是危机过后德国的研发密集型制造业能迅速恢复的重要原因。

6. 克里斯蒂安是德国勃兰登堡州一个小企业的木工。他初中毕业后,面临的选择是继续深造学习,还是进入职业学校学一门手艺。“我和父母分析了自己的情况和家庭条件后,决定上职业学校的木工专业。”克里斯蒂安介绍说,“在德国,经职业技术培训后的技术工人待遇很高,也很受尊重。我16岁上职业学校时,每月就能挣400欧元,足够自己生活了。再过两年我就有资格参加高级技师考试,26岁我完全有可能成为高级技工。”德国大学学制较长,一般6年,克里斯蒂安的初中同学大学毕业后起码26岁,6年大学的开销最少4万欧元,毕业后还一贫如洗的时候,他的存折上已经有5位数字的存款了。

德国制造很大程度上归功于这个国家高水平的职业技术教育。德国目前有各种职业学校9000多所,除了30%左右的青年上大学外,绝大多数人都选择了不同形式的职业教育。职业培训的费用主要由政府和企业承担,培养一名职业学校学生每年平均花费1.5万欧元,而普通学校的学生只是这一费用的三分之一。另外，企业还提供实习场所，并发给学生每月 500 至 800 欧元不等的生活费。德国《职业教育法》中，对参与职业教育企业的资格、设备、场所等方面都有所规定，能够进行职业技术教育，表明了企业的水平，对于企业来说是一种荣誉，当然企业也会享受到国家的经费补贴。但也不是所有企业都有能力或愿意亲自培养人才，对一些企业来说，购买培训设备、找人实施培训的费用十分昂贵。于是，一些专门帮助企业承担学徒“校外培养”任务的职业培训中心应运而生。企业需要什么，培训中心就培训什么。

在德国职业教育体系中，政府和工业界都扮演着非常重要的角色。无论是联邦政府、地方政府还是企业、工商协会，各司其职，目的只有一个：培养技术型人才，保持德国竞争力。德国联邦政府主要负责搭建合理的法律框架，认可培训岗位并对培训、创新以及相关研究提供必要的资金支持。为职业教育学校设定课程，为教职人员提供资金支持等事务则落到各联邦州的头上。同时，联邦州还需监管商会活动，因为商会在职业教育中承担了监管企业、证书发放等重要任务。作为职业教育体系的中坚力量，企业有必要不断创新、更新职业培训岗位，提名专家参与规则制定，并提供一定的培训补贴。工商联合会和手工业协会两大协会负责监管企业，包括核实企业培训资质、监管企业培训、登记培训合同、管理考试等重要环节。此外，商会还会为企业培训提供咨询，在企业与学徒产生纠纷时充当调解人角色。法国总统曾感慨地说，德国每年要向西欧出口很多产品，但看来还应该出口另一种产品，这就是职业教育和职业培训制度。

7. 浙江 Z 公司新品线组长老梁，利用 3 个月的工余时间，经过 100 多次反复的试验，攻破了“丝攻短牙(拔牙)项目”，让该公司每年仅这个工序就节约了 10 多万元的生产成本。“作为生产工人，最关心的就是产品的合格率。我这样做，只是坚持我的工作准则，尽量降低产品的废品率，节约生产成本。”老梁这样理解自己的自主创新，“我是通过这种创造性劳动体会到了更多的价值。我们工人不该只是流水线上的生产工具，我们应该成为一个个充满创造性的个体。其实只要给我们工人一个杠杆，我们同样能撬动地球！”

宝钢集团以全国钢铁业 6% 的产量，实现了全行业约 30% 的利润。有何秘诀呢？“职工是企业力量之基、活力之源！”宝钢集团董事长说，“宝钢式创新的最大特色是‘蓝领创新’，每天产生专利 4 件，五成由一线工人创造。”工人发明家孔利明 20 多年来，为宝钢解决各类设备的疑难杂症，主导生产工艺改进，直接创造的经济效益达上千万元。“我的大学在宝钢。”这是孔利明的肺腑之言。出身钳工的卢江海在孔利明的带动下，立足本职岗位搞专利研发，成为宝钢的“金点子大王”，一年内他提出 13 条合理化建议，创造 26 项实用专利、4 项发明专利。宝钢的职工创新以开放式的岗位责任制为基础，逐步形成深入的创新体系和跨岗位、跨区域、跨专业的协同创新机制，同时，还建立了全覆盖的创新激励体系，职工创新奖励从 10 元到 100 万元。“机器不能代替人，中国工人在任何时代都是有力量的，关键在于怎样激发他们的创造力。”上海市总工会主席认为，宝钢“蓝领创新”，就是现代企业制度下如何依靠职工的最好诠释。

二、作答要求

1.“给定资料 5”中有学者指出“制造业是未来经济繁荣的关键”。请结合“给定资料 5”，谈谈你对这个问题的认识。(20 分)

要求：内容全面，认识透彻，表述准确，不超过 400 字。

2.“给定资料 6”中提到“德国制造很大程度上归功于这个国家高水平的职业技术教育”。请结合“给定资料 6”，谈谈职业技术教育在德国取得成功的原因。(15 分)

要求：全面准确、条理清楚，不超过 200 字。

3. 假如你是某企业的一名工会干部，在学习了“给定资料7”后，请你写一个倡议书，号召爱岗敬业、积极创新。(25分)

要求：定位准确，语言生动，具有号召力，不超过400字。

4. “给定资料2”中提到“他们不仅要安身立命，他们也要有尊严，甚至还要抬头仰望星空”，这句话引发了你什么思考？请结合给定资料，自拟题目，自选角度，写一篇文章。(40分)

要求：

(1) 中心明确，思考深刻；

(2) 内容充实，有说服力；

(3) 语言流畅，800～1000字。

2012年9月15日公务员联考《申论》真题

满分:100分　　　　时限:150分钟

题　号	1	2	3	4	总　分	核分人
得　分						

一、给定材料

1.2006年,时任德国驻华大使史坦泽到同济大学做报告。有学生提问:今天您用德语做报告,在座的同学大多能听懂。如果中国的大使在德国用汉语做报告,有多少德国人能听懂?史坦泽回答:“因为我们有歌德学院!我们一直在努力,向全世界传播自己的语言和文化。请问你们国家为此做了什么?”

歌德学院是德国在世界范围内积极从事文化活动的文化学院,已有60多年的历史,它的工作是促进国外的德语语言教学和开展国际文化合作。通过介绍德国文化、社会以及政治生活等情况,展现一个丰富多彩的德国。歌德学院目前已遍布78个国家和地区,共有分支机构144家,其中国外分支机构128家。除歌德学院外,西方很多国家都有推广自己国家文化的机构。英国1934年成立了英国文化委员会,是英国负责教育和文化关系的国际组织,致力于在全球推广英国文化。目前全球已有该机构的230家分支机构和109家教学中心。法国1883年就已创设法语联盟,它是一个非营利性的组织,旨在传播法语及法国文化,所有的法国总统都自动成为其名誉主席。法语联盟以其各级法语课程的高质量闻名于世,目前全球有1100多家机构,分布于130个国家和地区。

2.2004年11月21日,全球第一所孔子学院在韩国首尔揭牌。如今,387所孔子学院和509所中小学孔子课堂,覆盖108个国家和地区,这已然超过歌德学院60年来的建院总数。仅2011年,就开设各种层次汉语课程2.4万班次、注册学员达50万人,逾700万人参加上万场次文化交流活动……这项浩大工程的具体承办者就是1987年成立的“国家对外汉语教学领导小组”(简称为“国家汉办”)。孔子学院严格遵循的是中外合作办学的模式,而非中方单独行为。

年轻的孔子学院与古老的歌德学院、英国文化委员会及法语联盟相比仍有差距。歌德学院中国总院前院长阿克曼说,歌德学院之所以成功是因为一开始就重视建立职业化队伍,现有专职人员3000人。据了解,英国文化委员会有专职人员7000多人;法语联盟有专职人员2万人。孔子学院呢?每一年,孔子学院总部都要外派中方院长、汉语教师、志愿者等非专职人员近万人,至今仍在“抓壮丁”。25岁的北京志愿者小王,在匈牙利布达佩斯“匈中双语学校”孔子课堂教汉语,她说:“孩子们很喜欢中国老师!近年来因为报名入学的匈籍学生越来越多,教课压力越来越大。公派教师和志愿者都不是专职人员,缺乏稳定性、连续性,不利于孩子们学汉语。”

由孔子学院派到海外教学的志愿者们,现在有几千人的队伍。尽管在异乡孤独,尽管教学任务繁重,但是他们依然怀揣着梦想。在菲律宾的志愿者刘先生感慨:“对于当今的中国,许多外国人的认识远远跟不上其发展的步伐,有的仅知道故宫、长城等传统符号。我们作为传播中国文化的使者,为他们解读着水立方、高速铁路等新的符号。”在印度尼西亚的志愿者杨先生的话更是道出了广大志愿者的心声:“我们都有一个美好的梦想。因这梦想,我们学会了友好交流、理性处世,把悠久而有魅力的中国文化播撒在一个个学堂。”

3.2010年,汉诺威孔子学院联合其他9所德国孔子学院,组织100多名德国中学生到中国参加夏令营。临行前,一名德国老师召集学生开会,禁止同学单独进入中国家庭。问他为什么这么要求,回答说“害怕”;问他怕什么,回答说“不知道”。因不了解而误读、担忧,正是中西方交流中无法回避的现实。对很多德国民众来说,中国越来越令人感兴趣,但形象却一直“模糊,不可捉摸”。外国人对中国人的不了解甚至一些片面的印象,是孔子学院建立时面临的最初挑战。

连续四届的德国中学生赴华夏令营,已有400余名德国中学生来华交流,和中国普通民众面对面。德国汉诺威孔子学院首任中方院长说,很多学生回来都有同感:去中国前,本以为中国到处都是问题,但后来发现,虽然中国并不完美,却也并非想象的那样糟糕。孔子学院致力于让神秘的中国揭开面纱。

“互相取长补短,用一盏灯点燃另一盏灯。”300多年前,德国先哲莱布尼茨对中西方文明这样期待。中国文化从“走出去”到“走进去”,中国形象从遥远的神秘到零距离的亲切,中国认知从经济发展到文化认可,孔子学院为不同肤色的人们提供了一个交流、互鉴、合作的新平台。每年12月,全球各地孔子学院的合作大学校长和中外方院长都要齐聚北京,交流研讨,带来不同国度的文化视角。孔子学院总干事自豪地说,孔子学院就是一张搬到国外的“中国圆桌”,可让各方发表不同意见。孔子学院让中外文化“对冲”“摩擦起电”,让习惯直线思维的外国人对螺旋式思维的中国人多了一份理解,越研究越感觉中国“挺文化、挺哲学”。

4.歌德学院像德国的大部分文化机构一样,从政府得到资助。德国联邦政府每年投入80亿欧元用于文化事业,占据全部文化投入的90%以上,而来自企业的资助只有5.5亿欧元。

“在美国这个数字是反过来的,10%的经费来源于国家,90%来源于市场。所以,美国人会说,实际上德国是一个社会主义国家。”歌德学院慕尼黑总部科学与历史事件部的负责人图格斯说道。他认为,文化的根基来源于文化在一个国家的合法地位,而文化的合法地位来源于“独立、远离政府、自由”这三个要素。有了这样的保证,国家为文化“埋单”的模式反而在经济危机中发挥了意想不到的作用。“如果大部分经费是由私人出的,像美国那样,文化会成为经济的牺牲品。比如在经济危机的时候,文化就会惨遭损失,进入寒冬。我们特别高兴的是,我们的经费是安全的。”图格斯说。

在德国,虽然国家投入经费很多,但是专款专用,不入市场,经费管理非常严密。联邦、州、地方都有文化委员会,委员会由各个党派的人士组成,他们会决定哪个文化机构得到多少钱。花出去的钱要做报告,经过检查和审计看其是不是在合理使用。联邦政府还有一个专门的检查资金使用的审计机构。虽然这带来了很多烦琐的工作,每月、每季度、半年乃至全年,每一个单据都要审查,对任何一笔经费的使用都要报告,对每个项目也要进行审计,但是资金非常安全,使用也很到位。

绝大部分的国家都像德国一样,设有专门统管文化事业的政府部门。但是,美国这样一个政府职能完善的国家,却单单没有所谓的文化部。这在美国看来,自有其一套贯彻到底的逻辑:他们声明之所以不设文化管理部门,甚至不制定文化政策,就是为了保护言论自由和产业自由。美国对文化产业采取的是多方投资和多种经营的方式。在文化市场的刺激下,美国的文化产品占据了国际文化贸易市场42.6%的份额,而中国仅占1.5%。美国文化商品可谓是四处泛滥,好莱坞的大制作电影、福克斯的电视新闻、央视音乐频道的流行音乐、《时代》杂志封面、ESPN的体育直播、广告形象和包装形式、牛仔裤风格……这些都被打上了“美国制造”的商标，而且，这种文化商品的传播又跨越了地域时空的限制，在地球卫星的覆盖之下，五大洲的每个角落美国文化都能达及。美国的电影产量仅占全球的6%，而市场占有率却高达80%。美国非常擅长在电影中输出自己的文化和价值观。《功夫熊猫》中富有中国元素的“熊猫”“功夫”，一经好莱坞文化商人改造，在创造出巨额利润的同时，也悄悄将美国文化和价值观输送出去。相比之下，国内某些电影惨遭诟病的原因之一也在于其一味迎合国外市场，有贬低甚至丑化中国形象的嫌疑，中国电影所传达的内容与当代社会的经济社会发展、与改革开放以来国人的精神面貌不甚符合。

5. 深圳曾经被叫作“文化沙漠”，但近年来深圳的文化产业取得了长足的发展，2009年深圳市的文化产业增加值达到531.3亿元，占全市GDP的6.5%。在全国，孔子所代表的传统文化广泛受到欢迎。2005年9月1日，中国人民大学国学院成立，作为国内首个开设传统国学教育的学院，这些年的教学开展得如火如荼。《弟子规》等书也开始作为许多幼儿园的必读教材及中小学课外阅读的优秀读本。这种变化折射出了国内对传统文化的重视，以及文化产业发展模式的更新。某大学国剧研究中心主任评论道：“只有从国内基础文化建设开始、建立良好的文化环境，从根本上获得人们对传统文化精神的认同，才能使本国文化声音不湮没、文化精神不迷失。‘走出去’的文化离不开它的根源，缺乏肥沃土壤和优良生长环境的文化，即使能‘走出去’，也一定‘走不远’。只有注重‘修内功’，从长远的、战略上的意义出发，从本国文化建设的自我完善做起，文化才有可能健康地‘走出去’，并且走得更远、更好。”

6. 有人用水来比喻文化，“文化似水，水成于无形，隐于其中，却凝结一切；文化似水，润物无声，又难阻挡”。文化的交流是人类心灵的交流、情感的沟通，作为一种“软实力”，文化交流具有其他交流所不能替代的作用。在经济全球化的背景下，文化交流在国际关系中的作用和地位越来越突出，世界各国尤其是西方大国普遍重视利用文化手段来展示本国文化，宣传自己的价值观，提升和扩大国家的影响力。加强文化交流与合作，主动置身于国际文化交流之中，是责任，也是使命。

语言作为文化载体和交流工具，架起了文明间对话的桥梁；文化作为民族智慧和心理特征的精神反映，促进了国家间相互的了解。孔子学院蕴涵着“语言”和“文化”两大特性，使它不仅成为国际汉语教育与推广的重要品牌，更成为中华文化传播的重要载体和开展民间外交的友好平台。世界各地的孔子学院结合中国传统节日和特色文化，举办形式多样、主题鲜明的活动，在树立中国良好形象、提升中国软实力、促进中外人文交流方面起到了举足轻重的作用，可谓是21世纪的文化“新丝绸之路”。但这条路并不好走，既有国家投入不够的问题，也有社会参与不足的问题。还有不少人认为，目前国内教育发展也不均衡，国家应该在国内教育上投入更多。国外的经验表明，语言和文化的推广是一个缓慢的过程，如果要等国内的教育发展平衡了，再去推动自己国家的文化交流，恐怕为时已晚。

我们在对外文化交流中，较多考虑的是“要让外国人看到我们”，较少考虑国外受众的欣赏习惯和审美情趣，更没有琢磨外国人想看什么，喜欢看什么，能看懂什么。对中国学生来说，“愚公移山”“孔融让梨”是传统的美德，可是把这些故事讲给别的国家的学生去听，却不一定能接受。孔子学院的汉语教材究竟是应当坚持中国的传统文化，还是要考虑与当地传统文化的不同？有人提出要实现教材的本土化。但也有人认为，西班牙塞万提斯学院和德国歌德学院在编写教材时只根据本国情况进行编写，目的就是让外国人去学习和了解他们的文化。到底是应该实现教材本土化，还是应该固守中国传统文化，目前孔子学院仍在摸索中。

由于一些历史问题的影响，汉语的推广在中国周边一些国家仍具有一定的敏感性。虽然A国和B国近年来均出现汉语热，各院校和语言学校都开设了汉语课，但孔子学院至今仍未能在中国的这两个邻国建立。可以说，孔子学院的发展同周边国家与中国关系的复杂性相关。有些国家在签证发放上对中国人管理较严，使中国志愿者教师入境的手续复杂。中国驻A国使馆教育处负责人黄先生表示，A国针对来该国的汉语教师有较为严苛的签证政策，使得几年来，仅有几名中国派来的中文教师能够短期执教。中方已经多次呼吁A国能够尽快改善有关中国派遣汉语教师的相关政策，尤其是签证政策，以促进人员往来与交流。

中国一直在努力改变这些国家对于孔子学院的认识，正如日本北陆大学理事长、孔子学院理事长北元喜朗评价的那样："非排他、非竞争、非暴力，孔子学院为世界各国提供了一个互惠双赢的语言文化推广模式，也是首个发展中国家利用有限的资金推广本国语言文化的先驱性实践。"孔子学院并没有文化扩张抑或是文化占领的野心，它是一颗和平、友善的种子，在世界扎根、开花、结果，影响的是世界文化生态。孔子学院信奉的是，只要沟通和交流，不同文明之间都会有启发。

7. 孔子学院在海外受到极大欢迎的同时，国内关于孔子学院的讨论也开始更加热烈。以下是两个网友关于孔子学院的一些评论。

网友A：孔子学院大部分都来自于政府的投入。据国家汉办《关于2009年孔子学院总部工作计划的汇报》显示，2008年中央财政给孔子学院的投入是5亿多元。而国内的教育投入呢？中国的农村中小学的人均教育经费，每年300元都难以保证，外来务工子女因为教育资源的不均衡而流离失所，读书越来越难。这真是一个巨大的反差。难道不应该把有限的银子用到解决中国国内儿童失学等问题上吗？

网友B：我们知道，孔子学院在国外受到了热烈的欢迎，甚至掀起一股"汉语热"，这也确实使中国的传统文化传播了出去。可是，国内似乎却对中国的传统文化没有那么重视。对于孔子的"仁说"，有多少青年朋友信奉？中国的传统节日，甚至没有国外的"洋节"受欢迎。为什么不在国内加强传统文化的宣传和推广呢？

二、作答要求

（一）请结合给定资料，对德国歌德学院的成功做法进行归纳，并说说对孔子学院的建立和发展有哪些启示。（35分）

要求：归纳全面，内容具体，分析透彻，逻辑分明。不超过400字。

（二）给定资料7中提到两位网友的观点，假如你是国家汉办的一名工作人员，请结合给定资料，针对这两位网友的观点，分别给他们写一个回帖。（25分）

要求：立场正确，内容全面，论述有力，不考虑格式。不超过400字。

（三）给定资料3中提到"互相取长补短，用一盏灯点燃另一盏灯。300多年前，德国先哲莱布尼茨对中西方文明这样期待。"请根据你对这句话的思考，参考给定资料，自拟题目，写一篇文章。（40分）

要求：

（1）中心明确，思想深刻；

（2）内容充实，有说服力；

(3)语言流畅,1000 字左右。

2012 年 4 月 21 日公务员联考《申论》真题

满分:100 分　　　　　　时限:150 分钟

题　号	1	2	3	4	总　分	核分人
得　分						

一、给定材料

1. 黑熊被活体取胆汁的现象引起社会极大关注。有网民披露:“熊肚上有一道永远无法痊愈的刀口,一个瘘管直通熊的胆囊,外连一根透明的塑料软管,平时用一种黏性很强的敷料把软管和创面包扎起来,抽取胆汁时打开包扎,将针筒插入塑料软管。在抽吸墨绿色的胆汁时,熊张大嘴,两眼暴凸,肝区颤个不停。最要命的是,那针管为了等候胆汁而时抽时停,熊的哀叫也就呈现一种间歇性的上滑颤音和下滑颤音……”

在某医药协会 2012 年 2 月 16 日召开的媒体沟通会后,协会有关人士 F 关于“熊在无管引流过程中很舒服”的表述,已在网上广为流传。F 一再表明:“如今活熊取胆是自体造管,无痛引流,并未对黑熊产生影响。”

但世界保护动物协会项目协调员向记者表示,实际上从熊第一次做手术准备取胆起,对熊的疼痛的“虐待”就存在,因为手术对专业要求是相当高的,而目前并不知道手术的成功率、引发的疾病及并发症等数据。

在一次相关研讨会上,某医科大学 J 教授介绍了人工熊胆的坎坷历程。

此前,F 曾表示:“到目前为止还没有任何替代品出现,更不能简单地根据功能主治用草药代替。”也有专家表示,熊胆没有替代品。

但 J 教授介绍说,人工熊胆于 1983 年经卫生部批准立项,相继由某药科大学等单位共同承担。科研人员经过几十次配方选择,最终使人工熊胆的化学组成、理化性质、稳定性等均与优质天然熊胆一致,主要有效成分相同、含量接近,而且质量稳定。并由上海某医院完成了二期临床试验,结果显示:治疗急性扁桃体炎以及肝火亢盛型高血压,人工熊胆与天然熊胆的疗效无显著性差异。

J 教授说,到 2007 年,人工熊胆完成了研制、试验等全部工作,一直在等待国家批准。

J 教授还介绍说,“我们研制的人工熊胆的主要成分的含量和优质天然熊胆一致,且质量稳定”,而活熊取出的胆汁和优质天然熊胆相差甚远,因为引流熊的生活方式和饮食结构与真正的天然熊截然不同,引流熊的胆汁在肝肠循环不足,加之长期引流使引流口发生了生理变化,所以质量很不稳定。

广州一家医院的丁医师日前表示,活熊取胆肯定有创伤,创口长期不愈合容易发炎,而为避免发炎,多半会给熊使用抗生素,那么取胆制药的药效就因此会打折扣。亚洲动物基金会负责人则表示,在养熊场的黑熊胆汁中曾多次发现抗生素残留。

此前,亚洲动物基金中国区 Z 先生曾说,熊的取胆伤口常年不愈,且插入导管取胆时很难彻底消毒,所以熊的取胆口常常发炎溃疡,肝胆病变也十分常见,导致胆囊感染、肝脏感染甚至癌症,“可能会给消费者带来健康威胁。”

有关某医药 G 公司“活熊取胆是保护中医”的借口。目前看来难以自圆其说。

2 月 15 日,有记者报道说,国家食品药品监管局资料显示,在 G 公司目前生产的熊胆产品中,除了“熊胆粉”和“熊胆胶囊”获得批号外,其他 30 多种产品均未获得熊胆药品或含熊胆药品批号,主要为熊胆茶、清肝茶等保健产品。不过,G 公司还没有一种产品获得任何保健品批准字号。

中国保健协会表示,尽管国内目前尚未取消活熊取胆,但根本原则是“熊胆入药”,如果厂家并非把熊胆“入药”而是挪作他用,毫无疑问应予以严格限制。

亚洲动物基金中国区对外事务总监也曾表示,以 G 公司的一款产品为例,仅仅 3 克熊胆粉被包装在 50 厘米见方的盒子里,包装得很豪华,售价也高达 400 多元,“大部分的熊胆消费都是礼品消费,而不是药品消费。而这些礼品消费都是建立在黑熊的痛苦之上的。”G 公司的这种做法,在全国医药行业具有某种普遍性。

“活熊取胆汁存废”问题也引起了舆论界的热议。一种声音认为:很多人吃牛肉、吃羊肉,这比插管取胆残忍多了,活熊有义务为人服务。而另一种声音则认为:我们应该明白,人类不过是自然界中普遍而年轻的物种,就像我们不能剥夺他人的生命一样,我们也不能随意作践自然,作践动物。对自然与生命以仁爱心对待,以敬畏心对待,这是人性要求的情操和素质,也是我们必须履行义务。

2. 某报 2012 年 2 月 27 日发表了一篇学者署名文章,内容概要如下:

放在“熊胆入药以治病救人”的前提下探讨“黑熊在被取胆汁的过程中是不是舒服”这样一个颇有小资情调的话题,好像迂腐得很:全球人口每天吃掉的动物难以计数,无论饲养还是屠宰,人类难道问过动物舒不舒服?哪个动物不愿意活得自由自在,顺其自然地“终极天年”?但人不吃肉行吗?“君子远庖厨”不过是说“吃的人不杀、杀的人不吃”而已。

当代西方环境伦理主张赋予一切生命包括动物平等的“伦理权利”,就像人类人人平等一样。这一“动物的平等伦理权利”的设置立意是高尚的,胸襟是宽广的,情怀是利地的,但其基本理论依据始终是成问题的。这一理念建立在生态平衡之上:每一物种都在地球的生态系统中有其地位,每一物种都是生态链中的重要一环,起着相互平衡的作用,而每个物种都是由个体组成的,所以,每一动物个体都有平等的伦理权利。

如此论证看似严谨,实际上存在着不可克服的“伦理悖论”。因为环环相扣的生态系统中,某个特定物种所履行的生态功能恰恰是给其他物种作食物,或者以其他物种为食物,所以物种的伦理权利应该建立在该物种的个体牺牲自己的基础上,个体的牺牲往往构成了物种生存以及繁衍下去的基本前提。

将物种与个体的这层关系放到生活场景中来认识,就是说动物的伦理权利只是物种层面的权利,而不是个体层面的权利。保护物种不等于保护该物种的每一个个体。相反,人吃鸡越多,鸡这一物种繁衍的越多。同样的道理,支持活熊取胆的人士提出:“对于一部分黑熊抽取胆汁,可以避免猎杀更多的野生黑熊。自从有了活熊取胆技术之后,野外黑熊种群增加,数量增多,所以此举客观上保护了黑熊物种。”对此说法,但也不能完全斥之为狡辩。

然而问题在于,站在环境的立场上,即使动物个体“应该为种群做出牺牲”,也仍然享有自己的伦理权利。首先,在乱杀滥捕的情况下,个体的牺牲并不能换取种群的生存。此时,该物种中剩下的任一个体的生存都具有生态意义上的伦理地位,否则,动物伦理就变成了对生态重要性的“抽象肯定,具体否定”,保护生态也便名存实亡了。其次,在动物为其生态功能,比如供人食用、制作裘皮或者入药治病而牺牲的时候,个体的伦理表现为不应遭受无谓甚至无度的痛苦。中国传统饮食中诸如“鱼炸熟了,嘴还在动”和“活吃猴脑”之类不顾动物痛苦的“菜肴”在国人中日渐式微,说明基本的动物伦理观念已潜移默化地影响了国人,这是民族心智进步的表现。

3.有网民公布了一组虐猫视频截图:一女子用尖尖的高跟鞋鞋跟对一只小猫肆意践踏,手段极其残忍,这就是轰动一时的M县女子虐猫事件。“虐猫事件”一夜之间成为在各大网站的热帖,评论成千上万,数天内席卷了国内几乎所有的主流媒体。网友们愤慨万分,对虐猫女子声讨谴责,誓言要揪出凶手。网上掀起“缉凶”狂潮,经过网友收集信息、搜索、排查,“疑犯”身份陆续曝光——除了虐猫女,M县有关单位工作人员也参与了虐猫拍摄过程。

虐猫视频中关键人物被披露后,引起了M县的高度重视。县政府当即派出工作人员对虐猫事件当事人展开调查,并召开了紧急专题会议,纪检、宣传、检察、法制、监察、公安、文化等部门参加了会议,对虐猫事件调查处理情况做了汇报。从调查情况看,虐猫事件拍摄现场为M县一沿江风景区,参与者中有一名已经主动承认了事实。虽然参与者参与的原因、动机以及是否被其他组织引诱、利用还有待进一步查证,但此事在M县发生并有M县多人参与,县政府对此表示愤慨、谴责和遗憾。“考虑到参与者的行为已经严重违背了社会公德,其行为与其从事的职业极不相称,所以,从即日起由当事人所在单位立即停止其工作,接受调查。鉴于其中一名可能参与事件的嫌疑人不知去向,责成其所在单位和有关部门采取多方面、有力度的措施,尽快取得联系,使其主动返回本单位,就本事件做出明确的解释,向有关部门汇报。”据称,在这次会议上,M县人民政府还对可能涉及的法律问题进行细致研究,并向上级主管机关和法律权威部门请求协助,为今后参与者进行处理提供事实依据法律依据,给社会、媒体和网民一个满意的交代。

4.法制报报道了某市H区暴发狂犬病疫情以及随后的处理情况。具体报道如下:

进入3月以来,某市H区暴发狂犬病疫情,截至目前,有11人患狂犬病死亡,6200多人被狗咬伤,这些数字还有继续增加的趋势。随后,当地政府部门为控制疫情,捕杀了三万多只狗,遭到众多爱狗人士的激烈批评,使H区一度陷入“屠狗风波”的舆论漩涡。

H区许多群众有养犬习惯。全区拥有各类犬37万多只,这意味着平均每10人就拥有一只狗。部分群众认识不足、管理不善,随意遗弃造成大量流浪犬,犬只随意流动是导致狂犬病疫情蔓延的主要原因。

H区连续召开狂犬病防控紧急会议,指出狂犬病已严重危害到群众的身体健康和生命安全。一场为期30天的集中整治犬类活动在全区紧急开展。

政府强调:所有犬只必须进行免疫并办理相关证件,一律实行拴养和圈养。严禁携犬进入商场、市场、学校、公园等公共场合,一经发现一律予以强制捕杀。记者在政府发布的通告上看到如下条文:“各乡镇实施组织由公安、农业、城管等部门组成的专业队伍对未免疫的犬只进行捕杀,犬主不得进行阻拦、不得要求赔偿,群众也可自行组织捕杀犬只。”

许多养狗人惶恐不安:以前H区对犬类实行挂牌管理实施并不完善,大部分养狗者都没有主动进行免疫、办理证件。这就意味着,禁令期间,如果不及时主动检疫或没有办理证件这些狗将在劫难逃。

5月23日,“禁犬令”实施,“打狗队”开始出现在H区的大街小巷,村镇市集。随着行动成果的不断扩大,一些现场捕杀狗的视频开始在网上传播。对流浪狗的围剿,引来潮水般的争议质疑声。

“H区一直是狂犬病的老疫区，只是今年比往常要厉害些。如果及早加强管理。哪有今天这些事?”H区街头，一位执勤的民警向记者坦承他并不赞同以“杀狗”代“防疫”。

“人的利益至高无上，狂犬病疫情严重，为了保证人的安全为何不能杀?!”也有一些支持政府行动的声音，认为人和狗的生命同样值得尊重，但是当两者发生冲突时，当然应该以人为重。

H区当地网友认为，狗是可以养的，但一定要纳入日常管理，要建立档案，给发狗证，对应当进行免疫而不愿免疫的狗主人，可以发出警告限期免疫。

“我们换位思考一下，如果有公民患流感，肯定是采取有效的隔离并积极治疗。狂犬病的传染速度和危险性与当前的流感相比要小得多，对于没有攻击性的狗和看护好的狗，即便携带病毒，也应该是治疗，而不是将其杀死。现在，屠刀伸向了没有确定携带病毒的狗!”动物救助中心的一位女士对记者说。随着时间的推移，打狗行动出现扩大化。

疫情重灾区之一的H区Y乡政府发出通知，要求是家养犬5月底前一律自觉送到社区，由社区捕杀队统一进行捕杀和尸体处理，凡阻挡灭犬和藏匿犬只的将严肃处理，3年内不得再养犬只。

“我们山里人平时出门干农活，让狗看家很放心，待它也像家里人一样。现在为了完成任务残忍地把它处死，全家人都难受得很。”Y乡的一位村民告诉记者，村干部组织起来的打狗队，挨家搜查，见狗就杀，不少狗即使打过了狂犬疫苗，也被强行拉出处理。

“狂犬病疫情严重如果是事实，那么依照传染病防治和动物卫生防疫法采取必要的紧急措施无可厚非。”某大学行政法学院教授表示，但是，政府日常就应该加强犬类的管理，等到情况失控才紧急处理，这就造成了许多养狗者的痛苦。政府的行政行为应当把握平衡原则，尽最大努力在社会利益与个人权利之间寻求合理界限。该教授认为：“毕竟狗是个人财产，公民面对社会公共利益的需要，有时应当付出代价。不过考虑政府行政行为的必要性，是不是一定要通过大范围捕杀来实现防治疫情的目的？对那些有主人且本可以通过严格检疫、限制活动范围等方式实现管理的狗采取非常措施，其合理性就值得思考。”

某政法大学动物保护法研究中心主任认为，全国各地政府出面捕杀狗的事件一再发生，根源是我国动物保护立法的缺失和立法的不完善造成的，此外政府和民众的动物保护意识也至关重要。“这些被捕杀的宠物是无辜的，我国虽然还没有对驯养动物进行全面保护的法律，但目前我国对家养动物检疫防疫的法律规定还是有的。之所以出现狂犬病，是因为饲主没有尽到对所饲养伴侣动物的防疫义务，政府动物行政主管部门监管不力，关于伴侣动物登记、年检制度、防疫制度执行不彻底造成的。”“H区屠狗事件中很多网友称要保护的“狗权”，就指的是动物福利，而且很多人已经感受到了动物福利层面立法的缺失给社会发展带来的压力，这是社会文明进步的表现。”

5. 世界各地相继设立法律法规保护动物。

德国的《动物保护法》规定：每个与动物打交道的人必须仁慈的对待动物，必须具备一定的专业知识和相应的物质条件。德国农业部下属的有关机构有权对饲养场所和饲养者进行检查，内容包括：动物的活动和居住空间、饲料成分、饮水质量、卫生条件、光线强弱和气温条件等。

意大利都灵市会议的一部法律规定，狗主人可以骑自行车遛狗。“但其速度不能使狗太劳累”；如果狗主人连续三天不遛狗，将被处以最高达650美元的罚款；主人不能给自己的宠物染色，或出于“美学动机”截取身体的任何一部分，如割掉狗的尾巴等。

英国现行的《动物保护法》是1911年通过的，之后陆续出台了很多专业法律，比如野生动物保护法、动物园保护法、实验动物保护法、家禽运输法案，在保证动物不受虐待方面规定的非常细致。2007年还出台《动物福利法》，其中规定：造成动物体重超标的主人可能会因"失职"而面临罚款甚至监禁。

我国在2009年底公开征求公众意见的《中华人民共和国动物保护法》（建议稿）试图与国际通行法律接轨，针对农场动物、实验动物、伴侣动物、工作动物、娱乐动物和野生动物等六大类别，也会作不同的要求。按照建议稿的内容，如果伤害动物，将视情节处以不同金额罚款，如果虐待动物致死，将负一定的刑事责任。建议稿中着重强调了"动物福利"的重要性。

6. 有专家撰文指出，影响我国动物福利立法进程的因素是多方面的，其中一个重要的原因就是对动物福利法制建设的现实意义，尚有模糊的认知。文章如下：

动物福利是指为了使动物能够康乐而采取的一系列行为和给动物提供相应的外部条件，在国际上被普遍理解为五大自由：(1)享有不受饥渴的自由；(2)享有生活舒适的自由，(3)享有不受痛苦、伤害和疾病的自由：(4)享有生活无恐惧和悲伤的自由；(5)享有表达天性的自由。不难看出，提倡动物福利，并不是要求人类从此再也不能利用动物，而是要求确保动物在整个生命过程中被给予道德关怀。

现实生活中，有人认为，人的福利尚且顾不过来，还谈什么动物福利？这其实是对动物福利的误解，也是缺乏远见的认识。因为规定动物的福利，限制的只是不文明、不合理的虐待动物的行为，并没有妨碍人的基本福利。许多人从动物福利立法得到了切实的利益，整个国家和社会因动物福利立法获得了长远的、可持续的利益，包括因动物健康成长和动物产业繁荣所带来的利益；因环境保护事业和动物福利产业的发展所带来的利益等等，从某种意义上讲，善待动物就是善待我们自己。

对于动物福利问题，在畜牧业有这样的反对声音：如果动物的福利提高，会导致行业成本增大，进而降低畜牧业的生产效益。实际上，人们花费一定的人力、物力、财力和时间去维护动物福利是必要的、正当的，并且因保护动物福利而获得的利益也是实在的或无价的。动物福利的提高固然使投入增加，但同时也增加了产品的产量与质量。同时，动物福利立法也可以让我们获得看得见的、可计量的现实利益。目前，越来越多的发达国家已经开始运用动物福利条款对国际贸易施加影响。动物福利的贸易作用已经显现，极大地影响我国动物及其产品的贸易。中国2001年正式加入WTO以来，在出口的动物产品中遭国外退货或销毁的事件时有发生，原因之一就在于动物福利立法缺失导致执行标准严重不足。

保护动物福利，还体现了动物对于人类的精神价值，达尔文就认为：关心动物是一个人真正有教养的标志；一个社会的文明程度越高，其道德关怀的范围就越广。提倡维护动物福利和善待动物，正是创造一个和谐文明的社会的需要。胡锦涛同志提出："我们所要建立的社会主义和谐社会，应该是民主法治，公平正义，诚信友爱，充满活力，安定有序，人与自然和谐相处的社会。"用法律来保障人与动物和谐相处是构建和谐社会的一个重要内容。

综上所述，强调动物福利是生产力发展和社会进步的必然结果，是人类谋求自身发展与维持自然界可持续发展之间的一个平衡点，它将成为一个不可回避的国际趋势。因此，中国应积极主动地接纳动物福利。"我们只有认真了解了天空才能扎根大地。我们只有认真了解了地球才能使生命扎根于地球，我们只有认真了解了生命才能扎根生命。"

二、作答要求：

（一）根据“给定资料 1”，“活熊取胆”事件中存在着一些具体争议，请归纳争议的焦点问题并作简要说明。（20 分）

要求：准确、全面、简明，不超过 400 字

（二）如何理解“给定资料 2”中“动物的平等伦理权利”的主张存在着“伦理悖论”？（15 分）

要求：严密、完整、简明、不超过 200 字。

（三）根据“给定资料 4”中的媒体报道，概括 H 区爆发狂犬病疫情以及“屠狗”行动的前前后后所暴露出的问题，并针对这些问题提出你的解决建议。（25 分）

要求：

1. 对存在的问题概括准确、扼要；
2. 所提建议具体简明，有针对性；
3. 不超过 500 字

（四）结合“给定资料”，自拟题目写一篇文章，谈谈你对“人与动物”关系的体会与思考。（40 分）

要求：

1. 自选角度，立意明确，有独立见解；
2. 可联系自己的经验或感受
3. 语言流畅；
4. 总字数 800～1000 字。

2011 年 4 月 24 日公务员联考《申论》真题

满分:100 分　　　　时限:150 分钟

题　号	1	2	3	4	总　分	核分人
得　分						

一、给定材料

1.2010 年 7 月 16 日,国务院召开第六次全国人口普查电视电话会议,中共中央政治局常委、国务院副总理、第六次全国人口普查领导小组组长李克强出席会议并讲话。他强调,人口普查是一项重大的国情国力调查,要按照科学发展观的要求,坚持依法普查、科学普查,客观摸清人口信息,全面把握基本国情,为促进经济社会全面协调可持续发展提供重要依据。据悉,本次人口普查的调查表比上一次普查增加了一些项目,如"本户住房建筑面积"和"本户住房间数"。国家统计局表示,要充分利用第六次全国人口普查获取住房空置情况的相关信息,将持续统计和发布房地产开发企业的住房代售率,在部分城市抽选一批住宅小区,进行空置房调查。

2.许多城市的人口规模不断扩大,2009 年中部某市的常住人口达到 350.18 万人,流动人口大幅增加。流动人口的增长,为该市的经济发展和城市建设提供了充足的人力资源,也加重了该市公共资源的承载负担,对城市的发展和管理水平提出了新的挑战。该市的人口密度居全省前列,已达 501 人/平方公里,是全省人口密度的 2.28 倍,其中某市辖区为 4467 人/平方公里,是上海市的 1.5 倍。

"入园难""入园贵"已成为时下 M 市年轻父母们的热议话题。走后门、托关系,父母、爷爷、奶奶连夜排队,为的是给宝宝在幼儿园里要一个名额。"入园难""入园贵"到底是怎样的情况?一方面,公办幼儿园一位难求,公办幼儿园一般都是由教育部门或者其他政府部门开办,享受政府财政拨款,教师属于事业单位编制,而且基本上都获得"省市级幼儿园"的最高评级,在市民中享有收费低、教学质量好的声誉;另一方面,大型小区的民办幼儿园也出现了"入园难"的状况,每逢招生报名,都会出现家长通宵排队的盛况,还有一些特殊幼儿园报名也很紧张,如一些由高校、企业办的幼儿园。

T 社区地处某市远郊区,很多居民住在这里,工作却在中心城区,由此,引发交通拥堵等长期难以解决的矛盾。为改变该社区"睡城"的特点,政府大力扶植本地的就业、创业,建设咨询产业园区,目前已有 80 多家企业进驻。短短十年间,这里从一个乡村小镇,发展成为相当于欧洲一个中等城市规模的居住区。该地区办事处原来只管理两万多人,现突增到 40 多万。而机构设置、人员编制、干部人事制度、财政管理制度等仍沿用原有的乡镇管理模式,政府能力有限,只好依靠发展各类社区自治组织参与管理。

C 市某区人大代表提交的《关于加快流动人员密集地区公厕建设的建议》指出,近年来,随着道路网络不断完善,"城中村"跟着逐渐推进,大型住宅小区相继落成,该区日渐成为宜商宜居的现代化中心城区,但是公厕建设数量却没有同步增长,分布也不够合理,不能满足市民、流动人员的需要,"尿街"现象时有发生,严重影响城市环境。

“常住人口接近700万，人口密度位居全省前列，已接近资源环境承载的极限，社会管理难度极大。与此同时，人口素质偏低，全市就业人口中初中及以下教育程度的占69.4%，从事体力劳动的占80.8%，专业技术人才仅占8.1%。”人口结构失衡正成为影响和制约D市科学发展的突出问题。在D市产业结构调整规划(2008—2017年)中，人口结构优化这一目标，产业结构调整的总体思路中，该市市委书记说，产业机构调整的最大阻力和动力都来自于人，如果不能实现人口结构的优化，产业发展也必然会面临“无源之水、无本之木”的窘境。

3.某市公安机关结合第六次全国人口普查进行户口整顿，对来历不明、貌似被拐儿童妇女和失踪被拐儿童、被拐妇女进行摸底和排查。有专家认为，我国这次人口普查首次明确计划外生育者可以落户，普查信息不作为处罚依据，其积极意义在于对人的基本权利的尊重。超生者有违反国家计划生育政策的事实，但超生者的子女却是无辜的。个别地方长期以来试图通过“禁止上户口”的方式来遏制超生，是一种不理性的做法。孩子既然已经出生，他(她)们就应该和正常出生的孩子一样享有同样的社会福利、医疗、教育等权利。

该省公安厅的一名警官认为，除了超生人口造成人数实际增长，现实中“一人多户”“有户无人”等人口虚增长的情况也很突出：一些人在农村有户口，但在城市也有户口，甚至多个城市都有不同名字的户口；还有一些城市居民存在多个地方都有户口的情况；更有甚者已经获得他国国籍或港澳台地区身份，仍然保留着原来的户口。另外，一些人为了各种附着在城乡户口上的利益，也有着隐瞒死亡人数的情况。该警官认为，人口处在不断变化的状态，而户口登记往往落后于人口的变动，所以仅靠户口管理还无法准确及时地了解人口状况。

据调查，西部某县计划内二胎新生儿男女性别比达到235.5:100，有7个村自2001年起连续3年间出生的计划内二胎竟然没有一个女孩。全国出现性别比失衡的具体原因虽有所不同，但深层次原因都与“重男轻女”的传统观念相关。国外有学者指出，在印度等世界上人口众多的国家中，男性过剩是令人担忧的问题。亚洲人对男孩的偏爱，加上出生前性别鉴定等现代技术的进步，使亚洲人因选择男孩儿而堕胎的现象愈演愈烈，男女比例严重失衡，男性人数远远超过女性，会让这个世界变得更加危险。

4.20世纪60年代以来，人口学发展很快，这与第二次世界大战后的历史条件密切相关：一是人口急剧增长(特别是发展中国家)，这就要求对人口和社会经济发展之间的相互关系进行分析，这里所说的发展，包括社会、经济、教育、卫生、生态环境等诸方面前进和变化的综合。

据统计，在2010年普查周期中，全球共有224个国家和地区进行人口普查，覆盖全球99%以上的人口。人口普查作为当今世界收集人口资料的一种最基本的科学方法，世界各国为摸清人口家底，都不惜投入巨大的人力、财力，收集详细信息。印度2010年的人口普查活动，是印度历史上投入人力、物力最多和统计内容最详尽的一次人口普查。

英国的情况则有所不同，一位负责官员说，政府打算废除人口普查制度，理由是每10年统计一次人口的做法耗资不少，效果却不理想，政府希望利用信贷记录、邮政资料等常规信息，花更少的钱获得更为精确的人口统计数据。

5.2010年7月，某网站设置了“你会配合普查员进行入户登记吗”的问卷调查，选择“会”的只有43%，选择“不会”的占14.9%，选择“看情况而定”的占42.1%。其实，民众有这样的担心不是没有理由的。某先生曾在一家中介机构留下个人信息，于是各种各样莫名其妙的买房、卖房信息便源源不断地发到他的手机上，甚至银行账户、股票账户等私密性极强的信息，也在网络上被公开出售……有专家指出，人口普查受阻的背后是一种不容低估的信任危机。某市人口普查办公室的一位工作人员对记者说："随着居民生活水平的提高，无论在城市还是农村，在同城多处购房，甚至多城购房的情况已很普遍，'人户分离'现象非常多，这就需要自住户准备好自己家人的证件，普查员上门时直接登记就行了，省时省力。如果是租住户，最好提供一下房东的相关信息或联系方式。"另外，本次普查要求尽量入户登记，但在实际操作中，很多小区都出现了"入户难"的问题。一天上午，记者跟随某社区普查员小袁来到普查小区，在其单元的一住户门前，上前敲门，敲了许久，一直无人应答。"可能是没人在家吧"，小袁一边说着，一边想迈步离开。这时门吱的一声打开了，一个睡眼蒙眬的男子伸出头来问："什么事？"小袁把挂在胸前的普查员证一亮，礼貌地说："先生您好，我们是社区居委会的，现在入户进行人口普查，麻烦您出示一下您家的户口本。"或许是不满美梦被人惊扰，对方不耐烦地说道："我的户口本被我妈带出国了，你们要找，就去国外找我妈要去吧！"说完就把门关上了。

该市人口普查办公室为做好普查工作推出了很多举措。2010 年 8 月，市人口普查办公室要求各区人口普查委员会携街道、居委会普查人员，在试点小区门口摆展台，集中悬挂横幅，并给每户居民发放了《致小区居民的一封信》，就入户登记问题做介绍。区人口普查办公室工作人员除做好当天的宣传外，还将担负试点小区入户普查的 10 名普查员的照片张贴在小区门口。该市人口普查办公室，以《全国人口普查条例》为依据设计制作了该市人口普查《保密承诺书》，对个人信息，如住址、婚姻状况、住房状况、联系电话等做出依法保密的承诺。普查员入户时与普查对象现场签订《保密承诺书》，并留下监督举报电话，确保普查对象的个人隐私不被泄露。

6.《光明日报》报道，目前我国老龄人口已达 1.6 亿，并且以每年 800 万的速度递增。某研究院撰文说，我国人口老龄化问题越来越成为各界人士关注的一个热点，引发了有关退休年龄、养老保障以及人口政策等一系列相关问题的争论。他认为，老龄人口增多是正常现象，不必惊恐。我国 60 岁以上的老龄人口占总人口的比重，比我国历史上任何一个时期都大幅度提高了。同时，也应看到现在的老龄人口概念与 20 世纪五六十年代相比已经不完全是一回事了，甚至和改革开放初期比，也是不同的。现在 60 岁的男女人口，其生命体征、健康指标、体能发育，明显强于几十年前的同龄人口，仍然可以从事相当程度的脑力劳动和一定程度的体力劳动。至于日常生活自理，更是不成问题。从这个角度看，我国进入老龄化社会，实属波澜不惊。该研究院还说，面对老龄化社会，引发人们忧虑的一个主要理由是数量众多的老龄人口抚养的问题，特别是"421"结构的家庭如何赡养老人的问题。但是，这里也有个认识上的误区，没有抓住问题的关键。问题的关键是，靠谁养老？是靠子女，还是靠国家、靠完善的社会化养老服务？

据某报报道，沿海某市一对退休老夫妻告诉记者说："儿女住得都不远，也不知道他们整天忙些什么，一年都不回来几次。这个说忙着开会，那个说正在外地出差，总之是为了生活在奔波。"无奈之下，老两口想出了一个怪招，"既然他们怕回家耽误挣钱，那么干脆我就给他们开工资，有偿回家。一个月支付 1000 元，工作的内容就是每周两次回家陪我和老伴吃顿饭，如果能经常带孩子回来，到月底还会有'奖金'。"

两天后，该报又报道，该市某派出所民警接到了在内地某市打工的张某的电话，说连续一周往父母家打电话均没有人接，由于其父母均有重病，不知出了何事，他请求民警到其父母家中看看。民警随后立即驱车前往张某父母家中，发现其父母均已去世多日。

该报记者还获悉，市老年志愿者协会下设的法律援助中心每天都接待一些前来咨询法律问题的老年人，内容多为消费投诉、家庭纠纷、财产公证、再婚、立遗嘱等生活中的法律问题，经过调解，大部分老年人的问题都会得到比较圆满的解决。

7. 以下为某报2010年9月的两则报道。

80后小夫妻的窘境。今年30岁的C女士没有料到,在她眼里“正当年”的父母这么早就遇到养老问题。8年前,从老家的一所大学毕业后,C女士来到天津,英语专业的专业背景让她很快就在一家外企找到了自己的位置。两年后,她与同在异乡的L走进了婚姻殿堂。2007年,两人通过贷款,购买了一处80平方米的公寓,不久后升级做了父母,构建了一个全新的家庭结构,即“4个老人+夫妻2人+1个孩子”。像很多“421”结构的平凡家庭一样,他们忙碌而幸福着。但今年年初,C女士60岁的父亲突发脑溢血瘫痪在床,他的父母都是退休工人,每月两千多的医疗费,实在承受不起,更令她心疼的是,妈妈的身体也逐渐吃不消了。父母在哪里养老的问题越来越困扰着她。她和丈夫商量,想把父母接来天津,送到小区附近的养老院,但小两口每月的工资收入8000元,在同龄人中虽不算低,但除去房子月供后只剩4000元,再刨除各种必需的支出,几乎是“月光族”,哪还有钱支付养老院的费用。

令人尊敬的好护工。Z女士原来是某社区的清洁工,后来社区成立了福利中心,她便做了特殊护理工。去年她参加了市里首批养老护理员的资格培训,拿到了国家职业资格证书,成了技术娴熟的专业护工,记者也真实领略了她熟练的职业技能。令记者没想到的是,一个简单的为老人“翻身”,竟然也有技巧在里面。Z女士说,过去只知道两臂用力,铆足了劲把老人翻个身,培训后才知道,如果先把老人一条腿交叉在另一条腿前,然后再翻身,不仅省力,而且老人也不会感到辛苦。不久前,社区一位老人囫囵吞下了三颗提子,噎在喉咙里憋紫了脸,正在家里手足无措之时,Z女士赶到了,她马上用专业方法为老人拍背清喉,救了老人一命。

8. 以下为某电视台2010年9月16日的访谈节目摘录。

主持人:大家好,本月10号,中国社科院发布的调查显示,到2030年中国将成为世界上人口老龄化程度最高的国家,这使得养老问题再次成为人们热议的话题。

嘉宾S:人口的老龄化是社会进步和发展的一个必然趋势。从医学统计来说,人在60岁以后步入老龄,得病率、慢性疾病发生率占60%~70%。人一生中所需要的医疗费可能在60岁以后占到一生之中的60%~70%。老龄社会的到来,对我们这个国家来说,可以叫未富先老,怎么让老年人老有所养、老有所依,是我们全社会都应该关注的问题。

老年应该说是每个人都要前进的那个方向,老年并不遥远,他是中年人的明天,青年人的后天,每个年轻人都应该想到我的明天和后天是什么样子。健康是一种储蓄,如果你是身心健康着到老年的时候,咱们的“年龄的红利”就会拿到的时间更长些,生命的宽度和生命的长度成正比,这一点我们每个人都应该想到。我们终归是“百善孝为先”的国家,但对父母的孝顺不应仅体现在金钱的方面,扶养老人的理念要从对物质的需求的满足进而关注精神的追求。其实老人不是说你送给他点钱、送点肉就行了,还要心理抚慰,比如帮妈妈刷刷筷子洗洗碗什么的。我们常说追求生活的质量,要转换成追求生命质量,生命质量,不仅指吃得饱、穿得暖、住得好,还指提高人生价值,老了得有所为、有所学、有所乐,这些做儿女的应该想到。

嘉宾J:现在有所谓“四老”的说法。第一要有老伴,因为家庭是社会的细胞,也是一个人身心健康的重要载体、重要场所,所以第一要有老伴。第二要有老友,因为从医学上来说,一个人有四个以上的知心朋友寿命能够延长,健康指数也能够提高。第三得有老窝,总得有一个自己的居室、自己的房间。第四要有老底。我认为,这个老底不是单纯金钱的储蓄,包括什么呢,包括你的身体,你的心理准备,这个心理准备就是要有一些兴趣爱好。有位名人这样说过:人的一生中应该有一些兴趣爱好,这样才能体现生命的价值。如果没有兴趣爱好,就如同生活在荒漠中一样，感觉单调无聊。为什么有的人退休后恨不得自己快些变老？因为对过去的门庭若市一夜间变成门庭冷落这种角色转换不适应。如果年轻时有兴趣爱好来充实生活的每一天，当角色发生变化时，你会依然感到生命的活力、生命的充实。

主持人：刚才讲的，涉及居家养老模式，这是非常值得研究的话题，你如何看待？

嘉宾X：这就是现实的选择，特别对于中国来讲，我们人口基数大，老龄人口绝对数比较大，在这种情况下，我们依然用传统的居家养老靠一家一户解决养老问题，一定是不现实的。但是由于欠账很多，我们养老院很少，养老机构比例非常低，所以需要社会方方面面加大投入来建立。但即便建立起来了，谁去？其实你可以做调查，有多少老人愿意自觉去养老机构，有多少儿女是心里想但不敢说出口，把父母送养老院。

主持人：至少不是主动选择的，一般都是被动的迫不得已才去。

嘉宾Z：这个观念转变是养老模式转变的最大障碍，如果未来一代的中国人在把老人送养老院还是放在家里头的问题上，能够视同跟“孝”无关，而是哪个更合理、更务实的时候，我想我们的养老理念的进步就上了很大的台阶。现在有些社区有老年饭桌，老人可以不必自己做饭，也有助于降低空巢老人独居的风险。有时候，老人有了问题拿呼叫器都来不及，如果靠社区力量进行有效的统一管理，比一家一户请一个保姆效果不一样，成本也不一样。

嘉宾S：欧洲的发达国家是率先进入老龄化社会的。瑞典是四个人中有一个老年人，像德国、加拿大等很多国家，是集个人、家庭、社区、社会的合力，来为老人提供一些场所。比如跟附近的大学联合建老年大学，在这里，老年朋友可以学唱歌，学画画，学弹琴。另外，养老院除了有医护人员和营养师外，还有志愿者，有些国家的年轻人，从中学到大学一年有一个月到二个月去做志愿者服务，这是国外。在国内，上海是率先进入老龄化社会的地区，在“十一五”期间，他们做了件事情叫“9073”工程，90%的老年朋友是居家养老，但是由社区为他们提供服务，比如社区医生护士巡诊，社区服务给生活不方便的老人提供蔬菜，一周去一到两次打扫卫生，为有些行动不便的老人提供轮椅等，这是90%居家养老。7%是靠一些社区托老所，日间照顾，3%靠社区的养老院。

二、作答要求

（一）根据给定资料，概括说明人口普查要掌握我国人口哪些方面的基本信息？并分析指出，掌握这些信息对我国经济社会发展的重要意义。（20分）

要求：准确、全面，不超过400字。

（二）给定资料5提到了某市在人口普查工作中遇到的主要问题。假定你是一名普查员。请你提出解决这些问题的具体措施。（15分）

要求：问题明确；措施得当，具有针对性；分条作答；不超过300字。

（三）假定你是某街道办事处的一名工作人员，请根据给定资料6～8，拟写一份《某街道办事处关于改进老年人服务工作的指导意见》。（25分）

要求：文字简明，分条撰写，有指导性与可行性；不超过400字。

（四）结合给定资料，以“家底”为题，联系实际，写一篇文章。（40分）

要求：

1. 中心明确，联系实际恰当，内容充实；

2. 语言通顺，条理清楚，结构完整；

3. 不少于800字。

参考答案

2015年甘肃公务员考试《申论》真题试卷参考答案及例文

1.【答案提示】

(1)外交传播:习近平主席访俄赠沈绣《普京总统肖像》;彭丽媛赠送"阮仕珍珠""百雀羚"及蜀绣;习近平主席及夫人得体着装,传播中国品牌。

(2)影视传播:国产剧《媳妇的美好时代》走进东非,引起观众共鸣;纪录片《舌尖上的中国》受各国媒体关注,传播美食文化;新编京剧《王子复仇记》赴海外演出。

(3)教育传播:孔子学院大会,交流经验,传播汉语和优秀传统文化;孔子和儒学产生积极作用。

(4)公众传播:皮影艺人给华侨表演皮影戏;李浴日基金会将书翻译成英文版,在美国传播兵家文化。

2.【答案提示】

《功夫熊猫》以中国元素为题材,并按西方文化理念和导演技巧来编排故事;新编京剧《王子复仇记》则以莎翁故事为题材,按京剧表达方式演绎;两种文化传统都值得借鉴。

《功夫熊猫》风行世界:(1)将中国元素通过创新,变成美国制造,传播美国价值观;(2)植入文化理念和精神,将熊猫变成商品,提升经济效益。

《王子复仇记》:(1)将中国传统艺术形式与国外故事结合,创新了文化传播方式;(2)是文化交流的最好状态,在加强中华民族艺术形式的自信的同时,也传播了中国文化。

因此,应注重文化传播方式的创新,提升文化影响力;同时加强文化软件建设,营造良好氛围。

3.【答案提示】

(1)转变创作理念。电视电影创作注重文化理念和文化精神,拓展延伸思想内容。

(2)提升制作水平。整合影视制作资源,规模经营,提高生产能力,加强制作技术研发。

(3)注重文化内涵。融入中国传统文化,蕴含民族人文精神,输出文化产品和伦理道德。

(4)塑造国家形象。影视作品应符合文化传统内涵与历史实际,塑造国家形象。

(5)创新发展模式。创新内容,塑造文化产品,走产业发展道路,加强文化输出。

4.【参考例文】

以文化输出加厚文化实力

民族与世界、引进与输出、单一与多元、争鸣与共鸣、市场与产业,这一系列关系展现出文化发展的理念与实践。文化需要发展,发展需要传播。几年来蕴含、凝聚亿万中华儿女,历久不衰,饱经患难的中华文化在发展中,不断培育文化开放、吸纳与消化的能力,提升文化能力,逐步迈向文化自信、自觉、自强的发展道路。在发展这一背景下,文化输出成为新经济时代下的竞争主体。

费孝通先生说:“各美其美,美人之美,美美与共,天下大同”,文化输出更是涵养文化定理,提升文化实力的关键。

文化软实力是综合国力和国际竞争力的重要组成部分,同样也是实现伟大复兴梦的有力支撑。但是,涵养文化软实力却面临文化推介的“原生态”,传统文化资源缺乏强大的生产力。不管是国产雷剧印发的争议还是非物质文化遗产的“失根”危机,充分体现文化产业发展短板。另外,文化资源的创新与改造缺位也使中国文化的交流的语境中,面临文化赤子、文化逆差的尴尬地位。而这一问题也恰恰展现中国从不缺少历史典故,只是缺少会讲故事的人,缺少文化品牌。

文化传统走出去,适度创新。优秀传统文化走出去,既要考虑文化输出效应,提升软实力,同样要考虑受众群体,欣赏习惯。在努力保持“原汁原味”的同时,考虑适度创新,重点介绍传统文化之精华。《论语》有云:“择其善者而从之,其不善者而改之”。说明既珍视中华民族文化传统,同时勇于面向世界、面向未来、面向现代化,实现整合与创造。

文化品牌走出去,推广形象。文化的交流传播要体现文化普适性。什么叫普适性呢?就是符合人性,可以被人接受,符合人的尊严。而中国品牌走出去核心就是找到品牌或产品与人之间的契合点,引发深刻的共鸣,深入建立品牌认同。从习近平主席及夫人大方得体的着装赢得一片赞叹,引发服饰品牌的猜测充分说明文化输出要注重品牌效应。就像世界著名奢侈品牌,每一个成功品牌的背后都有着一段经典故事的传承,一讲就是几百年。

文化产业走出去,提升效益。俗话说:“经济搭台,文化唱戏”,文化与经济是相辅相成、互相促进的关系,文化输出只有通过产业发展,通过规模经营才能实现文化效益。如万达收购美国院线 AMC,让更多中国电影在国外上映。但如果没有万达集团强大财力作支撑,就无法收购 AMC,就缺少这一传播平台。因此,文化产业走出去应创新文化产业模式,注重整合资源,引入企业资金投入,通过集中优势输出,提升文化的效益。

习近平同志说:“提升国家文化软实力,要努力传播当代中国价值理念。”文化软实力的彰显应以文化输出为基础,以创新为助推,以传播为载体,以市场与交流等多种形式,更大规模的“走出去”。

2014 年甘肃省公务员录用考试《申论》试卷参考答案及例文

1.【答案提示】

F 市和 T 市生活垃圾收费制度的不同主要表现在三个方面:

(1)垃圾收费的依据和收费标准不同。F 市的垃圾收费以户或人数为单位,直接征收固定数额的垃圾处理费。T 市则采用“随袋征收”的单一费率从量制,即垃圾费与垃圾量保持固定比率。

(2)实施手段不同。F 市生活垃圾处理费征收工作主要采用行政强制手段,由市城市管理执法局负责组织协调,各区政府配合,市环境卫生管理处负责具体实施。T 市则采用行政、经济手段相结合的办法。由市环保局组织实施,负责垃圾袋专用权及其公告,并监测和惩处相关违法行为。垃圾袋的生产和销售则委托企业或商店代为销售。

(3)实施效果不同。F 市垃圾产生量继续以较快速度增长,垃圾处理费收缴率较低,家庭垃圾费支出偏高;T 市垃圾产生量显著下降,资源回收率大幅提高,家庭垃圾费支出下降,非法丢弃垃圾率低。

比较可知,T市的生活垃圾收费制度优于F市,有利于垃圾总量的减少、资源利用率的提高,有利于减轻市民经济负担。

2.【答案提示】

(1)在我国快速城镇化的过程中,由于缺乏规划,各个城市中的“短命建筑”大量存在,产生大量建筑垃圾。

(2)商家在生产和销售商品的过程中,盲目追求商品包装上的“高端”“上档次”,对商品进行过度包装,浪费资源的同时,也产生了大量包装垃圾。

(3)垃圾处理的基础建设滞后,垃圾处理场面积小,消纳能力不足;垃圾处理场和焚烧厂的选址不当,引发诸多矛盾。

(4)垃圾处理手段原始,多采用填埋等方式,污染严重;较少采用垃圾处理新技术,采用新技术的处理厂开工不足,难以形成规模效益。

(5)对垃圾的管理滞后,违法违规倾倒垃圾现象严重,严重破坏环境。

(6)对垃圾分类的宣传不足,导致居民垃圾分类意识薄弱,对垃圾减量化处理的重要性认识不够。

3.【答案提示】

(1)政府财政进行支持。由政府部门出资购买垃圾清运车、垃圾桶等,雇用专人上门回收垃圾,尽量减轻垃圾分类工作对民众造成的负担。

(2)与民众互动,立足民众的实际情况,充分吸收民众的意见,在此基础上不断优化对垃圾的科学分类;加强对垃圾分类知识的宣传工作,宣传垃圾分类的知识、做法、意义;通过先进榜样的示范效应、资源重复利用的案例展示等途径,帮助民众养成垃圾分类的良好习惯。

(3)根据垃圾分类的不同情况,对不同种类的垃圾采用不同方法进行处理。对废弃的纸张、塑料制品等“白色垃圾”进行最大限度地回收利用,防止资源浪费。对不能循环利用的垃圾,进行就地消解,如厨余垃圾用来堆肥,灰土垃圾以及冬季产生的大量燃煤炉渣用作农村填坑造地的原料。

(4)加强对垃圾分类工作的监督。针对每户对垃圾分类的执行情况,建立“合格卡”,使垃圾分类工作落实到户、落到实处。

(5)通过发放、兑换奖品等经济措施进行激励和引导,用奖品兑换的办法,提高村民环保意识,节省处理垃圾费,避免二次污染。

4.【参考例文】

向“美丽垃圾”说“不”

目前,随着人们生活水平的提高,大多数人面对商品,除了要求其满足自己的使用需求之外,也越来越重视产品的外在美观。于是,一些商家在商品的包装上大做文章,不断提高商品包装的豪华度,过度包装的情况也变得越来越严重。

据统计,目前我国包装品废弃物约占城市家庭生活垃圾的10%以上,其体积构成家庭生活垃圾的30%以上。大量的包装物最后都成了垃圾,有的甚至对环境构成长久压力。人们不禁感叹:“美丽”的代价实在是太昂贵了!

针对这一问题,有人认为需要政府出台相应的政策进行规范,遏制过度包装现象的泛滥;有人则认为“过度包装”是经济现象,符合市场经济发展的规律,而且还可以拉动经济发展,不必小题大做。

的确,从某种程度上说,过度包装是“一个愿打一个愿挨”,买家愿意掏钱,商家愿意出力,似乎不关政府什么事。但从另一个方面来说,商品过度包装却与我国建设资源节约型社会、环境友好型社会的要求南辕北辙,与我国贯彻可持续发展观的理念相违背。因此,必须加以引导和规范。

要想有效规范过度包装问题,必须认清过度包装现象出现的原因,然后对症下药。

目前,过度包装现象出现的原因主要有以下方面:从商家方面来说,一些商家坚信“简易包装的附加值不如过度包装”,出于自身利益考虑,为博消费者眼珠,不断推出奢华包装,导致生产品难以“瘦身”。从消费者方面来说,不少消费者的消费理念不正确,好面子的思想严重,送礼追求精美包装、高价格商品,也助推了过度包装现象的加剧。从政府层面来说,相关政策、标准的不完善或滞后也导致对过度包装现象的治理无法可依。

遏制过度包装,不仅是净化市场、保护环境的现实要求,更是厉行节约、反对浪费的必然举措。

要规范过度包装现象,一方面需要政府部门尽快制定和完善主要商品的包装标准,并以此为契机,加快立法。政府应尽快制定和完善相应的《资源节约法》《反对过度包装法》等一系列法律法规,从法律层面对包装强制“瘦身”。

另一方面,政府部门可以用“有形之手”进行强制干预,采用一些适当的经济手段,如征收包装税、消费税等,对包装废弃物的处理实行生产企业责任制等,以加大包装成本,控制过度包装。对于明显超出标准的豪华包装,相关部门应予严惩。

同时,动员媒体等社会力量,加大宣传力度,摒弃传统文化中不健康、不利于社会可持续发展的东西,大力宣传可持续发展战略,倡导并树立良好、健康的消费观。

减少过度包装,对于节约能源、保护环境、树立良好社会风气有重要的作用。在倡导“低碳”生活的今天,对包装的合理控制,既是对自己负责,又是对环境负责,更是对子孙后代负责!

2013 年甘肃省公务员录用考试《申论》试卷参考答案及例文

1.【答案提示】

基础:(1)政治基础:十八大报告提出到 2020 年,实现国内生产总值和城乡居民人均收入比 2010 年翻一番。同时提到“两个同步”,即居民收入增长和经济发展同步、劳动报酬增长和劳动生产率提高同步。

(2)经济基础:经过三十多年的改革开放,我国已成为世界第二大经济体。随着中小企业的迅速发展,我国城镇居民人均可支配收入年均增速较快。

(3)物质基础:近年来,随着经济的飞速发展,我国城乡居民收入连续增长,为实现居民收入倍增打下了坚实的物质基础。

困难:(1)居民收入水平不高。我国居民收入增长仍然远远低于财政收入和企业收入增长,占国民收入的比重不升反降。

(2)收入分配格局不合理。城乡之间、地区之间、行业之间乃至不同人群之间差距明显。

(3)经济发展结构不合理。一些企业仍然走低劳动成本的老路,发展仍处于粗放水平,企业效率发展低下。

(4)居民就业不充分。城乡一些居民由于失去土地,没能得到更好的就业安置,处于失业状态。

(5)社会保障体系不健全。居民在住房、教育、医疗、养老等领域没有得到更好的保障,经济压力比较大。

2.【答案提示】

要切实提高居民收入,应该在十八大精神的正确指引下,因地制宜,从以下几个方面进行“顶层设计”:

一、调整国民收入分配格局。政府要积极实施收入分配改革的“提低、扩中、控高”三大战略,着力提高低收入群体的收入能力,注重扩大中等收入群体的比重,严控垄断企业的收入水平比重,创造更加公平的就业收入环境。

二、转变经济发展方式。政府应不遗余力地转变经济发展方式,通过动力结构、需求结构、产业结构、要素结构、对外经济结构等增长格局的调整和结构转换,从而跨越难以逾越的“中等收入陷阱”,为提高居民收入创造必要条件。

三、加大社会充分就业。政府应加大对中小企业的扶持力度,给予优惠政策及支持,为社会失业人员提供就业岗位。应加大对社会失业人员的宣传教育,使其转变思想观念,提高职业技能培训,以便得到更好的就业。

四、完善社会保障制度。政府应着力解决住房、教育、医疗、养老等社会保障领域缺口,减轻居民的负担,切实解决居民后顾之忧。要加大对基础保障设施的建设力度,切实解决居民生活中的困难,使人民群众共享改革发展的成果。

3.【参考例文】

多措并举收入倍增

经过三十多年的改革开放,我国经济迅速发展,已经成为世界第二大经济体。然而,不同阶层、群体的利益也在不断分化,城镇居民之间、城乡居民之间、东部和西部地区之间的收入差距都在扩大。这显然不利于国家经济的健康有序发展,也有违共同富裕的初衷和社会公平正义。

中共十八大报告提出到2020年,实现国内生产总值和城乡居民人均收入比2010年翻一番。明确指出,调整国民收入分配格局,着力解决收入分配差距较大问题,使发展成果更多更公平,惠及全体人民,朝着共同富裕方向稳步前进。然而,要实现制定的目标任重而道远,政府必须多措并举,实现收入倍增。

转变经济发展方式是居民收入倍增的有力支撑。我国的企业只有实现经济发展方式的转变,才能实现企业的长久发展,这样居民的收入倍增才能有保障。我国的中小企业应该改变以往的粗放发展的模式,应该通过动力结构、需求结构、产业结构、要素结构、对外经济结构等增长格局的调整和结构转换,为居民收入倍增创造必要的条件。

加大社会充分就业是居民收入倍增的坚实基础。我国居民的收入倍增是要实现广大居民的收入倍增,但现实的问题是不少居民处于失业、待业状态,因此政府应积极创造就业机会,满足失业待业居民的就业需求。政府应加大对中小企业的扶持力度,给予优惠政策及支持,为社会失业人员提供就业岗位。应加大对社会失业人员的宣传教育,使其转变思想观念,提高职业技能培训,以便得到更好的就业。

完善社会保障制度是居民收入倍增的基本保障。我国要实现居民收入的倍增,就要解决居民的基本民生问题,以减轻居民的收入负担。政府应着力解决住房、教育、医疗、养老等社会保障领域缺口,减轻居民的负担,切实解决居民后顾之忧。要加大对基础保障设施的建设力度,切实解决居民生活中的困难,使人民群众共享改革发展的成果。

只要我们树立信心，坚定决心，痛下狠心，多措并举，我国的城乡居民定会收入倍增，一定会在十八大精神的指引下建成小康社会，实现中华民族伟大复兴的中国梦！

2012年甘肃省公务员录用考试《申论》试卷参考答案及例文

1.【答案提示】

(1)城市规划应从城市空间、物质形态、文化传统、社会结构和产业经济、公众权益等多方面进行综合性和总体性规划。

(2)城市规划要注意保护生态环境，实现人与自然之间的和谐相处。

(3)要注重城市规划和产业规划协调发展，避免产生以牺牲城市科学规划为代价而单纯追求产业发展的效果。

(4)优化城市交通体系组织方式，协调好城市各区域间的交通联系。

(5)城市规划应注重科学性、长远性、前瞻性、稳定性，增强规划的落实性。

(6)合理规划城镇建设用地规模，避免浪费土地资源。

(7)准确定位城市的未来发展方向，保护历史文化遗产并挖掘其内涵，彰显城市特质。

(8)正视民众改善生活的诉求，完善城市生活设施。

2.【答案提示】

(1)历史文化保护是城市特色的重要标志，是对历史记忆的保存和延续。

①古城原貌更能体现、传承历史文化。老城南是南京历史的缩影，文化价值深厚丰富。

②古建筑更具城市特色和代表性。民居、民间园林等建筑风格交融激荡，和而不同。

③现存古代建筑是历史文化的生动体现。照片、影像等媒体方式不能立体式呈现文化的历史记忆。

④对文物的保护不能简单用图书馆、博物馆替代。

(2)历史文化保护与城市发展应做到均衡和双赢。

①城市规划用地紧张与老城南保护具有矛盾性。南京开发强度小，用地规模达到极限；但政府“推平式”拆迁规划方案，破坏城市传统特色，不能实现均衡发展。

②老城南经济开发与保护能够协调发展。以“修缮危房”“维持古城风貌”“完善古城功能设施”代替“推倒重来”。

③国内外成功经验丰富。保护古老城市格局，完善老城基础设施，严控车辆进入中心城区。

④完善城市保护法律法规，为老城南历史文化风貌保护提供保障。

【参考例文】

城市建设当以古为镜，以今为本

——从《清明上河图》所想到的

古希腊先哲亚里士多德曾说过：“人们来到城市，是为了生活；人们居住在城市，是为了生活得更好。”然而我们来到城市、居住在城市遭遇的不尽然是美好：高楼大厦鳞次栉比，却失落了历史人文；马路广场宽阔宏大，却忽略了以人为本；规划没有创新，建设实为破坏……让时间追溯到800多年前，在宋代画家张择端的写实画作《清明上河图》中呈现出的却是另一番城市风貌：街巷狭小但鲜少拥堵，商业繁荣却井然有序；处处其乐融融，人人安居乐业。

是什么造就了城市“前生后世”的迥然差异？又是什么让生活在城市中的人们难寻美好？急功近利的发展理念和政绩观是始作俑者。利益先导，城市规划受到各种利益团体影响，缺乏时序性、延续性、稳定性，导致不经调查研究便妄自判断，不能科学安排先建什么、后建什么，劳民伤财的最后却总是推倒重建，也不能按照既有规划从一而终地执行，计划只是常变却不见常新。城市建设以大为美，不顾客观条件追求速度、规模，忽视质量、功能，缺乏协调、和谐，导致公共工程建设滞后，城市的承受力不足。

城市该向何处去？城市建设又该走向何处？这抉择的背后是我们如何看待历史，以古为镜做到文化传承；也是如何对待现在，以今为本做到以人为本。

城市建设要注重文化的保护、传承和发展。文化不仅见证了历史的兴衰、时空的变换，更是让一个城市区别于另一个城市最显著的特质，是城市精神的旨归。保留一个城市的文化与历史，就保住了这个城市的"根"，就能让子孙后代稳稳地在这"根"上繁衍生息，而不是只能去冰冷刻板的图书馆、博物馆找寻先人的足迹。《清明上河图》中描绘的景观则可以作为一面镜子，照出当下我们城市建设的缺陷与不足，我们应当从中借鉴真正的城市建设理念，让文化与现代生活密切融合，使城市因文化而更加繁荣。

城市建设要秉持以人为本的理念，切实关注人的感受和需求。人是城市的主体，而城市也本是因为有了人才称其为城市，忽略了人的感受，认为城市只是空间范围的无限扩大和钢筋水泥的简单叠加，城市的发展也必然会失去其本来的目的和原始的动力。城市建设的根本原则应当是更好地为人服务，让城市中的人生活得更有尊严、更加舒适、更加幸福。台湾文化学者蒋勋评价《清明上河图》中一个场景时说，"一个城市的多元在对视的一瞬间展现了。"我们对城市的建设既应当实现今与古的"对视"，也应当实现建设与人性的"对视"。

以古为镜可以知兴衰，以今为本终能铸辉煌。"城市让生活更美好"，相信在不远的将来，这种"美好"能够真正地到来。

2011 年甘肃省公务员录用考试《申论》试卷参考答案及例文

1.【答案提示】目前，我国的科学道德和学风领域存在着道德失范、诚信缺失等多种问题。

(1)具体表现：学术界抄袭、剽窃等现象严重，甚至一些重大科学奖项也受其影响；一些科研工作者受到金钱诱惑，突破道德底线，参与犯罪，牟取不正当利益；论文造假现象屡见不鲜，甚至形成产业链，导致学术成果低水平重复，缺乏独创性的见解和实质性的突破；大学教育中的急功近利问题十分严重，一些导师不潜心于学术研究，不少大学生忽视学业，将大量精力放在找工作等事情上，本末倒置。

(2)原因分析：我国的学术评价机制不够科学，往往将论文数量作为评职称、评奖项的主要依据，大大限制了科研工作者的自由度，从而导致学术抄袭、造假等现象严重；监督机构不健全，监督体系不完善，导致对学术不道德等行为的发现和揭露不够及时，对学术不端等行为的处罚也不够严厉，难以形成威慑力；大学教育体制不够完善，片面追求就业率等数据，教师对学生的要求低，对学生的学业考核不够重视。

2.【答案提示】张悟本事件折射出的现实问题可以概括为"一个矛盾，两个不足"。"一个矛盾"是指民众对科学知识(在张悟本事件中表现为对养生知识)的迫切需求与本身科学素养相对较低之间的矛盾。"两个不足"其中之一是指民众的科学素养不足，虽然现在很多民众的科学素养得到了较大提高，但是从总体上来说，民众科学素养不够、科学知识储备不足的现象仍普遍存在；其中之二是指科学普及工作的不足，正是由于科学工作者忽视了对民众的科普工作，才使张悟本等"假专家"的荒唐理论大行其道。因此，必须加强科学普及工作，提高民众的科学素养,使广大民众都具有分辨科学和伪科学的能力。

3.【答案提示】要治理大学学术浮躁的问题,需要开展以下工作:第一,建立科学的学术评价机制,改变现有的“以量定胜负”的评价标准,加强对论文质量的把控和评估,提高高质量、高品质的学术论文和专著在评比中的分量。第二,根据学术研究成果形成周期较长的特点,建立相应的针对科研人员的扶助机制,增加对学术研究时间的宽容度,使科研工作者能够潜心研究,免除后顾之忧。第三,加强监督机制的建设,要充分发挥学术评审委员会、科学研讨会等团体的作用,对学术成果进行客观、公平、公正的评价,推介高质量的学术成果,同时,加强社会监督,使剽窃、抄袭等学术不端行为无所遁形。第四,加快高等教育改革的步伐,改革大学教师的职称考评办法,将教学成绩等内容引入考评标准中;加强对学生学业的考查,督促大学生重视学业,改变学生以找工作为主、以学习为辅的错误做法。

4.【参考例文】

弘扬科学精神提升科学素养

邓小平同志有一个著名的论断,即“科学技术是第一生产力”。可以说,公民科学素养的高低关乎国家经济、社会建设的大局,关系到一个国家和民族发展的后劲。在科学技术日新月异的今天,民众科学素养的高低,更成为判断一个国家综合国力的重要标杆之一。

我国各级政府一向重视对公民科学素养的提升。近年来,随着知识经济的大发展尤其是网络的飞速发展,我国民众通过各种途径获取科学知识,科学素养得到了大幅度的提升,在全社会形成了热爱科学、崇尚科学的良好氛围。但还必须看到,由于历史等因素的影响,我国国民的科学素养与世界上先进国家相比还存在着相当大的差距。

第八次中国公民科学素养调查显示,2010 年我国具备基本科学素养的公民比例为 3.27%,只相当于日本、加拿大和欧盟等主要发达国家在 20 世纪 80 年代末的水平。而在日常生活中,伪科学、假科学不断出现,通过炒作等形式大行其事,正是民众科学素养不足的生动体现。

我国中央政府多次提出,在经济建设中要贯彻科学发展观,在这样的背景下,科学素养作为公民一项基本素质的重要性更是不言而喻。要建设和谐社会,全面贯彻科学发展观,就必须通过各种途径大力弘扬科学精神,不断提高民众科学素养。

第一,政府部门要加大资金投入,大力扶持高校和科研院所的发展,同时加强对科技场馆等基础设施的建设,督促相关单位改善环境,提高服务质量,加强科技场馆的科学普及功能,对广大民众形成持久的吸引力。

第二,不断健全学术评议和管理体制,规范学术委员会等部门的学术评定工作。通过相关政策的制定,严厉打击学术抄袭、学术造假等学术不端行为,提高处罚的威慑力,在学术界和大众中形成“科学至上、诚信至上”的良好氛围。

第三,通过政策鼓励等办法,引导科学工作者加强科学普及工作。通过与电视、网络等媒体的合作,制作广大民众喜闻乐见、通俗易懂、严谨严肃的科普节目,使广大民众可以通过不同的途径便捷、快速地学习和吸收科学知识,形成全社会学科学、爱科学的氛围。

第四,加强相关法律、法规的完善。严格监管科研人员通过科学技术违法牟利等行为,切实规避科学技术在向生产力转化过程中可能带来的负面影响。

据统计,人类的科学知识在 19 世纪每 50 年增长一倍,20 世纪中叶开始每 10 年增长一倍,而目前则发展到了每 3 年翻一番。“知识爆炸”时代的来临,对于民众科学素养提出了新的更高的要求,因此,从政府到民间都必须注重知识普及、知识更新和知识储备,只有这样,才能不断提高民众的科学素养，让科学的阳光普照中华大地。

2010年甘肃省公务员录用考试《申论》试卷参考答案及例文

1.【答案提示】采用电视、网络等新手段，对产品内容表现得很直观，消费者可以通过电话或网络订购，省时、便捷又高效，深受消费者青睐；销售过程与传统的商品销售不同，消费者难以直接面对商家，合法权益易受到侵害；由于缺乏完善的法律、法规和完善的制度，消费者利益受到侵害时，很难通过法律途径维护自己的合法权益。

2.【答案提示】要想规避电视购物和网络购物的弊端，应该采取以下措施：第一，督促双方达成交易时签订商品购销协议，对商品的型号、价格等进行详细登记，为消费者的后期维权提供必要的依据。第二，通过立法或出台相应的规定，规范电视购物和网络购物的市场经营行为，规范广告用语，禁止虚假宣传和夸大宣传，将付款方式、部门职责、售后服务、法律责任等内容条文化、法定化。第三，建立协查通报机制，强化经营行为监管。打破各地区工商等部门各自为政的行为方式，建立异地案件协查、通报制度，方便跨地区督查。同时，开展网络购物、电视电话购物市场专项整治行动，加大对此类违法行为的查处力度。第四，规范邮政业务和快递业务，增强这些行业工作人员的责任意识。第五，督促商家建立就近售后服务体系，降低消费者维权的成本，减少不必要的损失。

3.【参考例文】

加强监督，完善制度，加强新闻媒体公信力

近年来，随着经济社会的发展和信息化的不断加快，我国公民的生活方式出现了很大的变化，电视、网络等媒体在人们的日常生活中扮演着越来越重要的角色。人们通过电视、互联网了解国内外发生的最新时事，发表自己对事物的看法。在消费方面，电视购物、网络购物等新兴方式正以其方便、快捷的特点受到越来越多人的青睐。

新闻媒体的公信力是指新闻媒体赢得社会会众信任的能力。它是媒体自身内在品质和外在形象在社会公众心目中所占据的位置，是衡量媒体权威性、信誉度和社会影响力的标尺。

尽管我国的新闻媒体在近年间取得了长足的发展和进步，但随着社会的发展，人们对媒体的公信力产生了较大的怀疑。一些新闻媒体不顾社会道德规范肆意炒作；一些新闻媒体为吸引会众眼球，炮制假新闻；还有些断闻媒体为了眼前的经济利益，无视欺骗消费者的虚假宣传，这些都导致人们对新闻媒体抱持不信任的态度，新闻媒体的公信力受到了严重影响。

造成新闻媒体公信力不足的原因是多方面的。有些断闻媒体公信力意识不强，片面追求经济利益和眼球效应，对所发布的信息内容的真实性缺乏必要的调查和复核，逃避社会责任；一些新闻媒体的工作人员自身素质较差，对虚假宣传的辨识能力不够，使不法经营者有空可钻；政府部门对新闻媒体的管理制度还不够健全，针对新闻媒体的立法明显滞后，经常出现无法可依的情况。

在我国，新闻媒体是连接政府与民众的桥梁和纽带，如果新闻媒体公信力不足的问题得不到妥善解决，很可能会造成政府与民众之间的互不信任、互不沟通，长此以往，必将带来巨大的社会问题。因此，必须高度重视这一问题。要想提高新闻媒体的公信力，应该从三个方面入手。

首先要加强制度建设。建立健全新闻媒体信用的社会监督和约束机制，制定行业规范。根据我国新闻传媒工作的传统和实际，制定不同范围、层级的职业规范；建立行业内部组织，监管和处理行业内部出现的一些问题；建立新闻评议会等组织，规避虚假新闻，评议报道行为的合理

性或恰当性,行使裁决和决议等职责,确保媒介组织的正常有效运转。

其次,加强新闻媒体工作者的整体素质和自律意识。要开展经常性的媒体从业人员的思想道德教育、时事政策教育、职业道德教育,切实提高广大网络媒体工作者的思想道德素质和专业技能素质,不断强化其责任意识、政治意识、大局意识和自律意识,增强政治敏锐性和政治鉴别力。

再次,加大立法和监管力度。通过相关法律的完善和监管力度的加强,对新闻媒体制造、传播虚假新闻或虚假广告的行为进行及时、有效的约束、限制和惩处;加快新闻媒体信息透明化,健全准确高效的新闻发布机制,以有助于新闻媒体信息的净化,为新闻媒体公信力的提高提供法律保障。

新闻媒体公信力的形成是一个长期的过程,在目前我国新闻媒体公信力不够的形势下重塑新闻媒体的公信力具有更加重要的意义。各级政府尤其是主管新闻、宣传等工作的部门,要根据不断变化的新形势,抓好加强新闻媒体公信力的工作,共同营造全民参与、携手进步的良好社会氛围。

2009年甘肃省公务员录用考试《申论》试卷参考答案及例文

1.【答案提示】近年来,随着城市化的进一步发展,进城务工的农民工数量大幅增加。广大农民工为城市的建设和发展做出了巨大的贡献,但是自身的权益却长期得不到保障。具体表现在:工作环境恶劣,人身安全得不到保障,取得劳动报酬权频遭侵害;农民工缺乏医疗等基本的社会保障,普遍存在子女教育方面的问题;由于户籍限制等因素,进城务工的农民工参与政治的条件不足;由于与家人、亲戚、朋友缺少亲情互动,进城务工农民工在情感方面缺乏宣泄的机会与场所,造成较严重的情感焦虑。

2.【答案提示】一是要深化户籍制度的改革,通过居住证等制度,逐步破除城乡分割的制度性障碍,逐步建立城乡统一的户籍登记管理制度,取消农民工进城落户的许多限制条件,简化入户手续。

二是进一步规范劳动关系。要从加强规范用工入手,督促企业与进城务工人员签订劳动合同,并加大对付薪及劳动卫生条件的监督检查力度。对损害农民工权益的单位,要责令其进行赔偿。

三是加大对进城务工人员的培训力度。采取积极措施,引导和鼓励农民工自主参加职业教育和培训,鼓励用人单位、各类教育培训机构和社会力量开展农民工职业技能培训。

四是健全利益表达机制,保持顺畅的农民工利益诉求渠道。在农民工中建立工会等维权组织,为农民工提供切实有力的权益保障。

3.【参考例文】

多方努力加强农民工权益保护

从20世纪80年代中期开始,大量的农村劳动力涌入城市,形成进城务工农民工这一特殊的群体。进入21世纪以后,随着我国城市化进程的不断加快,进城务工的农民工也越来越多。他们在城市中往往从事繁重的劳动,却不能享受与城里人一样的劳动保障和福利,成为一个日益庞大的弱势群体。

目前,我国的社会发展总体上滞后于经济发展,存在着不少影响社会和谐的因素,而农民工权益保障的缺失更是影响当前和谐社会建设的主要矛盾之一,也已成为考验政府行政能力的严峻课题。农民工群体的出现是我国特定历史条件下的必然产物,是推动我国工业化、城镇化、现代化建设的重要力量,是促进市场经济发展和经济社会发展的重要力量。重视和研究农民工问题,适时调整国家经济社会发展政策,切实维护农民工合法权益,关系到我国和谐社会的大局和经济发展的前景。

造成农民工权益得不到保障的因素有很多,二元户籍制度、歧视性就业制度、二元社会保障制度、公众利益诉求机制不完善等都或多或少地影响着农民工权益的实现。要破解这一难题,一方面应当在宏观制度层面上恢复农民工的国民待遇;另一方面应采取诸如完善立法、加强执法、规范劳动关系、搞好对进城务工人员的培训及创新工会组织形式,发挥工会维权作用等针对性举措来维护农民工权益,真正实现构建和谐社会的目标。

第一,要对农民工实行市民待遇,逐步健全农民工的社保机制。各级政府应当加强财政支持,不断优化农民工的工作环境和生活环境,要在职业培训、子女教育、劳动保障等方面对农民工一视同仁,实行市民待遇。特别要重视农民工的社会保障问题,解决好农民工社会保险转移和衔接机制等方面的问题,免除农民工的后顾之忧。

第二,逐步使农民工与城镇居民享有同等的公共服务。流入地要转变观念,以开放和包容的胸襟,把进城农民工作为城市居民的一部分,消除对流动人口的歧视性政策,创新流动人口服务和管理体制,有计划地扩大农民工与当地居民享受同等公共服务的项目和范围。

第三,完善法律体系,加强劳动执法。要严格执行《劳动合同法》等相关法律,并从本地区实际需要出发,制定相应的法规,对用工单位延长劳动时间、克扣工资等侵犯农民工权益的行为进行规范和惩罚,对建筑行业等拖欠工资比较严重的行业进行严格整顿,确保农民工权利。

第四,格外重视新生代农民工等群体的发展。要以新生代农民工问题为重点,将解决农民工问题纳入国家和地方经济社会发展规划之中,纳入常住地公共预算之中。加强对新生代农民工的人文关怀,进一步探索新生代农民工维权工作的新机制、新方法,形成社会化的工作格局。

农民工的权益保护工作意义重大,这不但关系着数以亿计的农民工朋友们的生活质量和发展前途,而且关系着一个国家的社会稳定程度、社会文明度。全社会都应当共同关注农民工问题,关爱农民工,帮助农民工,让他们和城里人拥有同一片蓝天。

2007 年甘肃省公务员录用考试《申论》试卷参考答案及例文

1.【答案提示】一是职业认证考试泛滥,乱办班现象严重。某些民办培训机构、某些行政机关及其所属单位超职能、超范围、超计划收费培训办班。二是培训机构乱收费、乱认证现象严重。这些机构办学行为不规范,广告夸大失真。三是证书在现实工作中不是万能的,某些单位重经验不重证书。四是职业资格认证在具体实施过程中存在管理上的混乱。

2.【答案提示】一是劳动部门要对民办培训机构加强审批管理,规范审批程序,规范办学秩序,打击虚假广告和乱收费行为。二是政府相关部门要严肃治理和整顿行政机关及其所属单位的"乱办班、乱收费、乱发证"行为。在办班职能、收费标准等方面进行严格界定,对违规行为要追究法律责任。三是加强社会监督,设置举报投诉电话等绿色通道,任何人发现教育培训领域的违规现象即可举报,将教育培训行为置于整个社会的监督之下。

3.【参考例文】

考证热可以休矣

近几年,考证成为一种潮流,某一职业的认证就达七八个,组织某一领域考试的部门也是好几个,让人眼花缭乱。在考证几近疯狂的状态下,各种考证培训机构更是蜂拥而至,五花八门,其混乱程度也触目惊心,似乎有钱就能拿证。证书的含金量大大降低,其价值也严重缩水。

其实,证书在某种程度上代表了人的能力,但更多代表的是理论知识的掌握,是人的学习能力,而不是实际工作能力。当今社会把证书当作进入某一领域的通行证,在某种程度上来说有一定的合理性,诚然,掌握某一领域知识的人对该领域的适应会更快,但这并不代表其在这个领域会做得更好,因为人的实际工作能力不是一个证书就能代表的,用人机构在选拔人才的时候必须要考虑人才多方面的素质,不能以证定乾坤。用人机构重证不重实际能力的现象助长了考证风,这种现象是不正常的,必须加以纠正。

各种考证培训机构的逐利本性,使考证这一本来很严肃的事情变成了儿戏,拿钱买证现象比比皆是,证书甚至连一个人的学习能力也无法代表了,理性地想想,证书在我们的社会中还真的那么神圣吗?考证热真的可以休矣!

当然,我们并不是一概排斥考证,我们要做的只是理性对待考证问题,使证书的认定更加严肃,尽可能多地代表一个人的实际能力,这需要从以下几个方面着手。

首先,国家有关机构对证书的认定要严格,这就需要行政机关和所属部门必须在职能范围内严格监督收费培训办班,主管部门对办班职能范围、收费标准要严格界定,超出范围即给予相应处罚。在证书发放上,需要第三方鉴定,因为自己办班、自己发证,其真实水平受到质疑。除上述相关规定外,对民办职业培训机构还要加强审批管理,规范审批程序,规范办学行为,严厉打击其广告的夸大失真现象和乱收费行为。

其次,加强宣传教育,改变就业、用人观念。一方面向就业人员宣传证书不是万能的观念,让就业者明白,从长远看能力是最重要的,不要盲目考证。另一方面,改变企业重证不重实际能力的现象。用人单位如果改变证书是上岗的通行证的做法则能从根本上改变就业人员考证热这一现象。用人单位在选用人才时,应该适当放宽条件,让更多有实际工作能力的人进入选拔视野,通过更科学的方法选出真正合适的人才。在现实中,已经有很多用人单位开始更加注重实际工作能力了,这是一种很好的现象,更是今后发展的一种趋势。

再次,考证热滋生了众多职业培训机构,反过来众多培训机构也助长了考证热。培训机构拿钱给证,使很多就业者更加疯狂,因为他们不用花更多的时间和精力去完成学业,而考证成为一种很简单易行的事情,简单易行而又可能给自己带来便利的事情总是有更多的人去做。相反,如果拿证不是这么容易,很多人可能就放弃了,所以,要使考证热实现理性回归,必须严厉规范培训机构的行为。

总之,必须多管齐下,全社会理性对待各种职业资格证书,才能使职业资格认证沿着正确轨道进行下去,使证书实现它的真正价值。

2006年甘肃省公务员录用考试《申论》试卷参考答案及例文

1.【答案提示】目前,我国各行各业都存在着一些损害消费者权益的霸王条款,主要表现有:提供服务的主体减免自己的责任,逃避应尽的义务;双方权利义务不对等,任意加重消费者责任,条款之类显失公平;排除、剥夺消费者的权利,一些经营者通过格式合同,拟定消费者放弃权利的条款,一旦发生问题,以此为自己免责;违反法律规定、任意扩大经营者权利,经营者自我授权对消费者进行处罚;利用模糊条款,掌控最终解释权,欺骗消费者。

2.【答案提示】根据材料可知,“霸王条款”这一损害消费者权益的行为多数都有意无意地与相关的法律法规相抵触，因此应当从加强法律方面进行规范。首先，完善的体系是遏制损害消费者权益行为的有力保障，要不断完善法律法规，不断明确一些过于抽象和概括的条款，使对"霸王条款"的治理工作有法可依。其次，要依法坚决打击行业垄断、不平等格式条款、制假造假、价格欺诈等行为，规范市场经济秩序，依法对订立不平等格式条款的行为进行处罚，做到有法必依、执法必严。再次，加强普法工作的宣传，重点宣传《消费者权益保护法》等相关法律，不断加强普通民众对损害消费者权益行为的认识和理解，引导他们通过合法手段进行申诉、索赔等。

3.【参考例文】

打击"霸王条款"，保护消费者权益

在市场经济社会中，每一个人都是潜在的消费者，因此，消费者权益保护问题备受关注。由于我国消费者权益保护运动起步较晚，随着时间的推移，在保护上存在的问题也逐渐显现出来，主要表现在权利范围、维权途径等方面。随着市场经济的发展，不仅消费者权益的内容进一步扩张，消费者权益保护的主体也将会进一步扩大，因此，对消费者权益的保护更显重要。

我国对消费者权益的保护是非常重视的，但是由于种种原因，消费者权益在实践中并没有得到很好的保护，消费者权益被侵犯的情况比较普遍，也比较严重，其中"霸王条款"就是重要的表现形式。所谓"霸王条款"，就是一些经营者单方面制定的逃避法定义务、减免自身责任的做法，限制消费者权利，严重损害群众利益。表现为合同欺诈、行业惯例等，"霸王条款"之所以遭到广大消费者的痛恨，是因为个别商家利用信息不对称、供求关系不平衡，将不平等的消费条款强加给消费者。近年来，消费者通过打官司等方式反击"霸王条款"的新闻屡屡见诸报端。

"霸王条款"与我国日趋成熟的消费市场格格不入，事实上，"霸王条款"不仅损害消费者权益，也不利于商家自身的长远发展。

具体来说，打击"霸王条款"，维护消费者权益，需要做到：

第一，政府职能部门要发挥自身作用，从源头上加以治理。应当切实担负起监管职责，一方面要打破垄断、增加竞争，应对症下药，根治由于行业垄断产生的霸王条款。另一方面，应加大对垄断行业的监管力度。主动介入、及早介入，把不平等格式条款扼杀在萌芽之中。

第二，消委会、工商等部门要广泛征集相关信息，对霸王条款进行公开曝光。相关部门应该通过写信、发邮件、传真等多种形式向社会公开广泛征集霸王条款的具体形式等，通过媒体对其进行点评、分析，以引起企业的高度重视，积极加以整改。同时，向行业主管部门提出监管建议等措施，开展整治行动，维护公平的市场交易环境。

第三，要进行广泛宣传，增强消费者维护自身权益的意识。广泛开展法律宣传，提高消费者的法律意识和自我保护意识。有关部门应通过电视、报纸、杂志媒体等多种途径向消费者宣传霸王条款的表现形式及维权的方法和途径，提高消费者的维权意识。消费者个人也应该提高自我保护意识，从自身预防自己权益被商品生产者、经营者、服务提供者侵害。在遇到侵害时能及时拿起法律武器保护自己的合法权益，从而促进社会主义市场经济的健康、和谐发展。

第四，营造社会舆论监督氛围。工商机关要借助"12315"网络信息平台，建立霸王条款的信息投诉举报和信息反馈机制，并通过多种途径对霸王条款的制定使用者予以曝光，让违规者承受社会舆论压力，更多地听到公众的批评与指责。

要让"霸王条款"在市场上消失，光靠消费者自身或是消费者协会的力量是远远不够的。政府相关部门应当切实负起职责，以群众利益为出发点，依据法律规范商家拟定的各种消费条款,对经批评教育仍不纠正的商家施以经济、行政处罚,铲除“霸王条款”生存的土壤。

2005年甘肃省公务员录用考试《申论》试卷参考答案及例文

1.【答案提示】目前,我国航空业在安全管理工作中存在以下缺陷:(1)安全管理意识不强,缺乏对监察人员的激励机制和约束机制,相当多的工作人员职业敏感性不强。(2)在技术和硬件建设等方面缺乏必要的支持,监察人员往往缺乏系统性的专业培训,硬件设施投入不足,安全监管能力相当低下。(3)在机构设置和职能配置方面存在欠缺,导致权威性难以完全体现。

2.【答案提示】针对材料中的问题,应当采取以下措施:加强对乘客的安全教育,尤其是要加强对未成年乘客的教育,使全社会认识到机场安全工作的重要性,督促他们养成良好的行为习惯;以“昆明扒机少年事件”等典型事件为例,进行案例剖析,详细分析事件发生过程中,机场安全管理工作的漏洞,督促行业内的漏洞筛查和排查,为整个航空业敲响警钟;建立并进一步完善机场方面突发事件的应急管理机制,以便在突发事件发生的时候,能够及时做出反应,把损失降到最低点。

3.【参考例文】

拧紧民航安全的“螺丝钉”

航空安全管理是民航永恒的主题,它关系到国家和人民生命财产的安全,关系到人心稳定、社会和谐。多年来,我国的民航部门都始终坚持“安全第一,预防为主,综合治理”的总方针,坚定不移地把航空安全管理工作作为重中之重,创新性地开展了各项安全保障工作。

但由于我国的民航业起步较晚,管理经验相对缺乏,再加上近年来民航客货流迅猛增加,航空运输市场规模不断壮大,生产形势持续快速增长,机场安全保障工作的压力也越来越大,先后出现了多起由于安全管理工作的疏漏而导致的事故风险。如何加大安全管理工作的力度,科学地做好各项安全工作,努力确保实现持续安全,实现从民航大国到民航强国的历史性转变,责任意义重大。

要拧紧航空安全管理工作的螺丝钉,需要从各个方面进行完善。

第一,坚持以人为本,加快建立和完善适应机场发展的安全文化。在制定各项规章程序制度时,要充分考虑人的因素,在确保安全的同时将“人性”融入管理,营造自觉遵守各项规章制度的良好氛围。为强民航安全文化建设,赋予其新的内涵,机场安全工作要以实现科学发展为依托,以持续安全为前提,以建设民航强国为目标,坚持制度严、作风硬、检查细、工作稳,使务实敬业成为从业人员的基本素养和精神。

第二,进一步完善组织机构。倡导专业管理,着重提高安全管理的科学性、规范性和预防性。要完善航空公司的安全管理体系,建设有执行力的安全管理职能部门。设置相对独立和强而有力的机构,保证安全监察能力;建立严格的人员选拔制度,不断丰富工作人员的专业知识;加大对机场安全工作的投入,不仅要提供必要的硬件,还要加强软件建设。

第三,增加安全资金投入,努力夯实机场安全根基。应加大设施设备安全管理,努力确保设施设备安全运营,要运用科学管理,管好、用好、维护好设备,最大限度发挥设备的效率,延长设备的使用年限,创造其最大效益。同时要加大安全培训资金的投入,加大员工培训力度,提高员工的综合素质,努力提高安全保障水平。

第四,建立长效激励机制,继续激发机场安全效能。应建立长期的物质和精神兼备的安全生产激励机制,充分调动员工的积极性和创造性,激发员工集体荣誉感,使员工努力去完成好安全生产任务，形成群策群力、群防群治的安全生产新局面。建立长效激励机制，符合持续安全新理念，要求严格执法，严明奖惩，激发员工的凝聚力、创造力。

安全文化建设是一项百年大计的系统工程，并非权宜之计，机场安全工作关乎乘客生命安全，更不可等闲视之。我国民航业正处在快速发展的关键阶段，从实际出发，坚持科学发展和可持续发展，确立不断创新理念，从思想上客观地认识机场安全管理现状，从关系上理顺各部门的管理职能，从行动上推进科学的安全管理方法的运用，整合现有资源，提高航空安全管理水平的效率，是实现民航强国这一宏伟目标的必经之路。

2015 市(地)以下综合管理和行政执法类《申论》试卷

【第 1 题】技术进步不仅推动了人类物质生产力的迅猛发展，也深刻地改变着人类生产、生活的方式和质量。新技术对人类的思维、观念、制度模式以及人类对世界的认识都会带来显著的变化，并从整体上推动世界和人类思考方向的变化，它所带来的是一种创造基础上的革新，因此可以说是一种创造性的毁灭力量。

【第 2 题】标题：大学生展出物联网创新作品小发明解决大问题

小标题(一)：大学生敢想敢干企业乐抛橄榄枝

小标题(二)：获奖作品接地气创意翻新贴近生活

小标题(三)：人身安全领域获关注产品实用受市场好评

【参考答案二】

标题：中国大学生物联网创新创业大赛硕果累累

小标题(一)：学生创意硕果累累企业鼓励愿寻合作

小标题(二)：创意作品花样翻新实用智能贴近生活

小标题(三)：实践检验出真知解决疑难市场宽

【第 3 题】

信息化助推转型升级养殖产业实现新突破

尊敬的各位来宾：

大家好！

很荣幸能与大家交流我村利用信息化网络实现养殖业转型升级的做法。

大家都了解，过去的养殖粗放落后，小打小闹还行，一旦规模上去，各种数据统计和污染管理等问题，处理起来费时费力不说，只要中途有任何一丁点的纰漏和变化，就会造成大面积的返工、延误和错误，很多工作效果不佳，甚至难以开展，管理起来非常困难。而自从利用信息网络技术，实现了精细化管理之后，这些问题统统得到了解决。在网络上，各种数据一目了然，而且变动非常方便，大幅度降低了管理难度，提高了管理的效率。

生猪信息化管理系统，实行一户一档，涵盖 50 类农户养殖的数据统计，只要配合村里专职的信息管理人员，就可以将详细的信息数据分类汇总，这样不仅可以方便掌握各种具体数据，而且统计直观、方便，可以实现动态管理，为决策提供了准确依据。过去因为数据不准确而老大难的污染费用征缴和随意丢弃病死猪的问题也迎刃而解。我们还与农业部动物追溯系统联网，对养殖质量进行了严格的监控。

如今，各行各业都在利用先进技术，我们养殖业也不能落后，希望大家都能利用好信息网络，实现腾飞，共同富裕。

谢谢大家！

【第4题】

正确看待“网络新一代”

“网络新一代”以80、90后为主，他们的学习和日常生活，与互联网紧密相连。与“前辈”相比，他们在遇到问题的时候，不会向他人询问，而是直接从网上找到答案。由此培养了自由的思维方式，对社会问题也能进行自主的思考。

当前，我们生活在一个传统与现代交替、本土文化与外来文化激荡的时代。网络的虚拟性让“新一代人”在表达观点时自由过度，对事件也缺乏正确的是非判断。在网络用语中偏激者居多，甚至一些人使用网络暴力语言。这不利于青少年身心的健康发展，也对教育引导工作产生巨大的挑战。

疑虑本是一种关爱，但也不必过分。互联网的发展是时代的进步。网络只是一个思想交流的平台，只要善用网络、管好网络就可以化解矛盾。一方面要弘扬正确的价值观，做好对青少年的教育和引导；另一方面要加大对网络的管理，净化网络空气，让网络成为推动科技发展和社会进步的一个有效平台。

当前，“网络新一代”是互联网产业的领军者和主力军，这个新产业已经产生了巨大的经济效益。同时他们也推动了技术的创新和发展。除此之外，他们利用互联网技术，有效汇聚公共力量，从而能快速地解决社会问题。“网络新一代”，是充满希望的新生代。

【第5题】

还原科学的精彩才能迎来真正的科学昌明

如果你对一个毫无审美情趣的科学匠人说“我的忧愁像漆黑的夜晚，浓得化不开”，他一定觉得你不通逻辑、不可理喻，然而这样的比喻在文学上却是司空见惯的，倘若不这样类比，文学的趣味恰恰会降低很多。从科学的逻辑上来说，“异类不比”，这是一个最基本的常识性公理，而从文艺的角度来看，异类之比却能比出绝妙的审美意境。从上述分析来看，确实正应了那句话——人文是精彩的，科学是呆板的。科学的呆板来自于其求真的天然属性，在科学的世界里容不得半点含糊，严格的逻辑性界定清楚了科学的边界——世界原本客观，人类当然要以客观的态度和方式去面对它。

然而，真正面对物质世界的，始终还是人自身，科学充其量只应扮演中介性的工具角色。人类所需要的终究还是“精彩”，而非“呆板”。从这个意义上来说，科学原本也该是精彩的，呆板的科学只是其一重属性，甚至是次要属性。当医生把人体单纯看作一个物体而以所谓“科学”的态度去对待、当核物理学家只服从于核弹的杀伤等级、当生物学家跃跃欲试于克隆出完整的人时，科学的呆板甚至显得有点可怕，因此，科学的“精彩”已经不纯是科学所具备的修饰，而成了科学发展的必需，否则，当科学沿着自身演进的逻辑阔步前进而将“呆板”进行到底时，可能也就是科学终结之日。而何时能彻底还原科学原本的“精彩”之日，也就是科学真正昌明之时。

科学的精彩需要为其注入人文的色彩，科学的发展需要人文的护佑。人类所追求的终极目标就是自由，科学只是人在面对自然世界用以寻求自由的工具，因而本质上科学就该是人文性的。在科学发展的过程中，始终要坚持人性的标准和底线，正如法国科学家巴斯德所言：“科学无国界，科学家有祖国”，其实就是揭示了科学具有人性底线的一个方面。科学研究不仅要追求真，要尊重自然的规律，更要追求美和善，也要尊重社会的规矩和审美取向。

科学的精彩还需要通俗地传达。科学不应该是象牙塔里的思维游戏，其工具属性决定了它要走向大众。科学家在向大众传达科学的成果时，要采取通俗易懂的语言和形式，剥去术语和名词为科学带上的冷艳面具，让科学变得可亲近、有温度、走入寻常百姓家。只有这样，科学才能真正赢得普通大众的广泛共鸣，获取最为宽广的群众基础。

时至今日，人类的异化已十分深刻，不得不说，在这其中科学发挥了举足轻重的作用。在“手机低头族”无处不在、转基因争议日甚一日、中医存废众说纷纭，甚至“文科生”成为一个轻贬义词的今天，讨论科学的“精彩”问题显得正合时宜，而这或许正是当今社会诸多重要问题能够得以破解的希望所在吧。

2014 市（地）以下综合管理和行政执法类《申论》试卷

【第 1 题】

一、组织和机制构建。成立领导小组，确立会议机制，召开协调、联络会，策划部署工作；组建心理卫生协会；

二、完善设施。建设心理辅导中心、咨询中心；开设心理课程；配备心理辅导教师；

三、创新模式。建设协会、部门、社区三级网络系统和心理干预服务模式；开通服务热线；

四、加强宣传。组织宣传活动，调动群众参与，扩大覆盖面和普及面；

五、队伍建设。聘请专家和大学生；实施人才计划，加强心理健康知识培训；

六、信息公开。公布咨询时间和热线电话。

【第 2 题】

一、需要与拥有之间倒错，需求多，拥有少，金钱焦虑心态严重；

二、现在感强，历史意识弱；

三、诚信缺失，失信、违约严重，交往代价高；

四、由于生活环境优越，心理承受能力弱，心理疾病突出；

五、社会高异质性、变迁性，难以确立自我；

六、社会转型期规范缺失、标准多元化，价值观和社会心态出现困惑感。

【第 3 题】

关于工作人员生活、工作和心理、思想状态的情况调查

一、基本情况：

1. 你的年龄是多少？

2. 是否已婚？

3. 是否有孩子？

二、收入水平和生活水平：

1. 月收入水平是多少？

2. 对收入水平满意吗？

3. 房贷、车贷、油费、交通、随礼、生活费用等，哪些方面支出高？

4. 支出占收入的比例为多少？

5. 生活压力大吗？

三、工作节奏和工作态度：

1. 是否有被体制化的感觉？

2. 是否习惯工作节奏？

3. 如果不适应,是否有主动改变?

4. 工作态度上,是否追求高效率?

5. 是否会帮助同事做非分内工作?

6. 如果提供帮助,领导和同事对你态度怎样?

四、工作选择:

1. 社会地位、安全感、晋升空间、工资水平、工作稳定、安全感,哪些因素对你工作选择很重要?

2. 对工作现状满意吗?

3. 是否有跳槽的打算?

4. 如果有,你有什么顾虑吗?

五、心理和思想状态:

1. 是否有被体制化的感觉?

2. 是否有躁动、困惑、不安、不满、恐惧感等焦虑心理?

3. 当你出现焦虑心理时,宗教信仰、心理咨询、向朋友倾诉等,哪些是你的倾诉、宣泄渠道?

【参考答案2】

关于工作人员生活、工作和心理、思想状态的情况调查

一、基本情况

1. 年龄是? A. 30 以下;B. 30 ~ 40;C. 40 ~ 50;D. 50 ~ 60

2. 是否已婚? A. 是;B. 否

3. 是否生子? A. 是;B. 否

二、生活水平:

1. 月收入水平是? A. 3000 以下;B. 3000 ~ 5000;C. 5000 以上

2. 哪些方面支出高? A. 房贷;B. 车贷;C. 油费;D. 交通;E. 随礼;F. 生活费用

3. 生活压力大吗? A. 不大;B. 一般;C. 很大

三、工作节奏和工作态度

1. 是否习惯工作节奏? A. 习惯;B. 不习惯

2. 工作态度上,追求高效率吗? A. 不追求;B. 追求

3. 是否会帮助同事做非分内工作? A. 是;B. 否

4. 如果提供帮助,领导和同事对你态度怎样? A. 热情;B. 把我视为异类

四、工作选择

1. 影响工作选择的重要因素是什么? A. 社会地位;B. 安全感;C. 晋升空间;D. 工资;E. 稳定;F. 安全感;G. 其他

2. 是否有跳槽的打算? A. 是;B. 否

3. 如果有,是否有顾虑? A. 是;B. 否

五、心理和思想状态

1. 是否有被体制化的感觉? A. 是;B. 否

2. 有哪些焦虑心理? A. 无;B. 躁动;C. 困惑;D. 不安;E. 不满;F. 恐惧感

3. 焦虑时倾诉、宣泄渠道是什么? A. 宗教;B. 心理咨询;C. 向朋友倾诉;D. 其他

【第 4 题】

关于“火红绸带心理援助行动”的倡议书

救灾的各界人士：

大家好！为帮助灾区同胞走出悲痛，积极面对生活，摆脱恐惧、焦虑等不良情绪和精神问题，心理援助很重要。然而心理专家数量有限，因此，倡导大家参与“火红绸带心理援助行动”，即：通过代表心理救援在进行的火红绸带在灾区广泛传播，将心理关怀传播到每一个角落。

火红绸带有心理激励暗示作用，给人温暖、安全、激情和希望。使用方法和心理意义如下：一、放置于废墟，给灾区同胞带来激情；二、插于医院公告栏，给寻找失散失踪的人们带来慰藉和安抚；三、为生还者系上，给予他们信念；四、心理援助专家和志愿者系在手臂上，给接受心理安抚的百姓安全和乐观；五、给幸免者系上，向不幸的同胞传递祝福。

当火红的绸带遍布灾区时，恐惧和焦虑就会减弱！呼吁救灾人士一起行动，让美好的心理安抚无处不在！

心理援助专家团

××××年×月×日

【第 5 题】

幸福与缺陷

倾听街头巷尾百姓攀谈，内心充满着对幸福的渴盼；打开政府的新闻网站和政府文件，幸福指数一次次出现。可是百姓真的幸福吗？日益增多的社会焦虑、迷茫困惑等心理问题，给出了否定答案。很多人总在感叹：为什么幸福始终充满着缺陷！

幸福和缺陷总是伴随着出现，犹如孪生兄弟，我们没有必要为此感叹。生活的缺憾、挫折和痛苦本身也是一种考验。诚如孟子所言：“天将降大任与斯人也，必先苦其心志，劳其筋骨，饿其体肤，空乏其身，行拂乱其所为。”试想，三国时期诸葛亮如果未经历过生活的举步维艰，捉襟见肘，又岂能发出“静以修身、俭以养德”的感叹；倘若越王勾践不经历兵败吴国、卧薪尝胆的痛苦，又怎会立下“不铲平吴国，誓不生还”的誓言，成就励精图治、战败吴国的佳话。如果我们不经历心态躁动、物欲横流，又怎会体悟到“非淡泊无以明志，非宁静无以致远”的意境，转而归于平静。缺憾犹如夜空中的星光，照亮我们思考人生的道路，引导我们思考人生，重新规划人生。缺憾是幸福的一部分，我们不能是愤愤地抱怨，而是要重新思考，自我调适，正确面对。

能够自我调适，正确面对缺憾是提高幸福指数的重要手段，但是影响幸福指数的还在于严重的心理疾患，还来自于不完善的社会保障带给未来的不确定感，因此政府必须担当责任、有所作为。

建立心理疏导机制，正确引导，转变社会观念是解决心理问题的关键。当前心理健康障碍成为严重而耗资巨大的卫生问题，严重的心理疾患会影响人格发展，甚至导致自杀等极端行为。但是不少心理疾患病人不去就医，一方面受传统观念影响，怕受到歧视和排斥，不敢就医；另一方面心理医生队伍整体水平不高，心理咨询站点较少。因此，政府必须加大投入，全方位建设心理咨询中心、心理辅导室、情绪宣泄室等心理辅导场所，定期不定期地举办心理健康讲座，扩大心理健康知识的普及面和覆盖面，并让心理咨询走进社区、走进学校、走进基层；还要重视心理咨询的人才队伍建设，如启动心理咨询师培养计划，提高心理咨询队伍的素质和水平；更重要的是，政府有必要加强宣传，引导社会转变对心理患者的歧视、排斥观念，给予他们包容和关怀，让他们感受到社会大家庭的温暖。

完善社会保障制度,加强顶层设计,做好宏观调控,发挥政府"有形手"的作用。幸福指数的降低、社会的不安和焦虑还来自于高房价、高物价、高就业门槛、养老困难等一系列问题。如果政府不能花大气力建设完善的社会保障制度,就不能从根本上打消老百姓的顾虑,就不能改变他们对未来生活的恐惧与不安;如果政府不能加强宏观调控,解决日益提高的房价、物价,就不能改变百姓沦为车奴、房奴的命运,甚至成为他们婚姻不幸、生活悲剧的根源;这样幸福只不过是遥不可及的梦想。因此,政府必须解决好老百姓最直接、最关心、最迫切的利益问题,让他们不为物质所扰,不为未来忧心。

佛经里说:心无挂碍,无挂碍故,无有恐惧,远离颠倒梦想。正是百姓内心挂碍太多、物欲太多,才有了太多的恐怖与不安。而要提高百姓的幸福程度,既需要他们自我调适,学会放下,学会舍得;更需要政府用完善的制度设计和心理疏导机制,消除百姓内心对于当下和未来的恐惧。若如此,幸福的梦想将照进现实!

2013 年市(地)以下综合管理和行政执法类《申论》试卷

【第 1 题】所述资料对做好基层文化建设工作的启示有四点:

一是修缮文物街区。坚持布局完整性和突出民族风情原则,利用现有条件和历史文物资源,保护和修缮历史文物;完善文化街区的基础设施建设和社区数字化管理系统。

二是注重文物传承和申遗。给予文化遗产继承人以支持,加大对文化遗产的传承并积极推进对具备申报非遗条件的文物的申报和保护。

三是注重提高村民文化素质。动员群众多读书,以喜闻乐见的方式,如播放农业科技电影、开展农家书屋读书活动、在社区宣传栏宣传《论语》等传统文化,来丰富村民文化生活,提高其文化素质。

四是加强社区文化设施建设。由专人专职负责村文化站的日常管理,制定文化站管理制度,提高村文化站利用率。

【第 2 题】我国汉语处于自身发展不景气、英语大行其道的生态环境中,汉语发展日渐式微。具体表现为:

从主观因素看,一是学生家长要求孩子从小要学英语具有盲目性;二是年轻人随意简化汉语,威胁着国家语言文字的严肃性和规范性。

从客观因素看,一是教育部门将英语强制性地灌输给学生;二是某些部门在招生、就业等方面存在唯英语是瞻的不良导向;三是美国利用英语这种"国际普通话"的语言优势消解着我国学术创造力,甚至污染汉语生态环境。

【第 3 题】法国本土文化得以有效的传承在于其强大的保护力度、积极地吸收借鉴外来文化和合理地推介本国文化。

首先,加大对本土文化的保护力度。一是增加政府投入,设立文化部主管文化产业发展;二是在对外贸易中坚定文化产品的特殊性,拒绝文化产品与其他商品等同起来自由流通;三是通过立法限制法语中使用外来语,在其互联网上进行广告宣传的文字必须要译成法文,对不能定时定量播放法语歌曲或电影的机构处以一定罚款。

其次,积极吸取其他民族文化长处。广泛收藏和展现世界各民族优秀文化作品,颁布支持电影业发展计划,增强本土文化竞争力。

再次,合理推介本国文化。设立多个文化中心,大力发挥企业和各类专业协会的力量宣传法国文化，并适当给予补偿。

【第4题】一、繁荣本土文化的重要性。文化建设是一个国家树立良好形象和提升软实力的重要手段。举办“无与伦比”的北京奥运会、开办孔子学院以及莫言获诺贝尔奖等事件已经为我国提升国际形象和影响力、繁荣社会主义文化做出了一定贡献。

二、我国文化的现状和问题。面对美国鼓吹“全盘西化”、大力进行文化输出，我国的民族文化显得消极被动，甚至越来越多地被国外利用，中国的古代文明如“四大发明”遭到否定、掠夺。

三、繁荣我国文化采取的措施。利用好新闻媒体，客观、公开地传达政府决策和反映社情民意。做好基层文化建设，完善文化站管理，努力提高村民文化素质，大力传承传统民族文化，为丰富我国文学作品以振兴文化产业、提升国家形象积累素材。

【第5题】

让民族文化大放异彩

在文化领域，流传着一种说法：文化是民族的，也是世界的，一个民族的文化成果只有让世界分享，才会获得更强的生命力。当今世界上，我们既置身于文化的交流，又面临文化的竞争。要让具有五千年历史的中华民族文化大放异彩，雄踞世界文化的奥林波斯圣殿，我们既要保护自身文化的特色，又要加强输出与交流，与世界共同分享人类的文明成果。

正如十七届六中全会《决定》所指出的，文化是民族的血脉，是人民的精神家园，我国拥有举世无双的丰厚历史文化资源，是我们进一步发展和弘扬中华文化的雄厚基础。但也毋庸讳言，中华文化正面临着来自外部与内部的双重危机：从外部看，各国纷纷重视抢占文化制高点，软实力竞争在综合国力的竞争中越来越重要，如美国政府部门就试图用英语和所谓符合美国人民意愿的美式价值观一统天下；个别国家对我国文化资源进行盗用和掠夺，试图腰斩我国历史文化根脉、挤压我国现实文化发展空间，对我国文化安全构成了威胁。从内部看，随着洋文化和外语教育对我国社会各个领域的全面渗透，一些人丧失了文化自觉与文化自信，迷失了文化走向，对外来文化产生了崇拜和依赖，对民族文化特别是汉语和传统节日产生了疏离感。长此以往，不仅将使我国意识形态的凝聚力、民族文化对人民的向心力和维系力发生危机，而且有可能使中华民族文化日益失去自有的特色，陷入存亡绝续的境地。

在十八大提出为全面建设小康社会而奋斗的今天，增强民族凝聚力和创造力，增强综合国力，增强国民幸福感，建设亿万人民共有的精神家园，离不开民族文化建设。从目前我国文化“危机内外交迫”的形势来看，要让中华民族文化大放异彩，必须走好“四步曲”：

第一步，继承。要坚持在保护中利用、在普及中弘扬，贴近人民的日常生活，加强对优秀传统文化思想价值、传统节日文化等资源的挖掘和阐发，维护民族文化特色。第二步，建设。要立足基层，致力于构建公共文化服务体系，将文化资源向城市社区、农村村镇倾斜，完善基层文化基础设施，丰富基层群众的文化生活。第三步，创新。大力发展文化创意产业，培养一批具有乔布斯敢为人先精神的文化创新先锋，一批李安、莫言一样具有世界影响力的文化大师，创新中华文化的内涵形式与产业形态，打造出更多传世精品。第四步，输出。要把文化交流、文化输出与文化知识产权、文化遗产的保护等工作结合起来，打破一些国家对我国的文化安全威胁，切实将“四大发明”以及新时代的文化成果保护好，并推介到世界各地，让更多外国人了解中华文化，增强中华文化在世界上的感召力和影响力，增强我国的国际话语权。

“弃我去者，昨日之日不可留。”通过我们自身的努力，可以让祖先的文化遗产完好保留，二今发扬光大;“乱我心者,今日之日多烦忧。”按照十七届六中全会和十八大的部署,加快推进社会主义文化强国建设,增强文化整体实力和竞争力,我们一定能够消除当前文化领域的种种乱象,让古老中华文明焕发出蓬勃的生命力,与全世界人民一道、让千秋万代同样沐浴文化多样性的明媚阳光!

2012年市(地)以下综合管理和行政执法类《申论》试卷

【第1题】(1)所谓“技防”是指通过各种技术手段为城市安全配备的防范设施,如给城市打造的“金刚罩”、城市公共交通的软硬件配备、各种防灾装备等。

所谓“人防”则是“技防”之外的人为防范,包括对装备的保养维护、人为的操作能力,在灾难发生的情况下个人有效利用各种防灾装备的能力,在防范设备安装过程中隐藏的人为隐患等。

【第1题】(2)第一,“安全网”不能阻燃,施工过程中管理松懈、秩序混乱、安全措施不到位。

第二,在严重的火灾面前,无法有效发挥现代化警用直升机的紧急救援作用。

第三,市民应急知识缺乏,自救、应急疏散能力不足。

第四,政府没有动员民众,工程建设监督缺失。

第五,高楼缺乏消防设施,管理不到位,楼间距小,严重影响救援效果。

【第2题】

增强安全意识共建和谐社区

为了保障居民的安居乐业,同时给居民营造一个安全舒适的生活环境,我区近期将开展“居民安全文化教育”活动,增强大家的安全意识、提高安全技能。

本次活动旨在通过加强“居民安全文化教育”,转变大家固有的安全文化理念。“自救优于互救,互救优于公救”是降低灾害损失的经验之谈,假如发生火灾,受灾人员若是缺乏自救常识,生存概率将会很低,就算配备有足够的灭火设施,若是没人会用,也就毫无意义了。

因此,本次活动的重要内容便是增强安全意识,提高居民的安全技能。我们将通过举行安全宣讲会的形式,配合发放安全手册,为广大居民讲解和传授日常安全的注意事项以及防灾救灾的相关技能,并且会定期开展演习,让广大居民的安全知识和技能切实转变为安全能力。

安全问题无小事,尤其是在日常生活中,电、气的不正确使用都会成为安全隐患。用电安全需要注意经常检查线路、插座和刀闸是否安全可靠;用气安全尤其是使用煤气时要注意通风换气,一旦发现煤气中毒,应先把门窗打开,避免明火。

安全感是生活质量的刻度,是人们首要的心理需要。安全问题关乎每一个人,希望大家在此次活动中积极响应、广泛参与。最后祝大家生活平安幸福。

【第3题】市民出行中存在的问题如下:一是公交停靠站较多,部分路段公交站点太密,缺乏统一管理,造成路面严重拥堵;二是行人过街设施缺乏,过街设施使用率低,违章穿越人数较多,安全性得不到保障;三是公交车停靠站点缺乏统一性,来去停靠站点不一致;四是城郊接合部的住宅区到达轨道交通车站之间“最后一公里”的问题长期存在,滋生了黑车泛滥等社会问题。

具体建议:一是完善交通规划实施与管理体系。科学设置公交车停靠站点,加大公安交警执勤力度,优化公共交通秩序,以缓解交通拥堵问题。二是完善行人过街设施。地下通道与商业相结合,人行天桥与城市景观相结合,根据行人交通量设置人行横道和行人过街信号灯。三是统一公交车停靠站点。确有线路不一致等特殊情况,要及时通知乘客,全面提高服务质量。四是在环线附近的轨道交通站点设置一些公交短线,严厉打击黑车、“摩的”,并推行公共租赁自行车服务,方便乘客出站后快捷到家。

【第4题】

天变不足畏安全当先行

——让经济社会运行更安全

人类的历史是一部与灾难相伴、与灾难抗争的历史。从2008年的中国汶川,到2011年的日本福岛,大自然向我们展示了它的愤怒,也给人类造成了巨大的伤害。然而正如古罗马哲学家塞内加所说,只要我们意识到未曾预料到的事件对我们的伤害最大,时时保持警惕,预想到所有的可能,并相应加强安全规划与防护,牢固树立忧患意识,按照统筹经济社会发展的要求,切实把安全放在第一位,“天变”就不足畏,并且会成为经济社会运行的更加安全的驱动力。

2010年S市的公寓火灾,凸显了现代城市运行中的脆弱性:一是城市规划设计中的安全防护不足,片面追求建设速度和经济效益,而对事故的防范考虑不周、投入不够;二是法律和制度落实不到位,在工程建设和维修中存在违法违规问题,日常管理缺乏有效的规范化监督;三是技术保障欠缺,救援设施设备难以满足需要,影响救援的速度和效率;四是公众安全意识淡薄,市民自救互救、应急疏散能力不足。这一切都直接或间接导致了事故的发生、扩大了事故的危害。

我国古训有云:“宜未雨而绸缪,毋临渴而掘井。”预防灾难和事故应从“预”字着眼、“防”字抓起。如果庞培人对火山喷发有足够的预见并有相应的防护设施和防范措施,也许一代名城庞培不至于被火山熔岩所吞没;如果S市在高层建筑的规划上科学谨慎,在安全防护上舍得投入,对市民有相应的应急训练,也许公寓火灾的后果不至于如此惨重。只有从思想上真正重视起来,并落实到行动上,才能真正从事故教训中汲取前进的动力,推动经济社会的安全前行。

自然灾害和人为事故的教训告诉我们:科学发展,必须把安全放在第一位,以人为本,首先要保障人民的生命安全。首先,在发展理念上,必须把各级政府和全社会的思想认识转移到科学发展的轨道上来,尊重客观规律,把握当前国情,以安全为前提和保障,促进安全生产与经济社会发展同步。其次,在安全文化上,要学习发达国家“生命至上”的观念和做法,大力开展安全文化自律性、生命化、安全技能观的宣传教育,营造尊重生命、尊重法律的文化氛围;普及安全知识,定期开展应急避险训练,切实提高公众自救能力。再次,在资源整合上,要将安全防护措施融入城乡建设规划,大力促进公共应急资源整合,构建综合减灾应急系统,建立协调有力、运作顺畅的机制,打破条块分割,把各个行业的专业救援力量整合起来,形成维护公共安全的强大合力。最后,在法律执行上,要加强执法和监管,确保法律制度的落实,规范人们的生产生活行为,严格依法操作,积极保护生态环境,从源头上熄灭灾难和事故的火星。

胡锦涛同志曾经指出,人的生命是最宝贵的,我们的发展不能以牺牲精神文明为代价,不能以牺牲生态环境为代价,更不能以牺牲人的生命为代价。把科学发展的理念贯穿到经济社会发展的每一个环节,以安不忘危的思想统筹好、谋划好安全发展,以只争朝夕的精神做好维护安全的各项工作,让人民生活在一个充满忧患意识的环境里,我们一定能够让中国列车运行得更加平稳顺利!

2011年市(地)以下综合管理和行政执法类《申论》试卷

一、认真阅读“给定资料”,简要回答下面两题。(20分)

1-1【答案提示】进城务工人员随迁子女受教育问题的具体表现在公办学校和民办农民工子弟学校两个方面:

公办学校不仅学费、赞助费、借读费高昂,而且缺少专门供农民工子女就读的公立学校;农民工子女没有城市户籍;考大学成为难题;不公平待遇和歧视,使农民工子女心灵受到创伤。

民办农民工子弟学校数量有限,条件简陋,经费紧张;没有办学许可证,没有合法地位,没有政府支持;教师队伍不稳定,生源不稳定,教学质量难以保证。

1-2【答案提示】随着教育成本越来越高,上学难在农村表现得尤为突出,有些地方出现因教致贫、因教返贫的困境,辍学之风抬头,但是仍然有许多农民越是在这样的困境中越是把希望寄托在下一代受教育上,并且不惜血本地投资教育。因此,应该下大力气,改变教育资源不合理分配以及农民子弟就业难的问题,给广大农民寄以希望的教育。

2【答案提示】

给各村中小学生家长的一封信

尊敬的各位家长:你们好!

为了改变我县学校不合理的校点布局,进一步改善办学条件,明显提高办学效益,合理配置教育资源,我县将有效利用各方面条件,逐步推进寄宿制办学。

我们会加大资金投入,完善学校的各项设施。将资金投入到建设新的教学用房、学生宿舍楼、学校食堂、学生厕所等,保证学生学习的环境。我们会推进教育资源配置方式的改革,统筹规划学校布局。一是从实际出发,将农村校点多、规模小的有限资源进行优化配置;二是着力调整中小学布局,建议一批试点学校,形成富有特色的实践模式,如联村办寄宿制学校、民族寄宿制学校、边境形象学校等。

创办寄宿制学校,意味着孩子们要去更远的地方读书,由于交通不便等原因,难免会加重家长们的担忧。我们将努力把寄宿制学校办成群众满意,家长放心,学生“进得来、留得住、学得好”的学校,希望广大家长朋友能够共同关心和支持我县寄宿制学校建设,共同为孩子们营造一个良好的教学环境。

县教育局

×年×月×日

3【答案提示】希望小学遭到废弃的原因包括:一是农村教育布局调整和“撤点并校”政策殃及部分希望小学;二是生源锐减,部分学龄儿童追随外地务工的家长异地就学;三是农村税费改革引发农村经费紧张,财政经费的有效投入降低。

解决希望小学遭到废弃的具体建议包括科学规划、合理利用和宣传引导三个方面内容。一是科学规划。新建希望小学的选址,务必符合当地农村中小学教育布局调整计划,在捐建希望小学之前,首先要了解当地教育部门未来的发展布局,一旦被撤并,要及时进行资产置换,保证捐方利益,在新学校里也要保留捐方曾经捐赠过的痕迹。二是合理利用。废弃小学的校舍属于集体财产,应当最大限度的利用起来,采取积极措施建立乡村图书馆、村文化活动中心等村民文化娱乐场所。提高农村居民生活质量,实现废弃校舍的“零闲置率”。三是宣传引导。通过增加就业岗位,增强学校基础设施建议等方面的努力,鼓励农民工在家乡务工、子女在本地就学,保证希望小学生源情况。

4【答案提示】

愿君莫做摇摆人　愿君惜取同源血

——在城乡公共服务一体化进程中解决外来人员无根化危机

城市与农村、城市人与农村人的身份认同危机和文化断裂，是当代中国社会的一个突出问题，那位来自农村、身在城市的知识分子，疑惑于自己在城市融不进、在农村回不去，成了徘徊于城乡之间的“摇摆人”，这种“无根化”危机的意识在我国社会中普遍存在，我们要建设一个和谐社会，不要断裂社会。因此，十七大报告提出要解决好发展理念和发展机制，“形成城乡经济社会发展一体化新格局”。我们期待在加快推进城乡公共服务一体化的进程中，能够解决城市外来人员的精神困惑与无根危机，让每一个社会成员获得平等地位，珍惜同源的血液，再也没有一个摇摆人。

城乡摇摆人是伴随我国城市化进程、在人口流动中出现的一个特殊现象，像农民工，像毕业后在城市工作的青年，由于户籍壁垒、经济实力、地域文化的隔膜等因素，陷于农村回不去、城市融不入的尴尬境地，许多城乡摇摆人怀揣梦想来到繁华都市打拼，与早期外来农民工群体相比有着更为鲜明的时代烙印：他们接受新生事物的能力更强，他们的价值观念和行为方式，更加趋向于现代文明和城市文化，当然他们也更加渴望融入这座城市，但是受困于自身因素及现实的制度门槛、政策限制等，他们当中的大部分狐朋狗友只能游走于城市的边缘，被喻为“无根”之人。回不去的是故乡，城市也吝于敞开怀抱。作为一支庞大的、不可忽视的新生力量，如何表达他们的诉求和情感，如何实现他们的权利和梦想，又如何在工业化、城市的建设大潮中找到他们的未来，成为当下的一个重要命题。

解决无根化危机，消除“摇摆人”现象，首先在于加强制度建设，加快推进城乡公共服务一体化的进程，打破户籍壁垒和地域限制，使公共服务普遍惠及城市生活与工作的每个群体、每一名个人，要将外来人员普遍纳入城市社会保障体系，给予教育、就业、医疗、住房、养老等全方位的普遍保障，要让外来人员享受同等的市民待遇，才能促使他们落地生根，特别是农民工的子女教育问题，《国家中长期教育改革和发展规划纲要》明确要求解决好农民工子女就学问题，落实以全日制公办学校为主、以输入地为主保障农民工子女平等接受义务教育的政策，全面取消借读费。研究农民工随迁子女义务教育后参加升学考试办法，推动逐步实现农民工子女入学与城镇居民享有同等待遇。“同等待遇”就意味着平等，意味着公共服务在不同群体之间的均等化，意味着公共服务在城乡之间的一体化和紧密衔接，这理应成为未来社会建设的主要着力。

解决无根化危机，另一个重要方面是给予外来人员以精神上的呵护，一些“摇摆人”之所以感到难以融入城市，关键在于城市文化的大门没有向他们打开，在加大文化公共服务建议力度的过程中，要突出对外来人员的重视，积极创造条件、提供平台，打造融本地居民与外来人员于一体的文化共建、共享体系，让外来人员参与共建，分享城市精神文明的成果，在城市找到属于自己的精神家园。

不管是纯粹的城市居民还是农村居民，我们具有同源的血液——源自一个民族，共踏一方热土，让我们珍惜、呵护不同群体本出同源的血液，化解每一个社会成员的无根危机，在实现每一个社会成员地位平等的同时，促进整个社会的和谐。

2010年市(地)以下综合管理和行政执法类《申论》试卷

1-1.【答案提示】(1)渤海封闭性强,自身净化能力差,自我更新周期长;

(2)渤海沿岸的企业多,排放的污染源多;

(3)各类政府管理部门管理职能交叉,难以进行海陆一体化的管理;

(4)众多主体分享渤海的环境效益和经济效益,直接影响沿海地方政府治理的积极性,造成治理工作效率低下;

(5)《碧海计划》只是政策性文件,不具有法律强制性效应,执行过程中难以借助法律手段实现各个体系之间的对接统一。

1-2.【答案提示】"环保错位"的实质是:先污染后治理,没有做到经济发展和环境保护的统筹兼顾,即兵库县在早期片面追求经济发展、填海造地,而忽略了对海洋环境的保护,造成巨大的海洋污染和海洋生物的灭绝。之后,为改变和修复海洋生态环境,日本又采取了多种措施,如加强立法,增加投资,设立专项基金,引导地方、居民、企业、民间组织等社会各界积极参与其中。

2.【答案提示】W市在进一步建设"宜居城市"的过程中主要存在两个问题:一是缺乏全局意识,W市为改善市区环境将污染转移至农村,影响了村民的经济和社会生活,并未从根本上解决污染问题;二是缺乏长远意识,为追求当前城市发展引入大量居民、兴建工业园区,没有处理好人的居住与自然景观的关系。

为解决上述问题:首先,召开专家论证会和社会民众座谈会,听取各界意见,制定科学、合理的进一步发展规划;其次,引近国内外先进技术和经验,及时治理远遥村的环境污染问题,避免先污染后治理的老路;第三,加强宣传教育,大力普及科学发展观,提高民众对海洋环境保护的重视。

3.【答案提示】关于A市治理近海水域污染整治工作的宣传纲要

一、我市近海水域的污染程度、原因及相关危害

近年来,我市经济取得了较快的发展,但是海洋生态环境遭到污染,严重影响了百姓的生产、生活。究其原因则是,兴建"电镀集中控制区"过程缺乏长局观念和全局观念;其次本市所属海湾属于内海腹地浅水湾,自净能力差;第三,未严格遵守省相关部门文件。

二、大力宣传我市近海水域污染整治工作情况的具体内容

首先,广泛宣传治理近海水域污染整治工作的指导思想——科学发展观;

其次,阐释治理近海水域的目的和意义:建设生产发展、生活富裕、生态良好的A市;

第三,妥善解决A市近海水域污染整治工作的具体措施:政府方面,组织开展近海水域状况调查并制定相关的计划;加大投入,建设环保的基础设施,控制污染;加大监测和处罚力度;落实领导责任制。企业方面,引进高新技术,淘汰落后产能,节能减排。普通民众,树立环保观念,加强对政府和企业的监督。

4.【参考例文】

海洋的健康

地球是人类共同的家园,是一个完善的生态系统,而海洋是其重要组成部分,为人类发展提供了丰富的资源。近些年来,由于对海洋资源的不合理开发导致海洋环境遭受着日益严重的污染,物种减少甚至灭绝,生物多样性遭到破坏,珍贵水产资源面临危机,矿物质污染间接影响人

们身体健康,赤潮频发和水质恶化等一系列问题使海洋的健康生态面临严峻考验。

正视海洋生态环境面临的问题是科学发展观的内在要求,也是人类维护生存环境,实现可持续发展的必然选择。目前海洋生态的破坏源于人们重视经济发展的同时忽视了经济发展与环境保护的关系,过度追求经济利益而忽视生态环境保护,对海洋资源的开发利用缺乏合理、科学、有效的规划,有关保护的规划缺乏法律强制性等。因而,为实现人类社会的可持续发展必须高度重视在开发海洋资源的同时保护生态环境,具体而言:

首先,制定科学规划,创新发展思路。政府要通过严格勘查和调研,制定适合地方经济发展的科学规划,并上升到法律层面,强化执行力度;相关海域管理部门要打破"重经济、轻环保"的陈旧思维,重视环保之于经济发展的长期效应,做到统筹经济发展和环境保护,走可持续发展的资源开发模式。

其次,进行科学开发,避免"环保错位"。要合理开发海洋资源,优化产业布局,根据各地资源特点确定合理的开发方式;政府要强化责任意识,完善问责制度和绩效考核制度;引导民间组织、公民等社会各界参与改变和修复海洋环境;打破"先污染、后治理"的模式,避免在经济发展的同时以牺牲环境为代价,并为环境治理付出沉重的经济和健康代价。

最后,推动海洋保护,加强政府监管。政府要确定保护的重点环节和关键领域;政府要加强对企业的监管,减少甚至杜绝资源浪费;淘汰落后产业,减少污染源;企业要提高生产工艺,引入治污设备,提高资源利用能力;鼓励企业参与环境保护,给予一定的政策优惠。

保护海洋生态环境是长期的系统工程,需要社会各界的努力,是政府的责任更是每个公民的责任,保护海洋生态环境从长远看就是保护人类的长远发展,是对人类根本利益的捍卫,这是科学发展观的内在要求,更是统筹人与自然和谐发展的需要,因此,必须动员全社会行动起来,为建设美丽的地球家园而努力。

2013 年 4 月 13 日公务员联考《申论》试卷答案

一、"给定资料 5"中有学者指出"制造业是未来经济繁荣的关键"。请结合"给定资料 5",谈谈你对这个问题的认识(20 分)

要求:内容全面,认识透彻,表述准确,不超过 400 字。

【参考答案】

脱离制造业的虚拟经济"虚火"是酿成金融危机进而造成全球经济长期低迷的主因,繁荣未来经济,制造业是关键。

与先进的服务业相比,制造业具有以下优势:一是制造业所创造的就业岗位组合好,每个人都能从制造业中获得工作。二是制造业可以积累大量秘密的生产诀窍,能避免受到拥有廉价劳动力的海外竞争对手的威胁。三是制造业产品在整个世界范围内出售几乎不会遇到适应性的问题,出口能力表现优异。

有例为证:美国制造业"回归"使其总体经济活动持续保持增长,出口稳步上升,就业岗位增加。日本制造业曾是发展出口的主力产业,后因制造业基地对外转移而萎缩,出现了"产业空洞化"现象,创造力减弱。德国制造业立国的发展战略让其保持较高的就业率,促进科技创新能力不断提高,具备了抵御金融冲击的产业基础,以人为主导的生产使危机过后研发密集型制造业能够迅速恢复。

由此可见,政府主导维持制造业就业稳定,发展高端、密集型制造业,是繁荣未来经济的关键。

二、“给定资料6”中提到“德国制造很大程度上归功于这个国家高水平的职业技术教育”。请结合“给定资料6”，谈谈职业技术教育在德国取得成功的原因。(15分)

要求:全面准确、条理清楚,不超过200字。

【参考答案】

原因:德国政府和工业界以培养技术型人才,保持德国竞争力为目的。

联邦政府:搭建合理的法律框架,认可培训岗位并对培训、创新以及相关研究提供必要的资金支持。

联邦州:为职业教育设定课程,为教职人员提供资金支持等,监管商会活动。

商会:监管企业,发放证书,为企业培训提供咨询,调解企业与学徒纠纷。

企业:提供实习场所,创新、更新职业培训岗位,提名专家参与规则制定,并提供一定的培训补贴;与职业培训中心合作。

三、假如你是某企业的一名工会干部,在学习了“给定资料7”后,请你写一个倡议书,号召爱岗敬业、积极创新。(25分)

要求:定位准确,语言生动,具有号召力,不超过400字。

【参考答案】

致全厂工人的一封倡议书

全厂的工友:

爱岗敬业、自主创新不仅可以为企业创造巨大的经济价值,同时也能使我们自身摆脱“流水线生产工具”的身份,最大化实现个人价值。目前我厂面临转型升级的考验,亟须高技术水平的人才。在此号召全厂工友,要爱岗敬业,充分发挥自主创新的积极性,共同解决我们面临的问题与挑战。

爱岗敬业、自主创新需要工友转变价值观,将自主创新作为自己的职业目标,实现对自我的重新定位;需要工友不断在岗位中学习,在一线中解决各种疑难杂症,不断开拓创新,为企业创造效益;需要工友带头发挥传、帮、带的作用,发挥团体的跨岗位、跨区域、跨专业的协同机制;需要全厂上下尊重工友的主体地位和首创精神,我们会不断完善体制,将创新融入我们的企业文化之中,实现人尽其才,才尽其用。

企业是创新的主体,职工是创新的灵魂,岗位是创新的源泉。让我们携起手来,为迎接企业发展新篇章而共同努力!

XX工会

X年X月X日

四、“给定资料2”中提到“他们不仅要安身立命,他们也要有尊严,甚至还要抬头仰望星空”,这句话引发了你什么思考?请结合给定资料,自拟题目,自选角度,写一篇文章。(40分)

要求:

1. 中心明确,思考深刻;

2. 内容充实,有说服力;

3. 语言流畅,800~1000字。

【参考例文】

以人为本让工人实现中国梦

习近平说过,中国梦是民族的梦,是每个中国人的梦。对于工人来说,他们不仅要安身立命,他们也要有尊严,甚至还要——抬头仰望星空。当前,我国正处于工业化的重要阶段。要想高质量地实现工业化,必须依靠高素质工人。在我国,工人是仅次于农民的第二主体。只有让工人过上小康生活,才能实现全面建成小康社会的目标;只有让工人实现中国梦,中华民族伟大复兴的中国梦才能实现。

改革开放三十多年来,加工制造业为我国的迅速崛起做出了巨大贡献。我国甚至被誉为"世界工厂"。在这段时期,无数农民涌入城市,进入工厂。正是依靠低廉的劳动力,才有了中国制造业的辉煌。可以说,没有工人的辛勤劳作,就没有中国的经济奇迹。然而,进入新时代以后,工人的生存状况却不容乐观:劳动技能低下,薪酬微薄,工作环境恶劣,工作内容单调枯燥,工作压力大、时间长,没有上升空间,在社会上受歧视,无法融入城市……更可悲的是,他们无法像父辈一样,回到农村。这些问题的存在,不仅会阻碍我国产业转型升级,而且会破坏社会稳定。

出现以上状况,原因是多方面的。长期以来,中国城乡二元对立,户籍制度改革迟缓,自由迁徙受到极大限制;中国制造业处于全球产业链低端,无法为工人提供好的岗位;中国职业教育落后,教育质量差,无力培养高级技工,职校学历得不到社会认可,工人素质普遍低下;社会保障严重滞后,很多工人都享受不到社会福利,尤其是私企的农民工;功利主义盛行,存在歧视底层劳动者的现象。

要想解决以上问题,应当坚持以人为本的发展思路,采取以下措施:一、改革不合理的户籍制度,让劳动力自由流动,使农民工有机会在城市立足。二、大力推进产业转型升级,为工人创造更好的工作环境和工作机会。三、加强职业技术教育。政府要与学校、企业合作,加大资金扶持力度,提升教育质量,认可职校学历,全面提升工人劳动技能。四、完善社会保障制度,实现基本社会保障全覆盖,严惩不执行社会保障制度的企业。五、加强舆论引导,改变不健康的社会风气,形成尊重劳动、尊重底层劳动者的社会风气。六、激励工人在生产过程中加强技术创新,不断提升自身价值。

古人云:不患寡而患不均,不患贫而患不安。以人为本,让工人实现中国梦,既是保障社会公正的重要方面,也是构建社会主义和谐社会的客观需要,更是实现中华民族伟大复兴的关键。相信随着户籍制度改革、产业转型升级、加强职业技术教育等的逐步推进,工人的中国梦一定会很快实现!

2012 年 9 · 15 联考《申论》

一、请结合给定资料,对德国歌德学院的成功做法进行归纳,并说说对孔子学院的建立和发展有哪些启示。(35 分)

要求:归纳全面,内容具体,分析透彻,逻辑分明。不超过 400 字。

成功做法:

1. 合理布局,拥有众多分支机构,坚持办学质量;

2. 重视职业化教师队伍建设,保障队伍的专业和稳定性;

3. 政府资助,经费充足,采取国家"埋单"的文化政策;

4. 协调政府、市场与文化机构关系，保证文化机构独立性；

5. 管理严密，设立独立的文化委员会和审计机构，保障专款专用、资金安全、使用到位；

6. 教材多角度呈现真实德国，利于了解、学习。

启示：

1. 树立正确的文化传播理念，合理统筹布局。同步推进和系统规划教材、课程等；稳步推进师资队伍职业化，强化师资力量培训，确保教学质量和队伍稳定性。

2. 加大国家政府支持和公众参与，保障资金充足，赋予文化独立性，理清政治与文化的边界。

3. 严格审批监管制度，确保学院资金安全和使用到位。

4. 加强对自身传统文化发掘、维护与建设，增强文化精髓作品的引入和推介。

5. 尊重所在国的文化价值，合理规划教材内容，注重本土化再创造，寻找与当地文化的交叉点，完整、真实展示中国形象。

二、给定资料 7 中提到两位网友的观点，假如你是国家汉办的一名工作人员，请结合给定资料，针对这两位网友的观点，分别给他们写一个回帖。（25 分）

要求：立场正确，内容全面，论述有力，不考虑格式。不超过 400 字。

对网友 A 的回应：

（一）对网友 A 观点应该全面、多角度、辩证、一分为二地看。

（二）加大国内教育投入是有必要的，但这与建孔子学院并不矛盾。

（三）建孔子学院是必要的：1. 能促进文化传播、增进沟通交流；2. 可提升国家软实力，扩大中华文明影响力；3. 培养文化人才，为基础教育提供优秀师资；4. 国家投资传播文化为国外通行做法，如歌德学院；5. 能带来潜在经济效益，为文化产品出口奠定基础。

（四）对于经费我们会：1. 合理分配使用；2. 严格审查；3. 全面公开。努力做到用好、管好每一分钱，欢迎监督。

对网友 B 的回应：

（一）网友 B 的观点有道理，符合事实。

（二）做好国内文化教育是传播文化的基础、根源、土壤，我们会加大对青少年宣传教育力度，提升文化素养。

（三）但是：

1. 文化是相互影响，传播文化对国内的文化教育有促进作用；

2. 我们还应以开放、包容态度看待洋文化。

三、给定资料 3 中提到“互相取长补短，用一盏灯点燃另一盏灯。300 多年前，德国先哲莱布尼茨对中西方文明这样期待。”请根据你对这句话的思考，参考给定资料，自拟题目，写一篇文章。（40 分）

要求：

1. 中心明确，思想深刻；

2. 内容充实，有说服力；

3. 语言流畅，1000 字左右。

文化交流中的长与短

中国是文明古国，从古至今我们在文化上是非常自信的，文化心态上都是趾高气扬的。即便是在元、清两个朝代被异族征服，我们还是抱着阿Q心理：是我们的文化征服了异族，不是异族征服了我们。近代西方文明用枪炮打碎了中国人的文化自大心态，一时间“孔家店”被打倒，西方文化成为新宠，文化心态趾高气扬变低三下四，从文化扩张变成文化殖民。

古语有言：文无第一，武无第二。其实对于文化，我们无须争过你死我活，你高我低。应该本着互相学习，相互包容的心态，相互“取长补短”，“用一盏灯点燃另一盏灯”，促进文化的融和、交流、互信。

弥补自己短处，发扬自身长处，夯实自身文化基础是文化交流的前提。中华文明经过鸦片战争，现代商品经济的工业文化冲击，已经出现断裂，变得支离破碎。当今的中国，即便是在大学生中，十个有八个没有完整的读过《论语》。我们轰轰烈烈是在世界各地的大建孔子学院的时候，带着外国人读《论语》，谈古琴，我们自己的国民却天天在背单词，这是一种典型的文化交流错位。以我自己为例，一个韩国朋友想和我探讨四川的茶道，我却对此一无所知，这不能不说是天大的讽刺。要加大对传统文化人才培养力度，在中小学中开设传统文化课程，适当将传统文化纳入中高考，开设专题讲座等一系列方式，提升文化素养，增加文化自信。

只读传统文化很容易偏执一端，夜郎自大，盲目排外，出现一叶障目不见泰山的自闭心态。时代在变化在发展，仅靠传统文化无法满足时代的需要，对此我们必须反思。

发现自己短处，学习其他文化的长处是文化交流的重要条件。文化交流的一大禁忌就是过度的美化自己的文化，妖魔化别人的文化。中世纪十字军东征，一百多年前我们驱逐传教士，前段时间部分孔子学院在美国被查封，都是属于这类事件。首先我们要摆正心态，善于反省，同情理解，以开放心态看待其他文化。其次要加大对外来文化引进，尤其是要加大以文字为载体的图书翻译。中华文明第一次文化大交流——佛教思想的传播，主要归功于大量的翻译工作。如果没有唐三藏等人的翻译，很难想象佛教对中国文化会有如此大的影响。最后要进一步做好外语教育工作，尤其要提升外语的口语水平，争强国民之间的直接对话能力。

我们不仅要创造优秀的文化，还要学习优秀文化，更要传播、分享优秀文化，让中华文化为世界文明做出贡献。我们或许不能分享石油、黄金和美元，但是我们却可以分享文化——前者越分越少，但越分越多。我们一定要用好孔子学院这个平台，把它作为我们的文化的扩音器。要加大软硬件设施的建设，大力培养引进人才，把孔子学院办实办好。

费孝通先生有言：“各美其美，美人之美，美美与共，天下大同”，这应该成为我们文化交流的金规则。在这个规则的指导下，中华文明将得到很好的传承丰富，中华民族的文化复兴，世界文明的繁荣互相必将得到很好的实现。

2012年4月21日联考申论

一、根据“给定资料1”，“活熊取胆”事件中存在着一些具体争议，请归纳争议的焦点问题并作简要说明(20分)

要求：准确、全面、简明。不超过400字

【参考答案】

活熊取胆事件争议的核心焦点问题在于“活熊取胆汁存废”的问题，具体争议有四点：

一是活熊取胆汁的过程中黑熊是否疼痛，对黑熊是否有影响。某医药协会的有关负责人F认为熊在无管引流过程中很舒服；有网民披露熊在被取胆汁的过程中很痛苦，世界保护动物协会项目协调员也指出对活熊开始第一次手术起，对熊的虐待就存在，且可能引发疾病和并发症。

二是熊胆是否有替代品。F认为熊胆没有替代品，亦有专家对此做出过表示；而J教授指出当前已经研究出了人工熊胆，且质量保障更高于引流出的熊胆汁。

三是活熊取胆是不是保护中医。某医药G公司认为活熊取胆是保护中医；而当前大部分的熊胆消费都是礼品消费而不是药品消费，且部分胆汁没有用于药品。

四是活熊是否有义务为人服务。一种观点认为活熊有义务为人类服务；另一种观点认为人类有义务对自然与生命以爱心、敬畏心对待，不能随意作践自然、作践动物。

二、如何理解"给定资料2"中"动物的平等伦理权利"的主张存在着"伦理悖论"？(15分)

要求：严密、完整、简明、不超过200字。

【参考答案】

"伦理悖论"是指该主张认为每一动物个体"平等"，但其理论前提却是"不平等"。这一观点一方面认为，每个物种在生态系统中都是平衡的，个体作为物种的组成部分也是平等的。但另一方面，为了生态平衡，每个物种中必须牺牲部分个体，作为其他物种的食物，这部分个体是没有平等权的。其实保护物种不等于保护该物种的每一个个体，但即使动物个体应该为种群做出牺牲，也仍然享有一定的伦理权利。

三、根据"给定资料4"中的媒体报道，概括H区爆发狂犬病疫情以及"屠狗"行动的前前后后所暴露出的问题，并针对这些问题提出你的解决建议。(25分)

要求：

1. 对存在的问题概括准确、扼要；
2. 所提建议具体简明，有针对性；
3. 不超过500字。

【参考答案】

主要问题有：一是政府和民众的认识不足。民众在养犬过程中对犬只的证件办理及免疫意识欠缺，未尽到防疫义务，并随意遗弃，造成流浪犬只随意流动，造成狂犬病疫情的产生与蔓延；政府部门在"屠狗"行动中对动物的保护意识远远不足。二是相关部门在对犬类的日常管理上并不完善，未能做好及时对饲主进行免疫和证件办理等监督和管理工作；三是政府在政策制定和执行方面过于偏激，不够科学合理。四是我国在动物保护立法方面缺失和不够完善，缺乏法律上的保障。

应采取措施：一是加强宣传，强化防范意识。通过媒体推广、发放宣传手册等手段和途径，提高民众的日常防范意识以及政府的动物保护意识；二是政府加强动物饲养管理工作。在管理过程中要有预见性地加强对饲主的监督，按照规定使饲主对犬类进行必要的免疫并办理相关证件；三是合理制定和执行政策。政府的行政行为要把握平衡原则，协调社会利益和个人利益，保证政策的合理性和科学性；四是加快出台并完善相关立法事项。设立并完善保护动物的相关法律法规，保证各类情况全面、标准细化到位。

四、结合"给定资料"，自拟题目写一篇文章，谈谈你对"人与动物"关系的体会与思考。(40分)

要求：

1. 自选角度，立意明确，有独立见解；
2. 可联系自己的经验或感受；
3. 语言流畅；

4. 总字数 800 ~ 1000 字。

【参考例文】

保护动物福利刻不容缓

近几年，几则与动物相关的事件牵动着人民的心弦：虐猫视频手段之残忍引起网友谴责不断，黑熊活体取胆事件引发社会广泛同情，禁狗令的发布更是一石激起千层浪，抗议之声汹涌而来。由于动物福利保护层面相关手段的缺失，公众已明显感受到其对社会发展带来的巨大压力。保护动物福利刻不容缓。

保护动物福利是有价的。贸易与动物福利的结合形成的动物福利壁垒是一种新的贸易壁垒，这是由于乌拉圭回合谈判后关税的大幅削减和传统的非关税壁垒如配额、进口许可证的逐渐拆除，用关税和传统的非关税壁垒来限制进口的余地已经很小，于是其应运而生。发达国家动用动物福利条款对国际贸易所施加的影响，使得该壁垒极大的影响我国动物及其产品的贸易。而出口恰恰是我国拉动经济的三驾马车之一。现今必须打破贸易壁垒方可获得收益，否则遭遇退货或销毁将成为常态，所以必须从保护动物福利入手来打破贸易壁垒，我国方可获得长期的收益。

保护动物福利又是无价的。因为这是文明社会的基本标志。现今我国已快速进入老龄化社会，空巢老人孤独寂寞，抑郁而终的报道屡见报端，大城市的快节奏生活让许多人的压力无处释放，很多人选择与宠物为伴，生活才平添许多乐趣。而为了控制疫情、为了统一管理的大范围捕杀却抹杀了这一丝温情，冷漠的让人不寒而栗。虐待动物、残忍地伤害动物此等野蛮行径与现代文明理念相悖。圣雄甘地说过："一个国家的伟大和道德进步程度可依据其对待动物的方式来判断。"可见保护动物福利与公民道德素质之间关系密切。因为动物福利是文明社会进步的象征，也是衡量文明社会的基本标志，保护动物福利对于创建文明社会影响深远。

在安享动物为人类带来的收益及精神满足之时，需要善待动物保护其福利，这不仅仅体现对待生命的态度，也体现道德关怀的广度。保护动物福利可以保证人与动物之间和谐共处，也与我国构建和谐社会的理念不谋而合。只有保护动物福利，才能在人类发展与自然界的可持续发展间寻找到至关重要的平衡。

2011 年 4 月 24 日公务员联考《申论》

一、根据给定材料，概括说明人口普查要掌握我国人口哪些方面的基本信息，并分析指出，掌握这些信息对我国经济社会发展的重要意义。(20 分)

要求：准确、全面、不超过 400 字。

【参考答案】

人口普查要掌握的基本信息有：常住人口和流动人口数量，人口数量和人口密度，受教育程度，性别和年龄结构，出生死亡情况以及住房空置情况的相关信息。

第一，在制定政策方面，有利于政府更好地制定和实施经济社会发展政策，推动科学发展。

第二，在保障民生方面，有利于保证流动人口、计划外生育者等人群的一系列权利，加强和公平地推进义务教育、基本医疗、基本住房等公共服务，促进公共资源合理分配、公平共享，保障与改善民生。

第三，在社会管理方面，对城市的布局、规划、管理具有指导意义；有利于进行户口整顿，弥补户口管理的缺陷，及时、准确了解人口状况，掌握性别、年龄等信息比例，防止男女比例不平衡、人口老龄化等结构问题;有利于获取来历不明、疑似被拐儿童妇女和失踪被拐儿童、被拐妇女的信息。

第四,在经济发展方面,促进产业结构的调整等经济发展方式的转变,推动经济发展。

二、"给定材料5"提到了某市在人口普查工作中遇到的主要问题,假设你是一名普查员,请你提出解决这些问题的具体措施。(15分)

要求:问题明确、措施得当、具有针对性。分条作答,不超过300字。

【参考答案】

遇到的主要问题包括主观、客观两方面。在主观方面,民众由于不信任普查、担心个人信息被泄露、被打扰日常生活而不愿配合普查员进行入户登记,从而造成入户难。在客观方面,"人户分离"现象多,住户或其证件不在家、住户非房东等导致住户难以及时提供证件。

解决措施有:

第一,各区人口普查办应携街道、居委会普查人员,通过在小区门口摆设展台、悬挂横幅、发放宣传材料等方式,对居民就入户登记问题进行介绍与宣传。

第二,将各区相应普查人员的照片张贴在小区门口,取得群众的信任。

第三,由普查办依法制定保密承诺书,对个人信息做出依法保密的承诺,普查人员入户时与普查对象现场签订保密承诺书,并留下监督举报电话,确保普查对象的个人隐私不被泄露。

三、假定你是某街道办事处的一名工作人员,请根据给定资料6~8拟写一份《某街道办事处关于改进老年人服务工作的指导意见》。(25分)

要求:文字简明、分条撰写、有指导性与可行性,不超过400字。

【参考答案】

某街道办事处关于改进老年人服务工作的指导意见

目前,我街道社区中老龄人口越来越多,而且呈逐年递增的趋势。数量众多的老龄人口抚养问题逐渐凸显,对于一些新的家庭结构而言,如何解决老人赡养问题尤为突出。

人口的老龄化是社会进步和发展的一个必然趋势,老龄人口增多是正常现象。解决好老人的赡养问题,让他们安度晚年,对于经济发展,社会安定极其重要。

为改进我街道社区老年人服务工作,提高服务水平,特提出以下意见:

第一,加大投入,不断完善老年人服务机构。完善养老院、援助中心等机构和养老服务设施,由社区统一管理和服务。

第二,加强老年护理职业技能人才的培养。目前,社区缺乏老年人护理的专业人员,应该加强这方面人才的培养和聘用,以不断提高服务水平。

第三,不断丰富老年人的精神生活。应该开展适合老年人的精神文化活动;动员其子女多回家看望老人。

第四,广泛宣传,征集志愿者,为老年人提供周到的服务。

四、结合"给定资料",以"家底"为题,联系实际,写一篇文章。(40分)

要求:

1. 中心明确、联系实际恰当、内容充分;

2. 语言通顺、条理清楚、结构完整;

3. 不少于800字。

家底

人口问题一直是困扰世界各国发展的重要问题，它直接关系到一个国家社会经济的可持续发展。2010年全球200个国家纷纷不惜投入巨大人力、财力进行了人口普查工作，以便摸清自身的人口家底，各国对人口普查的重视程度由此可见一斑。

自20世纪我国实行计划生育政策以来，我国的人口增长得到了有效控制。但我们应清醒地看到：我国人口惯性增长势头依然强劲；人口素质总体水平不高；劳动年龄人口数量庞大，就业形势更加严峻；人口老龄化日益加重，社会保障面临空前压力；出生人口性别比居高不下，给社会稳定带来隐患；流动迁移人口持续增加，对公共资源配置构成巨大挑战。因此，做好人口普查工作，不仅是事关国计民生的大事，对于制定人口政策、优化产业结构、推动社会管理也具有十分重要的意义。

摸清我国人口的家底，要加强财政投入，设置专门机构和人员开展工作。人口普查是一项十分庞大、十分复杂的社会系统工程，需要投入大量的人力、物力和财力。美国2010年人口普查耗资约140亿美元，印度的人口普查也是投入了大量的人力和财力。因此，各级政府要设置专项资金，配备专门的机构和人员，以保障人口普查工作的顺利开展。

摸清我国人口的家底，要做好宣传动员工作。人口普查工作的开展需要登门入户进行，这就需要广大公众的支持。在实际工作中，普查工作确实遇到了难以入户和吃闭门羹的情况，这跟宣传和动员工作的不到位有着直接关系。因此，做好人口普查工作必须深入到社区、村镇进行深入的宣传工作，为工作的开展营造良好的环境。

摸清我国人口的家底，要做好民众的信息保密工作。在实际普查中，民众最担心的是个人信息的保密问题。一旦信息被泄露，个人可能面临一系列的骚扰、欺诈等严重影响。而这也是很多小区出现入户难的一个主要原因。因此，要对人口普查的工作人员加强监督管理，通过现场签订《保密承诺书》等方式，确保普查对象的个人隐私不被泄露。

温家宝说过，一个很小的问题，乘以13亿，都会变成一个大问题；一个很大的总量，除以13亿，都会变成一个小数目。人口问题事关国计民生，它直接决定着一个国家的兴衰。只有通过准确及时全面的人口普查，我们才能制定出更加适合我国发展的国策，推动我国社会经济的可持续发展，使社会更加和谐有序。

中共中央关于全面深化改革若干重大问题的决定

（2013 年 11 月 12 日中国共产党第十八届中央委员会第三次全体会议通过）

为贯彻落实党的十八大关于全面深化改革的战略部署，十八届中央委员会第三次全体会议研究了全面深化改革的若干重大问题，做出如下决定。

一、全面深化改革的重大意义和指导思想

(1)改革开放是党在新的时代条件下带领全国各族人民进行的新的伟大革命，是当代中国最鲜明的特色。党的十一届三中全会召开三十多年来，我们党以巨大的政治勇气，锐意推进经济体制、政治体制、文化体制、社会体制、生态文明体制和党的建设制度改革，不断扩大开放，决心之大、变革之深、影响之广前所未有，成就举世瞩目。

改革开放最主要的成果是开创和发展了中国特色社会主义，为社会主义现代化建设提供了强大动力和有力保障。事实证明，改革开放是决定当代中国命运的关键抉择，是党和人民事业大踏步赶上时代的重要法宝。

实践发展永无止境，解放思想永无止境，改革开放永无止境。面对新形势、新任务，全面建成小康社会，进而建成富强、民主、文明、和谐的社会主义现代化国家，实现中华民族伟大复兴的中国梦，必须在新的历史起点上全面深化改革，不断增强中国特色社会主义道路自信、理论自信、制度自信。

(2)全面深化改革，必须高举中国特色社会主义伟大旗帜，以马克思列宁主义、毛泽东思想、邓小平理论、“三个代表”重要思想、科学发展观为指导，坚定信心，凝聚共识，统筹谋划，协同推进，坚持社会主义市场经济改革方向，以促进社会公平正义、增进人民福祉为出发点和落脚点，进一步解放思想、解放和发展社会生产力、解放和增强社会活力，坚决破除各方面体制机制弊端，努力开拓中国特色社会主义事业更加广阔的前景。

全面深化改革的总目标是完善和发展中国特色社会主义制度，推进国家治理体系和治理能力现代化。必须更加注重改革的系统性、整体性、协同性，加快发展社会主义市场经济、民主政治、先进文化、和谐社会、生态文明，让一切劳动、知识、技术、管理、资本的活力竞相迸发，让一切创造社会财富的源泉充分涌流，让发展成果更多更公平地惠及全体人民。

紧紧围绕使市场在资源配置中起决定性作用深化经济体制改革，坚持和完善基本经济制度，加快完善现代市场体系、宏观调控体系、开放型经济体系，加快转变经济发展方式，加快建设创新型国家，推动经济更有效率、更加公平、更可持续发展。

紧紧围绕坚持党的领导、人民当家做主、依法治国有机统一深化政治体制改革，加快推进社会主义民主政治制度化、规范化、程序化，建设社会主义法治国家，发展更加广泛、更加充分、更加健全的人民民主。

紧紧围绕建设社会主义核心价值体系、社会主义文化强国深化文化体制改革，加快完善文化管理体制和文化生产经营机制，建立健全现代公共文化服务体系、现代文化市场体系，推动社会主义文化大发展大繁荣。

紧紧围绕更好保障和改善民生、促进社会公平正义深化社会体制改革，改革收入分配制度，促进共同富裕，推进社会领域制度创新，推进基本公共服务均等化，加快形成科学有效的社会治理体制，确保社会既充满活力又和谐有序。

紧紧围绕建设美丽中国深化生态文明体制改革，加快建立生态文明制度，健全国土空间开发、资源节约利用、生态环境保护的体制机制，推动形成人与自然和谐发展现代化建设新格局。

紧紧围绕提高科学执政、民主执政、依法执政水平深化党的建设制度改革，加强民主集中制建设，完善党的领导体制和执政方式，保持党的先进性和纯洁性，为改革开放和社会主义现代化建设提供坚强政治保证。

(3)全面深化改革，必须立足于我国长期处于社会主义初级阶段这个最大实际，坚持发展仍是解决我国所有问题的关键这个重大战略判断，以经济建设为中心，发挥经济体制改革牵引作用，推动生产关系同生产力、上层建筑同经济基础相适应，推动经济社会持续健康发展。

经济体制改革是全面深化改革的重点，核心问题是处理好政府和市场的关系，使市场在资源配置中起决定性作用和更好发挥政府作用。市场决定资源配置是市场经济的一般规律，健全社会主义市场经济体制必须遵循这条规律，着力解决市场体系不完善、政府干预过多和监管不到位问题。

必须积极稳妥从广度和深度上推进市场化改革，大幅度减少政府对资源的直接配置，推动资源配置依据市场规则、市场价格、市场竞争实现效益最大化和效率最优化。政府的职责和作用主要是保持宏观经济稳定，加强和优化公共服务，保障公平竞争，加强市场监管，维护市场秩序，推动可持续发展，促进共同富裕，弥补市场失灵。

(4)改革开放的成功实践为全面深化改革提供了重要经验，必须长期坚持。最重要的是，坚持党的领导，贯彻党的基本路线，不走封闭僵化的老路，不走改旗易帜的邪路，坚定走中国特色社会主义道路，始终确保改革正确方向；坚持解放思想、实事求是、与时俱进、求真务实，一切从实际出发，总结国内成功做法，借鉴国外有益经验，勇于推进理论和实践创新；坚持以人为本，尊重人民主体地位，发挥群众首创精神，紧紧依靠人民推动改革，促进人的全面发展；坚持正确处理改革发展稳定关系，胆子要大、步子要稳，加强顶层设计和摸着石头过河相结合，整体推进和重点突破相促进，提高改革决策科学性，广泛凝聚共识，形成改革合力。

当前，我国发展进入新阶段，改革进入攻坚期和深水区。必须以强烈的历史使命感，最大限度集中全党全社会智慧，最大限度调动一切积极因素，敢于啃硬骨头，敢于涉险滩，以更大决心冲破思想观念的束缚、突破利益固化的藩篱，推动中国特色社会主义制度自我完善和发展。

到二〇二〇年，在重要领域和关键环节改革上取得决定性成果，完成本决定提出的改革任务，形成系统完备、科学规范、运行有效的制度体系，使各方面制度更加成熟更加定型。

二、坚持和完善基本经济制度

公有制为主体、多种所有制经济共同发展的基本经济制度，是中国特色社会主义制度的重要支柱，也是社会主义市场经济体制的根基。公有制经济和非公有制经济都是社会主义市场经济的重要组成部分，都是我国经济社会发展的重要基础。必须毫不动摇巩固和发展公有制经济，坚持公有制主体地位，发挥国有经济主导作用，不断增强国有经济活力、控制力、影响力。必须毫不动摇鼓励、支持、引导非公有制经济发展，激发非公有制经济活力和创造力。

(5)完善产权保护制度。产权是所有制的核心。健全归属清晰、权责明确、保护严格、流转顺畅的现代产权制度。公有制经济财产权不可侵犯，非公有制经济财产权同样不可侵犯。

国家保护各种所有制经济产权和合法利益，保证各种所有制经济依法平等使用生产要素、公开公平公正参与市场竞争、同等受到法律保护，依法监管各种所有制经济。

(6)积极发展混合所有制经济。国有资本、集体资本、非公有资本等交叉持股、相互融合的混合所有制经济,是基本经济制度的重要实现形式,有利于国有资本放大功能、保值增值、提高竞争力,有利于各种所有制资本取长补短、相互促进、共同发展。允许更多国有经济和其他所有制经济发展成为混合所有制经济。国有资本投资项目允许非国有资本参股。允许混合所有制经济实行企业员工持股,形成资本所有者和劳动者利益共同体。

完善国有资产管理体制,以管资本为主加强国有资产监管,改革国有资本授权经营体制,组建若干国有资本运营公司,支持有条件的国有企业改组为国有资本投资公司。国有资本投资运营要服务于国家战略目标,更多投向关系国家安全、国民经济命脉的重要行业和关键领域,重点提供公共服务、发展重要前瞻性战略性产业、保护生态环境、支持科技进步、保障国家安全。

划转部分国有资本充实社会保障基金。完善国有资本经营预算制度,提高国有资本收益上缴公共财政比例,二〇二〇年提到百分之三十,更多用于保障和改善民生。

(7)推动国有企业完善现代企业制度。国有企业属于全民所有,是推进国家现代化、保障人民共同利益的重要力量。国有企业总体上已经同市场经济相融合,必须适应市场化、国际化新形势,以规范经营决策、资产保值增值、公平参与竞争、提高企业效率、增强企业活力、承担社会责任为重点,进一步深化国有企业改革。

准确界定不同国有企业功能。国有资本加大对公益性企业的投入,在提供公共服务方面做出更大贡献。国有资本继续控股经营的自然垄断行业,实行以政企分开、政资分开、特许经营、政府监管为主要内容的改革,根据不同行业特点实行网运分开、放开竞争性业务,推进公共资源配置市场化。进一步破除各种形式的行政垄断。

健全协调运转、有效制衡的公司法人治理结构。建立职业经理人制度,更好发挥企业家作用。深化企业内部管理人员能上能下、员工能进能出、收入能增能减的制度改革。建立长效激励约束机制,强化国有企业经营投资责任追究。探索推进国有企业财务预算等重大信息公开。

国有企业要合理增加市场化选聘比例,合理确定并严格规范国有企业管理人员薪酬水平、职务待遇、职务消费、业务消费。

(8)支持非公有制经济健康发展。非公有制经济在支撑增长、促进创新、扩大就业、增加税收等方面具有重要作用。坚持权利平等、机会平等、规则平等,废除对非公有制经济各种形式的不合理规定,消除各种隐性壁垒,制定非公有制企业进入特许经营领域具体办法。

鼓励非公有制企业参与国有企业改革,鼓励发展非公有资本控股的混合所有制企业,鼓励有条件的私营企业建立现代企业制度。

三、加快完善现代市场体系

建设统一开放、竞争有序的市场体系,是使市场在资源配置中起决定性作用的基础。必须加快形成企业自主经营、公平竞争,消费者自由选择、自主消费,商品和要素自由流动、平等交换的现代市场体系,着力清除市场壁垒,提高资源配置效率和公平性。

(9)建立公平开放透明的市场规则。实行统一的市场准入制度,在制定负面清单基础上,各类市场主体可依法平等进入清单之外领域。探索对外商投资实行准入前国民待遇加负面清单的管理模式。推进工商注册制度便利化,削减资质认定项目,由先证后照改为先照后证,把注册资本实缴登记制逐步改为认缴登记制。推进国内贸易流通体制改革,建设法治化营商环境。

改革市场监管体系,实行统一的市场监管,清理和废除妨碍全国统一市场和公平竞争的各种规定和做法,严禁和惩处各类违法实行优惠政策行为,反对地方保护,反对垄断和不正当竞争。建立健全社会征信体系，褒扬诚信，惩戒失信。健全优胜劣汰市场化退出机制，完善企业破产制度。

(10)完善主要由市场决定价格的机制。凡是能由市场形成价格的都交给市场，政府不进行不当干预。推进水、石油、天然气、电力、交通、电信等领域价格改革，放开竞争性环节价格。政府定价范围主要限定在重要公用事业、公益性服务、网络型自然垄断环节，提高透明度，接受社会监督。完善农产品价格形成机制，注重发挥市场形成价格作用。

(11)建立城乡统一的建设用地市场。在符合规划和用途管制前提下，允许农村集体经营性建设用地出让、租赁、入股，实行与国有土地同等入市、同权同价。缩小征地范围，规范征地程序，完善对被征地农民合理、规范、多元保障机制。扩大国有土地有偿使用范围，减少非公益性用地划拨。建立兼顾国家、集体、个人的土地增值收益分配机制，合理提高个人收益。完善土地租赁、转让、抵押二级市场。

(12)完善金融市场体系。扩大金融业对内对外开放，在加强监管前提下，允许具备条件的民间资本依法发起设立中小型银行等金融机构。推进政策性金融机构改革。健全多层次资本市场体系，推进股票发行注册制改革，多渠道推动股权融资，发展并规范债券市场，提高直接融资比重。完善保险经济补偿机制，建立巨灾保险制度。发展普惠金融，鼓励金融创新，丰富金融市场层次和产品。

完善人民币汇率市场化形成机制，加快推进利率市场化，健全反映市场供求关系的国债收益率曲线。推动资本市场双向开放，有序提高跨境资本和金融交易可兑换程度，建立健全宏观审慎管理框架下的外债和资本流动管理体系，加快实现人民币资本项目可兑换。

落实金融监管改革措施和稳健标准，完善监管协调机制，界定中央和地方金融监管职责和风险处置责任。建立存款保险制度，完善金融机构市场化退出机制。加强金融基础设施建设，保障金融市场安全高效运行和整体稳定。

(13)深化科技体制改革。建立健全鼓励原始创新、集成创新、引进消化吸收再创新的体制机制，健全技术创新市场导向机制，发挥市场对技术研发方向、路线选择、要素价格、各类创新要素配置的导向作用。建立产学研协同创新机制，强化企业在技术创新中的主体地位，发挥大型企业创新骨干作用，激发中小企业创新活力，推进应用型技术研发机构市场化、企业化改革，建设国家创新体系。

加强知识产权运用和保护，健全技术创新激励机制，探索建立知识产权法院。打破行政主导和部门分割，建立主要由市场决定技术创新项目和经费分配、评价成果的机制。发展技术市场，健全技术转移机制，改善科技型中小企业融资条件，完善风险投资机制，创新商业模式，促进科技成果资本化、产业化。

整合科技规划和资源，完善政府对基础性、战略性、前沿性科学研究和共性技术研究的支持机制。国家重大科研基础设施依照规定应该开放的一律对社会开放。建立创新调查制度和创新报告制度，构建公开透明的国家科研资源管理和项目评价机制。

改革院士遴选和管理体制，优化学科布局，提高中青年人才比例，实行院士退休和退出制度。

四、加快转变政府职能

科学的宏观调控，有效的政府治理，是发挥社会主义市场经济体制优势的内在要求。必须切实转变政府职能，深化行政体制改革，创新行政管理方式，增强政府公信力和执行力，建设法治政府和服务型政府。

(14)健全宏观调控体系。宏观调控的主要任务是保持经济总量平衡,促进重大经济结构协调和生产力布局优化,减缓经济周期波动影响,防范区域性、系统性风险,稳定市场预期,实现经济持续健康发展。健全以国家发展战略和规划为导向、以财政政策和货币政策为主要手段的宏观调控体系,推进宏观调控目标制定和政策手段运用机制化,加强财政政策、货币政策与产业、价格等政策手段协调配合,提高相机抉择水平,增强宏观调控前瞻性、针对性、协同性。形成参与国际宏观经济政策协调的机制,推动国际经济治理结构完善。

深化投资体制改革,确立企业投资主体地位。企业投资项目,除关系国家安全和生态安全、涉及全国重大生产力布局、战略性资源开发和重大公共利益等项目外,一律由企业依法依规自主决策,政府不再审批。强化节能节地节水、环境、技术、安全等市场准入标准,建立健全防范和化解产能过剩长效机制。

完善发展成果考核评价体系,纠正单纯以经济增长速度评定政绩的偏向,加大资源消耗、环境损害、生态效益、产能过剩、科技创新、安全生产、新增债务等指标的权重,更加重视劳动就业、居民收入、社会保障、人民健康状况。加快建立国家统一的经济核算制度,编制全国和地方资产负债表,建立全社会房产、信用等基础数据统一平台,推进部门信息共享。

(15)全面正确履行政府职能。进一步简政放权,深化行政审批制度改革,最大限度减少中央政府对微观事务的管理,市场机制能有效调节的经济活动,一律取消审批,对保留的行政审批事项要规范管理、提高效率;直接面向基层、量大面广、由地方管理更方便有效的经济社会事项,一律下放地方和基层管理。

政府要加强发展战略、规划、政策、标准等制定和实施,加强市场活动监管,加强各类公共服务提供。加强中央政府宏观调控职责和能力,加强地方政府公共服务、市场监管、社会管理、环境保护等职责。推广政府购买服务,凡属事务性管理服务,原则上都要引入竞争机制,通过合同、委托等方式向社会购买。

加快事业单位分类改革,加大政府购买公共服务力度,推动公办事业单位与主管部门理顺关系和去行政化,创造条件,逐步取消学校、科研院所、医院等单位的行政级别。建立事业单位法人治理结构,推进有条件的事业单位转为企业或社会组织。建立各类事业单位统一登记管理制度。

(16)优化政府组织结构。转变政府职能必须深化机构改革。优化政府机构设置、职能配置、工作流程,完善决策权、执行权、监督权既相互制约又相互协调的行政运行机制。严格绩效管理,突出责任落实,确保权责一致。

统筹党政群机构改革,理顺部门职责关系。积极稳妥实施大部门制。优化行政区划设置,有条件的地方探索推进省直接管理县(市)体制改革。严格控制机构编制,严格按规定职数配备领导干部,减少机构数量和领导职数,严格控制财政供养人员总量。推进机构编制管理科学化、规范化、法制化。

五、深化财税体制改革

财政是国家治理的基础和重要支柱,科学的财税体制是优化资源配置、维护市场统一、促进社会公平、实现国家长治久安的制度保障。必须完善立法、明确事权、改革税制、稳定税负、透明预算、提高效率,建立现代财政制度,发挥中央和地方两个积极性。

(17)改进预算管理制度。实施全面规范、公开透明的预算制度。审核预算的重点由平衡状态、赤字规模向支出预算和政策拓展。清理规范重点支出同财政收支增幅或生产总值挂钩事项，一般不采取挂钩方式。建立跨年度预算平衡机制，建立权责发生制的政府综合财务报告制度，建立规范合理的中央和地方政府债务管理及风险预警机制。

完善一般性转移支付增长机制，重点增加对革命老区、民族地区、边疆地区、贫困地区的转移支付。中央出台增支政策形成的地方财力缺口，原则上通过一般性转移支付调节。清理、整合、规范专项转移支付项目，逐步取消竞争性领域专项和地方资金配套，严格控制引导类、救济类、应急类专项，对保留专项进行甄别，属地方事务的划入一般性转移支付。

(18)完善税收制度。深化税收制度改革，完善地方税体系，逐步提高直接税比重。推进增值税改革，适当简化税率。调整消费税征收范围、环节、税率，把高耗能、高污染产品及部分高档消费品纳入征收范围。逐步建立综合与分类相结合的个人所得税制。加快房地产税立法并适时推进改革，加快资源税改革，推动环境保护费改税。

按照统一税制、公平税负、促进公平竞争的原则，加强对税收优惠特别是区域税收优惠政策的规范管理。税收优惠政策统一由专门税收法律法规规定，清理规范税收优惠政策。完善国税、地税征管体制。

(19)建立事权和支出责任相适应的制度。适度加强中央事权和支出责任，国防、外交、国家安全、关系全国统一市场规则和管理等作为中央事权；部分社会保障、跨区域重大项目建设维护等作为中央和地方共同事权，逐步理顺事权关系；区域性公共服务作为地方事权。中央和地方按照事权划分相应承担和分担支出责任。中央可通过安排转移支付将部分事权支出责任委托地方承担。对于跨区域且对其他地区影响较大的公共服务，中央通过转移支付承担一部分地方事权支出责任。

保持现有中央和地方财力格局总体稳定，结合税制改革，考虑税种属性，进一步理顺中央和地方收入划分。

六、健全城乡发展一体化体制机制

城乡二元结构是制约城乡发展一体化的主要障碍。必须健全体制机制，形成以工促农、以城带乡、工农互惠、城乡一体的新型工农城乡关系，让广大农民平等参与现代化进程、共同分享现代化成果。

(20)加快构建新型农业经营体系。坚持家庭经营在农业中的基础性地位，推进家庭经营、集体经营、合作经营、企业经营等共同发展的农业经营方式创新。坚持农村土地集体所有权，依法维护农民土地承包经营权，发展壮大集体经济。稳定农村土地承包关系并保持长久不变，在坚持和完善最严格的耕地保护制度前提下，赋予农民对承包地占有、使用、收益、流转及承包经营权抵押、担保权能，允许农民以承包经营权入股发展农业产业化经营。鼓励承包经营权在公开市场上向专业大户、家庭农场、农民合作社、农业企业流转，发展多种形式规模经营。

鼓励农村发展合作经济，扶持发展规模化、专业化、现代化经营，允许财政项目资金直接投向符合条件的合作社，允许财政补助形成的资产转交合作社持有和管护，允许合作社开展信用合作。鼓励和引导工商资本到农村发展适合企业化经营的现代种养业，向农业输入现代生产要素和经营模式。

(21)赋予农民更多财产权利。保障农民集体经济组织成员权利，积极发展农民股份合作，赋予农民对集体资产股份占有、收益、有偿退出及抵押、担保、继承权。保障农户宅基地用益物权，改革完善农村宅基地制度，选择若干试点，慎重稳妥推进农民住房财产权抵押、担保、转让，探索农民增加财产性收入渠道。建立农村产权流转交易市场，推动农村产权流转交易公开、公正、规范运行。

(22)推进城乡要素平等交换和公共资源均衡配置。维护农民生产要素权益，保障农民工同工同酬，保障农民公平分享土地增值收益，保障金融机构农村存款主要用于农业、农村。健全农业支持保护体系，改革农业补贴制度，完善粮食主产区利益补偿机制。完善农业保险制度。鼓励社会资本投向农村建设，允许企业和社会组织在农村兴办各类事业。统筹城乡基础设施建设和社区建设，推进城乡基本公共服务均等化。

(23)完善城镇化健康发展体制机制。坚持走中国特色新型城镇化道路，推进以人为核心的城镇化，推动大中小城市和小城镇协调发展、产业和城镇融合发展，促进城镇化和新农村建设协调推进。优化城市空间结构和管理格局，增强城市综合承载能力。

推进城市建设管理创新。建立透明规范的城市建设投融资机制，允许地方政府通过发债等多种方式拓宽城市建设融资渠道，允许社会资本通过特许经营等方式参与城市基础设施投资和运营，研究建立城市基础设施、住宅政策性金融机构。完善设市标准，严格审批程序，对具备行政区划调整条件的县可有序改市。对吸纳人口多、经济实力强的镇，可赋予同人口和经济规模相适应的管理权。建立和完善跨区域城市发展协调机制。

推进农业转移人口市民化，逐步把符合条件的农业转移人口转为城镇居民。创新人口管理，加快户籍制度改革，全面放开建制镇和小城市落户限制，有序放开中等城市落户限制，合理确定大城市落户条件，严格控制特大城市人口规模。稳步推进城镇基本公共服务常住人口全覆盖，把进城落户农民完全纳入城镇住房和社会保障体系，在农村参加的养老保险和医疗保险规范接入城镇社保体系。建立财政转移支付同农业转移人口市民化挂钩机制，从严合理供给城市建设用地，提高城市土地利用率。

七、构建开放型经济新体制

适应经济全球化新形势，必须推动对内对外开放相互促进、引进来和走出去更好结合，促进国际国内要素有序自由流动、资源高效配置、市场深度融合，加快培育参与和引领国际经济合作竞争新优势，以开放促改革。

(24)放宽投资准入。统一内外资法律法规，保持外资政策稳定、透明、可预期。推进金融、教育、文化、医疗等服务业领域有序开放，放开育幼养老、建筑设计、会计审计、商贸物流、电子商务等服务业领域外资准入限制，进一步放开一般制造业。加快海关特殊监管区域整合优化。

建立中国上海自由贸易试验区是党中央在新形势下推进改革开放的重大举措，要切实建设好、管理好，为全面深化改革和扩大开放探索新途径、积累新经验。在推进现有试点基础上，选择若干具备条件地方发展自由贸易园(港)区。

扩大企业及个人对外投资，确立企业及个人对外投资主体地位，允许发挥自身优势到境外开展投资合作，允许自担风险到各国各地区自由承揽工程和劳务合作项目，允许创新方式走出去开展绿地投资、并购投资、证券投资、联合投资等。

加快同有关国家和地区商签投资协定，改革涉外投资审批体制，完善领事保护体制，提供权益保障、投资促进、风险预警等更多服务，扩大投资合作空间。

(25)加快自由贸易区建设。坚持世界贸易体制规则，坚持双边、多边、区域次区域开放合作，扩大同各国各地区利益汇合点，以周边为基础加快实施自由贸易区战略。改革市场准入、海关监管、检验检疫等管理体制，加快环境保护、投资保护、政府采购、电子商务等新议题谈判，形成面向全球的高标准自由贸易区网络。

扩大对香港特别行政区、澳门特别行政区和台湾地区开放合作。

(26)扩大内陆沿边开放。抓住全球产业重新布局机遇,推动内陆贸易、投资、技术创新协调发展。创新加工贸易模式,形成有利于推动内陆产业集群发展的体制机制。支持内陆城市增开国际客货运航线,发展多式联运,形成横贯东中西、联结南北方对外经济走廊。推动内陆同沿海沿边通关协作,实现口岸管理相关部门信息互换、监管互认、执法互助。

加快沿边开放步伐,允许沿边重点口岸、边境城市、经济合作区在人员往来、加工物流、旅游等方面实行特殊方式和政策。建立开发性金融机构,加快同周边国家和区域基础设施互联互通建设,推进丝绸之路经济带、海上丝绸之路建设,形成全方位开放新格局。

八、加强社会主义民主政治制度建设

发展社会主义民主政治,必须以保证人民当家做主为根本,坚持和完善人民代表大会制度、中国共产党领导的多党合作和政治协商制度、民族区域自治制度以及基层群众自治制度,更加注重健全民主制度、丰富民主形式,从各层次各领域扩大公民有序政治参与,充分发挥我国社会主义政治制度优越性。

(27)推动人民代表大会制度与时俱进。坚持人民主体地位,推进人民代表大会制度理论和实践创新,发挥人民代表大会制度的根本政治制度作用。完善中国特色社会主义法律体系,健全立法起草、论证、协调、审议机制,提高立法质量,防止地方保护和部门利益法制化。健全“一府两院”由人大产生、对人大负责、受人大监督制度。健全人大讨论、决定重大事项制度,各级政府重大决策出台前向本级人大报告。加强人大预算决算审查监督、国有资产监督职能。落实税收法定原则。加强人大常委会同人大代表的联系,充分发挥代表作用。通过建立健全代表联络机构、网络平台等形式密切代表同人民群众联系。

完善人大工作机制,通过座谈、听证、评估、公布法律草案等扩大公民有序参与立法途径,通过询问、质询、特定问题调查、备案审查等积极回应社会关切。

(28)推进协商民主广泛多层制度化发展。协商民主是我国社会主义民主政治的特有形式和独特优势,是党的群众路线在政治领域的重要体现。在党的领导下,以经济社会发展重大问题和涉及群众切身利益的实际问题为内容,在全社会开展广泛协商,坚持协商于决策之前和决策实施之中。

构建程序合理、环节完整的协商民主体系,拓宽国家政权机关、政协组织、党派团体、基层组织、社会组织的协商渠道。深入开展立法协商、行政协商、民主协商、参政协商、社会协商。加强中国特色新型智库建设,建立健全决策咨询制度。

发挥统一战线在协商民主中的重要作用。完善中国共产党同各民主党派的政治协商,认真听取各民主党派和无党派人士意见。中共中央根据年度工作重点提出规划,采取协商会、谈心会、座谈会等进行协商。完善民主党派中央直接向中共中央提出建议制度。贯彻党的民族政策,保障少数民族合法权益,巩固和发展平等团结互助和谐的社会主义民族关系。

发挥人民政协作为协商民主重要渠道作用。重点推进政治协商、民主监督、参政议政制度化、规范化、程序化。各级党委和政府、政协制定并组织实施协商年度工作计划,就一些重要决策听取政协意见。完善人民政协制度体系,规范协商内容、协商程序。拓展协商民主形式,更加活跃有序地组织专题协商、对口协商、界别协商、提案办理协商,增加协商密度,提高协商成效。在政协健全委员联络机构,完善委员联络制度。

（29）发展基层民主。畅通民主渠道，健全基层选举、议事、公开、述职、问责等机制。开展形式多样的基层民主协商，推进基层协商制度化，建立健全居民、村民监督机制，促进群众在城乡社区治理、基层公共事务和公益事业中依法自我管理、自我服务、自我教育、自我监督。健全以职工代表大会为基本形式的企事业单位民主管理制度，加强社会组织民主机制建设，保障职工参与管理和监督的民主权利。

九、推进法治中国建设

建设法治中国，必须坚持依法治国、依法执政、依法行政共同推进，坚持法治国家、法治政府、法治社会一体建设。深化司法体制改革，加快建设公正高效权威的社会主义司法制度，维护人民权益，让人民群众在每一个司法案件中都感受到公平正义。

（30）维护宪法法律权威。宪法是保证党和国家兴旺发达、长治久安的根本法，具有最高权威。要进一步健全宪法实施监督机制和程序，把全面贯彻实施宪法提高到一个新水平。建立健全全社会忠于、遵守、维护、运用宪法法律的制度。坚持法律面前人人平等，任何组织或者个人都不得有超越宪法法律的特权，一切违反宪法法律的行为都必须予以追究。

普遍建立法律顾问制度。完善规范性文件、重大决策合法性审查机制。建立科学的法治建设指标体系和考核标准。健全法规、规章、规范性文件备案审查制度。健全社会普法教育机制，增强全民法治观念。逐步增加有地方立法权的较大的市数量。

（31）深化行政执法体制改革。整合执法主体，相对集中执法权，推进综合执法，着力解决权责交叉、多头执法问题，建立权责统一、权威高效的行政执法体制。减少行政执法层级，加强食品药品、安全生产、环境保护、劳动保障、海域海岛等重点领域基层执法力量。理顺城管执法体制，提高执法和服务水平。

完善行政执法程序，规范执法自由裁量权，加强对行政执法的监督，全面落实行政执法责任制和执法经费由财政保障制度，做到严格规范公正文明执法。完善行政执法与刑事司法衔接机制。

（32）确保依法独立公正行使审判权、检察权。改革司法管理体制，推动省以下地方法院、检察院人、财、物统一管理，探索建立与行政区划适当分离的司法管辖制度，保证国家法律统一正确实施。

建立符合职业特点的司法人员管理制度，健全法官、检察官、人民警察统一招录、有序交流、逐级遴选机制，完善司法人员分类管理制度，健全法官、检察官、人民警察职业保障制度。

（33）健全司法权力运行机制。优化司法职权配置，健全司法权力分工负责、互相配合、互相制约机制，加强和规范对司法活动的法律监督和社会监督。

改革审判委员会制度，完善主审法官、合议庭办案责任制，让审理者裁判、由裁判者负责。明确各级法院职能定位，规范上下级法院审级监督关系。

推进审判公开、检务公开，录制并保留全程庭审资料。增强法律文书说理性，推动公开法院生效裁判文书。严格规范减刑、假释、保外就医程序，强化监督制度。广泛实行人民陪审员、人民监督员制度，拓宽人民群众有序参与司法渠道。

（34）完善人权司法保障制度。国家尊重和保障人权。进一步规范查封、扣押、冻结、处理涉案财物的司法程序。健全错案防止、纠正、责任追究机制，严禁刑讯逼供、体罚虐待，严格实行非法证据排除规则。逐步减少适用死刑罪名。

废止劳动教养制度，完善对违法犯罪行为的惩治和矫正法律，健全社区矫正制度。

健全国家司法救助制度，完善法律援助制度。完善律师执业权利保障机制和违法违规执业惩戒制度，加强职业道德建设，发挥律师在依法维护公民和法人合法权益方面的重要作用。

十、强化权力运行制约和监督体系

坚持用制度管权管事管人，让人民监督权力，让权力在阳光下运行，是把权力关进制度笼子的根本之策。必须构建决策科学、执行坚决、监督有力的权力运行体系，健全惩治和预防腐败体系，建设廉洁政治，努力实现干部清正、政府清廉、政治清明。

(35)形成科学有效的权力制约和协调机制。完善党和国家领导体制，坚持民主集中制，充分发挥党的领导核心作用。规范各级党政主要领导干部职责权限，科学配置党政部门及内设机构权力和职能，明确职责定位和工作任务。

加强和改进对主要领导干部行使权力的制约和监督，加强行政监察和审计监督。

推行地方各级政府及其工作部门权力清单制度，依法公开权力运行流程。完善党务、政务和各领域办事公开制度，推进决策公开、管理公开、服务公开、结果公开。

(36)加强反腐败体制机制创新和制度保障。加强党对党风廉政建设和反腐败工作统一领导。改革党的纪律检查体制，健全反腐败领导体制和工作机制，改革和完善各级反腐败协调小组职能。

落实党风廉政建设责任制，党委负主体责任，纪委负监督责任，制定实施切实可行的责任追究制度。各级纪委要履行协助党委加强党风建设和组织协调反腐败工作的职责，加强对同级党委特别是常委会成员的监督，更好发挥党内监督专门机关作用。

推动党的纪律检查工作双重领导体制具体化、程序化、制度化，强化上级纪委对下级纪委的领导。查办腐败案件以上级纪委领导为主，线索处置和案件查办在向同级党委报告的同时必须向上级纪委报告。各级纪委书记、副书记的提名和考察以上级纪委会同组织部门为主。

全面落实中央纪委向中央一级党和国家机关派驻纪检机构，实行统一名称、统一管理。派驻机构对派出机关负责，履行监督职责。改进中央和省区市巡视制度，做到对地方、部门、企事业单位全覆盖。

健全反腐倡廉法规制度体系，完善惩治和预防腐败、防控廉政风险、防止利益冲突、领导干部报告个人有关事项、任职回避等方面法律法规，推行新提任领导干部有关事项公开制度试点。健全民主监督、法律监督、舆论监督机制，运用和规范互联网监督。

(37)健全改进作风常态化制度。围绕反对形式主义、官僚主义、享乐主义和奢靡之风，加快体制机制改革和建设。健全领导干部带头改进作风、深入基层调查研究机制，完善直接联系和服务群众制度。改革会议公文制度，从中央做起带头减少会议、文件，着力改进会风文风。健全严格的财务预算、核准和审计制度，着力控制“三公”经费支出和楼堂馆所建设。完善选人用人专项检查和责任追究制度，着力纠正跑官、要官等不正之风。改革政绩考核机制，着力解决“形象工程”“政绩工程”以及不作为、乱作为等问题。

规范并严格执行领导干部工作生活保障制度，不准多处占用住房和办公用房，不准超标准配备办公用房和生活用房，不准违规配备公车，不准违规配备秘书，不准超规格警卫，不准超标准进行公务接待，严肃查处违反规定超标准享受待遇等问题。探索实行官邸制。

完善并严格执行领导干部亲属经商、担任公职和社会组织职务、出国定居等相关制度规定，防止领导干部利用公共权力或自身影响为亲属和其他特定关系人谋取私利，坚决反对特权思想和作风。

十一、推进文化体制机制创新

建设社会主义文化强国，增强国家文化软实力，必须坚持社会主义先进文化前进方向，坚持中国特色社会主义文化发展道路，培育和践行社会主义核心价值观，巩固马克思主义在意识形态领域的指导地位，巩固全党全国各族人民团结奋斗的共同思想基础。坚持以人民为中心的工作导向，坚持把社会效益放在首位、社会效益和经济效益相统一，以激发全民族文化创造活力为中心环节，进一步深化文化体制改革。

(38)完善文化管理体制。按照政企分开、政事分开原则，推动政府部门由办文化向管文化转变，推动党政部门与其所属的文化企事业单位进一步理顺关系。建立党委和政府监管国有文化资产的管理机构，实行管人管事管资产管导向相统一。

健全坚持正确舆论导向的体制机制。健全基础管理、内容管理、行业管理以及网络违法犯罪防范和打击等工作联动机制，健全网络突发事件处置机制，形成正面引导和依法管理相结合的网络舆论工作格局。整合新闻媒体资源，推动传统媒体和新兴媒体融合发展。推动新闻发布制度化。严格新闻工作者职业资格制度，重视新型媒介运用和管理，规范传播秩序。

(39)建立健全现代文化市场体系。完善文化市场准入和退出机制，鼓励各类市场主体公平竞争、优胜劣汰，促进文化资源在全国范围内流动。继续推进国有经营性文化单位转企改制，加快公司制、股份制改造。对按规定转制的重要国有传媒企业探索实行特殊管理股制度。推动文化企业跨地区、跨行业、跨所有制兼并重组，提高文化产业规模化、集约化、专业化水平。

鼓励非公有制文化企业发展，降低社会资本进入门槛，允许参与对外出版、网络出版，允许以控股形式参与国有影视制作机构、文艺院团改制经营。支持各种形式小微文化企业发展。

在坚持出版权、播出权特许经营前提下，允许制作和出版、制作和播出分开。建立多层次文化产品和要素市场，鼓励金融资本、社会资本、文化资源相结合。完善文化经济政策，扩大政府文化资助和文化采购，加强版权保护。健全文化产品评价体系，改革评奖制度，推出更多文化精品。

(40)构建现代公共文化服务体系。建立公共文化服务体系建设协调机制，统筹服务设施网络建设，促进基本公共文化服务标准化、均等化。建立群众评价和反馈机制，推动文化惠民项目与群众文化需求有效对接。整合基层宣传文化、党员教育、科学普及、体育健身等设施，建设综合性文化服务中心。

明确不同文化事业单位功能定位，建立法人治理结构，完善绩效考核机制。推动公共图书馆、博物馆、文化馆、科技馆等组建理事会，吸纳有关方面代表、专业人士、各界群众参与管理。

引入竞争机制，推动公共文化服务社会化发展。鼓励社会力量、社会资本参与公共文化服务体系建设，培育文化非营利组织。

(41)提高文化开放水平。坚持政府主导、企业主体、市场运作、社会参与，扩大对外文化交流，加强国际传播能力和对外话语体系建设，推动中华文化走向世界。理顺内宣外宣体制，支持重点媒体面向国内国际发展。培育外向型文化企业，支持文化企业到境外开拓市场。鼓励社会组织、中资机构等参与孔子学院和海外文化中心建设，承担人文交流项目。

积极吸收借鉴国外一切优秀文化成果，引进有利于我国文化发展的人才、技术、经营管理经验。切实维护国家文化安全。

十二、推进社会事业改革创新

实现发展成果更多更公平惠及全体人民，必须加快社会事业改革，解决好人民最关心最直接最现实的利益问题,努力为社会提供多样化服务,更好满足人民需求。

(42)深化教育领域综合改革。全面贯彻党的教育方针,坚持立德树人,加强社会主义核心价值体系教育,完善中华优秀传统文化教育,形成爱学习、爱劳动、爱祖国活动的有效形式和长效机制,增强学生社会责任感、创新精神、实践能力。强化体育课和课外锻炼,促进青少年身心健康、体魄强健。改进美育教学,提高学生审美和人文素养。大力促进教育公平,健全家庭经济困难学生资助体系,构建利用信息化手段扩大优质教育资源覆盖面的有效机制,逐步缩小区域、城乡、校际差距。统筹城乡义务教育资源均衡配置,实行公办学校标准化建设和校长教师交流轮岗,不设重点学校重点班,破解择校难题,标本兼治减轻学生课业负担。加快现代职业教育体系建设,深化产教融合、校企合作,培养高素质劳动者和技能型人才。创新高校人才培养机制,促进高校办出特色争创一流。推进学前教育、特殊教育、继续教育改革发展。

推进考试招生制度改革,探索招生和考试相对分离、学生考试多次选择、学校依法自主招生、专业机构组织实施、政府宏观管理、社会参与监督的运行机制,从根本上解决一考定终身的弊端。义务教育免试就近入学,试行学区制和九年一贯对口招生。推行初高中学业水平考试和综合素质评价。加快推进职业院校分类招考或注册入学。逐步推行普通高校基于统一高考和高中学业水平考试成绩的综合评价多元录取机制。探索全国统考减少科目、不分文理科、外语等科目社会化考试一年多考。试行普通高校、高职院校、成人高校之间学分转换,拓宽终身学习通道。

深入推进管、办、评分离,扩大省级政府教育统筹权和学校办学自主权,完善学校内部治理结构。强化国家教育督导,委托社会组织开展教育评估监测。健全政府补贴、政府购买服务、助学贷款、基金奖励、捐资激励等制度,鼓励社会力量兴办教育。

(43)健全促进就业创业体制机制。建立经济发展和扩大就业的联动机制,健全政府促进就业责任制度。规范招人用人制度,消除城乡、行业、身份、性别等一切影响平等就业的制度障碍和就业歧视。完善扶持创业的优惠政策,形成政府激励创业、社会支持创业、劳动者勇于创业新机制。完善城乡均等的公共就业创业服务体系,构建劳动者终身职业培训体系。增强失业保险制度预防失业、促进就业功能,完善就业失业监测统计制度。创新劳动关系协调机制,畅通职工表达合理诉求渠道。

促进以高校毕业生为重点的青年就业和农村转移劳动力、城镇困难人员、退役军人就业。结合产业升级开发更多适合高校毕业生的就业岗位。政府购买基层公共管理和社会服务岗位更多用于吸纳高校毕业生就业。健全鼓励高校毕业生到基层工作的服务保障机制,提高公务员定向招录和事业单位优先招聘比例。实行激励高校毕业生自主创业政策,整合发展国家和省级高校毕业生就业创业基金。实施离校未就业高校毕业生就业促进计划,把未就业的纳入就业见习、技能培训等就业准备活动之中,对有特殊困难的实行全程就业服务。

(44)形成合理有序的收入分配格局。着重保护劳动所得,努力实现劳动报酬增长和劳动生产率提高同步,提高劳动报酬在初次分配中的比重。健全工资决定和正常增长机制,完善最低工资和工资支付保障制度,完善企业工资集体协商制度。改革机关事业单位工资和津贴补贴制度,完善艰苦边远地区津贴增长机制。健全资本、知识、技术、管理等由要素市场决定的报酬机制。扩展投资和租赁服务等途径,优化上市公司投资者回报机制,保护投资者尤其是中小投资者合法权益,多渠道增加居民财产性收入。

完善以税收、社会保障、转移支付为主要手段的再分配调节机制,加大税收调节力度。建立公共资源出让收益合理共享机制。完善慈善捐助减免税制度，支持慈善事业发挥扶贫济困积极作用。

规范收入分配秩序，完善收入分配调控体制机制和政策体系，建立个人收入和财产信息系统，保护合法收入，调节过高收入，清理规范隐性收入，取缔非法收入，增加低收入者收入，扩大中等收入者比重，努力缩小城乡、区域、行业收入分配差距，逐步形成橄榄型分配格局。

(45)建立更加公平可持续的社会保障制度。坚持社会统筹和个人账户相结合的基本养老保险制度，完善个人账户制度，健全多缴多得激励机制，确保参保人权益，实现基础养老金全国统筹，坚持精算平衡原则。推进机关事业单位养老保险制度改革。整合城乡居民基本养老保险制度、基本医疗保险制度。推进城乡最低生活保障制度统筹发展。建立健全合理兼顾各类人员的社会保障待遇确定和正常调整机制。完善社会保险关系转移接续政策，扩大参保缴费覆盖面，适时适当降低社会保险费率。研究制定渐进式延迟退休年龄政策。加快健全社会保障管理体制和经办服务体系。健全符合国情的住房保障和供应体系，建立公开规范的住房公积金制度，改进住房公积金提取、使用、监管机制。

健全社会保障财政投入制度，完善社会保障预算制度。加强社会保险基金投资管理和监督，推进基金市场化、多元化投资运营。制定实施免税、延期征税等优惠政策，加快发展企业年金、职业年金、商业保险，构建多层次社会保障体系。

积极应对人口老龄化，加快建立社会养老服务体系和发展老年服务产业。健全农村留守儿童、妇女、老年人关爱服务体系，健全残疾人权益保障、困境儿童分类保障制度。

(46)深化医药卫生体制改革。统筹推进医疗保障、医疗服务、公共卫生、药品供应、监管体制综合改革。深化基层医疗卫生机构综合改革，健全网络化城乡基层医疗卫生服务运行机制。加快公立医院改革，落实政府责任，建立科学的医疗绩效评价机制和适应行业特点的人才培养、人事薪酬制度。完善合理分级诊疗模式，建立社区医生和居民契约服务关系。充分利用信息化手段，促进优质医疗资源纵向流动。加强区域公共卫生服务资源整合。取消以药补医，理顺医药价格，建立科学补偿机制。改革医保支付方式，健全全民医保体系。加快健全重特大疾病医疗保险和救助制度。完善中医药事业发展政策和机制。

鼓励社会办医，优先支持举办非营利性医疗机构。社会资金可直接投向资源稀缺及满足多元需求服务领域，多种形式参与公立医院改制重组。允许医师多点执业，允许民办医疗机构纳入医保定点范围。

坚持计划生育的基本国策，启动实施一方是独生子女的夫妇可生育两个孩子的政策，逐步调整完善生育政策，促进人口长期均衡发展。

十三、创新社会治理体制

创新社会治理，必须着眼于维护最广大人民根本利益，最大限度增加和谐因素，增强社会发展活力，提高社会治理水平，全面推进平安中国建设，维护国家安全，确保人民安居乐业、社会安定有序。

(47)改进社会治理方式。坚持系统治理，加强党委领导，发挥政府主导作用，鼓励和支持社会各方面参与，实现政府治理和社会自我调节、居民自治良性互动。坚持依法治理，加强法治保障，运用法治思维和法治方式化解社会矛盾。坚持综合治理，强化道德约束，规范社会行为，调节利益关系，协调社会关系，解决社会问题。坚持源头治理，标本兼治、重在治本，以网格化管理、社会化服务为方向，健全基层综合服务管理平台，及时反映和协调人民群众各方面各层次利益诉求。

(48)激发社会组织活力。正确处理政府和社会关系,加快实施政社分开,推进社会组织明确权责、依法自治、发挥作用。适合由社会组织提供的公共服务和解决的事项,交由社会组织承担。支持和发展志愿服务组织。限期实现行业协会商会与行政机关真正脱钩,重点培育和优先发展行业协会商会类、科技类、公益慈善类、城乡社区服务类社会组织,成立时直接依法申请登记。加强对社会组织和在华境外非政府组织的管理,引导它们依法开展活动。

(49)创新有效预防和化解社会矛盾体制。健全重大决策社会稳定风险评估机制。建立畅通有序的诉求表达、心理干预、矛盾调处、权益保障机制,使群众问题能反映、矛盾能化解、权益有保障。

改革行政复议体制,健全行政复议案件审理机制,纠正违法或不当行政行为。完善人民调解、行政调解、司法调解联动工作体系,建立调处化解矛盾纠纷综合机制。

改革信访工作制度,实行网上受理信访制度,健全及时就地解决群众合理诉求机制。把涉法涉诉信访纳入法制轨道解决,建立涉法涉诉信访依法终结制度。

(50)健全公共安全体系。完善统一权威的食品药品安全监管机构,建立最严格的覆盖全过程的监管制度,建立食品原产地可追溯制度和质量标识制度,保障食品药品安全。深化安全生产管理体制改革,建立隐患排查治理体系和安全预防控制体系,遏制重特大安全事故。健全防灾减灾救灾体制。加强社会治安综合治理,创新立体化社会治安防控体系,依法严密防范和惩治各类违法犯罪活动。

坚持积极利用、科学发展、依法管理、确保安全的方针,加大依法管理网络力度,加快完善互联网管理领导体制,确保国家网络和信息安全。

设立国家安全委员会,完善国家安全体制和国家安全战略,确保国家安全。

十四、加快生态文明制度建设

建设生态文明,必须建立系统完整的生态文明制度体系,实行最严格的源头保护制度、损害赔偿制度、责任追究制度,完善环境治理和生态修复制度,用制度保护生态环境。

(51)健全自然资源资产产权制度和用途管制制度。对水流、森林、山岭、草原、荒地、滩涂等自然生态空间进行统一确权登记,形成归属清晰、权责明确、监管有效的自然资源资产产权制度。建立空间规划体系,划定生产、生活、生态空间开发管制界限,落实用途管制。健全能源、水、土地节约、集约使用制度。

健全国家自然资源资产管理体制,统一行使全民所有自然资源资产所有者职责。完善自然资源监管体制,统一行使所有国土空间用途管制职责。

(52)划定生态保护红线。坚定不移实施主体功能区制度,建立国土空间开发保护制度,严格按照主体功能区定位推动发展,建立国家公园体制。建立资源环境承载能力监测预警机制,对水土资源、环境容量和海洋资源超载区域实行限制性措施。对限制开发区域和生态脆弱的国家扶贫开发工作重点县取消地区生产总值考核。

探索编制自然资源资产负债表,对领导干部实行自然资源资产离任审计。建立生态环境损害责任终身追究制。

(53)实行资源有偿使用制度和生态补偿制度。加快自然资源及其产品价格改革,全面反映市场供求、资源稀缺程度、生态环境损害成本和修复效益。坚持使用资源付费和谁污染环境、谁破坏生态谁付费原则,逐步将资源税扩展到占用各种自然生态空间。稳定和扩大退耕还林、退牧还草范围,调整严重污染和地下水严重超采区耕地用途,有序实现耕地、河湖休养生息。建立有效调节工业用地和居住用地合理比价机制,提高工业用地价格。坚持谁受益、谁补偿原则,完善对重点生态功能区的生态补偿机制,推动地区间建立横向生态补偿制度。发展环保市场,推行节能权、碳排放权、排污权、水权交易制度,建立吸引社会资本投入生态环境保护的市场化机制,推行环境污染第三方治理。

(54)改革生态环境保护管理体制。建立和完善严格监管所有污染物排放的环境保护管理制度,独立进行环境监管和行政执法。建立陆海统筹的生态系统保护修复和污染防治区域联动机制。健全国有林区经营管理体制,完善集体林权制度改革。及时公布环境信息,健全举报制度,加强社会监督。完善污染物排放许可制,实行企事业单位污染物排放总量控制制度。对造成生态环境损害的责任者严格实行赔偿制度,依法追究刑事责任。

十五、深化国防和军队改革

紧紧围绕建设一支听党指挥、能打胜仗、作风优良的人民军队这一党在新形势下的强军目标,着力解决制约国防和军队建设发展的突出矛盾和问题,创新发展军事理论,加强军事战略指导,完善新时期军事战略方针,构建中国特色现代军事力量体系。

(55)深化军队体制编制调整改革。推进领导管理体制改革,优化军委总部领导机关职能配置和机构设置,完善各军兵种领导管理体制。健全军委联合作战指挥机构和战区联合作战指挥体制,推进联合作战训练和保障体制改革。完善新型作战力量领导体制。加强信息化建设集中统管。优化武装警察部队力量结构和指挥管理体制。

优化军队规模结构,调整改善军兵种比例、官兵比例、部队与机关比例,减少非战斗机构和人员。依据不同方向安全需求和作战任务改革部队编成。加快新型作战力量建设。深化军队院校改革,健全军队院校教育、部队训练实践、军事职业教育三位一体的新型军事人才培养体系。

(56)推进军队政策制度调整改革。健全完善与军队职能任务需求和国家政策制度创新相适应的军事人力资源政策制度。以建立军官职业化制度为牵引,逐步形成科学规范的军队干部制度体系。健全完善文职人员制度。完善兵役制度、士官制度、退役军人安置制度改革配套政策。

健全军费管理制度,建立需求牵引规划、规划主导资源配置机制。健全完善经费物资管理标准制度体系。深化预算管理、集中收付、物资采购和军人医疗、保险、住房保障等制度改革。

健全军事法规制度体系,探索改进部队科学管理的方式方法。

(57)推动军民融合深度发展。在国家层面建立推动军民融合发展的统一领导、军地协调、需求对接、资源共享机制。健全国防工业体系,完善国防科技协同创新体制,改革国防科研生产管理和武器装备采购体制机制,引导优势民营企业进入军品科研生产和维修领域。改革完善依托国民教育培养军事人才的政策制度。拓展军队保障社会化领域。深化国防教育改革。健全国防动员体制机制,完善平时征用和战时动员法规制度。深化民兵预备役体制改革。调整理顺边海空防管理体制机制。

十六、加强和改善党对全面深化改革的领导

全面深化改革必须加强和改善党的领导,充分发挥党总揽全局、协调各方的领导核心作用,建设学习型、服务型、创新型的马克思主义执政党,提高党的领导水平和执政能力,确保改革取得成功。

(58)全党同志要把思想和行动统一到中央关于全面深化改革重大决策部署上来,正确处理中央和地方、全局和局部、当前和长远的关系,正确对待利益格局调整,充分发扬党内民主,坚决维护中央权威,保证政令畅通,坚定不移实现中央改革决策部署。

中央成立全面深化改革领导小组,负责改革总体设计、统筹协调、整体推进、督促落实。

各级党委要切实履行对改革的领导责任,完善科学民主决策机制,以重大问题为导向,把各项改革举措落到实处。加强各级领导班子建设,完善干部教育培训和实践锻炼制度,不断提高领导班子和领导干部推动改革能力。创新基层党建工作,健全党的基层组织体系,充分发挥基层党组织的战斗堡垒作用,引导广大党员积极投身改革事业,发扬"钉钉子"精神,抓铁有痕、踏石留印,为全面深化改革做出积极贡献。

(59)全面深化改革,需要有力的组织保证和人才支撑。坚持党管干部原则,深化干部人事制度改革,构建有效管用、简便易行的选人用人机制,使各方面优秀干部充分涌现。发挥党组织领导和把关作用,强化党委(党组)、分管领导和组织部门在干部选拔任用中的权重和干部考察识别的责任,改革和完善干部考核评价制度,改进竞争性选拔干部办法,改进优秀年轻干部培养选拔机制,区分实施选任制和委任制干部选拔方式,坚决纠正唯票取人、唯分取人等现象,用好各年龄段干部,真正把信念坚定、为民服务、勤政务实、敢于担当、清正廉洁的好干部选拔出来。

打破干部部门化,拓宽选人视野和渠道,加强干部跨条块跨领域交流。破除"官本位"观念,推进干部能上能下、能进能出。完善和落实领导干部问责制,完善从严管理干部队伍制度体系。深化公务员分类改革,推行公务员职务与职级并行、职级与待遇挂钩制度,加快建立专业技术类、行政执法类公务员和聘任人员管理制度。完善基层公务员录用制度,在艰苦边远地区适当降低进入门槛。

建立集聚人才体制机制,择天下英才而用之。打破体制壁垒,扫除身份障碍,让人人都有成长成才、脱颖而出的通道,让各类人才都有施展才华的广阔天地。完善党政机关、企事业单位、社会各方面人才顺畅流动的制度体系。健全人才向基层流动、向艰苦地区和岗位流动、在一线创业的激励机制。加快形成具有国际竞争力的人才制度优势,完善人才评价机制,增强人才政策开放度,广泛吸引境外优秀人才回国或来华创业发展。

(60)人民是改革的主体,要坚持党的群众路线,建立社会参与机制,充分发挥人民群众积极性、主动性、创造性,充分发挥工会、共青团、妇联等人民团体作用,齐心协力推进改革。鼓励地方、基层和群众大胆探索,加强重大改革试点工作,及时总结经验,宽容改革失误,加强宣传和舆论引导,为全面深化改革营造良好社会环境。

全党同志要紧密团结在以习近平同志为总书记的党中央周围,锐意进取,攻坚克难,谱写改革开放伟大事业历史新篇章,为全面建成小康社会、不断夺取中国特色社会主义新胜利、实现中华民族伟大复兴的中国梦而奋斗!